普通高等院校"十三五"规划教材
21世纪会计技能教学系列教材

会计信息化中级实务操作教程

T+版（第二版）

蒋建俊 费金华 张燕 胡群英／著

图书在版编目(CIP)数据

会计信息化中级实务操作教程:T+版 / 蒋建俊等著. —2版. —上海:立信会计出版社,2023.5(2025.1重印)

普通高等院校"十三五"规划教材　21世纪会计技能教学系列教材

ISBN 978-7-5429-7351-1

Ⅰ.①会… Ⅱ.①蒋… Ⅲ.①会计信息－财务管理系统－高等学校－教材 Ⅳ.①F232

中国国家版本馆 CIP 数据核字(2023)第 099039 号

策划编辑　　陈　旻
责任编辑　　陈　旻
美术编辑　　吴博闻

会计信息化中级实务操作教程(T十版)(第二版)

KUAIJI XINXIHUA ZHONGJI SHIWU CAOZUO JIAOCHENG

出版发行	立信会计出版社			
地　　址	上海市中山西路2230号	邮政编码	200235	
电　　话	(021)64411389	传　　真	(021)64411325	
网　　址	www.lixinaph.com	电子邮箱	lixinaph2019@126.com	
网上书店	http://lixin.jd.com	http://lxkjcbs.tmall.com		
经　　销	各地新华书店			
印　　刷	上海万卷印刷股份有限公司			
开　　本	787毫米×1092毫米	1/16		
印　　张	19.75			
字　　数	506千字			
版　　次	2023年5月第2版			
印　　次	2025年1月第3次			
书　　号	ISBN 978-7-5429-7351-1/F			
定　　价	49.00元			

如有印订差错,请与本社联系调换

再版前言 Foreword

自2020年9月出版以来,很多使用过《会计信息化中级实务操作教程(T+版)》的教师和学生给我们提出了一些有益的建议。为此,我们决定对本教材作一次修订。本次主要修订如下内容:

本教材第一版是根据畅捷通T+13.0编写而成的。在使用过程中,读者通过用户工号和密码登录T+软件进行操作。畅捷通T+云平台升级到15.0后,读者无法使用非畅捷通云账户登录T+软件进行操作。为此,我们将用户工号改为虚拟云账号,方便读者使用该软件。

本教材沿袭第一版的特点,即以经济业务为导向,详细讲解每一笔经济业务在系统中的具体操作流程和操作技巧,以便于读者更好地掌握软件的使用。

著 者
2023年6月

前言 Foreword

会计信息化实务操作是目前我国会计实务工作的主要内容,也是会计专业技能教学的核心内容。但是,目前我国会计学专业的会计信息化教学还停留在以功能模块为主导的内容体系上,一般设置"会计信息化"和"财务软件应用"两门课程,这种会计信息化教学的内容体系存在着明显的缺陷:一是忽视了各种不同经济业务在信息化软件系统中的具体操作流程和操作技巧;二是不能完全满足会计实际工作的需要。目前,我国会计实际工作现状是会计信息化已经普及,手工账务处理基本消失,学校以功能模块为主导的信息化教学内容过于粗糙。这必然导致学生学得没有深度和精度,踏上工作岗位后,所学知识满足不了实际工作的需要。为此,我们认为应重新构建以功能模块为基础、经济业务为导向的会计信息化课程体系,具体可设置五门课程,即"会计信息化基础""会计信息化初级实务操作教程""会计信息化中级实务操作教程""会计信息化高级实务操作教程"和"会计信息化综合模拟实验"。

《会计信息化中级实务操作教程(T+版)》主要依托畅捷通T+云平台,围绕企业最主要的经济业务,在会计信息化初级实务操作教程的基础上,重点讲解采购管理、销售管理和库存管理等模块。本教材内容具有以下几个特点:一是以经济业务为导向,详细讲解了每一笔经济业务在系统中的具体操作流程和操作技巧。二是内容完全符合实际,全书以某企业1个月的经济业务为例,在业财融合的思路下,详细探讨会计工作环境设置、会计参与各项经济业务的业务流程处理、会计信息自动生成的会计步骤及控制原理。

本教材由江苏理工学院商学院蒋建俊、费金华、张燕和胡群英同志撰写完成,在撰写过程中得到了陈国平等老师的大力支持,在此表示衷心的感谢!

由于编者水平有限,本教材若有疏漏之处,恳请广大读者和专家批评指正。

著　者

2020年9月

目录 Contents

第一部分
公司基本信息会计信息化处理 ………… 1

一、公司基本信息 ………… 1
二、公司基本信息会计信息化处理 ………… 10

第二部分
存货业务会计信息化处理(上) ………… 61

一、材料采购业务会计信息化处理 ………… 61
二、委托加工物资业务 ………… 143

第三部分
存货业务会计信息化处理(下) ………… 153

一、销售业务会计信息化处理 ………… 153
二、存货期末处理业务 ………… 208

第四部分
其他资产业务会计信息化处理 ………… 224

一、货币资金、股票等金融资产业务会计信息化处理 ………… 224
二、长期持有对外股权投资取得业务的会计信息化处理 ………… 243
三、需计提折旧/摊销长期资产业务会计信息化处理 ………… 245

第五部分

薪酬及税费业务会计信息化处理 …………………………………………… **261**

一、薪酬发放业务会计信息化处理 ………………………………………… 261
二、税费缴纳业务会计信息化处理 ………………………………………… 269
三、薪酬期末计提业务会计信息化处理 …………………………………… 278
四、税费期末计算业务会计信息化处理 …………………………………… 283

第六部分

财务报表业务会计信息化处理 ……………………………………………… **289**

一、期末处理业务 …………………………………………………………… 289
二、财务报表编制 …………………………………………………………… 299

第一部分

公司基本信息会计信息化处理

本教材以常州亚兴电缆有限责任公司为例,对其基本信息进行会计信息化处理。

一、公司基本信息

(一) 公司简介

常州亚兴电缆有限责任公司成立于 2007 年 6 月 2 日,由常州立马股份有限公司出资 1 520 万元设立。2015 年 3 月 12 日,常州梅林有限公司出资 546.1825 万元,对公司进行增资,其中 380 万元作为新增注册资本。公司所属行业为制造业中的电气机械和器材制造业,主要生产和销售 X201 和 Y202 两种产品。公司位于江苏省常州市钟楼区。公司于 2020 年 6 月 1 日起启用畅捷通 T+15 软件,通过该系统对采购、销售、库存、生产加工、往来现金及资产管理等进行业财融合处理。

公司基本信息如下:
公司社会信用码:913204044709457987
公司住所:江苏省常州市钟楼区齐兴街程海路 42 号
公司法定代表人(主管会计工作负责人):姜亚兴
联系电话、传真:0519-04811889
邮编:213023
公司账户信息如下:
基本结算账户:中国建设银行常州市钟楼区支行(简称建行常州钟楼支行)41431579931221
承兑保证金专户:建行常州钟楼支行 41795464640263
证券交易结算资金账户:建行常州钟楼支行 62871887507669

(二) 公司组织结构及人员

公司下设办公室、财务部、采购部、销售部和生产车间五个部门,其中,办公室、财务部、采购部和销售部隶属于管理部门,生产车间隶属于生产部门。公司各部门信息汇编成公司部门档案表。

公司部门档案表,如表 1-1-1 所示。

表 1-1-1　　　　　　　　公司部门档案表

一级部门编号	一级部门名称	二级部门编号	二级部门名称
11	管理	111	办公室
		112	财务部

(续表)

一级部门编号	一级部门名称	二级部门编号	二级部门名称
11	管理	113	采购部
		114	销售部
13	生产	131	生产车间

1. 办公室

办公室共有员工5名。总经理负责公司运营；仓库保管员负责公司综合库、委托代销库等仓库存货管理。各仓库档案已汇编成公司仓库一览表。

公司仓库一览表，如表1-1-2所示。

表1-1-2　　　　　　　　　公司仓库一览表

仓库名称	代码	用途
综合库	301	管理原材料、周转材料、库存商品等库存情况
委托代销库	302	管理委托代销发出商品等存货情况

2. 财务部

财务部共有员工4名，均为T+系统用户。财务经理属于账套主管组成员，财务经理需确定公司T+系统架构，及时监控公司所有业务业财融合处理情况，及时提供决策所需的各种财务信息；存货会计属于存货会计组成员，存货会计需对采购、销售、生产、库存等系统进行业务监督，对这些系统的各种业务单据进行记录、确认，并对这些业务进行业财融合处理；资产会计属于资产会计组成员，资产会计需对公司除存货会计职责外的资产管理系统进行业务监督，对这些系统的各种业务单据进行记录、确认，并对这些业务进行业财融合处理；出纳属于出纳组成员，出纳负责公司货币资金收付业务，并对各种收付款单据以及各种货币资金清查单据完成记录、确认等工作。

3. 采购部

采购部共有员工2名。采购部应完成存货请购、订货和进货等各种采购事项，采购部应对供应商进行细致管理，截至2020年5月31日，与公司存在货款结算的供应商已汇编成供应商分类及档案一览表。

供应商分类及档案一览表，如表1-1-3所示。

表1-1-3　　　　　　　　　供应商分类及档案一览表

分类名称	单位名称	开户银行（简称）	账号	纳税人识别号
票据供应商	徐州铜山有限公司	建行徐州铜山支行	41622124051099	913203122176074283
	南京中山有限公司	建行南京白下支行	41622124592249	913201032176074283
一般供应商	常州智雅有限公司	建行常州天宁支行	41164719543564	913204028764735302
	江苏电力股份有限公司	建行常州钟楼支行	41817633023807	913232046664559765
	常州江南有限公司	建行常州天宁支行	41622124160986	913204024037323032

(续表)

分类名称	单位名称	开户银行(简称)	账号	纳税人识别号
一般供应商	常州金田有限公司	建行常州钟楼支行	41638843354269	913204046140604618
	南京宝蓝有限公司	建行南京秦淮支行	41622124246269	913201045564217188
	常州飞达有限公司	建行常州溧阳支行	41485681129436	913204816862779556
	南京大华有限公司	建行南京江宁支行	41794461068966	913201065114484777
	无锡太湖有限公司	建行无锡北塘支行	41622124403799	913202045704516793
	南通通达有限公司	建行南通通州支行	41856019695958	913206025366243281
	镇江金山有限公司	建行镇江润州支行	41622124962175	913211116007539126

票据供应商是指在采购业务发生时使用商业汇票结算方式进行货款结算的供应商；一般供应商是指在采购业务发生时除了使用商业汇票结算方式进行货款结算供应商的其他供应商。

4. 销售部

销售部属非专设销售机构，共有员工2名。销售部应完成公司营销业务，销售部应对客户进行细致管理。截至2020年5月31日，与公司存在货款结算的客户已汇编成客户分类及档案一览表。

客户分类及档案一览表，如表1-1-4所示。

表1-1-4　　　　　　　　　客户分类及档案一览表

分类名称	单位名称	开户银行(简称)	账号	纳税人识别号
票据客户	苏州阳晨有限公司	建行苏州相城支行	41622124193838	913205072176074283
	常州弘阳有限公司	建行常州钟楼支行	41885484408547	913204048951515156
	常州锦丰有限公司	建行常州钟楼支行	41305834379312	913204049863741181
一般客户	常州博爱有限公司	建行常州天宁支行	41951231336820	913204029388980322
	镇江岳山有限公司	建行镇江润州支行	41622124328151	913211117171765386
	无锡兰芳有限公司	建行无锡南长支行	41883892395875	913202032898856603
	无锡范园有限公司	建行无锡崇安支行	41143227838881	913202023892629607

票据客户是指在销售业务发生时使用商业汇票结算方式进行货款结算的客户；一般客户是指在销售业务发生时除了使用商业汇票结算方式进行货款结算的客户的其他客户。

5. 生产车间

生产车间共有员工11名，其中车间主任1名、车间核算1名、质监1名和生产工人8名。生产车间主要生产X201和Y202两种产品。

公司所有员工信息已汇编成公司员工一览表。

公司员工一览表，如表1-1-5所示。

表 1-1-5　　　　　　　　　　公司员工一览表

工号	员工姓名	所属部门	职务	是否业务员	工号	员工姓名	所属部门	职务
11101	姜亚兴	办公室	法人/董事长	否	13114	柳世杰	生产车间	车间主任
11102	赵卫宇	办公室	总经理	否	13115	杨帆进	生产车间	核算员
11103	孙凯愉	办公室	办公室主任	否	13116	周密语	生产车间	质监
11104	魏东明	办公室	职员	否	13117	梁初瑜	生产车间	生产工人
11105	孙民里	办公室	仓管	否	13118	王春红	生产车间	生产工人
11206	袁世民	财务部	财务经理	否	13119	余凡民	生产车间	生产工人
11207	钱晓明	财务部	存货会计	否	13120	孙雪洁	生产车间	生产工人
11208	李本勇	财务部	资产会计	否	13121	赵倩雯	生产车间	生产工人
11209	朱珊珊	财务部	出纳	否	13122	洪杰明	生产车间	生产工人
11310	崔浩朴	采购部	采购经理	是	13123	周昌皓	生产车间	生产工人
11311	邹萌红	采购部	采购员	是	13124	马江昆	生产车间	生产工人
11412	傅世惠	销售部	销售经理	是				
11413	李丽洁	销售部	销售员	是				

(三) 公司主要资产情况

公司主要资产包含存货及需计提折旧/摊销长期资产两个部分。

1. 存货

公司主要生产和销售 X201 和 Y202 两种产品,这两种产品的生产均需耗用 M101 和 N102 两种材料。公司各部门在生产经营中需耗用工作服等低值易耗品。除此之外,公司将 WH01 材料委托外单位加工成 WS01 产品。自产产品销售时需领用 1 号纸箱,周转箱用于对外出租。以上库存存货均在综合库进行管理。部分 Y202 产品委托外单位代销,这部分产品在委托代销库中进行管理。截至 2020 年 5 月 31 日,公司综合库和委托代销库的存货结存情况已汇编成 2020 年 5 月 31 日库存结存表。

2020 年 5 月 31 日库存结存表,如表 1-1-6 所示。

表 1-1-6　　　　　　　　2020 年 5 月 31 日库存结存表

仓库	存货	数量	金额	入库单号	入库日期
综合库	M101	2 000.00	100 000.00		
	N102	3 000.00	240 000.00		
	WH01	15 000.00	375 000.00	SL1245	2020-05-25
	周转箱	200.00	12 000.00		
	1 号纸箱	1 000.00	20 000.00		
	X201	600.00	690 000.00		
	Y202	300.00	264 000.00		
委托代销库	Y202	500.00	440 000.00		

2. 需计提折旧/摊销长期资产

公司需计提折旧/摊销长期资产包括固定资产、无形资产、投资性房地产和长期待摊费用。

公司固定资产中,1号办公楼由办公室管理,销售部管理使用1辆大众轿车,生产车间管理使用厂房、生产设备,公司各部门管理使用电脑、空调等电子设备。

公司无形资产由办公室统一管理。公司无形资产包括专利权、非专利技术和土地使用权等。

2号办公楼作为投资性房地产购于2016年3月16日,该资产用于对外出租。该资产于2018年5月5日完成二次装修,此装修作为长期待摊费用处理。

截至2020年5月31日,公司需计提折旧或摊销长期资产信息已汇编成2020年5月31日长期资产信息一览表。

2020年5月31日长期资产信息一览表,如表1-1-7所示。

表1-1-7　　　　　　　2020年5月31日长期资产信息一览表　　　　　　金额单位:元

资产名称	资产分类	数量	计量单位	使用状况	使用部门	增加方式	入账日期	原值	累计折旧
1号办公楼	房屋建筑物	1	幢	在用	办公室	购入	2013-02-08	800 000.00	278 400.00
厂房	房屋建筑物	1	幢	在用	生产车间	购入	2013-02-02	4 000 000.00	1 392 000.00
设备B	生产设备	2	台	在用	生产车间	购入	2011-08-16	256 000.00	215 040.00
设备F	生产设备	4	台	在用	生产车间	购入	2013-08-15	1 000 000.00	648 000.00
设备G	生产设备	1	台	在用	生产车间	购入	2013-07-23	500 000.00	328 000.00
设备W	生产设备	1	台	在用	生产车间	购入	2010-05-21	200 000.00	192 000.00
大众轿车	运输工具	1	辆	在用	销售部	购入	2018-02-24	180 000.00	97 200.00
中央空调T	电子设备	1	套	在用	生产车间	购入	2017-10-13	58 000.00	47 946.67
中央空调P	电子设备	1	套	在用	办公室	购入	2018-05-23	47 000.00	30 080.00
服务E	电子设备	1	套	在用	多部门	购入	2018-04-28	182 000.00	121 333.33
电脑H	电子设备	2	台	在用	生产车间	购入	2018-09-03	18 000.00	9 600.00
2号办公楼	投资性房地产	1	幢	在用	办公室	购入	2016-03-16	1 500 000.00	300 000.00
专利权L	专利权			在用	办公室	购入	2017-06-02	154 200.00	46 260.00
专有技术P	非专利技术			在用	办公室	购入	2018-06-08	144 000.00	28 800.00
土地使用权	土地使用权			在用	办公室	购入	2012-02-11	2 106 000.00	351 000.00
出租房屋装修支出	投资性房地产装修			在用	办公室	购入	2018-05-05	720 000.00	288 000.00

注:服务E属于多部门使用,其具体情况是办公室40%,财务部30%,采购部和销售部各占15%;投资性房地产装修支出预计受益期限5年,已摊销2年。

(四) 公司会计政策说明

1. 主要会计政策

1) 会计期间

本公司会计期间分为年度和中期,会计年度自公历1月1日起至12月31日止,会计中期包括月度和季度。

2) 记账本位币

本公司以人民币为记账本位币。

3) 会计核算

本公司以权责发生制为记账基础。除某些金融资产和股权投资外,其他资产均以历史成本为计价原则。如果信用或资产发生减值,则按照相关规定计提相应的信用或资产减值准备。

4) 应收款项

(1) 坏账确认标准。债务人破产或死亡,以其破产财产或者遗产清偿后无法收回,或债务人逾期未履行偿债义务超过3年而且具有明显特征表明无法收回的应收账款,确认为坏账。

(2) 应收款项需计提信用减值损失。应收款项在本教材特指与其他单位之间发生的应收账款及其他应收款。应收款项按照相当于整个存续期内预计信用损失的金额计量其损失准备,预期信用损失为公司应收取的合同现金流量与预期收取的现金流量之间差额的现值。本公司基于历史信用损失经验,考虑有关过去事项、当前状况以及对未来经济状况的预测,在资产负债表日根据应收款项的账龄与损失率预计坏账准备。本公司应收款项账龄根据逾期天数确定,应收款项逾期天数均在1年以内。未逾期的以及逾期1年以内的应收款项预期信用损失率均为5%。

(3) 往来单位应根据业务实质属性确定其往来科目。该往来科目余额方向应具有唯一性。销售时,属于应收账款性质的货款使用"应收账款"科目,属于预收账款性质的货款使用"合同负债"科目;采购时,属于应付账款性质的货款使用"应付账款——供应商"科目,属于预付账款性质的货款使用"预付账款——供应商"科目。根据单据生成凭证时,除了货币资金、应交增值税各明细科目、损益类科目以及其他特殊规定,其科目方向不允许变动,金额等可根据实际业务进行调整。

5) 存货

(1) 存货分类。公司存货分为原材料、包装物、低值易耗品、在产品和库存商品等。

(2) 存货成本计算。存货按实际成本原则进行核算,共同性采购费用按存货重量比例进行分配;用于委外加工的WH01材料和加工完成的WS01库存商品,其出库单位成本的计算方法选择先进先出法,其他存货出库单位成本的计算方法均选择月末一次加权平均法,即全月平均法;周转材料出库的摊销方法采用一次摊销法,即发出的周转材料成本直接计入当期成本或费用,其实物不进入资产管理系统;本公司产品销售采用特殊销售条款,其中预计退货期或预计折让期均为30天,预计退货率或预计折让率详见业务原始单据;产品正常销售必须填制销售订单;盘盈材料按其最近一次不含税买价作为入账价值;盘亏存货单位成本应根据规定的出库计价方法进行计算。

(3) 产品成本计算采用品种法,其成本构成包括直接材料、直接人工和制造费用三个成本项目。工资及"四险一金"的分配方法均采用工时比例法,分配率保留六位小数。"四险一金"承担和计提比例根据常州地区政策规定确定,其中公司承担部分为养老保险金16%、医疗保险金8.3%、失业保险金0.5%、工伤保险金0.7%、住房公积金10%;个人承担部分为养老保险金8%、医疗保险金2%、失业保险金0.5%、住房公积金10%;社保最低基数为3 368.00元,最高基数为16 842.00元;住房公积金最低基数为2 020.00元。制造费用按生产工时比例在各种产品之间分配,分配率保留六位小数,尾差计入Y202产品成本中。生产费用在完工产品与期末在产品之间的分配方法采用约当产量法,原材料在生产开始时一次投入,各成本项目分配率均保留两位小数,尾差计入月末在产品成本。

（4）存货的盘存制度。存货盘存采用永续盘存制。

6）固定资产

（1）固定资产计价。固定资产以取得该资产时的实际成本入账,如房屋的购置成本包括买价、契税、交易手续费、工本费及印花税等。

（2）固定资产折旧。固定资产从达到预定可使用状态的次月起,采用年限平均法计提折旧。计算折旧时月折旧率保留六位小数;各类固定资产的折旧年限和残值率,均根据行业会计制度及公司管理要求确定。

（3）投资性房地产采用成本模式计量。

7）金融资产

（1）涉及金融资产、股权投资的公允价值变动损益、其他综合收益的结转等应与相关业务合并制单。

（2）金融商品转让以盈亏相抵后的余额作为销售额,其销售额为卖出价减去买入价后的余额。卖出价和买入价均按照交割单上注明的成交数量乘以成交均价确定。

（3）以公允价值计量的金融资产,按月确认公允价值变动。

2. 主要税费

1）增值税

公司适用的增值税税率为13%,公司取得的增值税专用发票均已于当天在增值税专用发票选择确认平台办妥勾选确认;会计处理时各期确认的"应交税费——应交增值税（进项税额）"应当与当期增值税纳税申报表保持口径一致;增值税按月申报。

2）城市维护建设税

城市维护建设税按流转税额的7%计缴,城市维护建设税按月申报。

3）教育费附加

教育费附加按流转税额的5%计缴,其中,教育费附加征收率为3%,地方教育附加征收率为2%,教育费附加按月申报。

4）公司所得税

公司所得税税率为25%,公司应按本月实际利润额计算预缴本月所得税,截至本会计年度,公司以前各年度应纳税所得额均大于零,不存在不征税收入、免税收入等税基类减免应纳税所得额、减免所得税额,且截至本会计月度前,公司无欠缴及多缴所得税情况,公司所得税按月申报。

5）个人所得税

个人所得税每月根据职工月岗位工资等计算预缴,年度终了,全年个人所得税应由职工与税务机关在规定期间内进行汇算清缴。

6）房产税

自有房屋房产税按照房屋原值的70%为计税基数，其税率为1.2%，该房产税按季申报；出租房屋房产税按照租金收入的12%计缴，该房产税按月申报。

3．其他说明事项

（1）公司2020年度发生的交易均为非关联方交易。

（2）损益类科目制单要求。损益类科目包括收入科目和支出科目，根据损益类总分类科目默认的余额方向判断，其中收入科目余额默认在贷方，支出科目余额默认在借方。业务发生时，收入科目金额必须记在贷方，若发生冲减收入业务，收入科目必须记在贷方，金额用负数填制；业务发生时，支出科目金额必须记在借方，若发生冲减支出业务，支出科目必须记在借方，金额用负数填制。

（五）公司截至2020年5月31日的科目余额

截至2020年5月31日，含有余额的财务数据已汇编成2020年5月31日总账或明细科目余额表。

2020年5月31日总账或明细科目余额表，如表1-1-8所示。

表1-1-8　　　　　2020年5月31日总账或明细科目余额表　　　　　金额单位：元

总账科目	明细账科目	余额方向	期末余额	备注
库存现金		借	1 700.00	
银行存款	建行 41431579931221	借	11 459 199.84	
其他货币资金	承兑保证金 41795464640263	借	1 685 780.00	
	存出投资款——华兴证券 62871887507669	借	356 000.00	
应收票据	苏州阳晨有限公司	借	113 000.00	
	常州弘阳有限公司	借	565 000.00	
	常州锦丰有限公司	借	152 550.00	
应收账款	常州博爱有限公司	借	1 186 500.00	
	镇江岳山有限公司	借	79 100.00	
	无锡兰芳有限公司	借	100 000.00	
坏账准备	应收账款坏账准备	贷	68 280.00	
预付账款	供应商——常州金田有限公司	借	200 000.00	
预付账款	供应商——常州智雅有限公司	借	300 000.00	
预付账款	供应商——江苏电力股份有限公司	借	63 700.20	
应收股利	江苏远景有限公司	借	216 000.00	
其他应收款	职工往来——傅世惠	借	2 000.00	

(续表)

总账科目	明细账科目	余额方向	期末余额	备注
在途物资	M101	借	150 000.00	
原材料	M101	借	100 000.00	2 000千克
	N102	借	240 000.00	3 000千克
	WH01	借	375 000.00	15 000千克
周转材料	包装物——周转箱	借	12 000.00	200只
	包装物——1号纸箱	借	20 000.00	1 000只
库存商品	X201	借	690 000.00	600件
	Y202	借	264 000.00	300件
发出商品	Y202	借	440 000.00	500件
其他权益工具投资	成本——宏远股份	借	30 035.66	3 000股
	公允价值变动——宏远股份	借	7 600.15	
投资性房地产		借	1 500 000.00	
投资性房地产累计折旧		贷	300 000.00	
固定资产		借	7 241 000.00	
累计折旧		贷	3 359 600.00	
无形资产		借	2 404 200.00	
累计摊销		贷	126 060.00	
长期股权投资	成本——江苏远景有限公司	借	2 400 000.00	40%股份
长期股权投资	损益调整——江苏远景有限公司	借	144 000.00	
长期待摊费用	支出总额——投资性房地产装修支出	借	720 000.00	
长期待摊费用	累计摊销——投资性房地产装修支出	借	−288 000.00	
应收退货成本	X201	借	172 500.00	150件
应付票据	徐州铜山有限公司	贷	500 000.00	
	南京中山有限公司	贷	339 000.00	
应付账款	暂估应付账款——常州飞达有限公司	贷	96 000.00	
	供应商——南京大华有限公司	贷	226 000.00	
	供应商——无锡太湖有限公司	贷	565 000.00	
	供应商——南通通达有限公司	贷	395 500.00	
	供应商——镇江金山有限公司	贷	30 000.00	
	供应商——常州江南有限公司	贷	858 800.00	

(续表)

总账科目	明细账科目	余额方向	期末余额	备注
合同负债	无锡范园有限公司	贷	850 000.00	
应交税费	未交增值税	贷	387 000.00	
	应交城市维护建设税	贷	27 090.00	
	应交教育费附加	贷	11 610.00	
	应交地方教育附加	贷	7 740.00	
	应交企业所得税	贷	203 984.09	
	应交个人所得税	贷	557.16	
	应交房产税	贷	3 600.00	
	应交印花税	贷	3 515.00	
应付职工薪酬	工资	贷	165 200.00	
	设定提存计划——养老保险	贷	26 442.88	
	社会保险费——医疗保险	贷	13 717.24	
	设定提存计划——失业保险	贷	826.34	
	社会保险费——工伤保险	贷	1 156.88	
	住房公积金	贷	16 520.00	
	职工教育经费	贷	28 049.11	
	工会经费	贷	22 242.00	
其他应付款	客户——常州博爱有限公司	贷	5 000.00	
预计负债	应付退货款——X201	贷	270 000.00	150 件
实收资本	常州立马股份有限公司	贷	15 200 000.00	
	常州梅林有限公司	贷	3 800 000.00	
资本公积	资本溢价	贷	1 661 825.00	
其他综合收益	其他权益工具投资公允价值变动——宏远股份	贷	7 600.15	
盈余公积	法定盈余公积	贷	226 740.00	
本年利润		贷	569 406.61	
利润分配	未分配利润	贷	2 428 803.39	

二、公司基本信息会计信息化处理

(一) 账套管理

1. 新建账套

在T+系统初始页面,其右侧有"普通用户"和"系统管理员"两个登录模式。普通用户是指公司用户的登录窗口；系统管理员是指公司软件管理员的登录窗口。

系统初始页面，如图 1-2-1 所示。

图 1-2-1　系统初始页面

新建账套需要以系统管理员的身份登录，其具体流程如下所述。

（1）"系统管理员"处单击，每行信息均已预置，其中 admin 是系统管理员账号，初始密码无，第 3 行是系统管理员名称，第 4 行是电脑操作日期。"登录"处单击，提示显示"当前用户已登录，是否重新登录？"，提示页面单击"确定"。

系统管理员登录页面，如图 1-2-2 所示。

（2）系统管理员页面中，账套管理菜单"新建账套"处单击。

系统管理员操作首页页面，如图 1-2-3 所示。

需要说明的是，各操作员操作完成后，需注销操作员的身份，以保证信息安全。

图 1-2-2　系统管理员登录页面

（3）基本信息设置。账套名称录入"常州亚兴"，账套路径默认，单位全称录入"常州亚兴电缆有限责任公司"，单位简称自动为"常州亚兴电缆有限责任公司"，所属行业选择"制造业"——"电气机械和器材制造业"，商品分类选择"电工电气/照明电子"，行政区选择"江苏省"——"常州市"——"钟楼区"，报税地区选择"江苏省"，单位地址录入"江苏省常州市钟楼区齐兴街程海路 42 号"，纳税性质及税率默认，"开通云应用"不要勾选，法人代表录入"姜亚兴"，邮政编码录入"213023"，联系电话及传真均录入"0519-04811889"，开户银行录入"建行常州钟楼支行"，税号录入"913204044709457987"，开票账号录入"41431579931221"，该页面"下一步"处单击。

新建账套——基本信息，如图 1-2-4 所示。

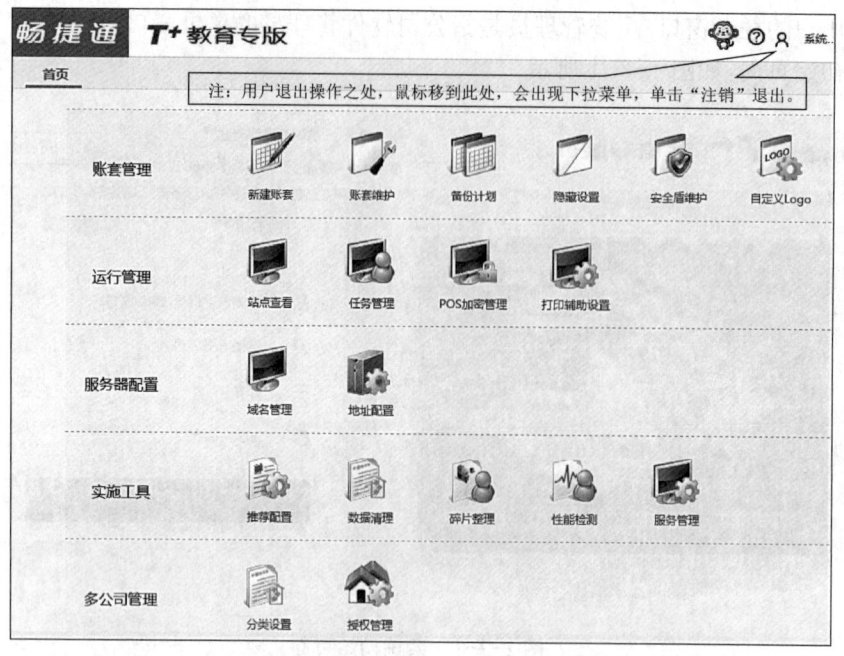

图 1-2-3 系统管理员操作首页页面

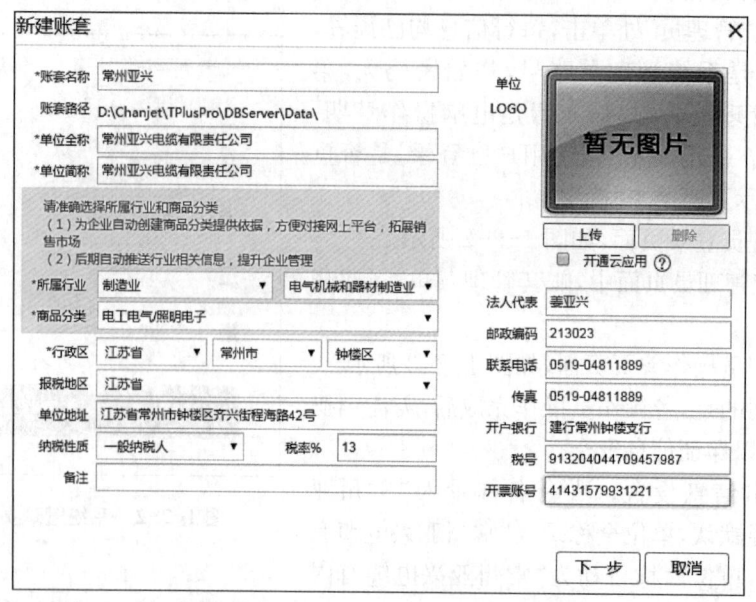

图 1-2-4 新建账套——基本信息

需要说明的是,一般不勾选"开通云应用"。如果勾选该选项,该账套用户均必须以畅捷通账号注册,在没有连通网络时,新建账套工作无法完成。

(4)会计期间设置。启用年度选择"2020",启用期间选择"6",其他默认,该页面"下一步"处单击。

新建账套——会计期间,如图 1-2-5 所示。

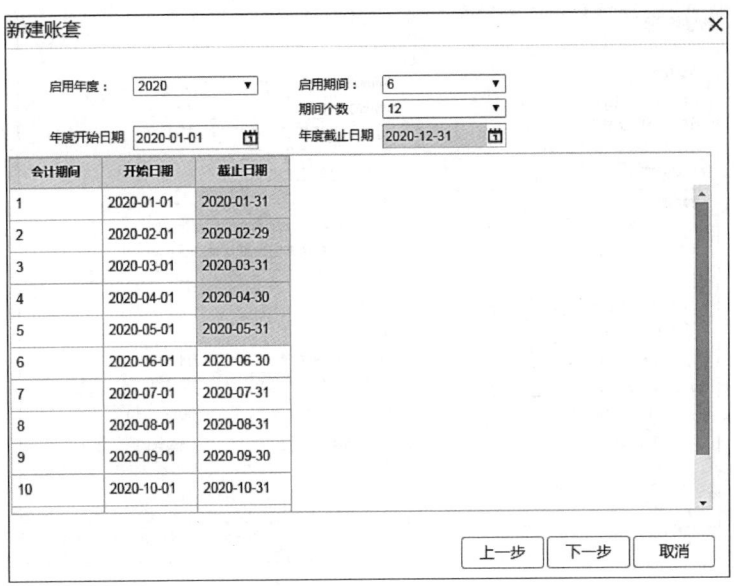

图 1-2-5　新建账套——会计期间

（5）功能启用设置。启用栏分别勾选"1.库存核算""3.购销管理""11.自制加工""12.总账""13.T-UFO""15.资产管理"和"16.出纳管理",其中勾选"购销管理"和"库存核算"后,"往来现金"子系统自动勾选。该页面"下一步"处单击。

新建账套——启用子系统,如图 1-2-6 所示。

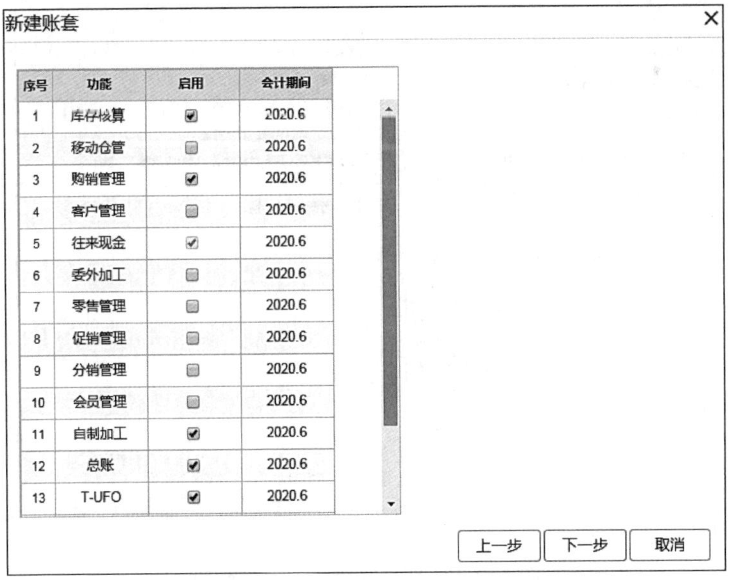

图 1-2-6　新建账套——启用子系统

（6）公共选项设置。基础数据默认,数据精度中折旧率小数位选择"6",计价模式选择"按仓库＋存货",计价时机选择"实时计价"。该页面"下一步"处单击。

新建账套——公共选项,如图 1-2-7 所示。

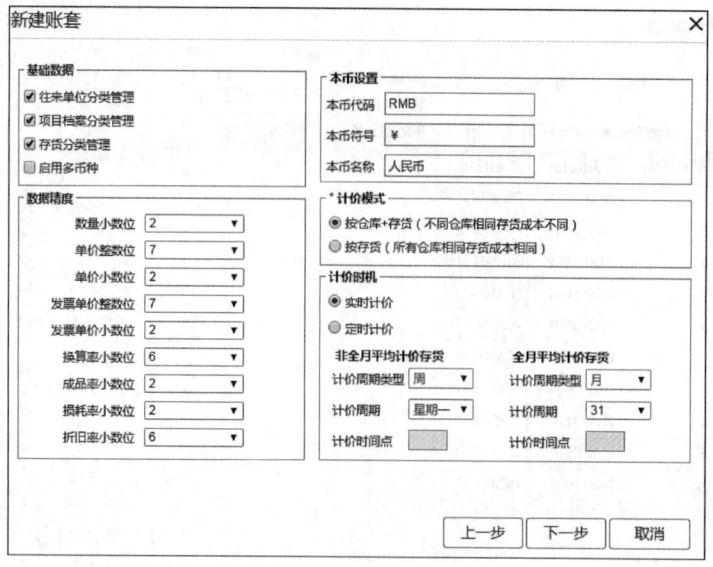

图 1-2-7　新建账套——公共选项

(7) 财务选项设置。基本参数栏中,"出纳凭证必须由出纳签字"勾选其复选框,行业性质选择"2007年新会计准则(企业)","按行业性质预置科目"其复选框,科目编码级次设置中的第4和第5级,级长均录入"2",凭证类别选择"记账凭证"。该页面"下一步"处单击。

新建账套——财务选项,如图1-2-8所示。

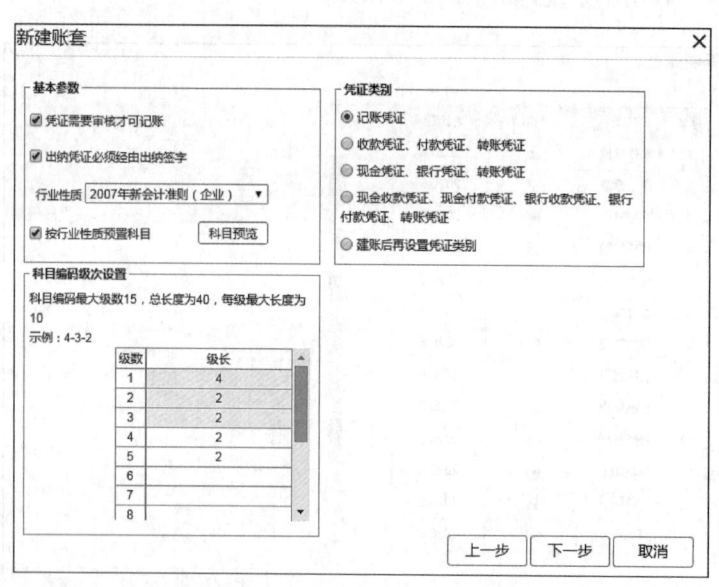

图 1-2-8　新建账套——财务选项

(8) 业务流程设置。T+系统开通购销管理和库存核算功能后才能进行业务流程设置。本公司销售和采购的立账方式分别选择"销售发票立账"和"采购发票立账","设为默认"均选择该立账方式下的第一种流程,该页面"下一步"处单击。

新建账套——业务流程,如图1-2-9所示。

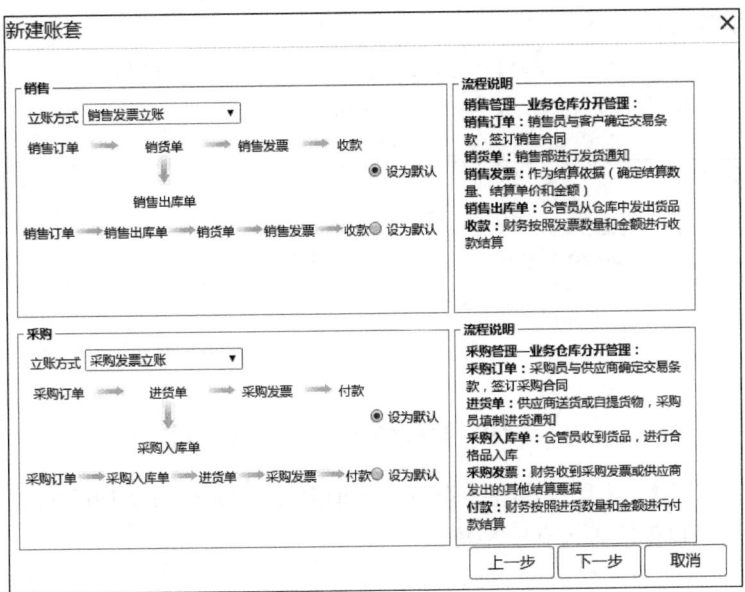

图 1-2-9　新建账套——业务流程

需要说明的是，业务流程的设置有多种选择，适应多种不同情况，已汇编成销售和采购业务流程模式选择表。

销售和采购业务流程模式选择表，如表 1-2-1 所示。

表 1-2-1　　　　　　　　　销售和采购业务流程模式选择表

方式	销售流程	采购流程	生成凭证依据或说明
发票立账仓库与业务分开	销售订单——销货单，由销货单分别生成销售出库单和销售发票——在发票上收款	采购订单——进货单，由进货单分别生成采购入库单和采购发票——在发票上付款	销售：销售发票等生成收入凭证/销售出库单生成销售成本凭证；采购：采购入库单/采购发票等生成采购凭证。流程比较严格，一般设置后，必须按流程导航步骤处理，采购或销售发票上可同时进行货款结算
	销售订单——销售出库单——销货单，然后由销货单生成销售发票——在发票上收款	采购订单——采购入库单，进货单——采购发票——在发票上付款	
货单立账，仓库与业务分开	销售订单——销货单，由销货单生成销售出库单，在销货单上收款	采购订单——进货单，由进货单分别生成采购入库单，在进货单上付款	销售：销货单（替代销售发票）生成收入凭证/销售出库单生成销售成本凭证；采购：进货单（替代采购发票）/采购入库单等生成采购凭证。流程比较灵活，在销售过程中，销售发票或销售出库单均可生成销化单，在采购过程中，采购发票或采购入库单均可生成进货单。在销/进货单进行货款结算
	销售订单——销售出库单——销货单，在销货单上收款	采购订单——采购入库单，进货单，在进货单上付款	
货单立账，仓库与业务合并	销售订单——销货单——收款	采购订单——进货单——付款	

(9) 账套主管设置。

① 账套主管账号录入"10544553145",账套主管姓名录入"袁世民"。

新建账套——账套主管设置,如图 1-2-10 所示。

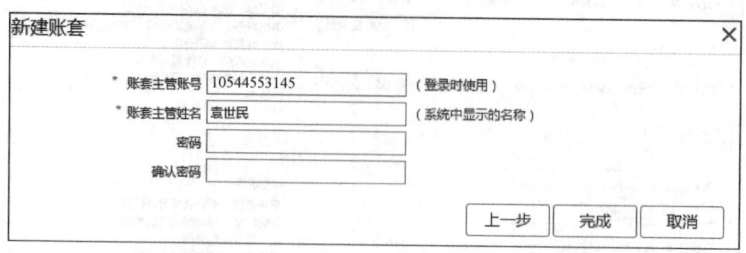

图 1-2-10 新建账套——账套主管设置

需要说明的是,用户账号根据各操作员工号确定;新建账套时增加的账套主管密码不能遗忘,否则,公司用户无法进入 T+系统。

② 新建账套页面单击"完成",公司账套自动生成,生成时出现提示,若提示页面单击"是",系统返回 T+系统初始登录页面,在普通用户中,显示已预置账套主管账号;若提示页面单击"否",则返回系统管理员登录首页。

账套创建成功页面,如图 1-2-11 所示。

图 1-2-11 账套创建成功页面

2. 账套维护

系统管理员可以进行账套维护,系统管理员首页单击"账套维护",进入账套维护页面。账套维护功能包括新建、删除、备份、恢复、升级、期间结转等,每个功能均可按其导航流程操作完成。

账套维护页面,如图 1-2-12 所示。

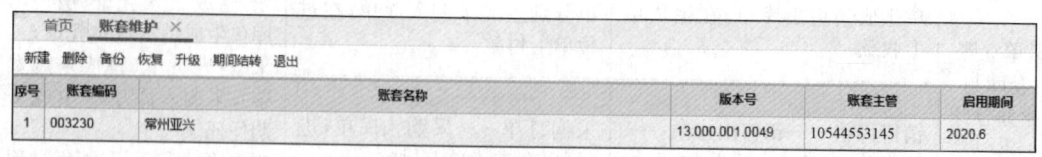

图 1-2-12 账套维护页面

3. 建账时已设内容的检查和修改

账套基本信息、会计期间、功能启用、业务流程和账套主管等内容在新建账套时已设置,这些内容的检查和修改可根据下述流程进行。

(1) T+系统登录。以账套主管的身份登录T+系统,其流程如下:默认进入"普通用户",第1行录入"10544553145",第2行单击显示光标,第3行自动显示账套"[003230]常州亚兴",操作日期选择或录入"2020-06-01",用户单击"登录",系统提示"首次进入修改密码",若密码不修改,用户应单击"取消"。

账套主管登录页面,如图1-2-13所示。

(2) T+系统首页展示。T+系统是以浏览器页面的形式出现的。

账套页面,如图1-2-14所示。

(3) 功能应用。将鼠标移至页面左侧某系统名称上,页面自动显示该系统所有菜单类别及下属菜单。如鼠标移至左侧"系统管理",页面则显示系统管理

图1-2-13 账套主管登录页面

"基本设置""单据档案设置""消息中心及预警设置"和"账套管理及工具"四大菜单类别及下属具体菜单。

图1-2-14 账套页面

系统管理菜单,如图1-2-15所示。

需要说明的是:

① 后续流程中,系统具体信息的位置以"系统名称——菜单类别——具体信息"的方式表达;系统具体信息打开其页面时,其过程描述为"系统——菜单类别"处单击"具体信息"。

② 一次打开的页面不能过多,凡不需要使用的页面应该及时关闭。

(4) 检查、修改建账时已设置信息。其中,基本信息的修改在"系统管理——基本设置——基本信息"中进行,该操作可随时进行,其正确信息,如图1-2-4所示;会计期间的修

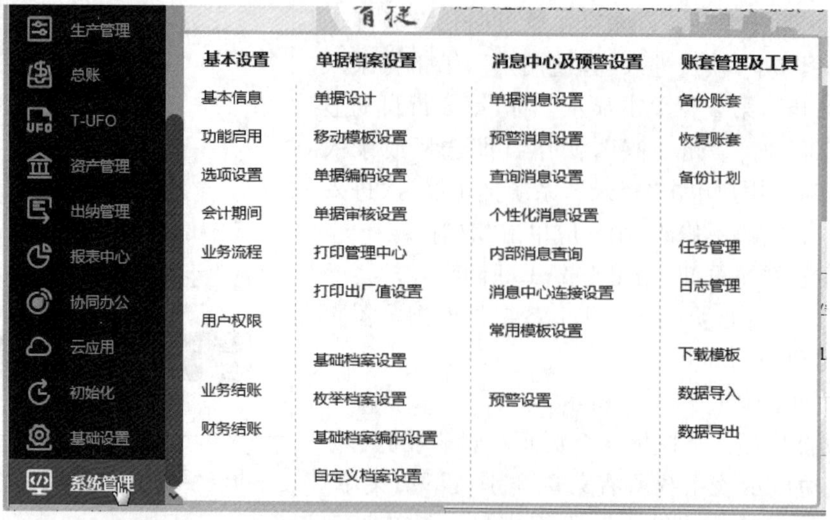

图 1-2-15 系统管理菜单

改在"系统管理——基本设置——会计期间"中进行,该操作只能在账套没有使用前进行,其正确信息,如图1-2-5所示;功能启用的修改在"系统管理——基本设置——功能启用"中进行,该操作可随时进行,其正确信息,如图1-2-6所示;选项设置在"系统管理——基本设置——选项设置"中进行,该操作可随时进行,可修改的选项设置包括公共选项和财务选项,其中公共选项的信息,如图1-2-7所示;财务选项的设置信息,如图1-2-8所示;业务流程的修改在"系统管理——基本设置——业务流程"中进行,该操作在业务没有发生前进行,其设置信息,如图1-2-9所示。信息修改完成后,用户单击"确定",根据系统提示进行保存工作。

(二)用户权限、选项、部门及员工设置

1. 用户权限设置

公司用户权限设置包括增加用户组别并授权、修改用户组别权限和增加用户组别中用户等。本公司财务部根据分工负责的原则集中处理各部门的各种业务和财务单据,进行业财融合处理,最终生成财务报表信息。在第一次进行用户权限设置时,各用户的密码均不设置。财务部各员工的用户信息已汇编成用户权限一览表。

用户权限一览表,如表1-2-2所示。

表1-2-2 用户权限一览表

账号和密码	用户姓名	所属组别	权限
10544553145	袁世民	账套主管组	拥有账套所有权限
10516674727	钱晓明	存货会计组	拥有采购管理、销售管理、库存核算、生产管理、总账(除了出纳签字)、基础设置、系统管理的所有权限
10558470780	李本勇	资产会计组	拥有资产管理、总账(除了出纳签字)、基础设置、系统管理所有权限
10523340668	朱珊珊	出纳组	拥有往来现金、出纳管理、基础设置、系统管理所有权限,总账中出纳签字权限

1) 增加用户组别

(1) 以账套主管"10544553145"的身份于 2020-06-01 登录,"系统管理——基本设置"处单击"用户权限"。其中"系统管理组(1)"表明系统管理组中已有 1 位用户,该用户信息详见用户列表。

用户权限页面,如图 1-2-16 所示。

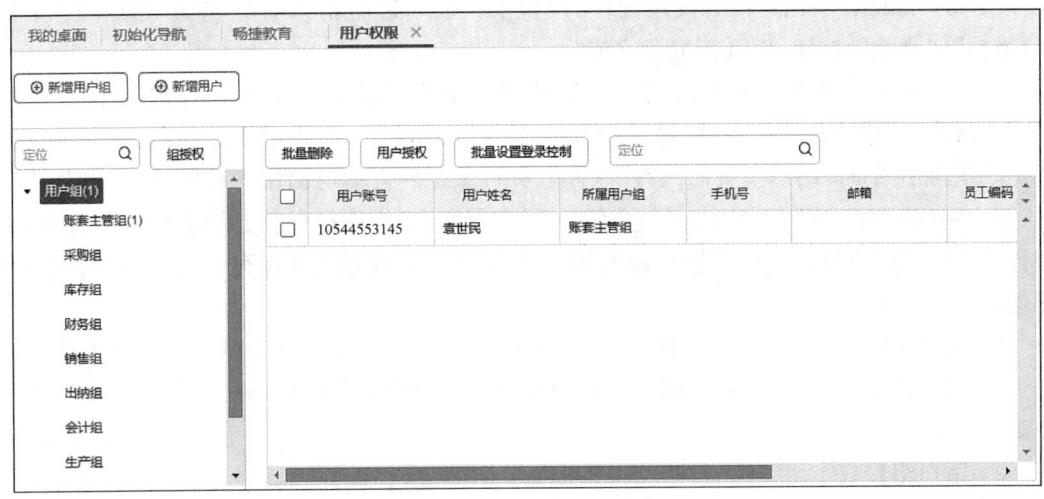

图 1-2-16　用户权限页面

(2) 用户权限页面单击"新增用户组",进入用户组管理页面,用户组名称录入"存货会计组",用户组管理页面单击"保存",提示页面单击"确定",系统自动返回用户权限页面。

新增"存货会计组"页面,如图 1-2-17 所示。

(3) 用户权限页面单击"新增用户组",进入用户组管理页面,用户组名称录入"资产会计组",用户组管理页面单击"保存",提示页面单击"确定",系统自动返回用户权限页面。

2) 用户设置

用户设置流程如下所述。

(1) 以账套主管"10544553145"的身份于2020-06-01 登录,"系统管理——基本设置"处单击"用户权限",用户组选择"存货会计组","新增用户"处单击,进入用户管理页面,用户账号录入"10516674727",用户姓名录入"钱晓明","可改登录日期"处勾选,用户管理页面单击"保存新增"。

用户管理页面,如图 1-2-18 所示。

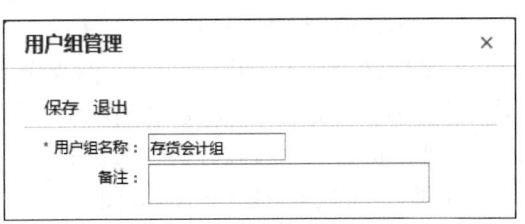

图 1-2-17　新增"存货会计组"页面

图 1-2-18　用户管理页面

（2）根据表1-2-2，所属用户组录入"资产会计组"，用户账号录入"10558470780"，用户姓名录入"李本勇"，"可改登录日期"处勾选，用户管理页面单击"保存新增"；所属用户组录入"出纳组"，用户账号录入"10523340668"，用户姓名录入"朱珊珊"，"可改登录日期"处勾选，用户管理页面单击"保存"。

需要说明的是：

① 用户删除。在用户没有使用前，用户权限页面勾选需删除用户，单击"操作栏"下的"垃圾桶"（"删除"）按钮，按系统提示完成。

② 用户修改。在用户没有使用前，用户权限页面勾选需修改用户，单击"操作栏"下的"笔"（"修改"），修改其信息，特别是"可改登录日期"必须勾选，按系统提示保存。

③ 增加组别时，用户组页面只有"保存"，资料保存后自动返回用户权限页面；增加用户时，用户管理页面既有"保存"，又有"保存新增"，"保存"的作用是保存已录入的用户档案，系统自动返回到用户权限页面，"保存新增"的作用是在用户管理页面保存已记录用户档案，并新增一空白记录。

④ 用户管理页面不必退出可直接录入其他用户组的用户，但要注意所属用户组是否正确。

⑤ 用户档案一经保存，系统赋予该用户其所属用户组的全部权限。权限应授予所属用户组。

3）用户组授权

一般情况下，系统预置用户组已预置全部或部分权限，其中账套主管组已含有系统全部功能权限，不需另外授权，其他组别则需要检查其权限是否符合表1-2-2的权限要求。其中，出纳组授权流程如下所述。

（1）以账套主管"10544553145"的身份于2020-06-01登录，"系统管理——基本设置"处单击"用户权限"，用户组选择"出纳组"，用户权限页面单击"组授权"。"产品功能"处单击"往来现金"，在右侧"授权详情"中，功能点名称左侧勾选其复选框，对勾选的功能进行保存。

出纳"往来现金"授权页面，如图1-2-19所示。

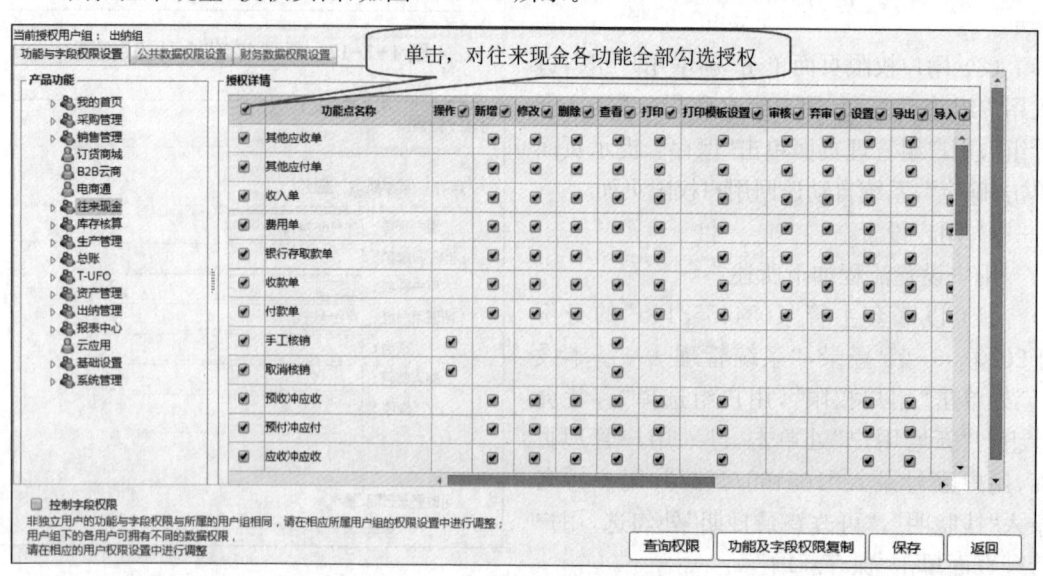

图1-2-19　出纳"往来现金"授权页面

（2）产品功能选择"总账"，右侧凭证"出纳签字"处勾选其复选框，对勾选的功能进行保存；依次进行"基础设置""系统管理"的授权工作。全部授权完成后页面需单击"返回"，返回至用户权限页面。

（3）存货会计组和资产会计组等其他组别，分别授予其表 1-2-2 所列权限。

2. 选项设置

选项设置中的选择将决定用户使用系统的业务流程、业务模式和数据流向。选项设置内容根据公司开通系统功能、公司管理要求而定。本公司选项设置包括"公共""采购""往来/出纳""销售""库存""核算""财务""凭证接口"和"生产"9项内容，其中"公共"选项已在建账时设置，"采购""销售""核算"和"生产"等选项默认其功能，不需要另行设置，其他选项需要进行具体设置。

其他选项设置步骤如下：

（1）以账套主管"10544553145"的身份于 2020-06-01 登录。"系统管理——基本设置"处单击"选项设置"，其具体选项排列一行。

选项设置中具体选项页面，如图 1-2-20 所示。

图 1-2-20　选项设置中具体选项页面

（2）选项设置页面单击"往来/出纳"选项，出纳管理功能"现结类单据生效时自动登记现金银行日记账"应勾选其复选框。其他有复选框的还有"支票自动报销""现金银行日记账需要审核""现金银行日记账允许插行"等，这些选项均默认处理。

（3）选项设置页面单击"库存"选项，"仓库允许零库存出库"应勾选其复选框，可用量控制已勾选选项应全部取消勾选。本公司对产品进行大量生产，这些存货没有根据销售订单组织生产，采用全月平均法计量的产品生产完工入库的记录均在会计期末，平时无法进行可用量的精准控制，且这些存货在仓库中会发生库存为零且继续出库现象（简称零库存）。

（4）选项设置页面单击"财务"选项，"现金流量必录"勾选其复选框。

（5）选项设置页面单击"凭证接口"选项，存货盘点生成凭证的单据选择"其他出入库单"，"控制借（贷）方合计金额不变"复选框取消勾选［有些生成的凭证需要增加科目及金额，因而会导致借贷合计金额发生变化，故此不允许勾选"控制借（贷）方合计金额不变"］。

（6）选项设置页面单击"确定"。

3. 部门设置

本公司下设五个部门，根据表 1-1-1 进行设置。部门档案设置步骤如下所述。

（1）一级部门录入。以账套主管"10544553145"的身份于 2020-06-01 登录，"基础设置——基本信息"处单击"部门"。部门页面单击"新增"，进入部门档案页面，部门编号录入"11"，名称录入"管理"，部门档案页面单击"保存新增"。

一级部门档案页面，如图 1-2-21 所示。

（2）二级部门录入。部门编号录入"111"，名称录入"办公室"，上级部门选择"管理部门"（或上级部门录入代码"11"并单击部门名称），部门档案页面单击"保存新增"。

二级部门档案页面，如图 1-2-22 所示。

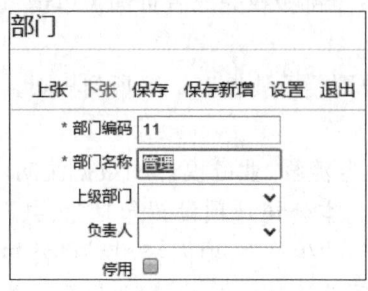
图 1-2-21　一级部门档案页面

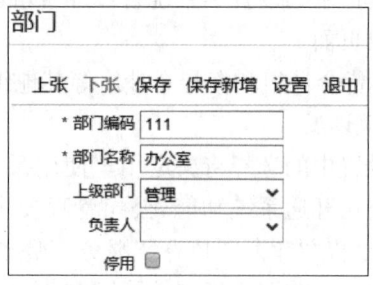
图 1-2-22　二级部门档案页面

（3）根据（1）和（2）两个流程的设置方法依次录入其他部门档案。

部门页面，如图 1-2-23 所示。

图 1-2-23　部门页面

需要说明的是：

① 部门档案的新增、修改和删除等均在部门页面中进行，修改、删除部门应选择具体的部门。

② 删除部门前要求该部门没有使用过，否则无法删除该部门。

③ 销售部作为非专设销售机构，应作为管理部门处理。

④ 部门档案可用于业务和财务共享，财务中可在相关科目设置"部门"辅助核算。如有多个生产车间时，"制造费用"科目可设置为部门核算，利用已设置的生产部门档案归集该生产部门发生的各种制造费用。

4. 员工设置

根据表 1-1-5 进行员工档案设置。员工档案设置步骤如下所述。

（1）以账套主管"10544553145"的身份于 2020-06-01 登录。"基础设置——基本信息"处单击"员工"；员工页面中，部门选择"办公室"，单击"新增"；员工档案页面，员工编码录入"11101"，员工名称录入"姜亚兴"；选择职务左侧下拉键，已有职务可直接选择，职务中没有预置的，下拉菜单单击"增加"。

员工档案页面，如图 1-2-24 所示。

（2）在职务档案页面，名称处录入"法人/董事长"，职务档案进行保存后退出。

职务档案页面，如图 1-2-25 所示。

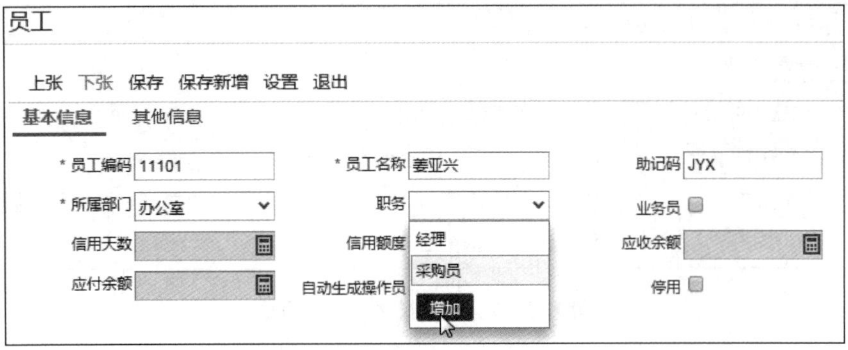

图 1-2-24 员工档案页面

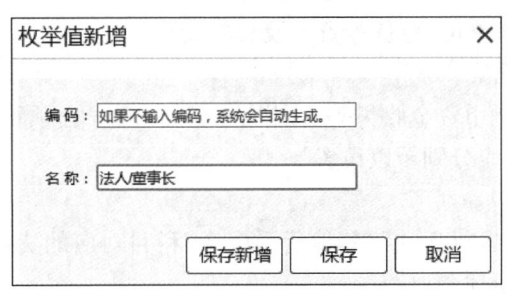

图 1-2-25 职务档案页面

（3）在员工档案页面，职务选择"法人/董事长"。员工档案页面单击"保存新增"。员工档案完成页面，如图 1-2-26 所示。

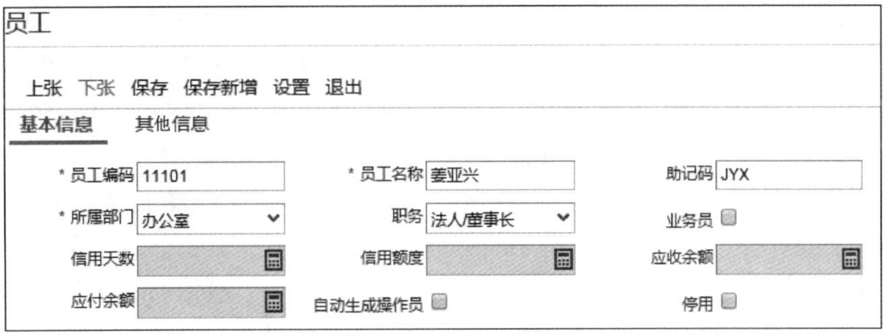

图 1-2-26 员工档案完成页面

（4）含业务员的员工档案录入。员工页面中，部门选择"采购部"，右侧单击"新增"，员工编码录入"11310"，员工名称录入"崔浩朴"，职务选择"采购经理"，"业务员"勾选其复选框，员工档案页面单击"保存新增"。

业务员员工档案页面，如图 1-2-27 所示。

（5）根据部门顺序，其他员工档案全部录入系统。

需要说明的是：

①"业务员"是指购销系统中的经办人员。若购销人员不勾选业务员复选框，在购销存系统单据中的"业务员"无法选择该员工。

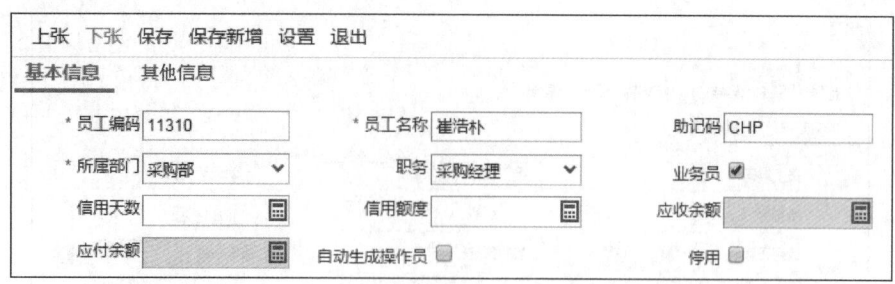

图 1-2-27　业务员员工档案页面

② 员工档案可用于业务财务共享，在财务中科目应设置"个人往来"辅助核算，如"其他应收款——职工往来"科目可设置"个人往来"辅助核算。

（三）公司账号、往来单位、存货等资产及相关设置

1. 账号、结算方式设置

账号和结算方式是货币资金收付等业财融合基础。T+已预置现金账号和部分结算方式，银行账户和结算方式应分别予以设置。

1）银行账号设置

银行账号是出纳对"银行存款""其他货币资金"科目对应的货币资金进行管理的场所。银行账号设置流程如下所述。

（1）以账套主管"10544553145"的身份于2020-06-01登录。"基础设置——收付结算"处单击"账号"；账号页面单击"新增"，进入账号档案页面，账号名称录入"A01"（基本结算户代码）、账号类型选择"银行"；开户银行处录入"建行常州钟楼支行"，银行档案自动显示此银行名称，双击该信息，若银行档案显示为空，则在银行档案中增加该银行名称，再予以选择，所有银行档案均以此方式完成；账号已有信息删除并录入"41431579931221"，"银行对账"勾选其复选框；账号档案页面单击"保存新增"。

账号档案页面，如图1-2-28所示。

（2）根据（1）的步骤进行其他账号的设置。其中"A02"为承兑保证金专户，"A03"为存出投资款专户。

账号页面，如图1-2-29所示。

2）结算方式设置

以账套主管"10544553145"的身份于2020-06-01登录。"基础设置——收付结算"处单击"结算方式"，结算方式页面已预置部分结算方式，如现金、支票、银行汇票、银行本票、信用卡、微信及支付宝等；结算方式页面

图 1-2-28　账号档案页面

我的桌面 | 初始化导航 | 畅捷教育 | 账号 ×

新增 修改 删除 打印 导入 退出

序号	☐	账号名称	账号类型	开户银行	账号	赤字控制	银行对账	对账启用日期	对账单余额方向
1	☐	现金	现金		现金	否	否		
2	☐	A01	银行	建行常州钟楼支行	41431579931221	否	是	2020-06-01	借方
3	☐	A02	银行	建行常州钟楼支行	41795464640263	否	是	2020-06-01	借方
4	☐	A03	银行	建行常州钟楼支行	62871887507669	否	是	2020-06-01	借方

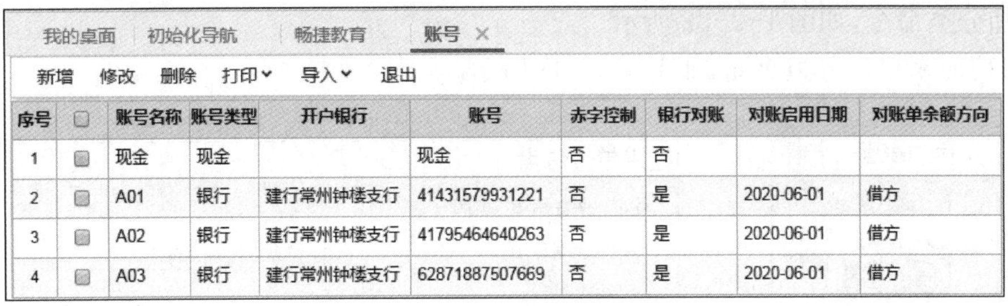

图 1-2-29　账号页面

单击“新增”，进入结算方式档案页面，结算方式编码录入“201”，结算方式名称录入“现金支票”，默认账号选择“A01”（在业务发生选择该结算方式时，自动弹出默认账号，若不是默认账号，可以更换其他账号）；结算方式档案页面单击“保存新增”。其他需增加结算方式依次录入。结算方式档案页面单击“退出”。

结算方式页面，如图 1-2-30 所示。

2. 往来单位分类及档案设置

往来单位设置包括往来单位分类设置及各类别下往来单位档案录入两部分。往来单位中，公司客户分类及已有档案如表 1-1-4 所示；公司供应商分类及已有档案如表 1-1-3 所示。往来单位分类及档案设置步骤如下所述。

1）公司往来单位分类设置

公司往来单位分类包括票据客户、一般客户、股权投资对象、股票投资对象、票据供应商、一般供应商、股东和内部职工等。往来单位分类的设置流程如下所述。

（1）以账套主管“10544553145”的身份于2020-06-01 登录。“基础设置——基本信息”处单击“往来单位”。

往来单位页面，如图 1-2-31 所示。

我的桌面 | 初始化导航 | 畅捷教育 | 结算方式 ×

新增 修改 删除 打印 导入 退出

序号	☐	结算方式编码	结算方式名称	默认账号	支票管理	停用
1	☐	1	现金	现金	否	否
2	☐	2	支票		否	否
3	☐	201	现金支票	A01	否	否
4	☐	202	转账支票	A01	否	否
5	☐	3	银行汇票		否	否
6	☐	4	银行本票		否	否
7	☐	5	信用卡		否	否
8	☐	6	网银	A01	否	否
9	☐	7	电汇	A01	否	否
10	☐	801	银行承兑汇票	A01	否	否
11	☐	9	其他		否	否
12	☐	997	转账		否	否
13	☐	998	微信		否	否
14	☐	999	支付宝		否	否

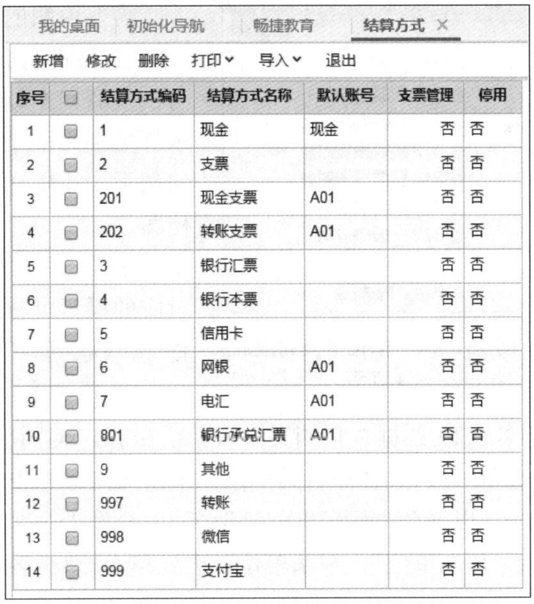

图 1-2-30　结算方式页面

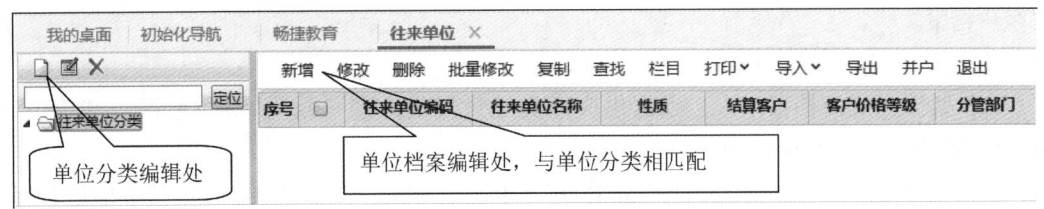

图 1-2-31　往来单位页面

（2）往来单位页面左侧单击“增加分类”，进入往来单位分类页面，分类编码录入“B11”，分类名称录入“票据客户”。

增加分类命令,如图 1-2-32 所示。

"B11"往来单位分类页面,如图 1-2-33 所示。

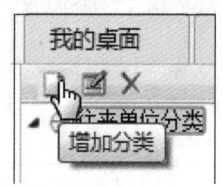

图 1-2-32 增加分类命令

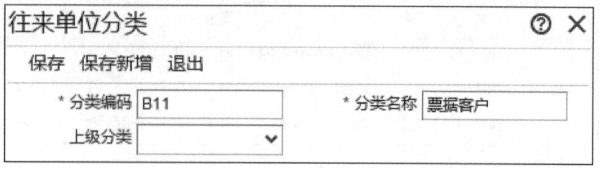

图 1-2-33 "B11"往来单位分类页面

(3) 往来单位分类页面单击"保存新增"。分类编码录入"B12",分类名称录入"一般客户",该页面单击"保存新增";在往来单位分类页面依次完成各往来单位分类;完成后,往来单位分类页面单击"退出"或"×"。

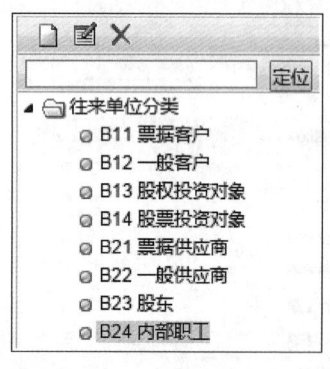

图 1-2-34 单位分类完成后页面

单位分类完成后页面,如图 1-2-34 所示。

需要说明的是:

① 为进行公司全部的业财融合,往来单位不仅录入客户与供应商档案,还应录入其他类别单位档案,如内部职工和股东等类别。往来单位均可由业务财务共享信息,在财务中科目勾选了"往来单位"辅助核算,自动共享业务单据中的单位档案。

② 单位分类可根据业务类型确定,根据单位分类设置其对应的科目可与财务相匹配,如票据客户/供应商类别,分别设置"应收票据"/"应付票据"入账科目,为业财融合奠定基础。

2) 往来单位档案录入

(1) 票据客户档案录入。票据客户类别应设置的入账科目为"应收票据",其下属单位性质一般为"客户",其单位档案录入流程如下:

以账套主管"10544553145"的身份于 2020-06-01 登录。"基础设置——基本信息"处单击"往来单位"。往来单位分类处单击"票据客户",页面右侧单击"新增",进入往来单位档案页面,单位名称录入"苏州阳晨有限公司",简称自动生成,性质选择"客户",开户银行通过银行档案设置并选择"建行苏州相城支行",账号录入"41622124193838",纳税号录入"913205072176074283",一般带"*"号的是必录项。该页面单击"保存新增"。录入其他票据客户档案。

票据客户档案页面,如图 1-2-35 所示。

(2) 票据供应商档案录入。票据供应商类别设置的入账科目为"应付票据",其单位性质一般为"供应商",其单位档案录入流程如下:

以账套主管"10544553145"的身份于 2020-06-01 登录。"基础设置——基本信息"处单击"往来单位"。往来单位分类处单击"票据供应商",右侧单击"新增",进入票据供应商档案页面,单位名称录入"徐州铜山有限公司",简称自动生成,性质选择"供应商",开户银行档案设置并选择"建行徐州铜山支行",账号录入"41622124051099",纳税号录入"913203122176074283","供应商报价是否含税"选择"是"(本教材中凡单位性质中含有"供

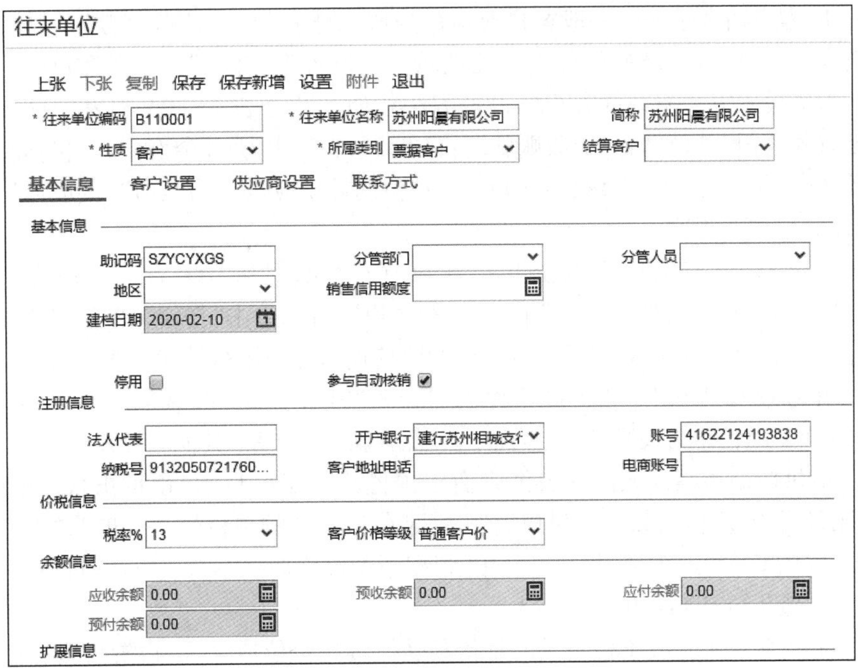

图 1-2-35　票据客户档案页面

应商"的,供应商报价是否含税均选择"是"),一般带" * "号的是必录项。该页面单击"保存新增"。录入其他票据供应商档案。

票据供应商档案页面,如图 1-2-36 所示。

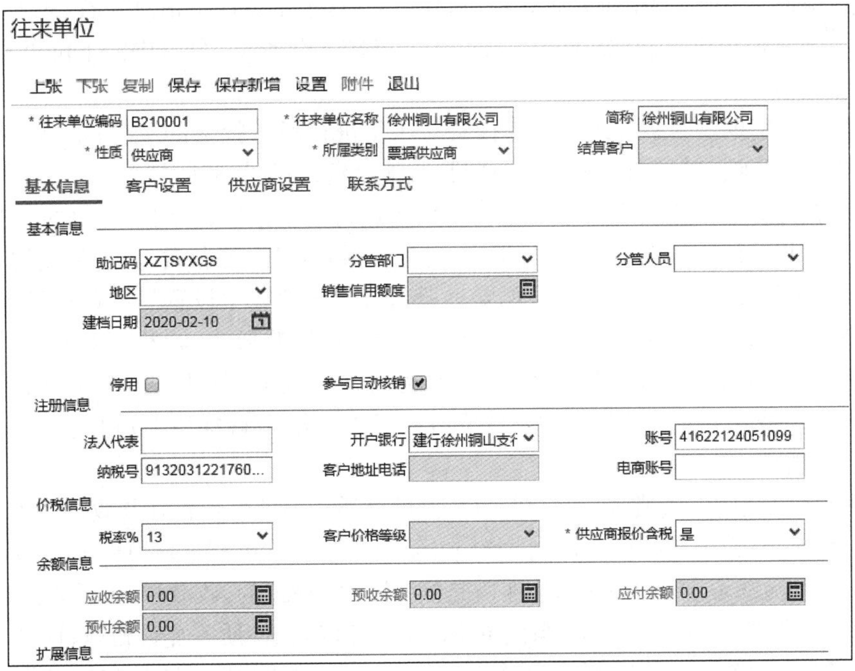

图 1-2-36　票据供应商档案页面

（3）一般客户档案录入。一般客户对应的应收入账科目为"应收账款"，预收入账科目为"合同负债"。一般客户类型的往来单位性质一般设置为"客户"。一般客户的档案，如表1-1-4所示，其设置方法与票据客户的设置方法相似。结合表1-1-4和表1-1-8，其中的"常州博爱有限公司"既包括在"应收账款"科目2020年5月31日余额中，还包括在"其他应付款"科目2020年5月31日余额中，因此，该单位的性质应设置为"客户/供应商"。该单位档案的录入流程如下所述。

以账套主管"10544553145"的身份于2020-06-01登录。"基础设置——基本信息"处单击"往来单位"。在左侧"往来单位分类"单击"一般客户"，右侧单击"新增"，单位名称录入"常州博爱有限公司"，简称自动生成，性质选择"客户/供应商"，开户银行档案设置并选择"建行常州天宁支行"，账号录入"41951231336820"，纳税号录入"913204029388980322"，供应商报价是否含税选择"是"，其他信息自动默认，该页面单击"保存新增"。录入其他一般客户档案。

（4）一般供应商档案录入。一般供应商中预付款入账科目为"预付账款——供应商"，应付款入账科目为"应付账款——供应商"。一般供应商中的单位性质一般为"供应商"。一般供应商单位档案详细信息在表1-1-3中，根据票据供应商档案录入方法，将所有一般供应商档案录入一般供应商类别中。

（5）股东档案录入。股东档案录入是指接受投资的单位或个人，设置科目一般有"应付股利""实收资本"等，由于接受投资、分配股利等业务涉及往来现金系统，为便于单据处理，设置其为往来单位类别，在往来现金相关单据中处理。其档案录入流程如下：

以账套主管"10544553145"的身份于2020-06-01登录。"基础设置——基本信息"类别中单击"往来单位"；左侧"往来单位分类"单击"股东"，右侧单击"新增"，在"往来单位"页面中，单位编码自动生成，单位名称录入"常州立马股份有限公司"，简称自动生成，注意性质选择"客户/供应商"，"供应商报价是否含税"选择"是"（这些单位详细信息缺省，录入带"*"的基本信息），该页面单击"保存新增"。根据表1-1-8"实收资本"科目中的单位资料，录入其他股东档案。

（6）其他类别单位档案录入。股权投资对象指进行股权投资的单位；不具有控制权的股权投资设置"其他权益工具投资"入账科目，其他投资设置"长期股权投资"入账科目；具体单位包括江苏远景有限公司等。股票投资对象指进行股票投资的单位，若其投资进行公允价值计量且其损益计入当期损益的，设置"交易性金融资产"入账科目，其他的设置入账科目为"其他权益工具投资"等；具体单位，如宏远股份等。内部职工设置的入账科目为"其他应收款——职工往来"，这些单位与公司款项结算具有收/付款形式，涉及往来现金系统，为方便往来现金相关单据中进行业务处理，设置其为往来单位类别；其具体单位，如傅世惠等。这些单位，根据表1-1-8相关科目中的单位信息分别归类，准确在该类别下录入单位档案。

需要说明的是：

① 在T+系统中应谨慎区分客户与供应商的性质。单位性质往往与收付款单的填制相关，如单位性质是"客户"的，只能填制收款单，无法填制付款单；单位性质是"供应商"的，只能填制付款单，无法填制收款单；单位性质是"客户/供应商"的，收款单和付款单均可填制。已选择"客户/供应商"性质的单位，当该单位已被应用时，该性质不允许修改；而选择"客户"或"供应商"性质的单位，即使该单位已被应用，也可将该单位的性质改为"客户/供应商"。因此，基于谨慎的要求，对于公司的客户或供应商，首次设置档案时，其单位性质一般设为单一的

性质,当业务发生时,而单据中无法选择该单位时,将该单位的性质改为"客户/供应商"。

② 涉及非采购或销售等主要经营过程业务的单位,如股权投资对象、股票投资对象、内部职工和股东等类别所属单位,可参照购销业务或往来现金等收付使用情况进行分析处理。

③ "其他应收款——职工往来"科目可设置"往来单位"辅助核算,共享"内部职工"类别中的具体档案。

④ 往来单位档案除录入单位基本信息外,还可以设置该单位的分管部门和分管人员,在业务中选择该单位时,在相关单据中自动录入该单位已设置的部门和业务员。

3. 与存货等资产相关设置

存货等资产主要包括存货资产和需计提折旧或摊销的资产两大类。

1) 存货资产及相关设置

存货资产及相关设置包括仓库、存货分类及档案以及产品结构的设置工作。

(1) 公司仓库设置。公司设置的仓库信息,如表 1-1-2 所示,由办公室孙民里负责管理;公司仓库档案设置步骤如下所述。

以账套主管"10544553145"的身份于 2020-06-01 登录。"基础设置——基本信息"处单击"仓库";仓库页面单击"新增",进入仓库档案页面,仓库编码录入"301",仓库名称录入"综合库",负责人选择"孙民里",取消"参与可用量"的勾选。该页面单击"保存新增"。录入"委托代销库"仓库档案。

仓库页面,如图 1-2-37 所示。

图 1-2-37 仓库页面

(2) 存货分类及档案设置。根据公司存货资产及会计政策,存货设置的流程包括设置存货的分类及每个存货分类下具体存货档案,结合期初库存信息,完成存货分类与档案的统计工作。

存货分类及档案表,如表 1-2-3 所示。

表 1-2-3 存货分类及档案表

存货分类				存货档案				
存货类别编号	存货类别名称	二级类别编号	二级类别名称	具体存货编号	具体存货名称	用途	计量单位	计价方法
31	原材料			310101	M101	外购、销售、生产耗用,税率13%	千克	全月平均法
				310102	N102	外购、销售、生产耗用,税率13%	千克	全月平均法
				310103	WH01	外购、生产耗用,税率13%	千克	先进先出法

(续表)

存货分类				存货档案			
32	周转材料	321	低值易耗品	321101	工作服	外购、生产耗用,税率13%	件	全月平均法
		322	包装物	322101	1号纸箱	外购、销售、生产耗用,税率13%	只	全月平均法
				322102	周转箱	外购、销售、生产耗用,税率13%	只	全月平均法
33	库存商品			330101	X201	销售、自制,税率13%	件	全月平均法
				330102	Y202	销售、自制,税率13%	件	全月平均法
				330201	WS01	销售,税率13%	件	先进先出法

① 存货分类设置。以账套主管"10544553145"的身份于2020-06-01登录。"基础设置——基本信息"处单击"存货";存货页面左侧单击"增加分类",在存货分类档案页面,根据表1-2-3依次录入一级存货分类信息及其下属存货分类信息,下级存货分类必须正确选择所属的上级存货分类编码,每录入完成一个存货分类,该页面必须单击"保存新增"。

② 存货档案设置。以账套主管"10544553145"的身份于2020-06-01登录。"基础设置——基本信息"处单击"存货";存货页面左侧存货分类选择"原材料",右侧单击"新增",进入存货档案页面,存货编码录入"310101",存货名称录入"M101",计价方式选择"全月平均",税率默认(公司基本信息中已预置),计量方式选择"单计量",计量单位录入并选择"千克"(所有存货计量方式均为单计量,用户需在计量单位档案增加该计量单位后再进行选择),存货属性勾选以下选项:"外购""销售""生产耗用"(材料出库单填制时的必选项),该页面单击"保存新增"。根据表1-2-3录入其他存货档案。

存货页面,如图1-2-38所示。

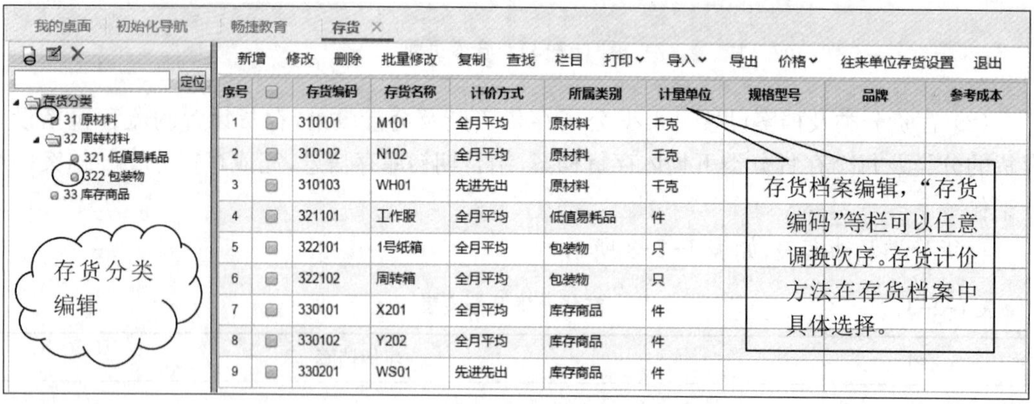

图1-2-38 存货页面

需要说明的是,存货档案可以共享给业务和财务。财务中会计科目需设置"存货"辅助核算,即可共享存货信息。存货分类是业财融合的基础。

(3) 产品结构设置。产品结构在T+系统中称为"物料清单",分为父件和子件两部分,父件为本公司主要生产的X201和Y202产品;子件为父件产品耗用的材料或零部件,本教材子件为原材料。其中"版本号"为父件产品的编码＋批号,本教材产品是批量生产,无批号,则"版本号"采用产品编号。

公司物料清单父件信息表,如表1-2-4所示。

表1-2-4　　　　　　　　　公司物料清单父件信息表

父件编码	父件名称	版本号	生产数量	生产车间	预入仓库	成品率	默认BOM
330101	X201	330101	1.00	生产车间	综合库	100%	是
330102	Y202	330102	1.00	生产车间	综合库	100%	是

公司物料清单子件结构表,如表1-2-5所示。

表1-2-5　　　　　　　　　公司物料清单子件结构表

父件名称	子件名称	需用数量	损耗率	预出仓库
X201	M101	10.00	0	综合库
X201	N102	8.00	0	综合库
Y202	M101	9.00	0	综合库
Y202	N102	5.00	0	综合库

产品结构设置步骤如下:

以账套主管"10544553145"的身份于2020-06-01登录。"基础设置——基本信息"处单击"物料清单";物料清单页面单击"新增",进入物料清单维护页面,父件编码选择"330101",父件名称、生产数量、默认BOM、成品率自动生成,版本号录入"330101",生产车间选择"生产车间",预入仓库选择"综合库";在"子件页签"中,子件编码分别选择"M101"和"N102",需用数量分别录入"10"和"8",预出仓库均选择"综合库",该页面完成后进行保存和审核。完成Y202产品物料清单的设置工作。

X201物料清单维护页面,如图1-2-39所示。

图1-2-39　X201物料清单维护页面

需要说明的是:

① 凡T+系统中录入必要的数据后,该数据自动调整为规定的数值格式。

② 物料清单与供应链业务相关,凡单据中有"审核"功能,单据必须完成审核手续,该单据才能被后续业务使用,否则,后续业务无法正常进行。

2) 需要计提折旧或摊销的资产设置

公司需要计提折旧或摊销的资产包括投资性房地产、固定资产、无形资产和长期待摊费用等。如果投资性房地产采用公允价值计量的,一般不宜在资产管理中使用。资产设置包括资产属性设置和资产分类设置,本公司相关的资产属性与分类已汇编成需计提折旧/摊销资产属性及分类一览表。

需计提折旧/摊销资产属性及分类一览表,如表1-2-6所示。

表1-2-6　　　　　　　　需计提折旧/摊销资产属性及分类一览表

资产属性编码	资产属性名称	资产分类编码	资产分类名称	预计使用年限	摊销方法	净残值率	默认税率	卡片样式
01	固定资产	01	房屋建筑物	20	年限平均法	4%	9%	折旧通用
		02	生产设备	10			13%	
		03	器具工具家具	5			13%	
		04	运输工具	4			13%	
		05	电子设备	3			13%	
03	无形资产	31	专利权	10	年限平均法	0	6%	摊销通用
		32	专有技术	10		0	6%	
		33	土地使用权	50		0		
05	投资性房地产	51	出租房屋	20		4%	9%	折旧通用
11	长期待摊费用	61	投资性房屋装修	5		0		摊销通用

资产设置包括属性设置和资产分类设置两个步骤。其中,资产属性相当于资产大类,如固定资产类和无形资产类等。资产分类是资产大类下的具体分类,如固定资产大类下分设房屋建筑物、生产设备等具体小类。

(1) 资产属性设置。系统已预置固定资产等资产属性,需增设投资性房地产属性,其设置流程为:以账套主管"10544553145"的身份于2020-06-01登录。"基础设置——财务信息"处单击"资产属性";资产属性页面单击"新增",进入资产属性档案页面,资产属性编码录入"05",资产属性名称录入"投资性房地产",计提方式选择"增加次月开始计提","默认折旧/摊销"勾选其复选框,该页面进行保存后退出。

资产属性中已预置的"周转材料"属性,其摊销方式只能选择"一次摊销法"或"五五摊销法",不能改为常用的"分期摊销法",且本公司采用的一次摊销法不再对已领用的周转材料进行管理,因而,周转材料不纳入资产管理系统,故需要将其删除。此属性不能直接删除,需要将相关联的"总账——日常业务——科目设置"中的"周转材料"科目删除,以及周转材料的分类删除后,才能删除"周转材料"属性。其具体删除流程,将在资产分类设置完成后进行说明。

(2) 资产分类设置。资产分类设置包括已有资产分类的修改(如固定资产)和新增资产分类(固定资产以外其他资产),但这些操作,均在同一页面完成。资产分类设置操作流程如下所述。

以账套主管“10544553145”的身份于 2020-06-01 登录。“基础设置——财务信息”处单击“资产分类”；在资产分类“01”勾选其复选框，资产分类页面单击“修改”，进入资产分类档案页面，默认净残值率改为“4%”，勾选“默认抵扣进项税”，默认税率改为“9%”，该页面保存后进入下一张。对其他已存在资产分类根据表 1-2-6 的次序分别修改。资产分类档案页面单击“保存新增”，对未预置资产分类逐项录入。所有资产分类录入后退出资产分类档案页面。

资产分类页面，如图 1-2-40 所示。

序号		资产分类编码	资产分类名称	资产属性	默认使用年限	默认净残值率%	默认折旧/摊销方法	卡片样式
1		01	房屋建筑物	固定资产	20年	4.000000	年限平均法	折旧通用（固定资产适用）
2		02	生产设备	固定资产	10年	4.000000	年限平均法	折旧通用（固定资产适用）
3		03	器具工具家具	固定资产	5年	4.000000	年限平均法	折旧通用（固定资产适用）
4		04	运输工具	固定资产	4年	4.000000	年限平均法	折旧通用（固定资产适用）
5		05	电子设备	固定资产	3年	4.000000	年限平均法	折旧通用（固定资产适用）
6		31	专利权	无形资产	10年	0.000000	年限平均法	摊销通用（无形资产适用）
7		32	非专利技术	无形资产	10年	0.000000	年限平均法	摊销通用（无形资产适用）
8		33	土地使用权	无形资产	50年	0.000000	年限平均法	摊销通用（无形资产适用）
9		51	出租房屋	投资性房地产	20年	4.000000	年限平均法	折旧通用（固定资产适用）
10		61	投资性房屋装修	长期待摊费用	5年	0.000000	年限平均法	摊销通用（无形资产适用）

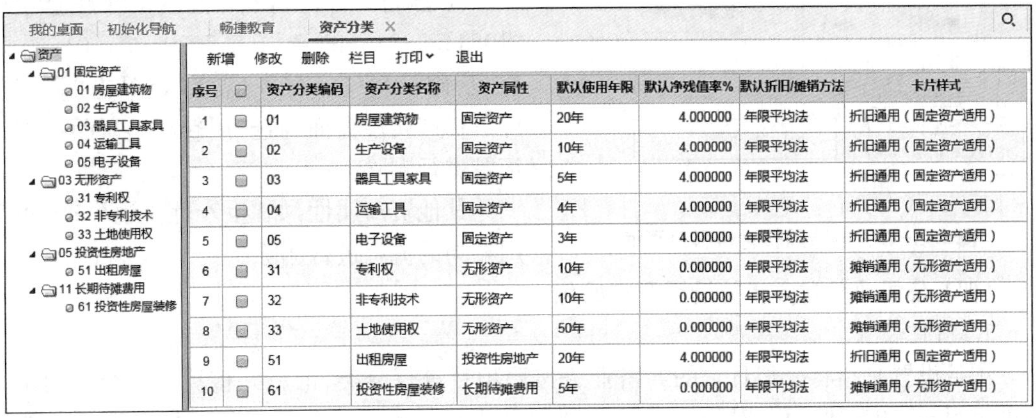

图 1-2-40　资产分类页面

(3) 周转材料属性的删除。周转材料属性的删除包括周转材料各分类的删除、总账——日常业务——科目设置中删除周转材料入账科目以及周转材料属性的删除三个部分。周转材料属性具体删除流程如下：

① 周转材料各分类的删除。以账套主管“10544553145”的身份于 2020-06-01 登录。“基础设置——财务信息”处单击“资产分类”；资产分类页面勾选“低值易耗品”分类，对该记录进行删除并确定；资产分类页面勾选“包装物”分类，对该记录进行删除并确定。

② 周转材料入账科目的删除流程。该删除流程共有如下三个步骤：

A. 以账套主管“10544553145”的身份于 2020-06-01 登录。“总账——日常业务”处单击“科目设置”。

科目设置页面，如图 1-2-41 所示。

B. 在分组中选择“资产”，资产科目扩展单击“设置”，“周转材料”序号处单击，编辑栏单击“删行”，资产科目扩展设置页面进行保存后退出。

序号	类别	科目编码	科目名称	扩展设置
1	进项税科目	22210101	进项税额	设置
2	销项税科目	22210106	销项税额	设置
3	差异科目	1901	待处理财产...	设置
4	存货科目	1403	原材料	设置
5	存货对方科目			设置
6	采购科目	1401	材料采购	设置
7	采购费用科目	1401	材料采购	设置
8	暂估应付款科目	2202	应付账款	设置
9	销售科目	6001	主营业务收入	设置
10	应付科目	2202	应付账款	设置
11	预付科目	1123	预付账款	设置
12	应收科目	1122	应收账款	设置
13	预收科目	2203	预收账款	设置

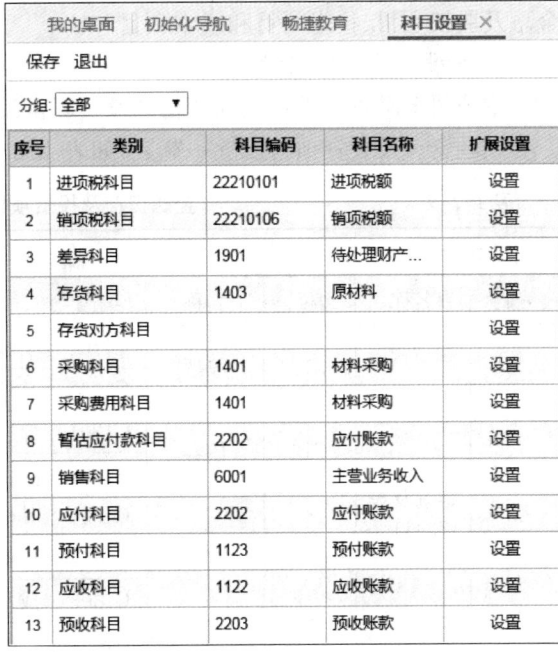

图 1-2-41　科目设置页面

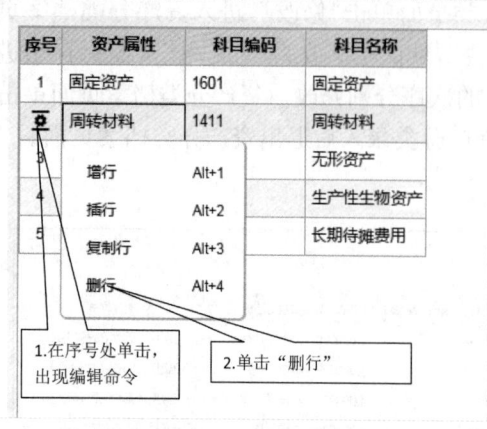

图 1-2-42　删除周转材料科目页面

删除周转材料科目页面，如图 1-2-42 所示。

C. 在分组中选择"资产"，累计折旧/累计摊销科目扩展单击"设置"，周转材料科目序号处单击，编辑栏单击"删行"，累计折旧/累计摊销科目扩展设置页面进行保存后退出。

③ 删除"周转材料"属性。以账套主管"10544553145"的身份于 2020-06-01 登录。在"基础设置——财务信息"处单击"资产属性"，资产属性页面勾选"周转材料"属性，对该记录进行删除。

其他资产属性，如"生产性生物资产"可采用相同的流程进行删除。

（四）公司业务财务相关设置及初始化

1. 项目设置

项目设置是指将公司日常的经济业务按照项目进行分类、汇总并核算。一个公司项目的种类很多，如在建工程、对外投资、技术改造和合同订单等。在 T＋系统中，项目可作为科目中辅助核算的组成部分，即在科目数量不变的情况下，该科目可进行具体的明细核算，如固定资产清理等科目；项目可不作为科目辅助核算的组成部分，即项目在业务中涉及但科目并不进行项目辅助核算。设置完善的项目体系，通过在"总账——日常业务——科目设置"中根据项目选择对应的科目，完成业财融合。

本教材设置的项目包括金融及投资项目、往来项目、成本项目和存货等，期初主要介绍金融及股权项目、往来项目和成本项目。

1) 金融及股权项目设置

本公司金融资产项目根据期初余额资料汇编成金融资产及投资项目设置一览表。

金融资产及投资项目设置一览表，如表 1-2-7 所示。

表 1-2-7　　　　　　　　金融资产及投资项目设置一览表

1级分类		2级分类		项目		对应的入账科目
编码	名称	编码	名称	编码	名称	
C1	金融及投资项目	C11	股票	C1101	交易性金融资产	交易性金融资产——成本
				C1102	其他权益工具投资	其他权益工具投资——股票
		C12	债券	C1201	债权投资	债权投资
				C1202	其他债权投资	其他债权投资
		C13	股权	C1301	其他权益工具投资	其他权益工具投资——股权
				C1302	权益法	长期股权投资——成本
				C1303	成本法	长期股权投资——成本
		C14	应收收益	C1401	应收股利	应收股利
				C1402	应收利息	应收利息

需要说明的是,金融及股权项目的设置一般与往来单位相联系,这些项目对应的科目均设置了"往来单位"辅助核算,但在往来单位分类中,同一类别,在不同项目下设置的科目是不同的。金融及投资项目是按金融种类,根据不同的目的设置具体项目。项目的设置,要求项目目的明确,项目的数量少且稳定,在不同类别的项目中项目名称最好不同,以防项目选择错误。

金融项目设置一般步骤是:

以账套主管"10544553145"的身份于 2020-06-01 登录。"基础设置——基本信息"处单击"项目";项目页面左侧单击"增加分类",项目分类页面中,一级分类设置,分类编码处录入"C1",分类名称录入"金融及投资项目",该页面单击"保存新增";二级分类设置,分类编码处录入"C11",分类名称录入"股票",上级分类选择编码"C1",该页面单击"保存新增";完成全部二级分类设置,项目分类页面单击"退出";具体项目设置:项目分类选择"C11 股票",右侧单击"新增",在项目档案页面中,编码录入"C1101",名称录入"交易性金融资产",所属类别自动出现"股票",该页面单击"保存新增"。其他项目依次录入。

项目档案页面,如图 1-2-43 所示。

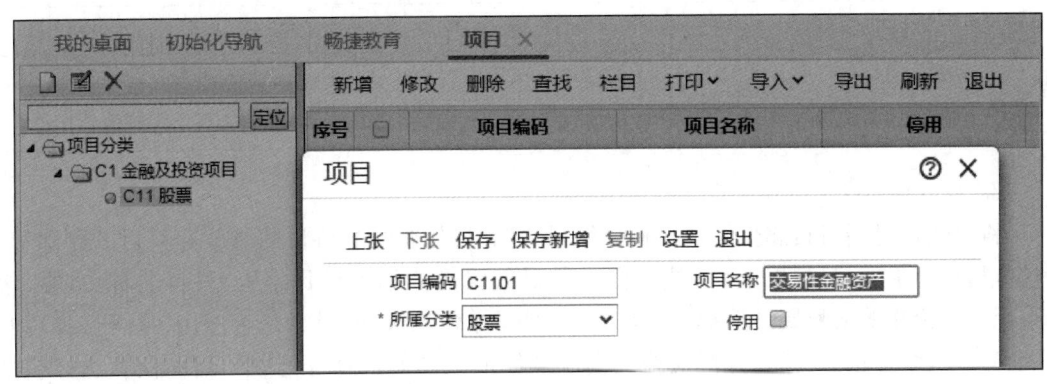

图 1-2-43 项目档案页面

需要说明的是,其他金融项目分类及项目的设置与上述金融资产设置步骤相同。项目分类增加时,需要注意选择上一级的项目分类是否正确。增加具体项目时,必须要辨析其所属的项目分类是否正确。

2) 往来项目设置

往来项目主要针对往来单位或个人与正常购销业务相关的业务进行结算的分类汇总,如押金和暂收客户押金/暂付供应商押金,其科目分别为其他应付款/其他应收款等,期初往来项目与对应的入账科目已汇编成往来项目一览表。往来项目的设置与金融资产项目的设置步骤相同。

往来项目一览表,如表 1-2-8 所示。

3) 成本项目设置

成本项目主要用于确定各对象的支出总和,如委外加工产品的费用合计、自制产品料、工、费合计等,这些项目一般构成相应科目的辅助核算项,预置成本项目及对应入账科目已汇编成成本项目一览表。成本项目设置与金融资产项目的设置步骤相同。

成本项目一览表,如表 1-2-9 所示。

表 1-2-8　　　　　　　　　　　往来项目一览表

1级分类		2级分类		具体项目		入账科目
编码	名称	编码	名称	编码	名称	
C2	往来项目	C21	单位往来	C2101	押金	客户:其他应付款,供应商:其他应收款
		C22	职工往来			
		C23	特殊销售	C2301	预计退货	成本:应收退货成本,预计收益:预计负债——应付退货款
		C24	股东往来	C2401	接受投资	实收资本等
				C2402	应付股利	应付股利

表 1-2-9　　　　　　　　　　　成本项目一览表

1级分类		2级分类		具体项目		入账科目
编码	名称	编码	名称	编码	名称	
C3	成本项目	C31	委托加工	C3101	WS01 产品	委托加工物资
		C32	自制产品	C3201	X201 产品	生产成本——直接材料、生产成本——直接人工、生产成本——制造费用等
				C3202	Y202 产品	

2. 科目编辑

科目编辑是指科目属性编辑。科目编辑包括科目的增加、科目的修改和科目的删除等。其中,科目增加或修改的编辑方法相同。科目编辑具体编辑科目编码、科目名称、现金/银行/现金等价物等科目属性选择、数量核算及计量单位的选择、科目是否停用、是否选择填制凭证时录入结算信息、是否选择受控类别以及辅助核算的选择等,其中,辅助核算选择包括部门、个人、往来单位和存货及项目等选择。科目的修改和删除将在新增第一个科目时补充说明其操作;基础科目体系根据公司具体管理和核算要求分别列表显示,这些科目均应完成其编辑。

1) 货币资金科目编辑

货币资金科目包括"库存现金""银行存款"及"其他货币资金"科目中总账及明细科目,其中总账科目已预置,需要新增其明细科目。

货币资金增设科目一览表,如表 1-2-10 所示。

表 1-2-10　　　　　　　　　　　货币资金增设科目一览表

科目代码	一级科目	二级科目	三级科目	科目属性	余额方向
100201	银行存款	建行 41431579931221		银行科目	借
101201	其他货币资金	承兑保证金 41795464640263		银行科目	借
10120201	其他货币资金	存出投资款	华兴证券 62871887507669	银行科目	借

具体设置步骤如下所述。

以账套主管"10544553145"的身份于2020-06-01登录。"基础设置——财务信息"处单击"科目";科目页面单击"新增",科目编辑页面中,科目编码录入"100201",科目名称录入"建行41431579931221",已默认为银行科目,填制凭证时录入结算信息勾选其复选框,该页面单击"保存新增"。科目编辑页面分别新增其他货币资金科目的两个子科目"101201 承兑保证金 41795464640263""101202 存出投资款"及所属三级科目"10120201 华兴证券62871887507669"。

科目编辑页面,如图1-2-44所示。

需要说明的是:

① 科目辅助核算编辑。进行科目编辑时,在该科目页面勾选其辅助核算复选框,即启用该科目的辅助核算。其中"项目"辅助核算,除勾选其复选框外,还需确定其项目分类,目的是缩小科目项目的查询范围。

② 科目删除。科目没有使用或在其他系统设置前可以删除。科目删除流程是:以账套主管"10544553145"的身份于2020-06-01登录。"基础设置——财务信息"处单击"科目",勾选需要删除的科目,单击"删除",根据系统提示完成删除工作;如果有明细科目的,不能直接删除上级科目,必须先删除其明细科目。

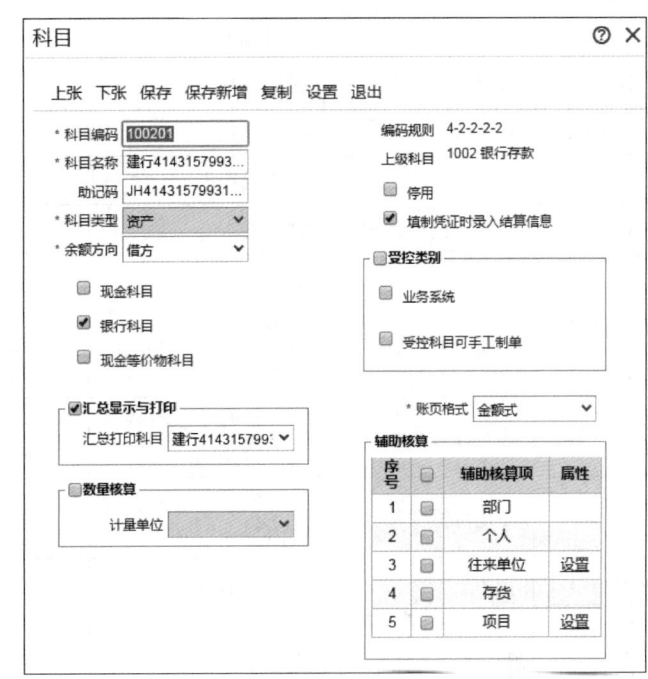

图 1-2-44　科目编辑页面

③ 科目修改。修改流程是:以账套主管"10544553145"的身份于2020-06-01登录。"基础设置——财务信息"处单击"科目",勾选需要修改的科目,单击"修改",对科目进行修改,单击"保存"。

④ 现金科目和银行科目的选择。系统自动将"库存现金"科目默认为"现金科目",新增科目时须将"银行存款"及"其他货币资金"的明细科目均勾选"银行科目"。其目的有两个方面:一是在生成或填制凭证时,可以核算这些货币资金科目的款项结算情况,便于出纳对账;二是在凭证中确定这些科目的现金流量项目及金额,便于自动生成现金流量表。

⑤ "银行存款"明细科目必须勾选"填制凭证时录入结算信息",否则,记账凭证中该银行存款明细科目的银行结算方式及票据号等信息无法显示。

2) 金融资产、股权投资及相关科目编辑

在教材中,该公司主要涉及需设置的金融资产、股权与其收益及相关明细科目已汇编成金融资产、收益及相关明细科目一览表。

金融资产、收益及相关明细科目一览表,如表1-2-11所示。

表 1-2-11　　　　　　　　金融资产、收益及相关明细科目一览表

科目代码	一级科目	二级科目	三级科目	数量核算	是否往来单位	是否项目	余额方向
110101	交易性金融资产	股票成本		股	是	—	借
110104		公允价值变动			是	—	借
1131	应收股利				是	—	借
1132	应收利息				是	—	借
150101	债权投资	债权成本		份	是	—	借
150102		利息调整			是	—	借
150103		应计利息			是	—	借
150401	其他权益工具投资	股票成本		份	是	—	借
150402		股权成本			是	—	借
150403		公允价值变动			是	—	借
151101	长期股权投资	成本		股权比	是	—	借
151102		损益调整			是	—	借
400301	其他综合收益	其他权益工具投资公允价值变动			是	—	贷
610101	公允价值变动损益	交易性金融资产公允价值变动			—	—	贷
611101	投资收益	交易手续费			—	—	贷
611102		股利收入			—	—	贷
611103		利息收入			—	—	贷
61110401		出售金融资产收益	出售金融商品收益		—	—	贷
61110402		出售金融资产收益	出售股权收益		—	—	贷
611105		出售长期股权投资收益			—	—	贷

以"交易发生金融资产——股票成本"为例说明含项目明细分类科目的设置流程。

以账套主管"10544553145"的身份于 2020-06-01 登录。"基础设置——财务信息"处单击"科目";科目页面单击"新增",科目编码录入"110101",科目名称录入"股票成本",数量核算勾选其复选框,选择数量单位为"股"(设置计量单位"股"档案并选择),辅助核算往来单位勾选其复选框,该页面单击"保存新增"。所有与金融相关科目依次新增。

需要说明的是:

① 勾选数量核算应通过计量单位档案选择计量单位。其操作与存货档案设置时,计量单位的选择操作相同。

② 金融资产、收益明细科目均没有勾选项目。说明金融资产及投资项目的设置主要是用于指明业务发生时金融资产及投资等业务的实质,并用于确定相应的入账科目,但并不构

成入账科目的辅助核算。

3) 往来科目编辑

往来科目包括往来单位及个人所涉及的资产负债科目,金融及股权资产也可视同往来科目处理;在教材中主要涉及的往来科目信息已汇编成往来科目一览表,应完成这些科目的编辑工作。

往来科目一览表,如表1-2-12所示。

表1-2-12　　　　　　　　　　往来科目一览表

科目编码	一级科目	二级科目	三级科目	辅助核算	余额方向
1121	应收票据			往来单位	借
1122	应收账款			往来单位	借
112301	预付账款	供应商		往来单位	借
112302		财产保险费			借
112303		汽车保险费			借
112304		报刊杂志费			借
122101	其他应收款	职工往来		个人	借
122102		其他单位		往来单位	借
123101	坏账准备	应收账款坏账准备			贷
2201	应付票据			往来单位	贷
220201	应付账款	暂估应付账款		往来单位	贷
220202		供应商		往来单位	贷
2204	合同负债			往来单位	贷
22410101	其他应付款	设定提存计划	养老保险		贷
22410102			失业保险		贷
22410201		社会保险费	医疗保险		贷
224103		住房公积金			贷
224104		其他单位			贷
2232	应付股利			往来单位	贷
4001	实收资本			往来单位	贷

以"应收票据"为例进行已有科目的修改操作,其操作流程如下所述。

以账套主管"10544553145"的身份于2020-06-01登录。"基础设置——财务信息"处单击"科目";科目页面勾选"应收票据"科目,科目页面单击"修改",进入科目编辑页面,辅助核算往来单位勾选其复选框,该页面单击"保存"。

需要说明的是:

① 往来单位的科目是否受控于业务系统。在本教材往来单位的科目还可用于资产管理等其他系统,或在总账系统中直接填制凭证,在往来单位的科目中不勾选受控类别或其子

项,以扩大科目的适用范围。

② 辅助核算中各内容可复合选择。但一般情况下,应使用比较简明易懂的单一辅助核算。

③ "其他应收款——职工往来"科目一般设置为个人往来辅助核算。但若往来单位类别中有具体的职工档案的,该科目可不设为个人往来,而设为"往来单位"。

④ 选择"往来单位"辅助核算的,一般在该科目中不选择其具体的单位性质。若单位性质选择错误,在凭证或业务单据中查找不到所需要的单位档案。

4) 存货及相关科目编辑

在教材中主要涉及的存货及相关科目已汇编成存货及相关科目一览表。

存货及相关科目一览表,如表1-2-13所示。

表1-2-13　　　　　　　　　存货及相关科目一览表

科目编码	一级科目	二级科目	是否存货	是否项目	项目分类	数量核算	余额方向
1402	在途物资		—	—	—	—	借
1403	原材料		是	—	—	—	借
1405	库存商品		是	—	—	—	借
1406	发出商品		是	—	—	—	借
1408	委托加工物资		—	是	委托加工	—	借
141101	周转材料	低值易耗品	是	—	—	—	借
141102		包装物	是	—	—	—	借
190101	待处理财产损溢	待处理流动资产损溢	—	—	—	—	借
190102		待处理固定资产损溢	—	—	—	—	借
1902	应收退货成本		是	—	—	件	借
280101	预计负债	应付退货款	是	—	—	件	贷
280102	预计负债	应付折让款	—	是	自制产品	—	贷
500101	生产成本	直接材料	—	是	自制产品	—	借
500102		直接人工	—	是	自制产品	—	借
500103		制造费用	—	是	自制产品	—	借
510101	制造费用	办公费	—	—	—	—	借
510102		财产保险费	—	—	—	—	借
510103		水电费	—	—	—	—	借
510104		差旅费	—	—	—	—	借
510105		工资	—	—	—	—	借
510106		五险一金	—	—	—	—	借
510107		工会经费	—	—	—	—	借

(续表)

科目编码	一级科目	二级科目	是否存货	是否项目	项目分类	数量核算	余额方向
510108	制造费用	职工教育经费	—	—	—	—	借
510109		职工福利费	—	—	—	—	借
510110		机物料消耗	—	—	—	—	借
510111		低值易耗品摊销	—	—	—	—	借
510112		折旧费	—	—	—	—	借
510113		非货币性福利	—	—	—	—	借
600101	主营业务收入	商品销售	是	—	—	—	贷
605101	其他业务收入	出租固定资产	—	—	—	—	贷
605102		材料销售	是	—	—	—	贷
605103		没收押金收入	—	—	—	—	贷
640101	主营业务成本	商品销售	是	—	—	—	借
640201	其他业务成本	出租固定资产	—	—	—	—	借
640202		材料销售	是	—	—	—	借
640203		投资性房地产装修支出	—	—	—	—	借

以"委托加工物资"科目为例,说明存货及相关科目编辑流程。

以账套主管"10544553145"的身份于2020-06-01登录。"基础设置——财务信息"处单击"科目";会计科目页面选择科目"委托加工物资",该页面单击"修改",进入科目编辑页面,勾选辅助核算中的"项目",在项目栏右侧单击"设置",在项目分类页面中,项目分类选择"委托加工",项目分类页面确定后返回科目编辑页面,科目编辑页面进行保存。完成存货及相关全部科目的设置工作。

需要说明的是:

① 存货核算中的"存货"是指存货的档案,是会计科目中辅助核算的一种。选择存货辅助核算时,会计科目中勾选计量单位时,该计量单位与存货档案中的计量单位一致,在其科目中不允许选择具体计量单位。本教材存货通过采购、销售及库存等子系统进行详细的业务记录,存货类会计科目不进行数量核算。

② "项目"是与"存货"不同的辅助核算。"项目"的种类比较多,使用比较灵活。项目中与产品生产相关的科目,主要有"委托加工物资""生产成本"明细科目和"预计负债——应付折让款"科目等。

5)长期资产相关科目编辑

公司长期资产包括投资性房地产、固定资产、无形资产和长期待摊费用等,在教材中主要涉及的长期资产类科目已汇编成长期资产科目一览表。

长期资产科目一览表,如表1-2-14所示。

表 1-2-14　　　　　　　　　长期资产科目一览表

科目编码	一级科目	二级科目	余额方向	是否项目	备注
1521	投资性房地产		借		
1522	投资性房地产累计折旧		贷		
1601	固定资产		借		
1602	累计折旧		贷		
1606	固定资产清理		借	是	项目将在业务中新增
1701	无形资产		借		
1702	累计摊销		贷		
180101	长期待摊费用	支出总额	借		
180102	长期待摊费用	累计摊销	借		

6）其他科目编辑

除了上述 5 类科目编辑，其他需要编辑的总账或明细科目已汇编成其他科目一览表。其他科目一览表，如表 1-2-15 所示。

表 1-2-15　　　　　　　　　其他科目一览表

科目编码	一级科目	二级科目	三级科目	余额方向
221101	应付职工薪酬	工资		贷
22110201	应付职工薪酬	设定提存计划	养老保险	贷
22110202	应付职工薪酬	设定提存计划	失业保险	贷
22110301	应付职工薪酬	社会保险费	医疗保险	贷
22110302	应付职工薪酬	社会保险费	工伤保险	贷
221104	应付职工薪酬	住房公积金		贷
221105	应付职工薪酬	非货币性福利		贷
221106	应付职工薪酬	职工福利		贷
221107	应付职工薪酬	职工教育经费		贷
221108	应付职工薪酬	工会经费		贷
22210101	应交税费	应交增值税	进项税额	贷
22210103	应交税费	应交增值税	已交税金	贷
22210104	应交税费	应交增值税	转出未交增值税	贷
22210106	应交税费	应交增值税	销项税额	贷
22210107	应交税费	应交增值税	出口退税	贷
22210108	应交税费	应交增值税	进项税额转出	贷
222102	应交税费	未交增值税		贷

(续表)

科目编码	一级科目	二级科目	三级科目	余额方向
222108	应交税费	简易计税		贷
222109	应交税费	转让金融商品应交增值税		贷
222113	应交税费	应交企业所得税		贷
222115	应交税费	应交城市维护建设税		贷
222116	应交税费	应交房产税		贷
222117	应交税费	应交城镇土地使用税		贷
222118	应交税费	应交车船税		贷
222119	应交税费	应交个人所得税		贷
222120	应交税费	应交教育费附加		贷
222123	应交税费	应交印花税		贷
222124	应交税费	应交地方教育附加		贷
400201	资本公积	资本溢价		贷
410101	盈余公积	法定盈余公积		贷
410401	利润分配	提取法定盈余公积		贷
410402	利润分配	提取任意盈余公积		贷
410403	利润分配	应付现金股利		贷
410404	利润分配	应付利润		贷
410405	利润分配	未分配利润		贷
630101	营业外收入	非流动资产处置利得		贷
630102	营业外收入	盘盈利得		贷
630103	营业外收入	捐赠利得		贷
630104	营业外收入	违约金收入		贷
630105	营业外收入	罚款收入		贷
630106	营业外收入	无法偿付的应付款项		贷
630107	营业外收入	其他		贷
611501	资产处置损益	非流动资产处置利得		贷
611502	资产处置损益	非流动资产处置损失		贷
640301	税金及附加	城市维护建设税		借
640302	税金及附加	教育费附加		借
640303	税金及附加	地方教育附加		借
640304	税金及附加	房产税		借
640305	税金及附加	车船税		借

(续表)

科目编码	一级科目	二级科目	三级科目	余额方向
640306	税金及附加	印花税		借
640307	税金及附加	城镇土地使用税		借
660101	销售费用	包装费		借
660102	销售费用	广告宣传费		借
660103	销售费用	商品维修费		借
660104	销售费用	预计商品质量保证损失		借
660105	销售费用	运输装卸费		借
660106	销售费用	商品保险费		借
660201	管理费用	咨询服务费		借
660202	管理费用	技术转让费		借
660203	管理费用	业务招待费		借
660204	管理费用	低耗品摊销		借
660205	管理费用	无形资产摊销费		借
660206	管理费用	工资		借
660207	管理费用	职工福利费		借
660208	管理费用	四险一金		借
660209	管理费用	住房公积金		借
660210	管理费用	工会经费		借
660211	管理费用	职工教育经费		借
660212	管理费用	办公费		借
660213	管理费用	水电费		借
660214	管理费用	差旅费		借
660215	管理费用	折旧费		借
660216	管理费用	财产保险费		借
660217	管理费用	汽车费用		借
660218	管理费用	盘盈利得		借
660219	管理费用	盘亏损失		借
660220	管理费用	机物料消耗		借
660221	管理费用	非货币性福利		借
660301	财务费用	利息支出		借
660302	财务费用	利息收入		借
660303	财务费用	工本及手续费		借

(续表)

科目编码	一级科目	二级科目	三级科目	余额方向
660304	财务费用	现金折扣		借
670201	信用减值损失	坏账损失		借
671101	营业外支出	非流动资产处置损失		借
671102	营业外支出	捐赠支出		借
671103	营业外支出	非常损失		借
671104	营业外支出	盘亏损失		借
671105	营业外支出	罚款支出		借
671106	营业外支出	违约金支出		借
671107	营业外支出	滞纳金		借
680101	所得税费用	当期所得税费用		借

需要说明的是，科目编辑必须正确。特别是科目余额借贷方向的选择是否正确，直接影响期初数据录入的正确和业财融合信息的正确。

（五）期初数据初始化

期初数据初始化均通过"初始化"功能模块处理，包括现金银行期初余额录入、往来单位期初余额录入、库存期初数据录入、期初资产卡片录入、期初业务单据数据录入和科目期初余额录入等。其中，现金银行期初余额一般由出纳录入，往来单位期初余额一般由采购、销售等业务部门录入，库存期初数据由仓库管理部门录入，期初资产卡片由资产管理部门录入，期初业务单据数据由采购或销售部门录入。科目期初余额一般由会计部门录入；也可通过"总账——日常业务——科目设置"设置各种财务、业务对应的入账科目，与现金银行期初余额、往来单位期初余额、库存期初数据、期初资产卡片和有关期初业务单据数据建立对应关系，并通过"期初同步"将这些初始数据转入对应的科目期初余额中，只需对只涉及总账的科目期初余额进行录入及试算平衡工作，可降低会计录入科目期初余额的工作量。会计对科目期初录入全部余额后，可通过期初数据初始化中的对账功能，将科目期初余额与现金银行期初余额、往来单位期初余额、库存期初数据、期初资产卡片和有关期初业务单据数据进行核对。

1)"现金银行期初余额"录入

"现金银行期初余额"录入，即为出纳管理的账号录入其期初数据。现金银行期初余额的录入流程如下所述。

以账套主管"10544553145"的身份于 2020-06-01 登录。"初始化——期初余额"处单击"现金银行期初余额"；现金账号余额录入"1 700"；其他账号期初余额根据表 1-1-8 录入，该页面进行保存。

现金银行期初余额页面，如图 1-2-45 所示。

2）往来单位期初余额录入

往来单位期初余额主要部分是客户或供应商的期初数据。本公司期初往来余额已汇编成往来期初一览表。

序号	账号	账号名称	借（收入）累计金额	贷（支出）累计金额	余额
1	现金	现金			1,700.00
2	41431579931221	A01			11,459,199.84
3	41795464640263	A02			1,685,780.00
4	62871887507669	A03			356,000.00

图 1-2-45　现金银行期初余额页面

往来期初一览表，如表 1-2-16 所示。

表 1-2-16　　　　　　　　往来期初一览表

日　期	往来单位	项目	余额	余额性质	到期日	业务员
2020-03-15	苏州阳晨有限公司		113 000.00	应收账款	2020-06-15	傅世惠
2020-04-27	常州弘阳有限公司		565 000.00	应收账款	2020-08-27	傅世惠
2020-04-02	常州锦丰有限公司		152 550.00	应收账款	2020-07-02	傅世惠
2020-04-12	常州博爱有限公司		1 186 500.00	应收账款		李丽洁
2019-08-26	镇江岳山有限公司		79 100.00	应收账款		李丽洁
2020-04-18	无锡兰芳有限公司		100 000.00	应收账款		李丽洁
2020-05-29	无锡范园有限公司		850 000.00	预收账款		李丽洁
2020-05-31	傅世惠		2 000.00	其他应收		傅世惠
2020-05-30	江苏远景有限公司	应收股利	216 000.00	其他应收		
2020-04-25	徐州铜山有限公司		500 000.00	应付账款	2020-07-25	崔浩朴
2020-03-04	南京中山有限公司		339 000.00	应付账款	2020-06-04	崔浩朴
2020-05-15	南京大华有限公司		226 000.00	应付账款		邹萌红
2020-04-26	无锡太湖有限公司		565 000.00	应付账款		崔浩朴
2020-05-25	南通通达有限公司		395 500.00	应付账款		崔浩朴
2019-12-04	镇江金山有限公司		30 000.00	应付账款		邹萌红
2020-05-20	常州江南有限公司		858 800.00	应付账款		崔浩朴
2020-04-23	江苏电力股份有限公司		63 700.20	预付账款		
2020-05-28	常州金田有限公司		200 000.00	预付账款		崔浩朴
2020-05-29	常州智雅有限公司		300 000.00	预付账款		邹萌红
2020-04-12	常州博爱有限公司	押金	5 000.00	其他应付	2020-06-12	李丽洁
2007-06-02	常州立马股份有限公司	接受投资	15 200 000.00	其他应付		
2015-03-12	常州梅林有限公司	接受投资	3 800 000.00	其他应付		

需要说明的是：

① T+系统要求往来业务名称与科目名称一一对应。除进行购销往来核算外，还记录了借款(其他应收单中的其他应收)、应收股利(收入单对应的其他应收)及暂收押金(其他应付单中的其他应付)、接受投资(其他应付单中的其他应付)等其他应收或其他应付事项。

② 职工档案"傅世惠"的记录必须选择业务员"傅世惠"，因其对应的入账科目为"其他应收款——职工往来"，设置的是"个人"辅助核算，对应的是"业务员"，如果业务员缺失，则无法形成对应关系，在后续处理中必然出现报错，系统无法处理。

往来单位期初余额录入包括应收期初录入和应付期初录入两方面。其具体操作流程如下所述。

(1) 应收期初录入。以账套主管"10544553145"的身份于2020-06-01登录。"初始化——期初余额"处单击"往来期初余额"；日期选择"2020-03-15"，客户选择"苏州阳晨有限公司"，应收账款录入"113 000"，到期日选择"2020-06-15"。根据表1-2-16录入所有的应收期初余额，该页面进行保存。

应收期初页面，如图1-2-46所示。

序号		*日期	*客户	部门	业务员	应收账款	预收账款	其它应收	项目	到期日	期初余额
1	□	2020-03-15	苏州阳晨有限公司	销售部	傅世惠	113,000.00	0.00	0.00		2020-06-15	113,000.00
2	□	2020-04-27	常州弘阳有限公司	销售部	傅世惠	565,000.00	0.00	0.00		2020-08-27	565,000.00
3	□	2020-04-02	常州铠丰有限公司	销售部	傅世惠	152,550.00	0.00	0.00		2020-07-02	152,550.00
4	□	2020-04-12	常州博爱有限公司	销售部	李丽洁	1,186,500.00	0.00	0.00			1,186,500.00
5	□	2019-08-26	镇江岳山有限公司	销售部	李丽洁	79,100.00	0.00	0.00			79,100.00
6	□	2020-04-18	无锡兰芳有限公司	销售部	李丽洁	100,000.00	0.00	0.00			100,000.00
7	□	2020-05-29	无锡范西有限公司	销售部	李丽洁	0.00	850,000.00	0.00			-850,000.00
8	□	2020-05-31	傅世惠	销售部	傅世惠	0.00	0.00	2,000.00			2,000.00
9	□	2020-05-30	江苏远景有限公司			0.00	0.00	216,000.00	应收股利		216,000.00

图 1-2-46 应收期初页面

注：各栏目的排列次序按图1-2-46进行了调整。

(2) 应付期初录入。以账套主管"10544553145"的身份于2020-06-01登录。"初始化——期初余额"处单击"往来期初余额"；在往来期初余额页面单击"应付期初"；根据表1-2-16录入全部应付期初余额。该页面进行保存。

应付期初页面，如图1-2-47所示。

需要说明的是：

① 期初往来余额红字的意义及红字的应用。应收(应付)明细中期初余额默认是相关科目的借(贷)方，但预收(预付)账款余额对应的科目在贷(借)方。因而在期初余额栏中，预收(预付)账款余额以"负数+红字"显示，其中红字在账簿或单据中是提示或提醒"该数量或金额是负数"。但记账凭证中，红字金额则表示"负数金额"(负数金额在记账凭证中用红字正数金额表示，在本教材记账凭证中以"数字外加框"的方式代表为红字)。

② 上述往来单位明细项的金额与"应收账款""合同负债""应付账款"和"预付账款"等科目均以根据余额的方向来判断。但在使用双重性质科目时，其性质名称可能与科目名称

序号		*日期	*供应商	部门	业务员	应付账款	预付账款	其它应付	项目	到期日	期初余额
1		2020-04-25	徐州铜山有限公司	采购部	崔浩朴	500,000.00	0.00	0.00		2020-07-25	500,000.00
2		2020-03-04	南京中山有限公司	采购部	崔浩朴	339,000.00	0.00	0.00		2020-06-04	339,000.00
3		2020-05-15	南京大华有限公司	采购部	邹萌红	226,000.00	0.00	0.00			226,000.00
4		2020-04-06	无锡太湖有限公司	采购部	崔浩朴	565,000.00	0.00	0.00			565,000.00
5		2020-05-25	南通通达有限公司	采购部	崔浩朴	395,500.00	0.00	0.00			395,500.00
6		2019-12-04	镇江金山有限公司	采购部	邹萌红	30,000.00	0.00	0.00			30,000.00
7		2020-05-20	常州江南有限公司	采购部	崔浩朴	858,800.00		0.00			858,800.00
8		2020-04-23	江苏电力股份有限公司			0.00	63,700.20	0.00			-63,700.20
9		2020-05-28	常州金田有限公司	采购部	崔浩朴		200,000.00	0.00			-200,000.00
10		2020-05-29	常州智雅有限公司	采购部	邹萌红		300,000.00	0.00			-300,000.00
11		2020-04-12	常州博爱有限公司	销售部	李丽洁	0.00		5,000.00	押金	2020-06-12	5,000.00
12		2007-06-02	常州立马股份有限公司			0.00	0.00	15,200,000.00	接受投资		15,200,000.00
13		2015-03-12	常州梅林有限公司			0.00	0.00	3,800,000.00	接受投资		3,800,000.00

图 1-2-47　应付期初页面

不一致，在 T＋系统中很可能导致共享数据时出现差错。因此，会计信息化系统一般不采用双重性质科目来处理业务。

3）存货期初录入

存货期初录入包括库存期初数据、上月暂估入库材料数据和期初在途物资的录入等。

（1）库存期初数据的录入。公司 2020 年 5 月 31 日库存期初数据，如表 1-1-6 所示。其数据录入步骤如下所述。

以账套主管"10544553145"的身份于 2020-06-01 登录。"初始化——期初余额"处单击"库存期初余额"；仓库选择"综合库"，存货名称选择"M101"，数量录入"2 000"，金额录入"100 000"；根据表 1-1-6 资料，录入综合库其他存货数据，全选记录，该页面进行审核。仓库选择"委托代销库"，录入委托代销库存货数据；选择记录，该页面进行审核。

综合库期初页面，如图 1-2-48 所示。

序号		*存货名称	规格型号	*计量单位	*数量	主单价	金额	入库单号	入库日期	制单人	审核人
1		M101		千克	2,000.00	50.00	100,000.00			袁世民	袁世民
2		N102		千克	3,000.00	80.00	240,000.00			袁世民	袁世民
3		WH01		千克	15,00…	25.00	375,000.00	SL1245	2020-05-25	袁世民	袁世民
4		1号纸箱		只	1,000.00	20.00	20,000.00			袁世民	袁世民
5		周转箱		只	200.00	60.00	12,000.00			袁世民	袁世民
6		X201		件	600.00	1,150.00	690,000.00			袁世民	袁世民
7		Y202		件	300.00	880.00	264,000.00			袁世民	袁世民

图 1-2-48　综合库期初页面

（2）期初暂估应付款录入。期初暂估应付款对应的入账科目是"应付账款——暂估应付账款"。其录入的步骤如下所述。

以账套主管"10544553145"的身份于 2020-06-01 登录。"初始化"——"期初单据"处单击"期初暂估入库单";表头填制:单据日期录入"2020-05-31",单据编号录入"SL28629",业务类型默认,供应商选择"常州飞达有限公司",经手人选择"邹萌红",仓库选择"综合库";明细数据填制:仓库选择"综合库",存货名称选择"N102",计量单位默认,实收数量录入"1 200",单价录入"80",自动生成金额"96 000.00",该单据进行保存和审核。

期初暂估入库单录入页面,如图 1-2-49 所示。

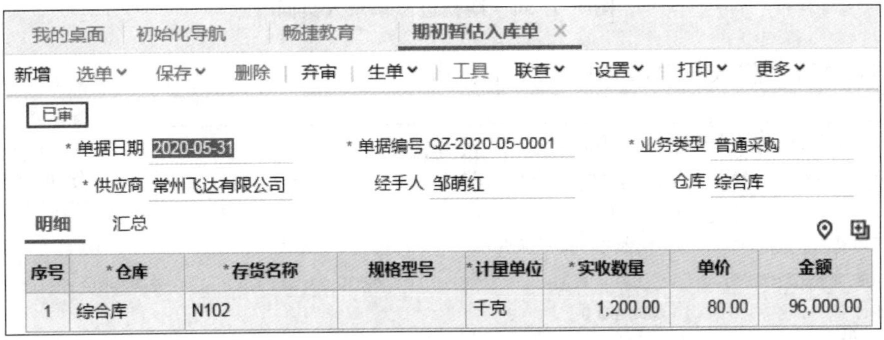

图 1-2-49 期初暂估入库单录入页面

需要说明的是,期初暂估入库单在业务中还具有替代上月暂估的采购入库单的作用。由于 T+系统是本月开始使用,上月信息需要在期初设置,期初暂估是指采购业务中上月采购业务中料已入库,发票等单据尚未收到的业务数据,T+系统上月业务中表达此种业务单据应包括进货单及采购入库单,而没有采购发票等发票账单,此时的采购入库单的成本是暂估的。期初暂估入库单记录的就是此种业务下的采购入库单,上月暂估存货入库情况需要在期初暂估入库单中进行详细记录。由于上月收入的原材料已在库存期初余额中统一处理,期初暂估入库单的金额实质是应付账款中暂估应付账款的期初金额;在业务流程上,根据期初暂估入库单可生成进货单等业务单据,进而在本期完成后续业务的处理。为保证业务处理的完整性,进货单的生成及后续业务的处理将在第二章中具体说明。

(3) 期初在途物资的录入。期初在途物资是指上月采购业务中已收到发票等账单,但所购材料尚未验收入库所形成的在途物资。从上月业务完成角度看,包括期初进货单的数据录入及由此生成上月的采购专用发票,其操作流程如下所述。

① 录入期初进货单。以账套主管"10544553145"的身份于 2020-06-01 登录。"初始化"——"期初单据"处单击"期初进货单";表头填制:单据日期录入"2020-05-27",单据编号自动生成,业务类型及票据类型均默认,供应商选择"南京宝蓝有限公司",经手人选择"崔浩朴",付款方式选择"全额现结",付款到期日默认;明细数据填制:存货名称选择"M101",数量录入"3 000",单价录入"50",含税单价、金额、含税金额均自动生成,该单据进行保存和审核。

期初进货单录入页面,如图 1-2-50 所示。

② 生成并审核期初采购发票。在期初进货单页面,"生单"处单击"生成采购发票(普通采购)",单据日期改为"2020-05-27",提示页面单击"确定",该单据进行保存和审核。

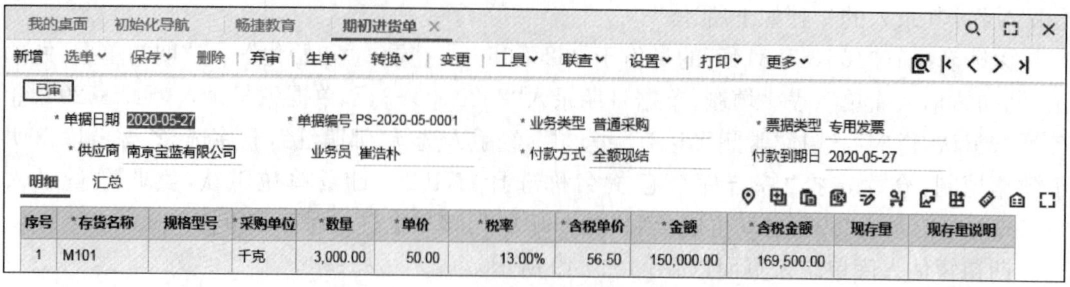

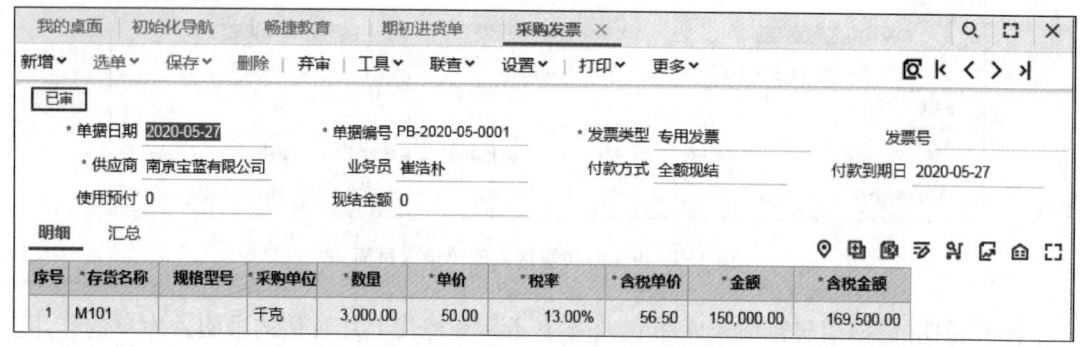

图 1-2-50 期初进货单录入页面

期初采购发票生成页面,如图 1-2-51 所示。

图 1-2-51 期初采购发票生成页面

需要说明的是,期初进货单数据录入,必须生成采购发票。生成时,采购发票的日期必须在本月之前,日期在本会计月度之前的采购发票,在本月不会据此单据生成凭证,且发票上的结算情况直接清零,不影响本月。该采购发票只能说明业务流程的完成程度,即此次进货,已收到发票账单,但尚未收到采购入库单。

4)长期资产期初录入

长期资产期初录入是指需计提折旧/摊销资产相关信息的录入。本账套资产管理系统包括投资性房地产、固定资产、无形资产、长期待摊费用的管理和核算,且对各项资产管理均采用单台记录的方式进行处理。其设置流程如下所述。

以账套主管"10544553145"的身份于 2020-06-01 登录。"初始化——期初余额"处单击"期初资产卡片",期初资产卡片页面单击"房屋建筑物"。资产编码自动生成,资产名称录入"1号办公楼",资产分类编码、资产分类名称和资产属性自动生成;数量自动为"1",计量单位自动为"幢",使用状况默认"在用",使用部门选择"办公室",增加方式选择"购入",入账日期录入"2013-02-08",卡片日期自动调整为入账日期,预计使用年限、已计提年限自动生成;录入原值"800 000",累计折旧等金额自动生成,该页面进行保存后退出。根据表 1-1-7 其他资产卡片依次录入。

资产卡片录入页面,如图 1-2-52 所示。

需要说明的是,对于所有长期资产均以单件资产录入资产卡片中,便于卡片后续的报废等处理工作。若同一种资产数量有多个,则先录入数量为 1 的卡片,保存后使用复制,设定需复制的张数,即完成该种资产的录入工作。

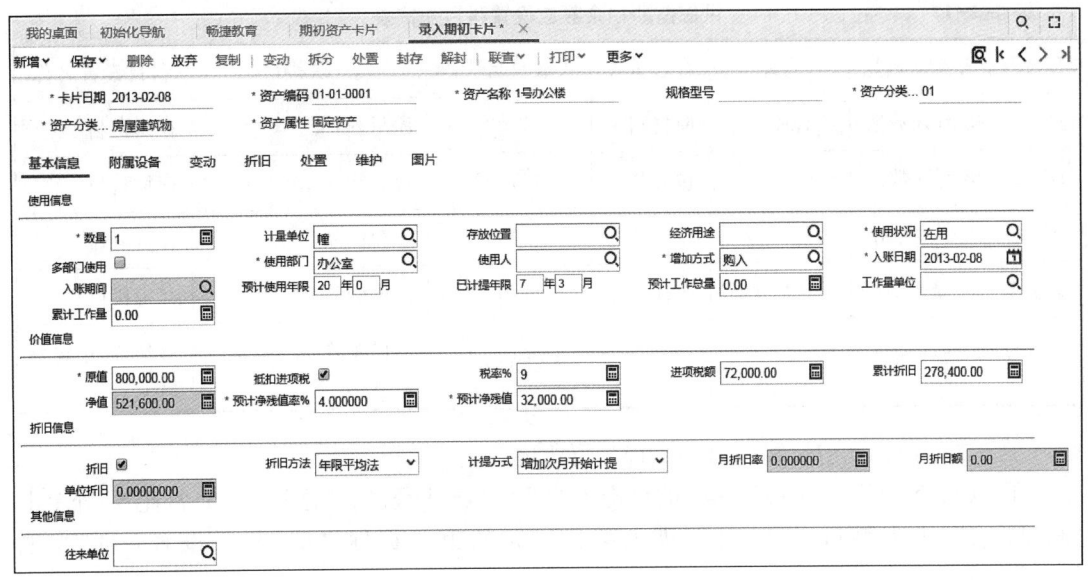

图 1-2-52 资产卡片录入页面

5）期初同步

期初同步是指用户将初始化往来、库存等期初余额、现金银行期初余额和期初单据数据转入科目期初余额的过程，是期初业财融合的体现。业财融合通过"总账——日常业务——科目设置"建立业财对应关系后，可将现金银行、往来、库存、资产和业务等业务期初数据直接传递到总账对应入账科目期初余额中。期初同步是否成功，取决于"总账——日常业务——科目设置"（简称科目设置）的处理是否正确。

科目设置用于单据生成凭证前确定其入账科目，是业财融合的关键，即业务数据自动化为财务信息的关键。期初同步是业财融合的期初应用。

T+系统科目设置包括公共、供应链、现金及出纳和资产等分组。其中，公共组包括进项税科目、销项税科目和差异科目3项科目设置；供应链分组包括存货科目、存货对方科目、采购科目、采购费用科目、暂估应付款科目和销售科目6项科目设置；现金及出纳分组包括应付科目、预付科目、应收科目、预收科目、现金科目、银行科目、日记账对方科目、收入科目、费用科目、其他应收科目、其他应付科目、其他应收对方科目、其他应付对方科目和现金折扣科目14项科目设置；资产分组包括资产科目、资产对方科目、累计折旧/累计摊销科目和折旧/摊销对方科目4项科目设置。本章就已有业务期初数据进行其入账科目的设置。期初业务数据涉及供应链、往来现金及出纳、资产三个科目设置分组。依次说明其科目设置原理及设置流程。

（1）供应链分组科目设置及流程。一般根据系统已录期初业务数据推导应进行的科目设置。在供应链分组中所涉业务期初数据包括库存期初余额、暂估应付款单中的期初数据。库存期初余额可通过仓库档案、存货分类判断其入账科目，期初暂估应付款单数据，其对应的入账科目是"应付账款——暂估应付账款"。上述判断汇编成供应链期初余额应设置科目一览表。

供应链期初余额应设置科目一览表，如表1-2-17所示。

表 1-2-17　　　　　　　供应链期初余额应设置科目一览表

存货及业务期初信息	仓库	存货分类	入账科目代码	入账科目	科目设置名称
图 1-2-48 所列数据	综合库	原材料	1403	原材料	存货科目
图 1-2-48 所列数据	综合库	包装物	141102	包装物	存货科目
图 1-2-48 所列数据	综合库	库存商品	1405	库存商品	存货科目
据表 1-1-6 录入数据	委托代销库	库存商品	1406	发出商品	存货科目
图 1-2-49 录入数据	—	—	220201	应付账款——暂估应付账款	暂估应付款科目

供应链分组期初应设置科目的流程如下所述。

① 以账套主管"10544553145"的身份于 2020-06-01 登录。"总账——日常业务"处单击"科目设置",进入科目设置页面(进入科目设置的第一页称之为"科目设置首页"),如图 1-2-41 所示。

② 选择"供应链"分组,在供应链科目设置首页,存货科目只能设置一个科目,不符合设置要求,应根据仓库及存货类别分别设置其扩展科目。存货科目处删除"1403",该页面进行保存。存货科目扩展栏单击"设置"。

供应链分组页面及科目设置流程,如图 1-2-53 所示。

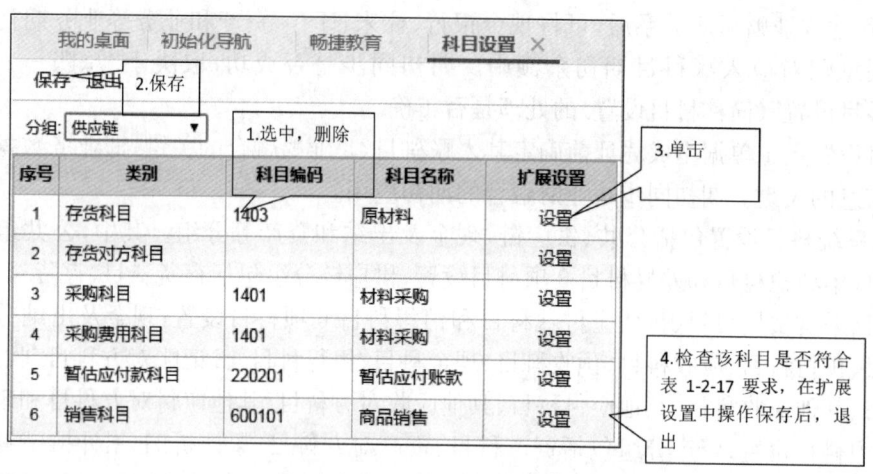

图 1-2-53　供应链分组页面及科目设置流程

③ 存货科目扩展设置页面第 1 行,存货分类选择"原材料",仓库选择"综合库",在科目编码栏录入"1403"(若在科目名称栏录入 4 位一级科目编码,具有搜索科目的功能),科目名称自动显示"原材料"。

原材料科目设置页面,如图 1-2-54 所示。

④ 进行第 2 行的科目设置。根据表 1-2-17 存货科目扩展设置下的入账科目依次录入。该页面进行保存后退出。

存货科目扩展完成设置后页面,如图 1-2-55 所示。

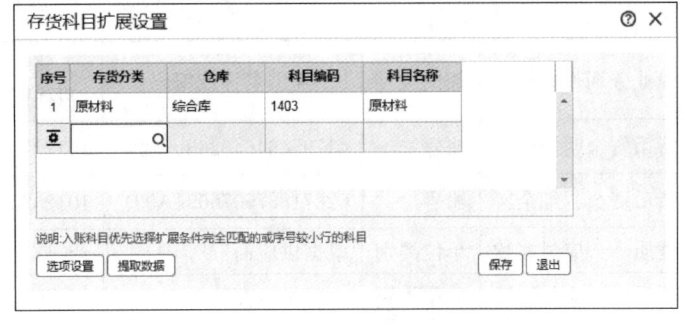

图 1-2-54 原材料科目设置页面

图 1-2-55 存货科目扩展完成设置后页面

⑤ 科目设置页面检查暂估应付款科目是否为"220201"。

需要说明的是,科目设置的操作顺序,如果某科目设置对应的入账科目只有1个,直接在科目设置首页该科目处进行设置;如果对应的入账科目有几个,则该科目必须进行扩展设置。在科目扩展设置时,若设置的科目是并列的,则不分次序,若在不同的条件下设置的科目不同,则限制条件越少的,其科目设置排序在前,甚至在科目设置首页中列示该科目。在第1步删除首页科目后,根据提示该科目设置页面先保存,再进行其科目扩展设置。

(2)往来现金及出纳分组科目设置。往来现金及出纳分组的业务初始数据是现金银行期初余额、往来期初余额。其中,现金、银行期初余额中的账号可设置其入账科目;往来期初余额根据单位类别、余额性质和项目等进行分析,得到其对应的入账科目。上述分析结果已汇编成往来现金及出纳分组科目设置一览表。

往来现金及出纳分组科目设置一览表,如表 1-2-18 所示。

表 1-2-18　　　　　　　往来现金及出纳分组科目设置一览表

数据依据	已录业务期初数据	辅助类型	辅助名称或编码	入账科目代码	科目设置名称
图 1-2-45:现金银行期初余额页面	库存现金余额	账号	现金	1001	现金科目
	银行存款明细余额	账号	41431579931221（A01）	100201	银行科目

（续表）

数据依据	已录业务期初数据	辅助类型	辅助名称或编码	入账科目代码	科目设置名称
图1-2-45：现金银行期初余额页面	其他货币资金明细余额	账号	41795464640263（A02）	101201	银行科目
	其他货币资金明细余额	账号	62871887507669（A03）	10120201	银行科目
表1-2-16 往来期初一览表	余额性质——应付账款	单位类别	票据供应商	2201	应付科目
	余额性质——应付账款	单位类别	一般供应商	220202	应付科目
	余额性质——预付账款	单位类别	一般供应商	112301	预付科目
	余额性质——其他应付	项目	押金	224104	其他应付科目
	余额性质——其他应付	项目	接受投资	4001	其他应付科目
	余额性质——应收账款	单位类别	票据客户	1121	应收科目
	余额性质——应收账款	单位类别	一般客户	1122	应收科目
	余额性质——预收账款	单位类别	一般客户	2204	预收科目
	余额性质——其他应收	单位类别	内部职工	122101	其他应收科目
	余额性质——其他应收	项目	应收股利	1131	其他应收科目

其科目设置流程如下：

① 以账套主管"10544553145"的身份于2020-06-01登录。"总账——日常业务"处单击"科目设置"，进入科目设置页面。

② 科目设置页面选择"往来现金及出纳"分组，现金科目检查其科目是否为"1001"。

③ 银行科目设置。银行科目的科目删除并保存；银行科目扩展栏单击"设置"，各行选择账号分别设置其对应入账科目，银行科目扩展设置页面进行保存后退出。

④ 应付科目设置。需设置两个入账科目，在应付科目扩展设置中各行分别选择单位类别，设置其入账科目，应付科目扩展设置页面进行保存后退出。

⑤ 预付科目设置。在期初只需要设置一个科目，在其首页检查已预置科目是否为"112301"。

⑥ 其他应收科目设置。需设置两个入账科目，"其他应收科目"首页可设置科目代码为"122101"并保存，其扩展栏单击"设置"；检查是否有"项目"栏，若无，其页面单击"选项设置"，选项设置页面勾选"项目"并确定；各行分别勾选单位类别或项目，分别设置其对应的入账科目，其他应收科目扩展设置页面保存后退出。

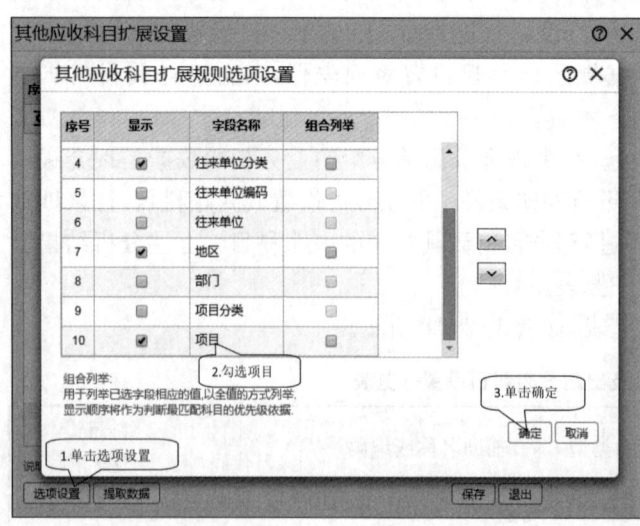

图1-2-56 选项设置页面

选项设置页面，如图1-2-56

所示。

其他应收科目扩展设置页面,如图1-2-57所示。

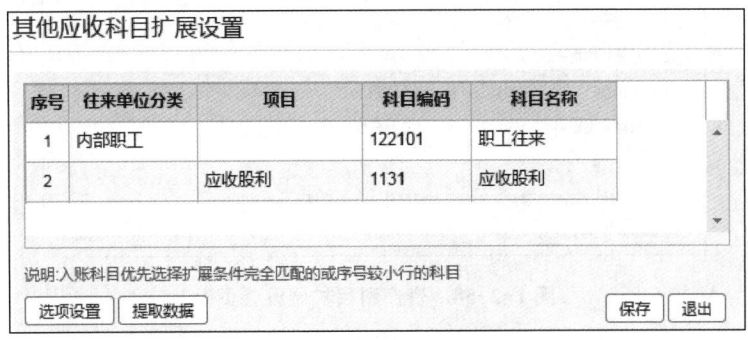

图1-2-57 其他应收科目扩展设置页面

⑦ 其他应付科目设置。有两个科目设置,需在其扩展设置中完成,通过选项设置调出"项目",各行分别勾选项目设置,录入其对应的其他应付科目;其他应付科目扩展设置页面保存后退出。

⑧ 应收科目设置。有两个扩展科目设置,在其扩展设置中选择单位类别,分别设置其入账科目;应收科目扩展设置页面保存后退出。

⑨ 预收科目设置。在科目设置页面检查预收科目,预收科目需修改为"2204"。

(3) 资产分组科目设置。其业务期初数据是期初资产卡片,从金额角度包括资产原值和累计折旧/累计摊销,其科目设置涉及资产分组下的资产科目设置和累计折旧/累计摊销科目设置,一般按照资产属性确定其入账科目,根据业务期初数据设置的科目已汇编成资产分组科目设置一览表。

资产分组科目设置一览表,如表1-2-19所示。

表1-2-19　　　　　　　　　资产分组科目设置一览表

资产属性	资产科目代码	资产科目名称	累计折旧/累计摊销科目代码	累计折旧/累计摊销科目名称
固定资产	1601	固定资产	1602	累计折旧
投资性房地产	1521	投资性房地产	1522	投资性房地产累计折旧
无形资产	1701	无形资产	1702	累计摊销
长期待摊费用	180101	长期待摊费用——支出总额	180102	长期待摊费用——累计摊销

T+系统已预置默认存在的资产科目和折旧/摊销科目,只需对未设置的科目进行增设。其设置流程如下所述。

① 资产科目设置。以账套主管"10544553145"的身份于2020-06-01登录。"总账——日常业务"处单击"科目设置"。科目设置页面选择"资产"分组,资产科目扩展处单击"设置",在第2行序号处单击,选择"插行",资产属性选择"投资性房地产",科目编码录入"1521";检查第4行科目编码"180101"是否正确。资产科目扩展设置页面保存后退出。

资产科目扩展设置页面,如图1-2-58所示。

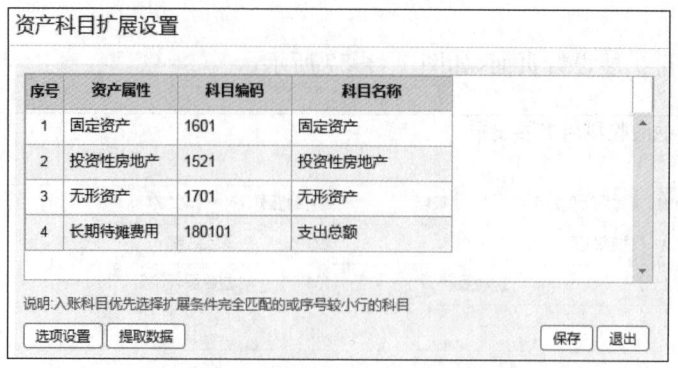

图 1-2-58　资产科目扩展设置页面

② 累计折旧/摊销科目设置。累计折旧/摊销科目中扩展处单击"设置",在第 2 行序号处单击,编辑栏选择"插行",资产属性选择"投资性房地产",科目编码录入"1522";检查第 4 行科目编码是否"180102"。累计折旧/摊销科目扩展设置页面保存后退出。

累计折旧/累计摊销科目扩展设置,如图 1-2-59 所示。

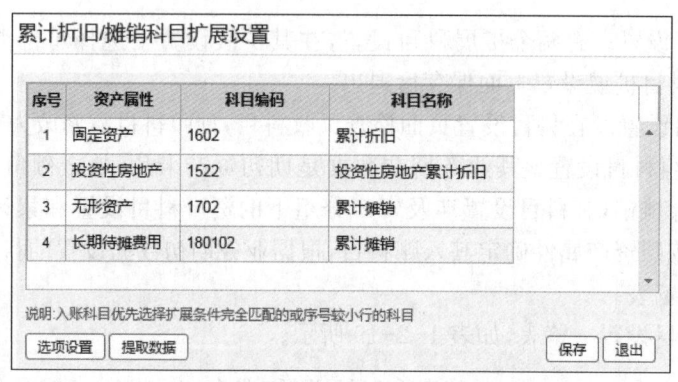

图 1-2-59　累计折旧/累计摊销科目扩展设置

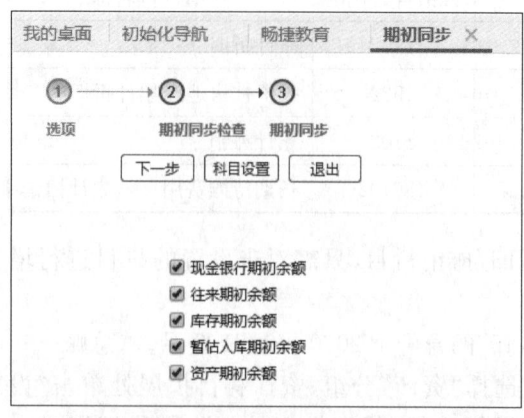

图 1-2-60　期初同步页面

（4）期初同步。完成期初数据的科目设置后,进行期初同步流程,其操作如下所述。

① 以账套主管"10544553145"的身份于 2020-06-01 登录。"初始化——初始化"处单击"期初同步",可以默认勾选全部余额一次同步,也可以分别选择余额,分别同步;该页面"下一步"处单击。

期初同步页面,如图 1-2-60 所示。

② 进入第二步,提示显示"验证成功,请点击下一步"。该页面"下一步"处单击,显示期初同步信息列表,可通过上下键查询数据,并与初始化已录数据进行初步核对。"同步到财务"处单击,提示显示"同步成功"。

期初同步信息列表,如图 1-2-61 所示。

序号	科目编号	科目名称	余额	数量
1	1001	库存现金	1,700.00	0.00
2	100201	建行41431579931221	11,459,199.84	0.00
3	101201	承兑保证金41795464640263	1,685,780.00	0.00
4	10120201	华兴证券62871887507669	356,000.00	0.00
5	1121	应收票据	830,550.00	0.00
6	1122	应收账款	1,365,600.00	0.00
7	112301	供应商	563,700.20	0.00
8	1131	应收股利	216,000.00	0.00
9	122101	职工往来	2,000.00	0.00
10	1403	原材料	715,000.00	20,000.00
11	1405	库存商品	954,000.00	900.00
12	1406	发出商品	440,000.00	500.00
13	141102	包装物	32,000.00	1,200.00
14	1521	投资性房地产	1,500,000.00	0.00
15	1522	投资性房地产累计折旧	300,000.00	0.00
16	1601	固定资产	7,241,000.00	0.00
17	1602	累计折旧	3,359,600.00	0.00
18	1701	无形资产	2,404,200.00	0.00
19	1702	累计摊销	426,060.00	0.00
20	180101	支出总额	720,000.00	0.00
21	180102	累计摊销	-288,000.00	0.00
22	2201	应付票据	839,000.00	0.00
23	220201	暂估应付账款	96,000.00	1,200.00
24	220202	供应商	2,075,300.00	0.00
25	2204	合同负债	850,000.00	0.00
26	224104	其他单位	5,000.00	0.00
27	4001	实收资本	19,000,000.00	0.00
合计			57,149,690.04	23,800.00

图 1-2-61 期初同步信息列表

注:详细信息通过技术处理。

需要说明的是:

① 非初次同步的操作。若部分同步,再次同步时,显示"是否覆盖已存在数据",单击"是",其同步成功的数据全部自动录入科目期初余额中。

② 同步不成功的处理。同步不成功主要是科目设置错误的问题，可以分项勾选处理，即先勾选"现金银行期初余额"，验证无误后，再返回勾选下一项，分别验证，全部成功再同步到财务。

③ 同步不成功常见原因。其常见原因有以下几项：

A. 若财务科目设置了辅助核算，业务期初对应的基础档案无值或没找到档案对应关系，那么该条期初不同步。此时，将财务科目的辅助核算删除或在业务期初中补齐辅助核算内容。

B. 若科目有外币核算，那么找不到币种对应关系或币种不一致的期初将不能被同步。

C. 若是"往来期初余额"无法同步的，往往是"总账——日常业务——科目设置"中的"其他应收科目"首页缺省科目造成，在"其他应收科目"首页添加如"122101"科目，保存后一般往来期初可以同步。

第二次及后续同步时不仅覆盖对应的财务科目的期初余额，还将覆盖该科目的辅助账的期初余额。若以前同步时科目设置错误，同步后余额进入了错误的科目期初余额中，此时，还必须将科目期初余额中科目的错误余额删除。

6）科目期初余额录入

结合期初同步及2020年5月31日总账或所属明细账余额，需在科目期初余额中录入的科目数据进行重新归集汇编成科目期初余额录入信息一览表。

科目期初余额录入信息一览表，如表1-2-20所示。

表1-2-20   科目期初余额录入信息一览表

一级科目名称	二级或明细科目名称及辅助信息	借方金额	贷方金额
坏账准备	应收账款坏账准备		68 280.00
在途物资		150 000.00	
其他权益工具投资	股票成本——宏远股份（股票3 000股）	30 035.66	
其他权益工具投资	公允价值变动——宏远股份	7 600.15	
长期股权投资	江苏远景有限公司（成本）（占40%股份）	2 400 000.00	
长期股权投资	江苏远景有限公司（损益调整）	144 000.00	
应收退货成本	X201（150件）	172 500.00	
应交税费	未交增值税		387 000.00
应交税费	应交城市维护建设税		27 090.00
应交税费	应交教育费附加		11 610.00
应交税费	应交地方教育附加		7 740.00
应交税费	应交企业所得税		203 984.09
应交税费	应交个人所得税		557.16
应交税费	应交房产税		3 600.00
应交税费	应交印花税		3 515.00

（续表）

一级科目名称	二级或明细科目名称及辅助信息	借方金额	贷方金额
应付职工薪酬	工资		165 200.00
	设定提存计划——养老保险		26 442.88
	社会保险费——医疗保险		13 717.24
	设定提存计划——失业保险		826.34
	社会保险费——工伤保险		1 156.88
	住房公积金		16 520.00
	职工教育经费		28 049.11
	工会经费		22 242.00
预计负债	应付退货款——X201(150 件)		270 000.00
资本公积	资本溢价		1 661 825.00
其他综合收益	其他权益工具投资公允价值变动——宏远股份		7 600.15
盈余公积	法定盈余公积		226 740.00
本年利润			569 406.61
利润分配	未分配利润		2 428 803.39

科目期初余额录入流程如下所述。

① 以账套主管"10544553145"的身份于 2020-06-01 登录。"初始化——期初余额"处单击"科目期初余额"。

② 科日期初余额页面调整。若只要求录入期初余额，在科目期初余额页面单击"设置"，在设置页面取消其他勾选，只留下需要的栏目。设置页面保存后退出。

栏目更改后科目期初余额页面，如图 1-2-62 所示。

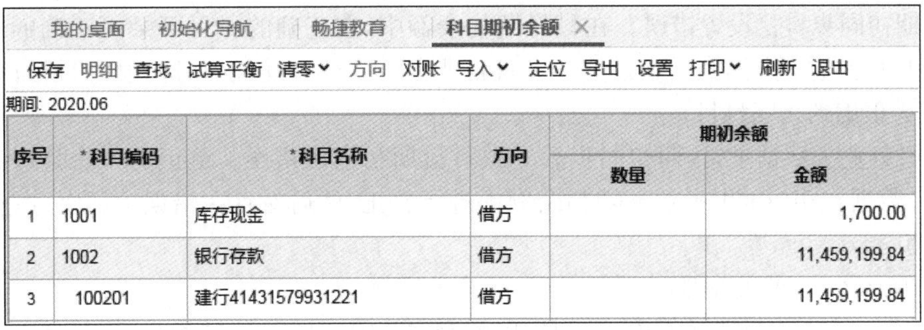

我的桌面 | 初始化导航 | 畅捷教育 | 科目期初余额 ×

保存 明细 查找 试算平衡 清零 方向 对账 导入 定位 导出 设置 打印 刷新 退出

期间: 2020.06

序号	*科目编码	*科目名称	方向	期初余额	
				数量	金额
1	1001	库存现金	借方		1,700.00
2	1002	银行存款	借方		11,459,199.84
3	100201	建行41431579931221	借方		11,459,199.84

图 1-2-62　栏目更改后科目期初余额页面

③ 对于只有总账科目有期初余额的录入。例如"在途物资"等科目，直接在其期初余额栏录入金额，该页面进行保存。

④ 对于明细科目有期初余额的录入。直接在其明细科目期初余额栏录入金额，其上级

总账科目金额自动生成。例如"坏账准备——应收账款坏账准备"科目,在期初余额栏中录入"68 280",该页面进行保存。同一层次下金额可全部录入后进行保存,转入辅助层前已录入数据必须保存。

⑤ 对于有辅助核算的科目余额的录入。例如"150401"科目,在其科目处双击"金额"栏,出现辅助核算期初页面,该页面单击"明细",单位选择为"宏远股份",数量录入"3 000",金额录入"30 035.66",该页面单击"汇总并退出",辅助核算期初页面保存后退出。

录入其他权益工具投资明细科目页面,如图1-2-63所示。

辅助核算期初							
保存 明细 导出 设置 打印 清零 删除 定位 退出							
科目:150401 股票成本方向:借方							
序号	*往来单位	计量单位	累计借方		累计贷方		期初余额
			数量	金额	数量	金额	数量	金额
1	宏远股份	股					3,000.00	30,035.66

图1-2-63 录入其他权益工具投资明细科目页面

⑥ 兼有数量和辅助核算科目余额的录入。例如,"1902"科目处双击"金额",出现辅助核算期初数据页面,存货选择"X201",数量录入"150",金额录入"172 500",辅助核算期初页面保存后退出。

⑦ 科目期初余额的核对。所有科目期初余额录入完成并保存后,科目期初余额页面单击"试算平衡",显示"试算平衡!"科目期初余额页面单击"对账",检查期初科目上下级、期初余额加本期发生额是否等于期末余额、科目期初与辅助期初、辅助期初与往来明细等是否核对相符。

需要说明的是,科目期初余额试算不平衡,比较严重的问题及处理方法如下所述。

① 基础设置——科目编辑存在问题,科目期初余额已录入或已期初同步。此时的更正方法是:第一步,在科目期初余额中将有差错的科目余额删除并保存。第二步,根据错误原因分别处理,若只存在科目编辑错误,则在基础设置——科目中修改科目中有错误之处,然后在科目期初余额中录入正确的数据。

② 期初同步科目设置错误。在科目期初余额中,在正确的科目下录入正确的数据,并将错误科目的数据删除,然后在总账——日常业务——科目设置中对错误的科目设置进行修改,改为正确的入账科目。

③ 财务业务数据录错,期初同步后导致科目期初余额错误。更正的方法是,将错误的财务业务数据在相应的财务业务期初余额中进行更正,然后对存在错误项的财务业务数据进行期初同步。

7) 初始化——期初对账

初始化——期初对账的操作流程是:以账套主管"10544553145"的身份于2020-06-01登录。"初始化——初始化"处单击"期初对账"。期初对账页面包括"现金银行对账""业务往来对账""库存期初对账""暂估入库对账"和"资产期初对账"等内容,其中有差异的是库存期初对账有数量差异,其原因是相关存货会计科目没有设置数量核算。

第二部分

存货业务会计信息化处理（上）

一、材料采购业务会计信息化处理

（一）单、料同到业务

【业务 2-1】 6月2日，取得原始凭证5张，采购经办人邹萌红，如表2-1-1至表2-1-5所示。

表 2-1-1　　　　　　　　　　（此为复印件）

购销合同

购方：常州亚兴电缆有限责任公司　　合同编号：20205437
销方：常州智慧有限公司　　　　　　签订地点：常州市

供需双方本着互利互惠、长期合作的原则，根据《中华人民共和国民法典》及双方的实际情况，就需方向供方采购事宜，订立本合同，以便双方在合同履行中共同遵守。

一、产品名称、数量、单价、金额：

产品名称	规格型号	计量单位	数量	单价	金额	备注
M101		千克	2000	56.50	113000.00	含税
合计					¥113000.00	

合计人民币（大写）：壹拾壹万叁仟元整

二、质量要求、技术标准、供方对质量负责的条件和期限：按合同企业标准。

三、(1) 交（提）货地点、方式：江苏省常州市钟楼区齐兴街程海路42号
　　(2) 交货日期：2020-06-02

四、付款时间与付款方式：付款方式：转账支票

五、运输方式及到站、港和费用负担：销售方承担

六、合理损耗及计算方法：以实际数量验收。

七、包装标准、包装物的供应与回收：普通包装，不回收包装物。

八、验收标准、方法及提出异议期限：

　　货到需方七天内提出质量异议，不包括运输过程中造成的质量问题。

九、违约责任：按《民法典》

十、解决合同纠纷的方式：双方协商解决。

十一、其他约定事项：

　　本合同一式两份，需、供双方各一份，经双方盖章后即生效。

购方（盖章）：常州亚兴电缆有限责任公司　　销方（盖章）：常州智慧有限公司
单位地址：江苏省常州市钟楼区齐兴街程海路42号　单位地址：江苏省常州市新北区沿海街王朝路78号
电　话：0519-04811885　　　　　　　　　　　电　话：0519-25091138
签订日期：2020-06-01　　　　　　　　　　　　签订日期：2020-06-01
开户银行：中国建设银行常州市钟楼区支行　　　开户银行：中国建设银行常州市新北区支行
账　号：41431579931221　　　　　　　　　　账　号：41599402852824

表 2-1-2

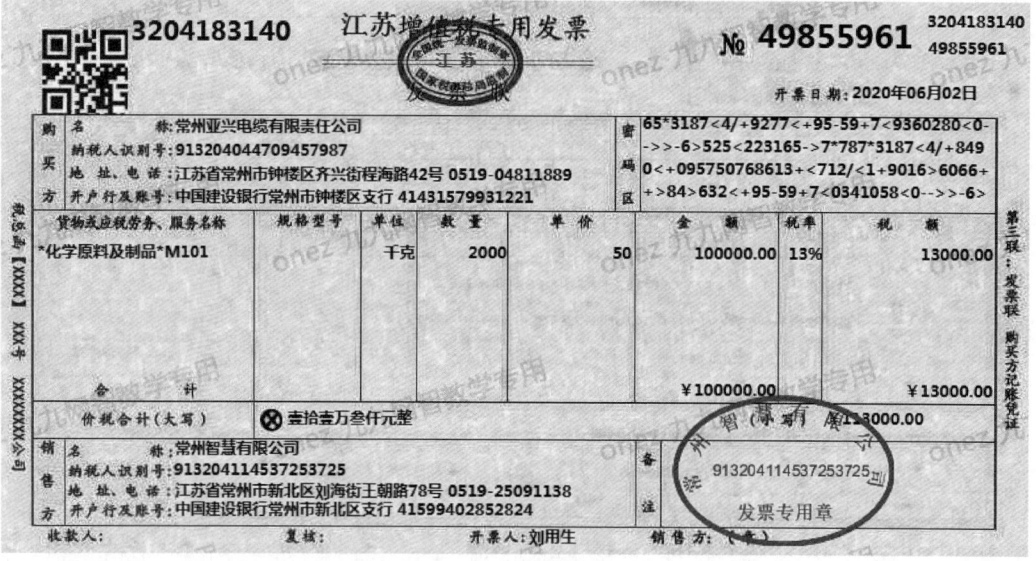

表 2-1-3

表 2-1-4

表 2-1-5

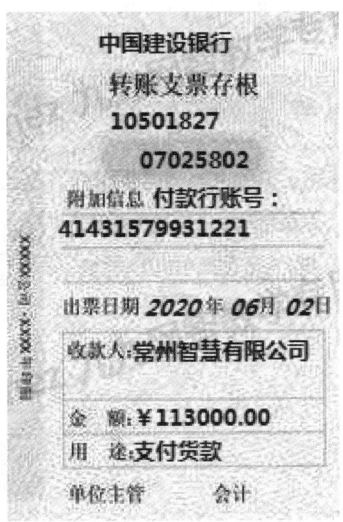

上述原始凭证中：

表 2-1-1 是购销合同复印件。该原始凭证注明，"购方"是本公司，"销方"是常州智慧有限公司，"产品名称"是 M101，"金额"是 113 000.00 元，"合同签订日期"是 2020 年 6 月 1 日，"交货日期"是 2020 年 6 月 2 日。这表明本公司和常州智慧有限公司签订了购买 M101 材料的购销合同。

表 2-1-2 是江苏增值税专用发票的第二联抵扣联，此联应作为购买方抵扣进项税额的依据。该抵扣联不能作为记账凭证的附件，专门用于在规定期限内到税务机关办理认证或在平台办理勾选确认，并在认证通过或勾选确认的次月申报期内，向主管税务机关申报抵扣进项税额。

表 2-1-3 是江苏增值税专用发票的第三联发票联，此联应作为购买方的记账依据。该原始凭证注明，"购买方"是本公司，"销售方"是常州智慧有限公司，"货物或应税劳务、服务名称"是 M101，这表明本公司从常州智慧有限公司购买了材料 M101。

表 2-1-4 是收料单的第二联记账联，此联应作为收到材料的记账依据。该原始凭证注明，"供应单位"是常州智慧有限公司，"名称"是 M101，"数量应收"和"数量实收"均为 2 000 千克，这表明本公司向常州智慧有限公司购买的原材料 M101 已经全部验收入库。进行会计核算时，根据表 2-1-3 和表 2-1-4，"金额"100 000.00 元应记入"原材料——M101"科目的借方，"税额"13 000.00 元应记入"应交税费——应交增值税——进项税额"科目的借方。

表 2-1-5 是中国建设银行转账支票存根，此联应作为付款方支付货款的记账依据。该原始凭证注明，"付款行账号"是 41431579931221，"收款人"是常州智慧有限公司，"用途"是支付货款，这表明本公司已通过账号为 41431579931221 的基本户向常州智慧有限公司支付了货款。进行会计核算时，"金额"113 000.00 元应记入"银行存款——建行41431579931221"科目的贷方。

根据上述分析，该笔业务在 T＋系统中的操作流程如下：

（1）登录 T＋系统。以存货会计钱晓明"10516674727"的身份于 2020-06-02 登录，左侧单击"采购管理"，其页面中心出现采购管理系统的导航流程图。进入第二步录入采购订单。

采购管理主页面,如图 2-1-1 所示。

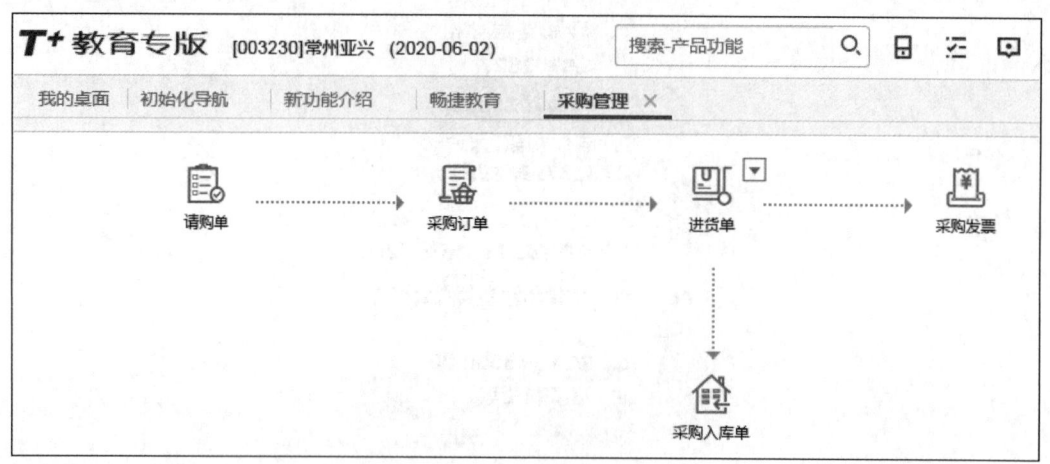

图 2-1-1　采购管理主页面

(2) 录入采购订单。"采购管理——单据"处单击"采购订单"(或主页面上单击导航中的"采购订单");单据日期改为"2020-06-01",单据编号改为"20205437",供应商栏单击右侧的搜索图标,进入往来单位选择页面,单位选择页面单击"新增",进入往来单位档案页面,所属类别选择"一般供应商",单位编码自动生成,根据表 2-1-3 所示资料录入相应的信息,单位性质选择"供应商",往来单位档案页面进行保存后退出;往来单位选择页面对所选供应商进行确定(这个流程,后续业务中叙述为在供应商栏通过搜索选择一般供应商类别,新增"××"供应商档案并确定);业务员勾选"邹萌红",预计到货日期为"2020-06-02",付款方式选择"全额现结";在明细第 1 行存货名称选择"M101",数量录入"2 000",单价录入"50",其他信息自动生成;该单据保存后审核。

【业务 2-1】　采购订单页面,如图 2-1-2 所示。

图 2-1-2　[业务 2-1]采购订单页面

需要说明的是,业务首张填制的单据数据必须正确,业务后续单据数据一般是根据首张单据数据生成的。

(3) 进货单生成。进货单的取得有两种方法:第一种方法是生单取得,已审采购订单页面,“生单”下拉菜单单击“生成进货单”;第二种方法是选单生成,“采购管理——单据”处单击“进货单”,“选单”下拉菜单单击“选采购订单”,采购订单查询页面单击“查询”,常州智慧有限公司采购订单记录勾选其复选框并进行确定;该单据保存后审核。

【业务 2-1】 进货单页面,如图 2-1-3 所示。

我的桌面　初始化导航　新功能介绍　畅捷教育　采购管理　采购订单　进货单
新增　选单　保存　删除　弃审　生单　转换　变更　工具　联查　设置　打印　更多
已审
*单据日期 2020-06-02　*单据编号 PS-2020-06-0001　*业务类型 普通采购　*票据类型 专用发票
*供应商 常州智慧有限公司　业务员 邹萌红　*付款方式 全额现结　付款到期日 2020-06-02
明细　汇总

序号	*存货名称	规格型号	*采购单位	*数量	*单价	*税率	*含税单价	*金额	*含税金额	现存量	现存量说明
1	M101		千克	2,000...	50.00	13.00%	56.50	100,000.00	113,000.00		
2											
合计				2,000.00				100,000.00	113,000.00		

备注
制单人 钱晓明　审核人 钱晓明　审核日期 2020-06-02　打印次数 0

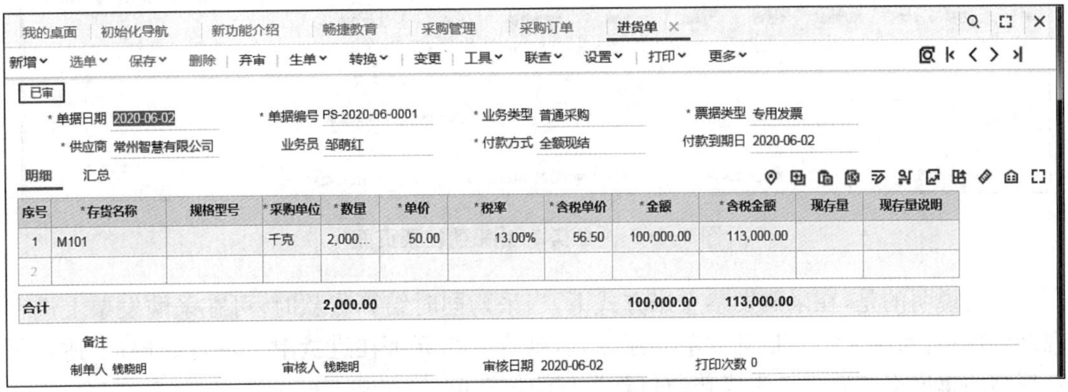

图 2-1-3　[业务 2-1]进货单页面

需要说明的是,在以“采购发票立账方式”的采购业务流程中,必须以同一进货单分别生成采购入库单和采购发票,系统才能计算采购入库存货的实际采购成本。业务流程具有连续性,根据同一进货单分别生成采购入库单和采购发票时,选择进货单生单的方法比较合理。

(4) 采购发票生成。采购发票生成方法有两种:第一种方法是生单取得,其具体操作是已审核的进货单页面,“生单”处下拉菜单单击“生成采购发票(普通采购)”;第二种方法是选单生成,其具体操作是“采购管理——单据”处单击“采购发票”,“选单”下拉菜单单击“选进货单”,常州智慧有限公司进货单记录经过查询、选择后进行确定;发票号录入“49855961”,修改现结金额信息,现结金额右侧单击自动显现的图标,进入现结页面,结算方式录入“转账支票”,账号名称和金额自动生成,票据号录入“07025802”(注:票据号有多位的,本教材一律录入后 8 位),现结页面进行确定;采购发票页面检查无误,该单据保存后审核。

【业务 2-1】 采购发票现结编辑页面,如图 2-1-4 所示。

现结

序号	*结算方式	*账号名称	*付款金额	票据号
1	转账支票	A01	113,000.00	07025802
2				
合计			113,000.00	

确定　取消

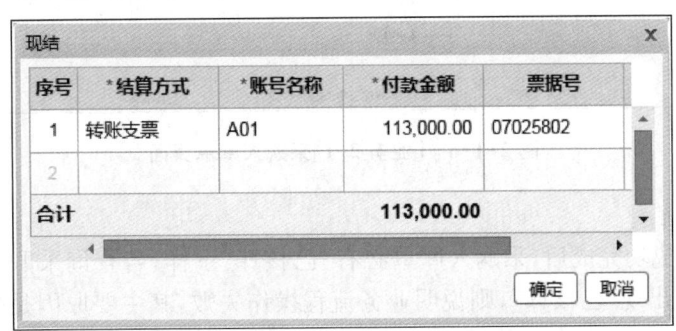

图 2-1-4　[业务 2-1]采购发票现结编辑页面

【业务 2-1】 采购发票页面,如图 2-1-5 所示。

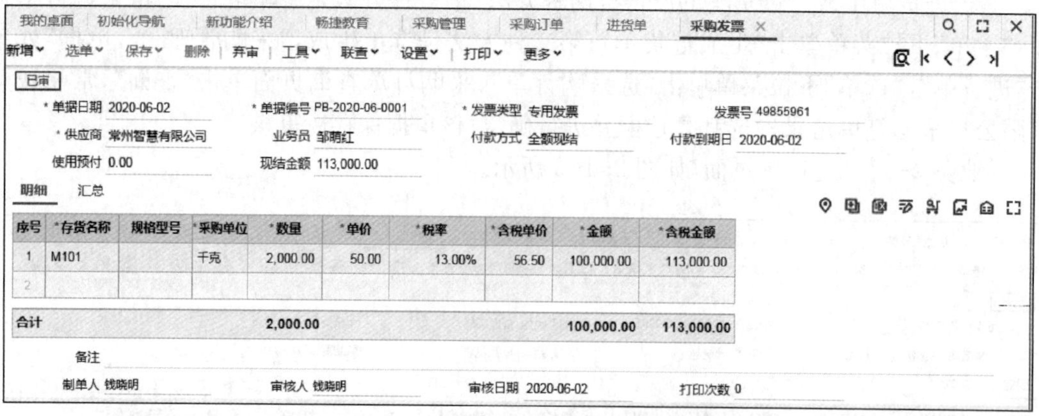

我的桌面 初始化导航 新功能介绍 畅捷教育 采购管理 采购订单 进货单 采购发票

新增 选单 保存 删除 弃审 工具 联查 设置 打印 更多

已审

*单据日期 2020-06-02 *单据编号 PB-2020-06-0001 *发票类型 专用发票 发票号 49855961

*供应商 常州智慧有限公司 业务员 邹晴红 付款方式 全额现结 付款到期日 2020-06-02

使用预付 0.00 现结金额 113,000.00

明细 汇总

序号	*存货名称	规格型号	*采购单位	*数量	*单价	*税率	*含税单价	*金额	*含税金额
1	M101		千克	2,000.00	50.00	13.00%	56.50	100,000.00	113,000.00
2									
合计				2,000.00				100,000.00	113,000.00

备注

制单人 钱晓明 审核人 钱晓明 审核日期 2020-06-02 打印次数 0

图 2-1-5 [业务 2-1]采购发票页面

需要说明的是,在采购发票立账方式下,当采购同时结算货款时,可在采购发票上进行现结处理;若系统采用的是进货单立账方式,则货款结算可在进货单上进行处理;上述含付款现结的单据审核后自动生成普通付款类型的付款单。

(5) 采购入库单生成。当用户同时拥有采购管理和库存核算权限时,有两种方法生成采购入库单:第一种是"生单"方法,具体操作流程是在已审核的进货单页面,"生单"下拉菜单处单击"生成采购入库单(普通采购)";第二种方法是选单生成,具体操作流程是"库存核算——单据"处单击"采购入库单","选单"下拉菜单单击"选进货单","常州智慧有限公司"记录经查询、选择后进行确定;单据编号录入"SL1250",仓库选择"综合库",并检查实收数量是否与表 2-1-4 中的实收数量一致,该单据保存后审核。

【业务 2-1】 采购入库单页面,如图 2-1-6 所示。

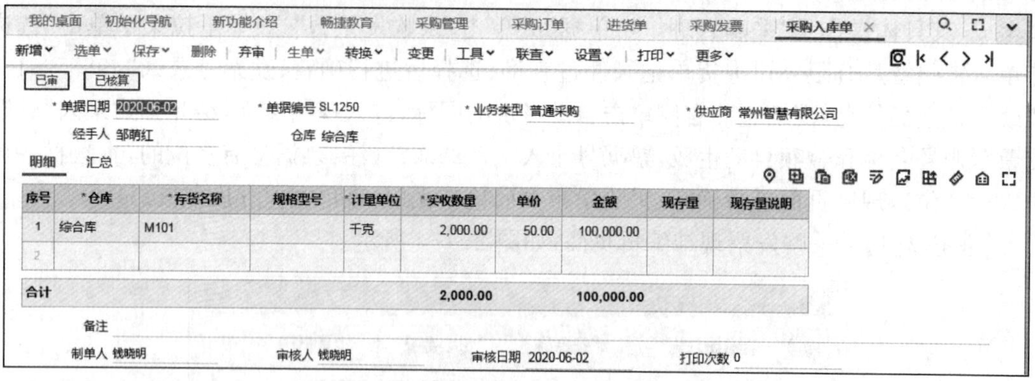

我的桌面 初始化导航 新功能介绍 畅捷教育 采购管理 采购订单 进货单 采购发票 采购入库单

新增 选单 保存 删除 弃审 生单 转换 变更 工具 联查 设置 打印 更多

已审 已核算

*单据日期 2020-06-02 *单据编号 SL1250 *业务类型 普通采购 *供应商 常州智慧有限公司

经手人 邹晴红 仓库 综合库

明细 汇总

序号	*仓库	*存货名称	规格型号	*计量单位	*实收数量	单价	金额	现存量	现存量说明
1	综合库	M101		千克	2,000.00	50.00	100,000.00		
2									
合计					2,000.00		100,000.00		

备注

制单人 钱晓明 审核人 钱晓明 审核日期 2020-06-02 打印次数 0

图 2-1-6 [业务 2-1]采购入库单页面

需要说明的是:

① 业务流程成功完成后,采购入库单必有"已核算"字样,若查询采购发票,必有"已核算"字样。若没有出现"已核算",则说明业务流程操作失败,其主要原因是采购入库单和采购发票没有根据同一进货单生成。

② 采购发票与采购入库单均根据同一进货单生成,两者次序无先后之分。

(6) 付款单审核。以出纳朱珊珊"10523340668"的身份于 2020-06-02 登录,"往来现金——单据"处单击"付款单",菜单栏右侧单击"<"图标,已生成的付款单进行定位后审核。

【业务 2-1】 付款单审核后页面,如图 2-1-7 所示。

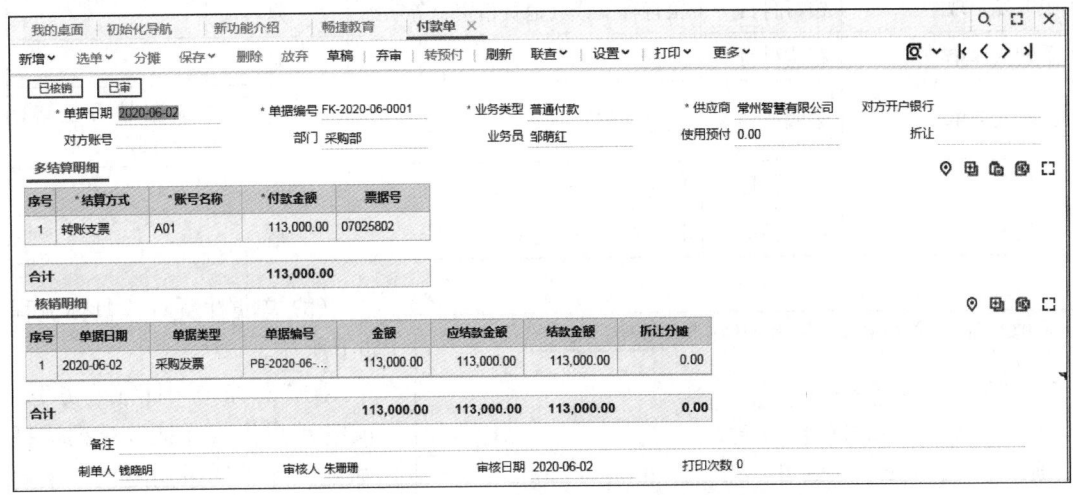

图 2-1-7　付款单审核后页面

需要说明的是:

① 付款单没有审核,标志着付款手续没有完成,不会在日记账中生成付款记录。由采购发票生成的付款单,不能由出纳修改,若发现付款单错误,应由原操作员在采购发票上进行货款现结的修改工作。

② 后续业务中现结的采购发票、现结的往来费用类型的费用单,保存审核后,自动生成付款单。后续业务由采购发票或费用单生成的付款单图示均省略;这些付款单生成后必须及时进行审核,以保证日记账付款记录的及时生成。

(7) 科目设置。本业务单据包括采购发票、采购入库单、付款单等,业务单据对应的入账科目包括采购科目、进项税科目、应付科目和银行科目等,单据和需设置科目设置之间的关系已汇编成[业务 2-1]单据与科目关联一览表。其业务流程是以存货会计钱晓明"10516674727"的身份于 2020-06-02 登录,在"总账——日常业务"处单击"科目设置",分别检查所需设置科目;科目设置页面保存后退出。

【业务 2-1】 单据与科目关联一览表,如表 2-1-6 所示。

表 2-1-6　　　　　[业务 2-1]单据与科目关联一览表

单据种类	需设置科目	入账科目名称	期初同步科目是否设置	后续处理
采购发票	采购科目	在途物资	否	检查是否正确;否,则改之
采购发票	进项税科目	应交税费——应交增值税——进项税额	否	检查是否正确;否,则改之

(续表)

单据种类	需设置科目	入账科目名称	期初同步科目是否设置	后续处理
采购发票无货款结算	应付科目	应付账款——供应商	是	—
采购发票现结	银行科目	银行存款或其他货币资金等明细	是	—
采购入库单	存货科目	原材料	是	—
采购入库单	采购科目	在途物资	否	检查是否正确；否，则改之
付款单	应付科目	应付账款——供应商	是	—
付款单	银行科目	银行存款——建行……	是	—

(8) 单据生凭证。具体流程如下所述。

①"总账——日常业务"处单击"单据生成凭证"，单据选择"采购入库单""采购发票"(采购发票已含现结付款单，不需选择"付款单")。

【业务 2-1】 来源单据勾选页面，如图 2-1-8 所示。

② 单据生凭证页面单击"下一步"，"选择查询条件"页面单击"下一步"，页面转入"查询结果"，本业务显示采购入库单和采购发票。

【业务 2-1】 查询查询结果页面，如图 2-1-9 所示。

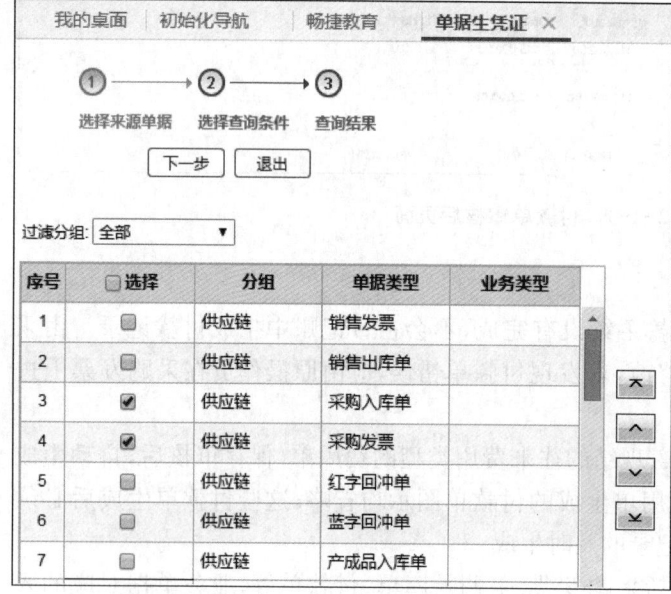

图 2-1-8 [业务 2-1]来源单据勾选页面

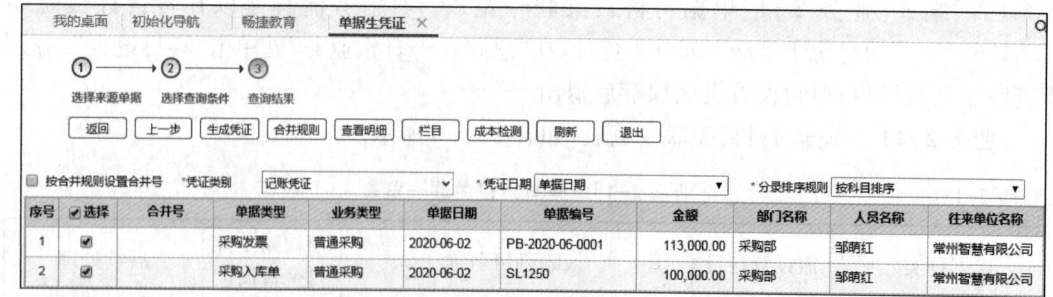

图 2-1-9 [业务 2-1]查询查询结果页面

③ 单据生凭证。根据单据种类生成凭证的方法有多种，如单据合并生成凭证方法或按不同单据分别生成多张凭证的方法，每笔业务只能选择一种方法，一般公司选择单据合并生

成单张凭证的方法。

第一种方法,单据合并生成凭证。其具体流程是查询结果页面勾选"按合并规则设置合并号"复选框,合并号均录入"1"(每一行合并号必须保持一致),其中合并规则只能勾选"相同科目"条件,其他勾选应取消,这样设置后,后续业务合并生成凭证时,合并号自动为"1";该页面单击"生成凭证",在记账凭证页面,附单据数改为"4","银行存款"科目确定其结算日期;记账凭证页面单击"流量",现金流量项目页面勾选"手工分配现金流量",现金流量项目选择"04 购买商品/接受劳务支付的现金"(现金流量项目已预置,后续业务重复出现的项目只提供项目编码)后进行确定;记账凭证进行保存。

【业务 2-1】 方法一合并生成凭证条件页面,如图 2-1-10 所示。

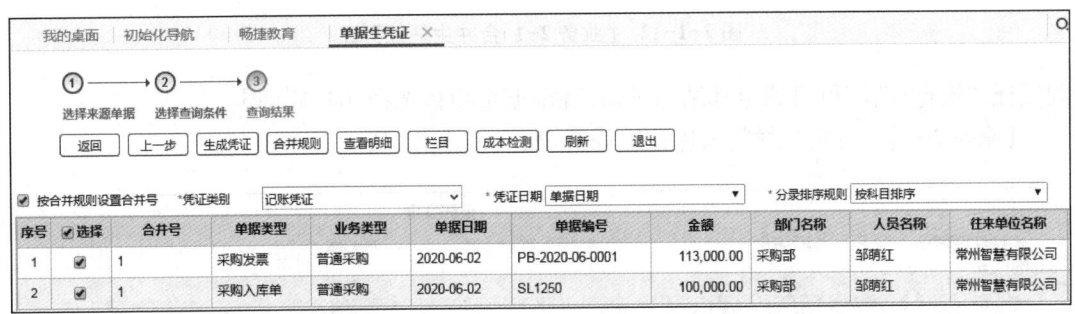

图 2-1-10 [业务 2-1]方法一合并生成凭证条件页面

需要说明的是,单据对应的科目设置是否正确,可通过"查看明细"命令进行查看,检查每张单据对应的科目是否已经设置或设置是否正确。合并生凭证方法一经使用,后续业务单据生凭证时自动采用该方法生成凭证。

现金流量录入页面,如图 2-1-11 所示。

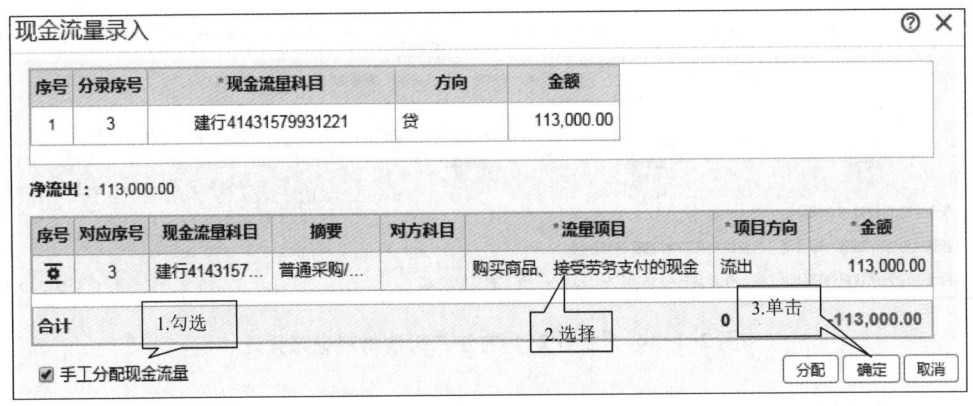

图 2-1-11 现金流量录入页面

【业务 2-1】 合并生凭证页面,如图 2-1-12 所示。

需要说明的是,第二种方法在存货会计根据单据生成凭证时,分别原始单据生成记账凭证。具体操作流程是单据生凭证查询结果页面不勾选"合并生成凭证",查询结果页面直接单击"生成凭证",系统自动根据"采购入库单"生成入库记账凭证;根据采购发票自动生成采

我的桌面　初始化导航　畅捷教育　单据生凭证　生成凭证 ×

流量　保存　批量保存　打印　退出

已分配　已生成

记账凭证

*凭证类别 记账凭证　*凭证编号 0001　*制单日期 2020-06-02　附单据数 4

明细　汇总

序号	*摘要	*科目名称	辅助项	计量单位	借方	贷方
1	普通采购/常州智慧有限公司	原材料	M101	千克	10000000	
2	普通采购/常州智慧有限公司	应交税费-应交增值税-进项税额			1300000	
3	普通采购/常州智慧有限公司	银行存款-建行41431579931221	转账支票 07025802 ...			11300000
合计 大写合计		壹拾壹万叁仟元整			11300000	11300000

记账人　审核人　出纳　*制单人 钱晓明

图 2-1-12 [业务 2-1]合并生凭证页面

购凭证,“银行存款”科目确定其结算日期,现金流量项目选择“04”后确定。

【业务 2-1】 方法二材料入库记账凭证,如图 2-1-13 所示。

记账凭证

*凭证类别 记账凭证　*凭证编号 0001　*制单日期 2020-06-02　附单据数 1

明细　汇总

序号	*摘要	*科目名称	辅助项	计量单位	借方	贷方
1	普通采购/常州智慧有限公司	原材料	M101	千克	10000000	
2	普通采购/常州智慧有限公司	在途物资				10000000

图 2-1-13 [业务 2-1]方法二材料入库记账凭证

【业务 2-1】 方法二采购材料记账凭证,如图 2-1-14 所示。

记账凭证

*凭证类别 记账凭证　*凭证编号 0002　*制单日期 2020-06-02　附单据数 3

明细　汇总

序号	*摘要	*科目名称	辅助项	借方	贷方
1	普通采购/常州智慧有限公司	在途物资		10000000	
2	普通采购/常州智慧有限公司	应交税费-应交增值税-进项税额		1300000	
3	普通采购/常州智慧有限公司	银行存款-建行41431579931221	转账支票 07025802 ...		11300000

图 2-1-14 [业务 2-1]方法二采购材料记账凭证

需要说明的是:

① 生成凭证后发现凭证有错误的,一般是业务流程存在问题,或者是科目设置错误。如果是业务流程错误,只能删除凭证,改正流程错误后再生成凭证;如果是科目设置错误,流程正确,可直接在生成的凭证中进行修改,然后保存。若保存后发现凭证存在科目设置造成的错误,第一步,由原操作人在“总账——日常业务——填制凭证”(或在“总账——日常业务——凭证管理”中找到该凭证后双击)中找到该张凭证,凭证可修改后保存;第二步,在“总

账——日常业务"的"科目设置"中,把设置错误的科目改成正确的科目,这个操作是同类型后续业务凭证正确处理的基础。对于填制或生成且不需要的凭证,在保存前可直接进行"操作——放弃"操作;若该凭证已保存,则需要由原操作人在"总账——日常业务——填制凭证"中找到该张凭证,进行"操作——删除"处理。

② 生成凭证保存后发现采购订单错误,造成记账凭证错误。则采用倒序的方式依次删除记账凭证(由原操作员在"总账——日常业务——填制凭证"中选择并删除该记账凭证)。采购入库单删除(由原操作员在"库存核算——单据"单击"采购入库单",需删除采购入库单选择、弃审后删除)。采购发票删除(由原操作员在"采购管理——单据",单击"采购发票",需删除采购发票选择、弃审后删除)。进货单删除(由原操作员在"采购管理——单据",单击"进货单",需删除进货单选择弃审,删除)。采购订单修改(由原操作员在"采购管理——单据",单击"采购订单",选择需修改采购订单,弃审后修改)按正常流程进行进货单生成→采购发票生成→采购入库单生成→单据生凭证。

任何一个单据造成的错误,必须按照逆向追溯原则,将最后一步生成的凭证删除,然后将由该单据生成的后续单据全部删除,再将该单据上的错误修改后,生成后续的单据及凭证,本教材各流程出现上述错误,均按此方法进行修改。

③ 生成凭证时,"银行存款"科目的结算方式、票据号等辅助核算内容已根据单据自动生成,但是,只有在结算方式栏中双击,进入结算方式辅助核算页面,在该页面双击"结算日期"栏,结算日期选择后确定,才能在凭证中显示票据号等具体信息;若生成的凭证含有"库存现金"科目的,一般是在采购发票现结时,结算方式选择错误,其错误应根据修改错误的步骤进行检查并改正。

【业务2-2】 6月2日,取得原始凭证4张,采购经办人邹萌红,如表2-2-1至表2-2-4所示。

表2-2-1

表2-2-2

表2-2-3

表2-2-4

上述原始凭证中：

表 2-2-1 是江苏增值税专用发票的第二联抵扣联，此联应作为购买方抵扣进项税额的依据。该抵扣联不能作为记账凭证的附件，专门用于在规定期限内到税务机关办理认证或在平台办理勾选确认，并在认证通过或勾选确认的次月申报期内，向主管税务机关申报抵扣进项税额。

表 2-2-2 是江苏增值税专用发票的第三联发票联，此联应作为购买方的记账依据。该原始凭证注明，"购买方"是本公司，"销售方"是常州恒利有限公司，"货物或应税劳务、服务名称"是工作服，这表明本公司从常州恒利有限公司购买了低值易耗品工作服。

表 2-2-3 是收料单的第二联记账联，此联应作为收到低值易耗品工作服的记账依据。该原始凭证注明，"供应单位"是常州恒利有限公司，"名称"是工作服，"数量应收"和"数量实收"均为 1 000 件，这表明本公司向常州恒利有限公司购买的工作服已经全部验收入库。进行会计核算时，根据表 2-2-2 和表 2-2-3，"金额"60 000.00 元应记入"周转材料——低值易耗品——工作服"科目的借方，"税额"7 800.00 元应记入"应交税费——应交增值税——进项税额"科目的借方。

表 2-2-4 是中国建设银行客户专用回单第一联借方回单，此联应作为付款方支付货款的记账依据。该原始凭证注明，"付款人"是本公司，"付款人账号"是 41431579931221，"收款人"是常州恒利有限公司，"凭证种类"是网银，"用途"是支付货款，这表明本公司已通过账号为 41431579931221 的基本户以网银方式向常州恒利有限公司支付了货款。进行会计核算时，"金额"67 800.00 元应记入"银行存款——建行 41431579931221"科目的贷方。

根据上述分析，该笔业务在 T+系统中的操作流程如下：

（1）进货单填制。以存货会计钱晓明"10516674727"的身份于 2020-06-02 登录，"采购管理——单据"处单击"进货单"；在供应商栏通过搜索选择一般供应商类别，新增"常州恒利有限公司"供应商档案并确定；业务员选为"邹萌红"，付款方式选为"全额现结"，存货名称选为"工作服"；数量录入"1 000"，单价录入"60"，其他均自动生成；该单据保存后审核。

【业务 2-2】 进货单页面，如图 2-2-1 所示。

图 2-2-1 ［业务 2-2］进货单页面

（2）采购发票生成。已审的进货单页面，"生单"下拉菜单单击"生成采购发票（普通采购）"。发票号录入"22431511"，现结金额右侧双击自动出现的图标，结算方式勾选"网银"，账号名称自动出现，票据号录入"00810019"，该页面单击"确定"；该单据保存后审核。

【业务 2-2】 结算方式页面，如图 2-2-2 所示。

图 2-2-2　[业务 2-2]结算方式页面

【业务 2-2】　采购发票页面,如图 2-2-3 所示。

图 2-2-3　[业务 2-2]采购发票页面

(3) 生成采购入库单。已审的常州恒利有限公司进货单页面,"生单"下拉菜单单击"生成采购入库单(普通采购)";单据编号录入"SL1251",仓库选择"综合库";该单据保存后审核。

【业务 2-2】　采购入库单页面,如图 2-2-4 所示。

![图 2-2-4 采购入库单页面]

图 2-2-4　[业务 2-2]采购入库单页面

(4) 付款单审核。以出纳朱珊珊"10523340668"的身份于 2020-06-02 登录,"往来现金——单据"处单击"付款单";菜单栏右侧单击"<"图标(上一张),已生成付款单定位后审核。

(5) 生成凭证。该业务与[业务 2-1]类型相同,但采购入库单中的工作服属于周转材料中的低值易耗品,其入账的存货科目为"周转材料——低值易耗品",没有设置,为方便应用,在单据生凭证中处理,直接根据单据合并生成凭证。其具体操作流程是:

以存货会计钱晓明"10516674727"的身份于 2020-06-02 登录,"总账——日常业务"处单击"单据生成凭证";单据选择"采购入库单"和"采购发票"并单击"下一步";选择查询条件页面默认并单击"下一步";查询结转页面单击"生成凭证";提示页面单击"科目设置",进入

"总账——日常业务——科目设置",存货科目扩展栏单击"设置",增行,仓库选择"综合库",存货类别选择"低值易耗品",科目代码录入"11401",其科目扩展设置页面保存并退出;单据生凭证页面单击"刷新"后单击"生成凭证";附单据数录入"3",银行存款科目需确定结算日期;现金流量项目选择"04"后进行确定;记账凭证进行保存。

未设置入账科目提示,如图 2-2-5 所示。

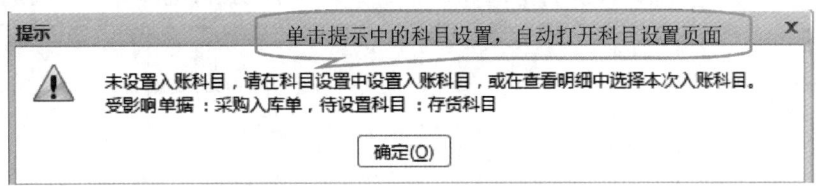

图 2-2-5 未设置入账科目提示

【业务 2-2】 记账凭证页面,如图 2-2-6 所示。

序号	*摘要	*科目名称	辅助项	计量单位	借方	贷方
1	普通采购/常州恒利有限公司	应交税费——应交增值税——进项税额			7800.00	
2	普通采购/常州恒利有限公司	周转材料——低值易耗品	工作服	件	60000.00	
3	普通采购/常州恒利有限公司	银行存款——建行41431579931221	网银 00810019…			67800.00

图 2-2-6 [业务 2-2]记账凭证页面

【业务 2-3】 6月3日,取得原始凭证6张,采购经办人崔浩朴,如表 2-3-1 至表 2-3-6 所示。

表 2-3-1

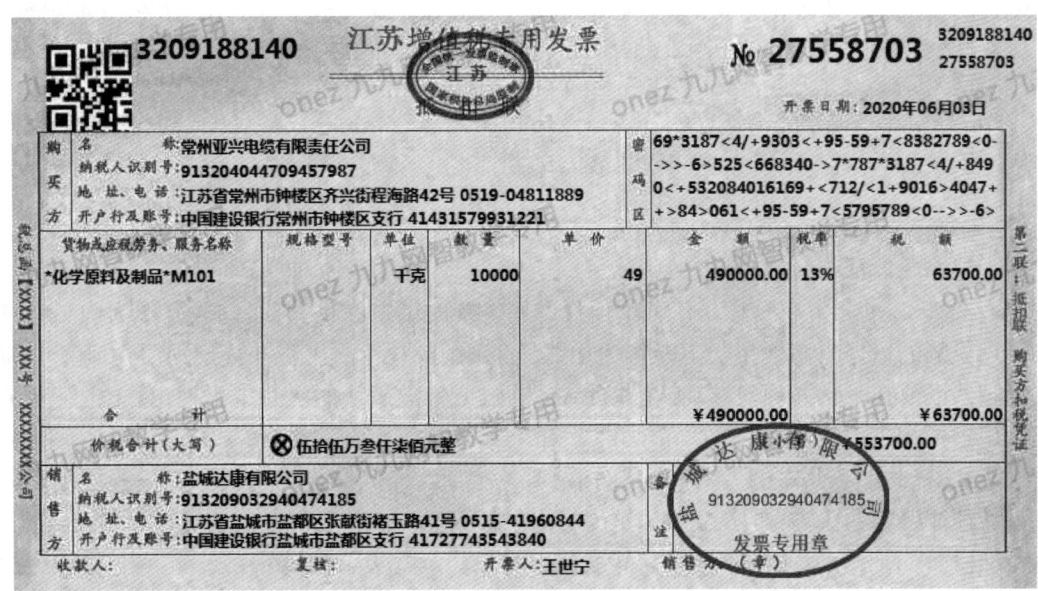

表 2-3-2

表 2-3-3

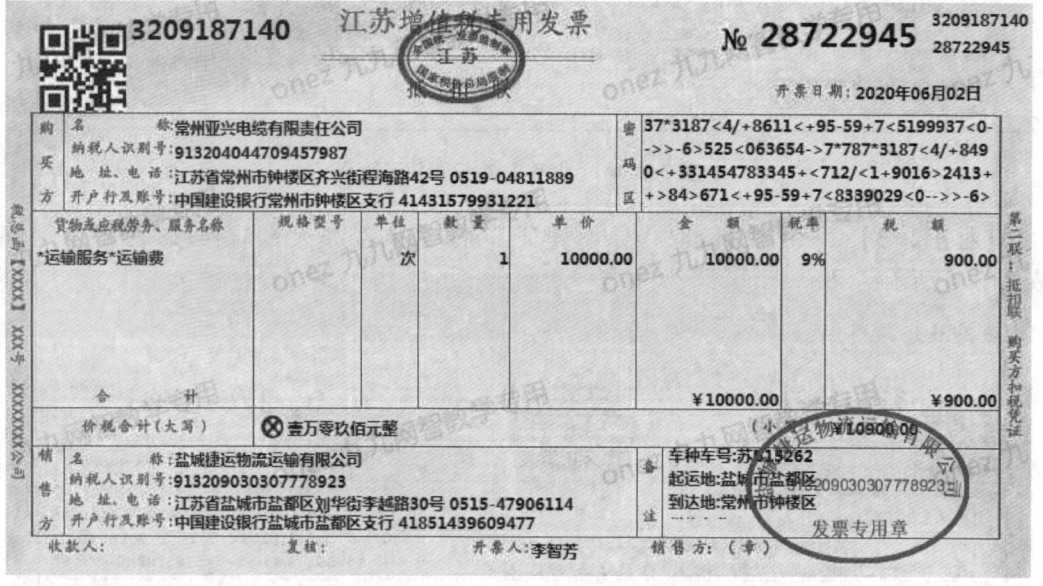

上述原始凭证中:

表 2-3-1 和表 2-3-3 均是江苏增值税专用发票的第二联抵扣联,此联应作为购买方抵扣进项税额的依据。该抵扣联不能作为记账凭证的附件,专门用于在规定期限内到税务机关办理认证或在平台办理勾选确认,并在认证通过或勾选确认的次月申报期内,向主管税务机关申报抵扣进项税额。

表 2-3-2 是江苏增值税专用发票的第三联发票联,此联应作为购买方的记账依据。该原始凭证注明,"购买方"是本公司,"销售方"是盐城达康有限公司,"货物或应税劳务、服务名称"是材料 M101,这表明本公司从盐城达康有限公司购买了材料 M101。

表 2-3-4

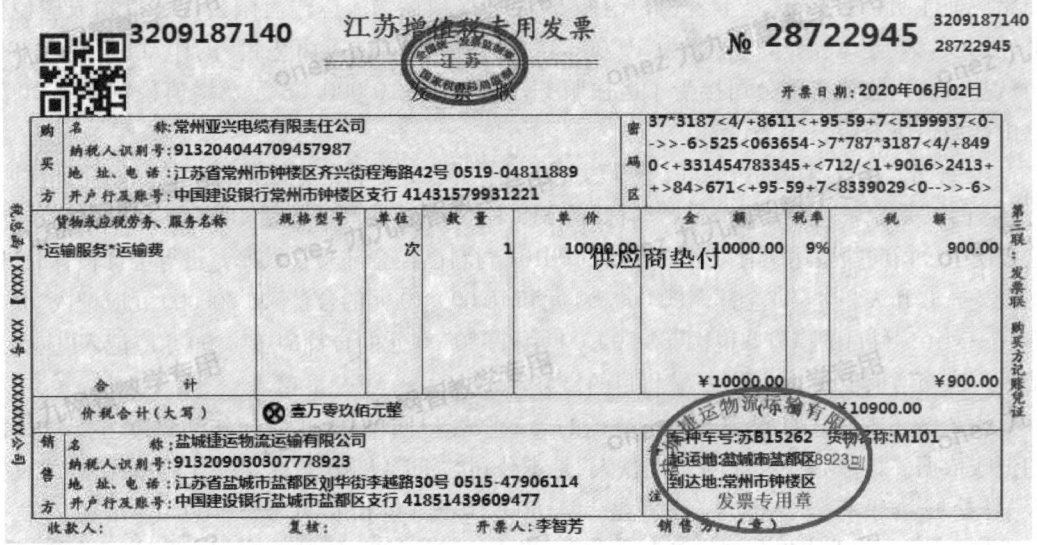

表 2-3-5

表 2-3-6

表2-3-4是江苏增值税专用发票的第三联发票联,此联应作为购买方的记账依据。该原始凭证注明,"购买方"是本公司,"销售方"是盐城捷运物流运输有限公司,"货物或应税劳务、服务名称"是运输费,"单价"为10 000.00元,并盖有"供应商垫付"的印章,这表明本公司从盐城捷运物流有限公司接受了运输服务,但运输费10 000.00元及增值税额900.00元已由盐城达康有限公司垫付。

表2-3-5是收料单的第二联记账联,此联应作为收到材料的记账依据。该原始凭证注明,"供应单位"是盐城达康有限公司,"名称"是M101,"数量应收"和"数量实收"均为10 000千克,这表明本公司向盐城达康有限公司购买的M101材料已经全部验收入库。进行会计核算时,根据表2-3-2和表2-3-4,"金额"490 000.00元和10 000.00元的合计500 000.00元应记入"原材料——M101"科目的借方,"税额"63 700.00元和900.00元的合计64 600.00元应记入"应交税费——应交增值税——进项税额"科目的借方。

表2-3-6是中国建设银行电汇凭证的第二联客户回单联,此联应作为付款方支付货款的记账依据。该原始凭证注明,"汇款人"是本公司,"汇款人账号"是41431579931221,"收款人"是盐城达康有限公司,"金额"是564 600.00元,包括货款553 700.00元和运输费10 900.00元。这表明本公司已通过账号为41431579931221的基本户以电汇方式向盐城达康有限公司支付了货款及运输费等款项。进行会计核算时,"金额"553 700.00元应记入"银行存款——建行41431579931221"科目的贷方。

根据上述分析,该笔业务在T+系统中的操作流程如下:

(1) 进货单填制。以存货会计钱晓明"10516674727"的身份于2020-06-03登录,"采购管理——单据"处单击"进货单";在供应商栏通过搜索选择一般供应商类别,新增"盐城达康有限公司"供应商档案并确定;业务员选择"崔浩朴",付款方式选择"全额现结";存货名称录入"M101",数量录入"10 000",单价录入"49";该单据保存后审核。

【业务2-3】 进货单页面,如图2-3-1所示。

图2-3-1 [业务2-3]进货单页面

需要说明的是,进货单及采购发票等单据,均以收到日期(即系统登录日期)为准录入系统,特别是本月以前的发票当月收到,需要在本月进行会计核算的,必须以收到票据的日期作为单据日期处理。否则以上月日期填制,本系统可以记录,但不能生成凭证。

(2) 采购发票生成。在已审的进货单页面,"生单"下拉菜单单击"生成采购发票(普通采购)"。发票号录入"27558703","现结金额"中修改结算方式为"电汇",票据号录入"00810042"并确定;该单据保存后审核。

【业务2-3】 采购发票页面,如图2-3-2所示。

序号	存货名称	规格型号	采购单位	*数量	*单价	*税率	*含税单价	*金额	*含税金额
1	M101		千克	10,000.00	49.00	13.00%	55.37	490,000.00	553,700.00

单据日期 2020-06-03　单据编号 PB-2020-06-0003　发票类型 专用发票　发票号 27558703
供应商 盐城达康有限公司　业务员 崔浩朴　付款方式 全额现结　付款到期日 2020-06-03
使用预付 0.00　现结金额 553,700.00

图2-3-2 [业务2-3]采购发票页面

(3) 付款单审核。以出纳朱珊珊"10523340668"的身份于2020-06-03登录,"往来现金——单据"处单击"付款单",已生成付款单定位后审核。

(4) 费用新增。以出纳朱珊珊"10523340668"的身份于2020-06-03登录,在"基础设置——收付结算"处单击"费用",费用页面单击"新增",费用编码录入"41",费用名称录入"采购运输及杂项费",费用类型默认为"采购费用";费用档案页面单击"保存新增",费用编码录入"411",费用名称录入"采购运输费",上级费用录入"41",税率选择"9",勾选"进行分摊","分摊方式"选择为"按数量";费用档案页面保存后退出。

【业务2-3】 采购运输费设置流程,如图2-3-3所示。

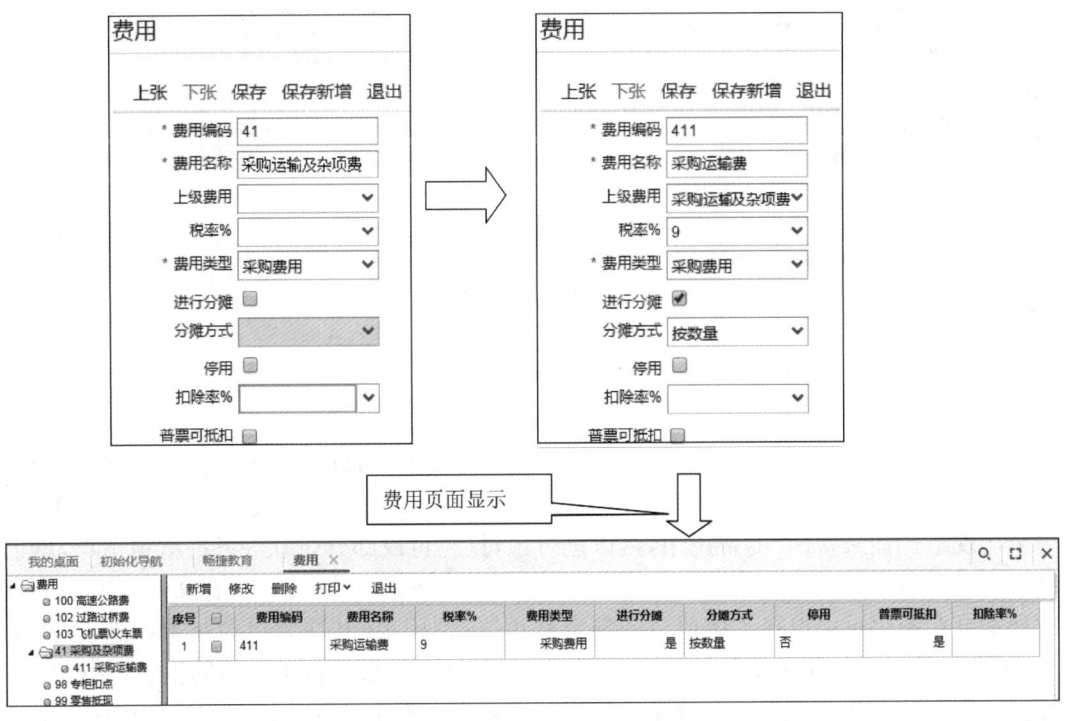

图2-3-3 [业务2-3]采购运输费设置流程

需要说明的是:

① 在采购业务中,能够存放于仓库的存货,设置存货档案,在采购业务中以连续的流程填制各种业务单据;与存货采购相关联的采购运费及杂项费用,如采购运输费和采购折让等,均应作为采购费用,通过费用单的单据形式反映其采购运费发票等内容,并与采购入库单中的入库存货进行费用分摊,确定入库存货的实际采购成本。

② "进行分摊"是指费用单中采购费用的分摊方法。它包含两层含义:第一,采购运输费作为采购费用,应该计入相应的采购入库材料成本;第二,在计入对应材料时,应选择与会计政策相匹配的分配标准,以保证各材料应负担的共同性采购费用计算正确。作为采购费用,必须勾选"进行分摊"。

③ 在本教材,"采购运输及杂项费"的费用类型属于"采购费用"。设置"采购运输及杂项费"以外的费用,其费用类型均选择"其他费用"且不进行分摊。在各费用项中附带增值税税率的编辑功能,在具体费用设置时准确确定其增值税税率,在填制单据时相应的增值税税率自动带出。

(5) 费用单填制及付款单审核。"往来现金——单据"处单击"费用单";往来单位选择"盐城达康有限公司",部门选择"采购部",业务员选择"崔浩朴";费用名称选择"采购运输费",税率自动生成,金额录入"10 000";"现结金额"右侧单击自动显示的图标,进入现结页面,结算方式选择"电汇","账号"默认,金额默认,票据号录入"00810042",现结记录进行确定;费用单记录保存后审核。在"往来现金——单据——付款单"中,对自动生成的运输费付款单进行定位后审核。

【业务 2-3】 费用单录入页面,如图 2-3-4 所示。

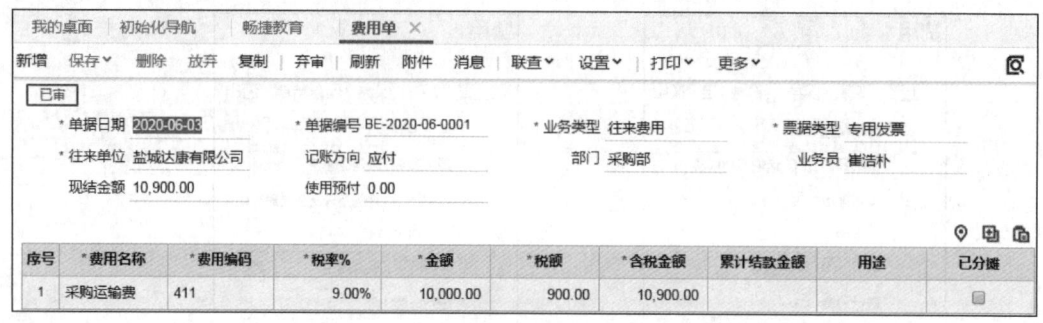

图 2-3-4 [业务 2-3]费用单录入页面

需要说明的是:

① 费用单中的业务类型有"往来费用"和"现金费用"两种。费用单打开后,其类型默认为"往来费用"。"现金费用"与"往来费用"的特点有两点:一是"现金费用"的费用单,必须全额现结;"往来费用"的费用单,可以进行预付、应付或部分付款等各种款项结算,款项结算比较灵活。二是"往来费用"的费用单,必须选择往来单位,即必须存在对应的往来单位档案且在费用单中选择了该单位;"现金费用"的费用单,其往来单位是否勾选,不作要求,即费用单对应的往来单位档案可不设置,或不勾选往来单位的,只能选择"现金费用"类型。在本教材中,要求具有往来单位档案的必须在单据中选择往来单位并使用往来费用业务类型。

② 费用单中往来单位的选择。在采购业务中,应以最终货款支付的对象为准,[业务2-3]运输费由供应商盐城达康有限公司垫付,最终应支付给供应商盐城达康运输费,因而往来单位选择盐城达康有限公司;其他业务,需要具体分析,特别是金融及投资业务,以往来单位类别中设置的具体金融或投资对象为准。

③ 自T+13.0版本起,各具体费用均有税率选项,正确设定税率,可以提高费用单的填制效率。

④ 费用单类型为往来费用且有现结记录的,费用单审核后自动生成付款单,只有对自动生成的付款单进行审核后,才能在相关银行日记账中生成付款记录。

⑤ 有关费用单科目设置。费用类型为采购费用,在采购费用科目中设置其入账科目;费用类型除采购费用外,均在费用科目中设置费用入账科目;费用对方科目,若往来单位含供应商的,且记账方向为"应付",则在其他应付科目中设置费用对方科目;若费用单中记账方向为"应收",则在其他应收科目中设置费用对方科目。

(6) 采购入库单生成。以存货会计钱晓明"10516674727"的身份于2020-06-03登录,"采购管理——单据"处单击"进货单";在已审的盐城达康有限公司进货单页面,"生单"下拉菜单单击"生采购入库单(普通采购)";单据编号录入"SL1252",仓库选择"综合库",该单据保存后审核。

【业务2-3】 采购入库单页面,如图2-3-5所示。

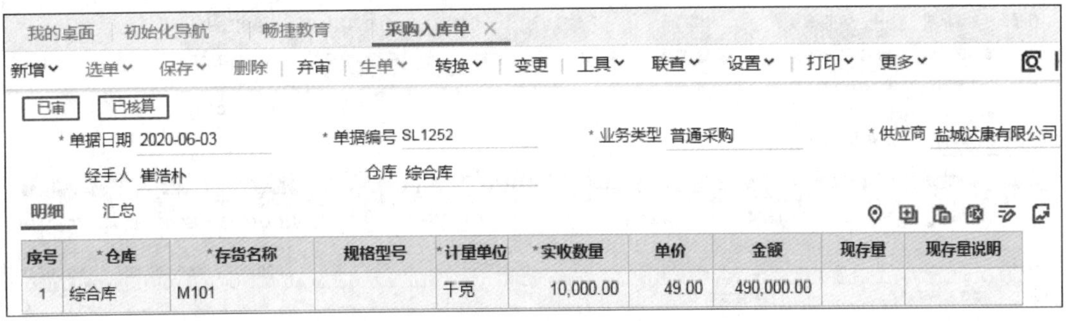

图2-3-5 [业务2-3]采购入库单页面

需要说明的是,采购入库单生成与费用单填制及付款单审核这两个流程的顺序可以互换,主要是根据原始单据的顺序安排业务流程。采购入库单的生成必须在费用分摊流程之前。

(7) 采购运输费分摊。左侧"采购管理"功能处单击,相关单据处单击"费用分摊单"(图2-3-6中带框部分);"盐城达康有限公司"记录通过查询、勾选并进行确定;"选单"下拉菜单单击"选采购入库单","盐城达康有限公司"记录通过查询、勾选并进行确定;选择部门及业务员,分摊方式选择"按费用档案",该单据进行分摊后保存。

【业务2-3】 费用分摊单选择路径,如图2-3-6所示。

【业务2-3】 费用分摊单页面,如图2-3-7所示。

需要说明的是:采购费用分摊的必备条件是具有相应的采购入库单,且该采购入库单尚未生成凭证。一般情况下,在同一会计期间,当采购费用收集完整后,再进行采购入库、费用分摊等采购成本计算流程的处理。

(8) 单据生凭证。"总账——日常业务"处单击"科目设置",采购费用科目栏录入

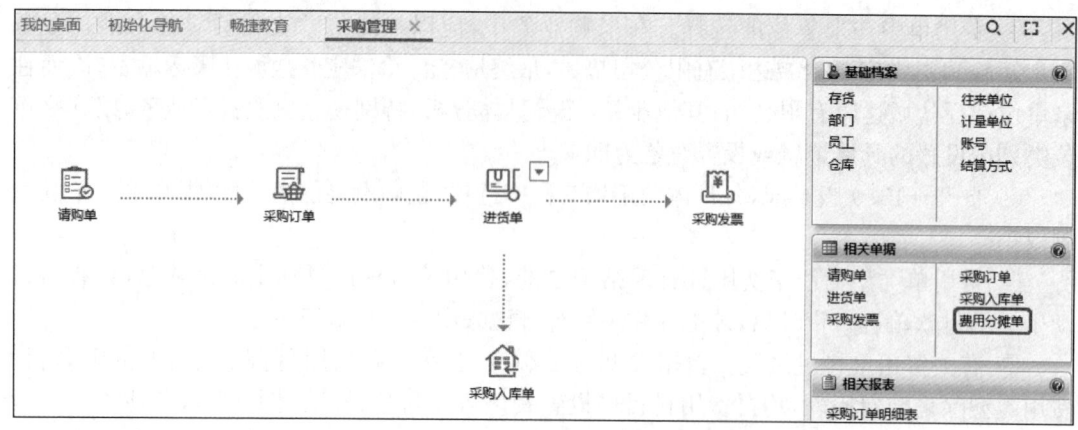

图 2-3-6 [业务 2-3]费用分摊单选择路径

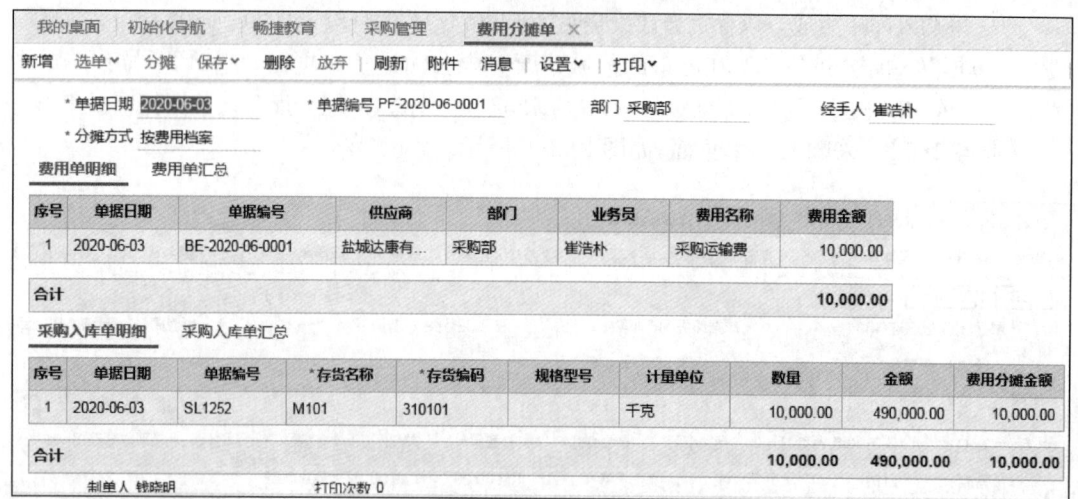

图 2-3-7 [业务 2-3]费用分摊单页面

"1402 在途物资"科目,科目设置页面保存后退出。"总账——日常业务"处单击"单据生成凭证";单据选择"采购入库单""采购发票"和"费用单",该页面单击"下一步";"选择查询条件"页面默认并单击"下一步";查询结果页面单击"生成凭证";附单据数录入"4",银行存款科目确定结算方式日期;现金流量项目选择"04"并确定;记账凭证进行保存。

【业务 2-3】 记账凭证页面,如图 2-3-8 所示。

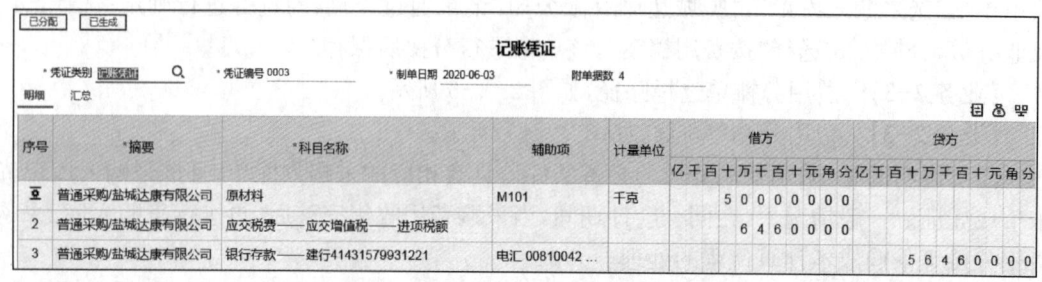

图 2-3-8 [业务 2-3]记账凭证页面

【业务 2-4】 6月3日,取得原始凭证1张,业务经办人崔浩朴,如表2-4-1所示。

表 2-4-1

中国建设银行客户专用回单				
币别：人民币		2020年06月03日	流水号 320420027J0500810071	
付款人	全称	常州亚兴电缆有限责任公司	收款人 全称	常州维达有限公司
	账号	41431579931221	账号	41458509986750
	开户行	中国建设银行常州市钟楼区支行	开户行	中国建设银行常州市新北区支行
金额	（大写）	人民币伍拾万元整	（小写）	￥500000.00
凭证种类		网银	凭证号码	
结算方式		转账	用途	预付货款
			打印柜员：320425584257	
			打印机构：中国建设银行常州市钟楼区支行	
			打印卡号：41431579931221	
打印时间：2020-06-03		交易柜员：320425584268	交易机构：320410557	

上述原始凭证中：

表 2-4-1 是中国建设银行客户专用回单的第一联借方回单,此联应作为付款方支付款项的记账依据。该原始凭证注明,"付款人"是本公司,"付款人账号"是 41431579931221,"收款人"是常州维达有限公司,"凭证种类"是网银,"用途"是预付货款,这表明本公司已通过账号为 41431579931221 的基本户以网银方式向常州维达有限公司预付了货款。进行会计核算时,"金额"500 000.00 元应分别记入"预付账款——供应商——常州维达有限公司"科目的借方和"银行存款——建行 41431579931221"科目的贷方。

根据上述分析,该笔业务在 T+系统中的操作流程如下：

（1）付款单填制。以出纳朱珊珊"10523340668"的身份于 2020-06-03 登录,"往来现金——单据"处单击"付款单";在供应商栏通过搜索选择一般供应商类别,新增"常州维达有限公司"档案并确定;"部门"选择"采购部",业务员选择"崔浩朴",业务类型选择"预付款";结算方式选择"网银",账号名称默认,"付款金额"录入"500 000",票据号录入"00810071";该单据保存后审核。

【业务 2-4】 预付款录入页面,如图 2-4-1 所示。

需要说明的是：付款单业务类型有普通付款、预付款和直接付款三类。普通付款是指付款的同时必须手工核销已有记录负债（通过查询可以得到该负债具体数据记录）的业务类型;预付款是指采购业务发生前预先支付货款（付款的同时,完成预付冲应付）的业务类型;直接付款是指除普通付款及预付款外发生其他付款的业务类型,如多收的预收款支付给客户、销售退回时支付货款、支付其他系统,如固定资产货款等。本教材要求能够进行手工核销的付款业务,填制普通付款类型的付款单;预付款业务要求填制预付款类型的付款单;不属于这两类的,填制直接付款类型的付款单。业务类型应在供应商、部门和业务员等处理后再进行选择,否则业务类型会自动返回"直接付款"。

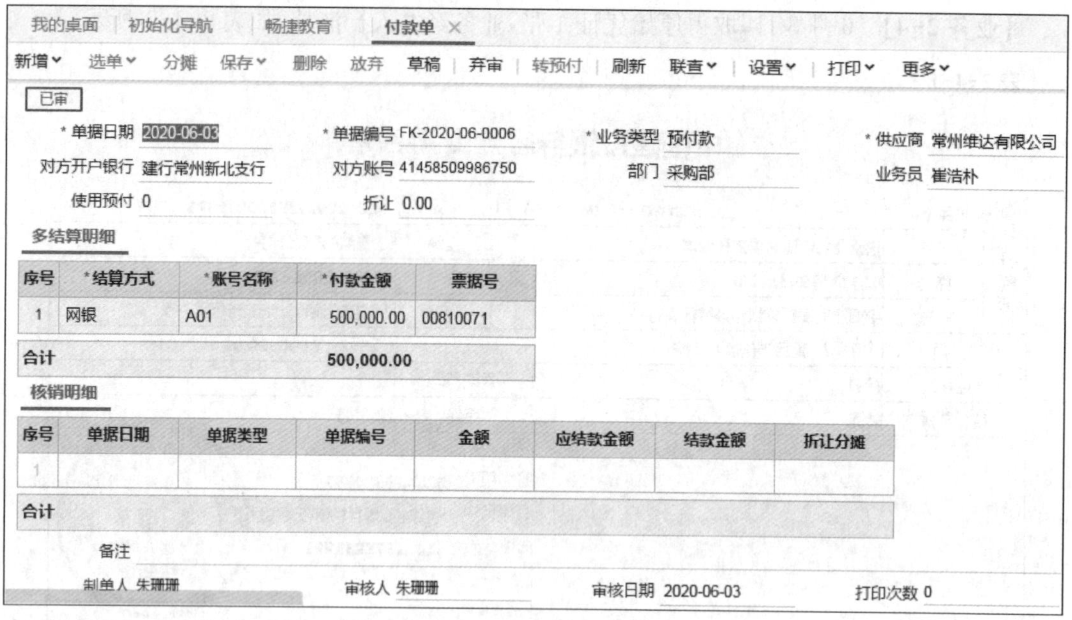

图 2-4-1 [业务 2-4]预付款录入页面

(2) 单据生凭证。以存货会计钱晓明"10516674727"的身份于 2020-06-03 登录,"总账——日常业务"处单击"单据生成凭证";单据选择"付款单",该页面单击"下一步";"选择查询条件"页面单击"下一步";查询结果页面单击"生成凭证";附单据数录入"1","银行存款"科目需确定结算日期,现金流量项目选择"04"并确定;记账凭证进行保存。

【业务 2-4】 记账凭证页面,如图 2-4-2 所示。

图 2-4-2 [业务 2-4]记账凭证页面

【业务 2-5】 6 月 3 日,取得原始凭证 4 张,业务经办人崔浩朴,如表 2-5-1 至表 2-5-4 所示。

上述原始凭证中:

表 2-5-1 是江苏增值税专用发票的第二联抵扣联,此联应作为购买方抵扣进项税额的依据。该抵扣联不能作为记账凭证的附件,专门用于在规定期限内到税务机关办理认证或在平台办理勾选确认,并在认证通过或勾选确认的次月申报期内,向主管税务机关申报抵扣进项税额。

表 2-5-1

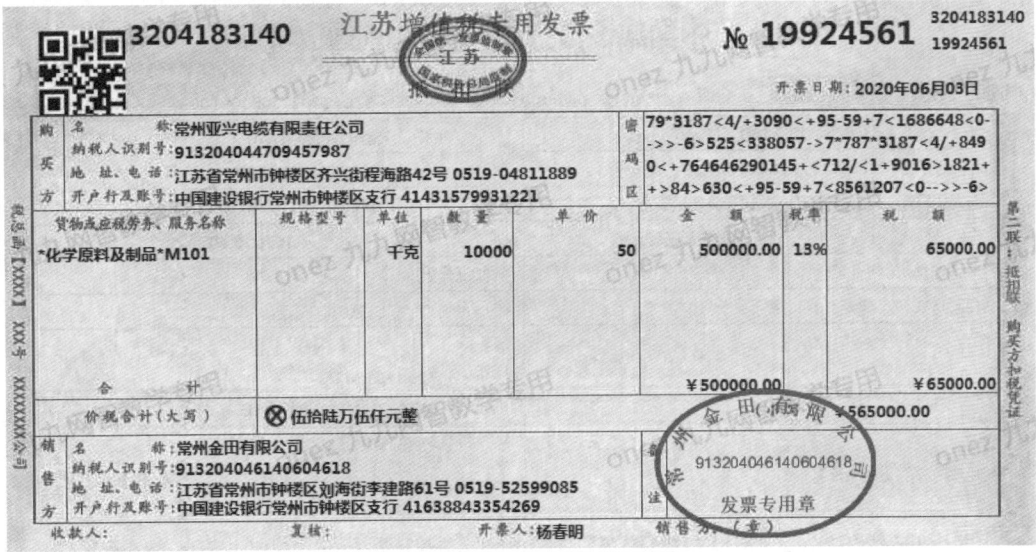

表 2-5-2

表 2-5-3

收 料 单

供应单位：常州金田有限公司					2020年06月03日					编号 SL1253
材料编号	名称	单位	规格		数量		单价	实际成本		
				应收	实收			发票价格	运杂费	总价
310101	M101	千克		10000	10000					
备注：			收料人：孙民里					交料人：刘海峰		

表 2-5-4

中国建设银行客户专用回单

币别	人民币		2020 年 06 月 03 日		流水号	320420027J0500810088
付款人	全称	常州亚兴电缆有限责任公司		收款人	全称	常州金田有限公司
	账号	41431579931221			账号	41638843354269
	开户行	中国建设银行常州市钟楼区支行			开户行	中国建设银行常州市钟楼区支行
金额	（大写）	人民币叁拾陆万伍仟元整		（小写）	￥365000.00	
凭证种类	网银			凭证号码		
结算方式	转账			用途	货款	

打印柜员：320425584257
打印机构：中国建设银行常州市钟楼区支行
打印卡号：41431579931221

（中国建设银行常州市钟楼区支行 电子回单专用章）

打印时间：2020-06-03　交易柜员：320425584257　交易机构：320410587

　　表 2-5-2 是江苏增值税专用发票的第三联发票联，此联应作为购买方的记账依据。该原始凭证注明，"购买方"是本公司，"销售方"是常州金田有限公司，"货物或应税劳务、服务名称"是 M101，这表明本公司从常州金田有限公司购买了材料 M101。

　　表 2-5-3 是收料单的第二联记账联，此联应作为收到材料的记账依据。该原始凭证注明，"供应单位"是常州金田有限公司，"名称"是 M101，"数量应收"和"数量实收"均为 10 000 千克，这表明本公司向常州金田有限公司购买的 M101 已经全部验收入库。进行会计核算时，根据表 2-5-2 和表 2-5-3，"金额"500 000.00 元应记入"原材料——M101"科目的借方，"税额"65 000.00 元应记入"应交税费——应交增值税——进项税额"科目的借方。

　　通过查询表 1-1-8，查明常州金田有限公司"预付账款"科目期初借方余额 200 000.00 元。进行会计核算时，"预付账款——供应商——常州金田有限公司"科目贷方记入金额 565 000.00 元。

　　表 2-5-4 是中国建设银行客户专用回单第一联借方回单，此联应作为付款方支付款项的记账依据。该原始凭证注明，"付款人"是本公司，"付款人账号"是 41431579931221，"收款人"是常州金田有限公司，"凭证种类"是网银，"用途"是货款，结合表 1-1-8 和表 2-5-2，这表明本公司已通过账号为 41431579931221 的基本户以网银方式向常州金田有限公司补付了货款。进行会计核算时，"金额"365 000.00 元应分别记入"预付账款——供应商——常州金田有限公司"科目的借方和"银行存款——建行 41431579931221"科目的贷方。

　　根据上述分析，该笔业务在 T＋系统中的操作流程如下：

　　（1）进货单填制。以存货会计钱晓明"10516674727"的身份于 2020-06-03 登录，"采购管理——单据"处单击"进货单"；供应商勾选"常州金田有限公司"，业务员勾选"崔浩朴"，付款方式勾选"全额现结"；存货名称勾选"M101"，数量录入"10 000"，单价录入"50"；该单据保存后审核。

　　【业务 2-5】进货单页面，如图 2-5-1 所示。

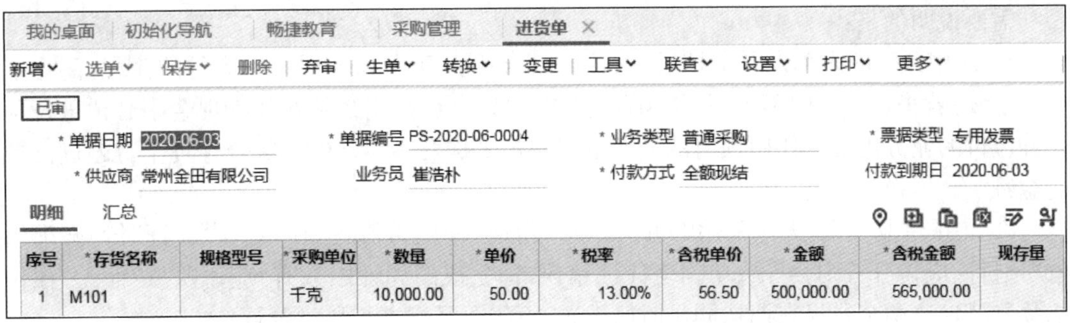

第二部分 存货业务会计信息化处理(上)

图 2-5-1 [业务 2-5]进货单页面

(2) 采购发票生成。在已审的进货单页面,"生单"下拉菜单单击"生成采购发票(普通采购)";发票号录入"19924561",在"使用预付"右侧单击隐现图标,期初预付款记录中,在核销金额栏填入"200 000.00"并进行确定;现结金额选择结算方式"网银",金额为"365 000",票号录入"00810088"后进行确定;该单据保存后审核。

发票使用"使用预付"页面,如图 2-5-2 所示。

图 2-5-2 发票使用"使用预付"页面

【业务 2-5】 采购发票页面,如图 2-5-3 所示。

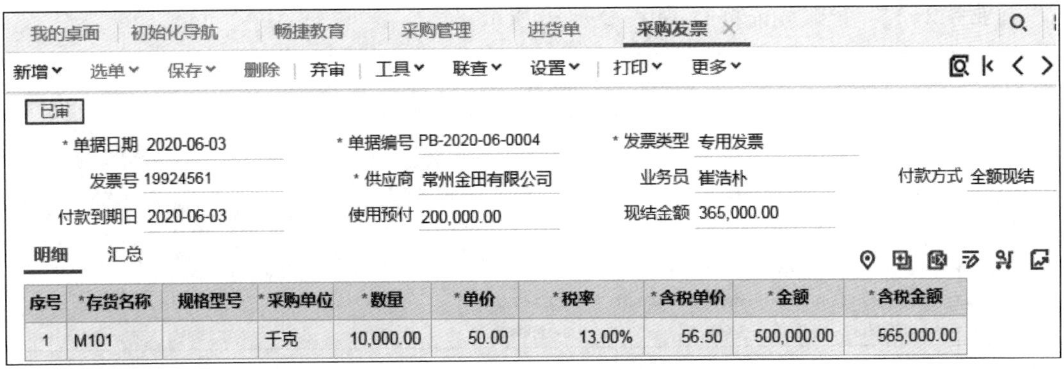

图 2-5-3 [业务 2-5]采购发票页面

需要说明的是:

① 使用预付的采购发票审核后,在往来现金中自动完成了预付冲应付的流程,简化了业务手续;若采购发票中不填写“使用预付”中的数据内容,则必须在往来现金中必须进行预付冲应付的业务流程。使用预付的金额不得超过采购发票中含税金额合计且不得超过已预付金额。

② 在预付业务中,无论采用哪种方法进行预付冲应付流程,在单据生凭证时均必须勾选“预付冲应付”,否则会导致单据生凭证错误,即生成的凭证中只有“应付账款”而无“预付账款”科目(这两个科目在期初同步时已设置,不需要另行进行科目设置)。

(3) 采购入库单生成。已审的常州金田有限公司进货单页面,“生单”下拉菜单单击“生采购入库单(普通采购)”;单据编号录入“SL1253”,仓库勾选“综合库”;该单据保存后审核。

【业务 2-5】 采购入库单页面,如图 2-5-4 所示。

我的桌面 | 初始化导航 | 畅捷教育 | 采购管理 | 进货单 | 采购发票 | 采购入库单

新增 选单 保存 删除 弃审 生单 转换 变更 工具 联查 设置 打印 更多

已审 已核算

*单据日期 2020-06-03　*单据编号 SL1253　*业务类型 普通采购　*供应商 常州金田有限公司

经手人 崔浩朴　仓库 综合库

明细 汇总

序号	*仓库	*存货名称	规格型号	*计量单位	*实收数量	单价	金额	现存量	现存量说明
1	综合库	M101		千克	10,000.00	50.00	500,000.00		

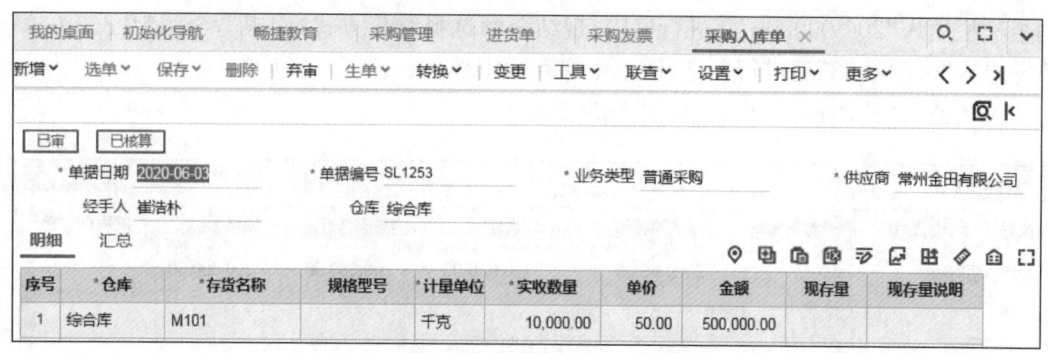

图 2-5-4 [业务 2-5]采购入库单页面

(4) 付款单审核。以出纳朱珊珊“10523340668”的身份于 2020-06-03 登录,在“往来现金——单据”处单击“付款单”;自动生成的付款单定位后审核。

(5) 单据生凭证。以存货会计钱晓明“10516674727”的身份于 2020-06-03 登录,“总账——日常业务”单击“单据生成凭证”;单据选择“采购入库单”“采购发票”和“预付冲应付”并单击“下一步”,选择查询条件页面默认并单击“下一步”;查询结果页面单击“生成凭证”,附单据数录入“3”,银行存款科目确定结算日期,现金流量项目选择“04”并确定,记账凭证进行保存。

【业务 2-5】 记账凭证页面,如图 2-5-5 所示。

已分配 已生成

记账凭证

*凭证类别 记账凭证　*凭证编号 0005　*制单日期 2020-06-03　附单据数 3

明细 汇总

序号	*摘要	*科目名称	辅助项	计量单位	借方	贷方
1	普通采购/常州金田有限公司	原材料	M101	千克	50000000	
2	普通采购/常州金田有限公司	应交税费——应交增值税——进项税额			6500000	
3	普通采购/常州金田有限公司	银行存款——建行41431579931221	网银 00810088 ...			36500000
4	普通采购/常州金田有限公司	预付账款——供应商	常州金田有限公司			20000000

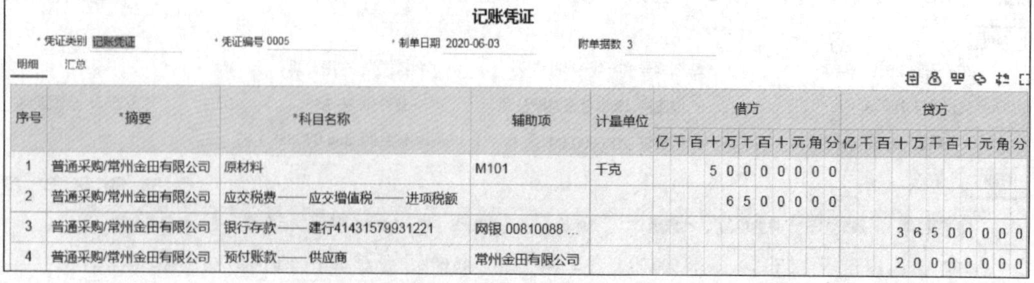

图 2-5-5 [业务 2-5]记账凭证页面

【业务2-6】 6月4日,取得原始凭证3张,业务经办人朱珊珊,如表2-6-1至表2-6-3所示。

表2-6-1

表2-6-2

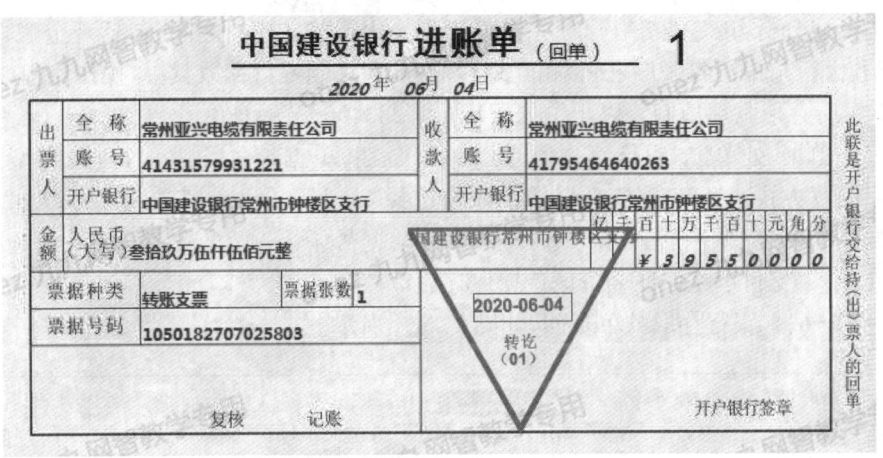

表2-6-3

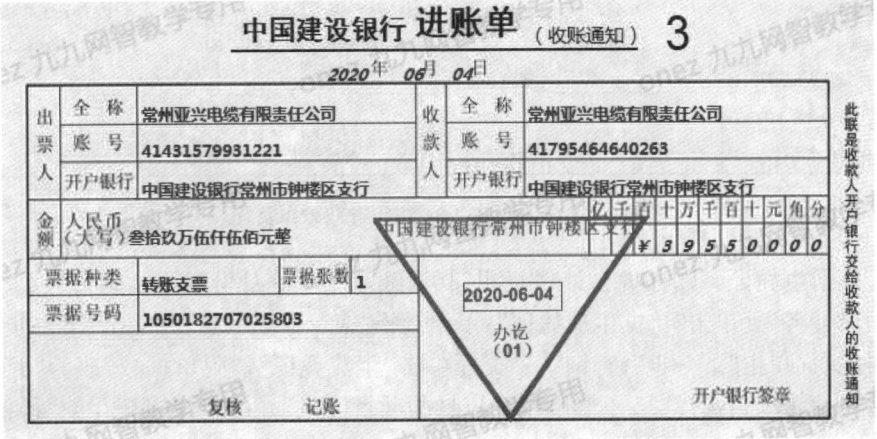

上述原始凭证中：

表 2-6-1 是中国建设银行转账支票存根，应作为付款方支付款项的记账依据。该原始凭证注明，"付款行账号"是 41431579931221，"收款人"是本公司，"用途"是支付承兑保证金，这表明本公司已从账号为 41431579931221 的基本户上支付了承兑保证金。

表 2-6-2 是中国建设银行进账单的第一联回单联，此联也应作为付款方支付款项的记账依据。该原始凭证注明，"出票人"和"收款人"均为本公司，"出票人账号"为 41431579931221，"收款人账号"为 41795464640263，是本公司的银行承兑保证金户，"金额"为 395 500.00 元，这表明本公司已通过账号为 41431579931221 的基本户向账号为 41795464640263 的银行承兑保证金户划款 395 500.00 元。

表 2-6-3 是中国建设银行进账单的第三联收款通知联，此联应作为收款人收到款项的记账依据。该原始凭证注明，"出票人"和"收款人"均为本公司，"出票人账号"为 41431579931221，"收款人账号"为 41795464640263，是本公司的银行承兑保证金户，这表明本公司账号为 41795464640263 的银行承兑保证金户上已收到账号为 41431579931221 的基本户转入的保证金。进行会计核算时，根据表 2-6-1 至表 2-6-3，"金额"395 500.00 元分别记入"其他货币资金——承兑保证金 41795464640263"科目的借方和"银行存款——建行 41431579931221"科目的贷方。

根据上述分析，该笔业务在 T＋系统属于现金银行等各账户之间（包括现金账户与银行账户之间、银行与银行各账户之间）相互划转业务，应填制银行存取款单，操作流程如下：

（1）银行存取款单填制。以出纳朱珊珊"10523340668"的身份于 2020-06-04 登录，"往来现金——单据"处单击"银行存取款单"；单据日期、单据编号均默认，业务类型选择"转账"，转出结算方式选择"转账支票"，转出账号选择"A01"，转出金额录入"395 500"，转入结算方式选择"转账支票"，转入账号选择"A02"，票据号录入"07025803"，经手人选择"朱珊珊"，备注录入"支付承兑保证金"；该单据保存后审核。

【业务 2-6】 银行存取款单页面，如图 2-6-1 所示。

图 2-6-1 ［业务 2-6］银行存取款单页面

（2）单据生凭证。以存货会计钱晓明"10516674727"的身份于 2020-06-04 登录，"总账——日常业务"处单击"单据生成凭证"；单据选择"银行存取款单"并单击"下一步"；"选择查询条件"页面单击"下一步"；查询结果页面单击"生成凭证"，"附单据数"改为"3"，其他货币资金现金流量项目选择"25 不影响现金流量的项目流入"并确定；"银行存款"科目结算方式选择“转账支票”,录入票号“07025803”,并确定日期;银行存款现金流量项目选择“22 支付其他与筹资活动有关的现金”并确定,记账凭证进行保存。

【业务 2-6】 记账凭证页面,如图 2-6-2 所示。

已分配

记账凭证

*凭证类别 记账凭证　*凭证编号 0006　*制单日期 2020-06-04　附单据数 3

明细　汇总

序号	*摘要	*科目名称	辅助项	借方	贷方
				亿千百十万千百十元角分	亿千百十万千百十元角分
1	转账	其他货币资金——承兑保证金41795464640263		39550000	
2	转账	银行存款——建行41431579931221	转账支票 07025803 ...		39550000

图 2-6-2 [业务 2-6]记账凭证页面

【业务 2-7】 6 月 4 日,取得原始凭证 1 张,业务经办人崔浩朴,如表 2-7-1 所示。

表 2-7-1

银行承兑汇票(存根) 3

27450033

53477185

出票日期(大写) 贰零贰零 年 陆 月 零肆 日

出票人全称	常州亚兴电缆有限责任公司	收款人	全称	南通通达有限公司
出票人账号	41431579931221		账号	41856019695958
付款行名称	中国建设银行常州市钟楼区支行		开户银行	中国建设银行南通市通州区支行
出票金额	人民币(大写) 叁拾玖万伍仟伍佰元整		亿千百十万千百十元角分	¥39550000
汇票到期日(大写)	贰零贰零年零壹拾月零肆日	付款行	行号	中国建设银行常州市钟楼区支行
承兑协议编号	34094554		地址	江苏省常州市钟楼区路程街刘京路70号
	备注:		密押	复核 经办

此联由出票人存查

上述原始凭证中:

表 2-7-1 是银行承兑汇票第三联(存根)联,此联应作为付款方支付货款的记账依据。该原始凭证注明,“出票人全称”是本公司,“收款人”是南通通达有限公司,“出票日期”是贰零贰零年陆月零肆日,“汇票到期日”是贰零贰零年零壹拾月零肆日,“出票金额”是395 500.00元;通过查询“应付账款——南通通达有限公司”,得到期初余额为395 500.00 元。这表明本公司向南通通达有限公司开出了一张期限为 4 个月、金额为 395 500.00 元的银行承兑汇票用于支付期初前欠货款。进行会计核算时,“出票金额”395 500.00 元应分别记入“应付账款——供应商——南通通达有限公司”科目的借方和“应付票据——南通通达有限公司”科目的贷方。

根据上述分析,该笔业务在 T+系统中的操作流程如下:

(1) 项目增设。本业务供应商为南通通达有限公司,该单位类别属于一般供应商,该类别对应入账科目为"应付账款"。它可通过设置货款结算项目的方法,通过科目设置,由系统判定该业务新增的应付科目为"应付票据"。因此,在"C21 单位往来"项目类别中,增设项目,项目代码名称为"C2102 银行承兑汇票"。

项目增设具体流程为:以出纳朱珊珊"10523340668"的身份于 2020-06-04 登录,"基础设置——基本信息"处单击"项目",项目类别选择"C21",项目页面单击"新增";项目编号录入"C2102",项目名称录入"银行承兑汇票",项目档案页面进行保存并退出。

(2) 其他应付单填制。"往来现金——单据"处单击"其他应付单";单据日期、单据编号均默认,业务类型选择"其他应付",往来单位选择"南通通达有限公司",部门选择"采购部",业务员选择"崔浩朴",付款到期日选择"2020-10-04",项目选择"银行承兑汇票";摘要录入"抵前欠货款",金额录入"395 500";该单据保存后审核。

【业务 2-7】 其他应付单页面,如图 2-7-1 所示。

图 2-7-1 [业务 2-7]其他应付单页面

(3) 应付冲应付。"往来现金——往来冲销"处单击"应付冲应付";单据日期、单据编号均默认,"业务类型"默认选择"应付冲应付","转出供应商"和"转入供应商"均选择"南通通达有限公司",选单下拉菜单单击并选择"期初应付"记录;转入项目选择"银行承兑汇票",冲销金额合计录入"395 500",该单据进行分摊后保存。

【业务 2-7】 应付冲应付页面,如图 2-7-2 所示。

图 2-7-2 [业务 2-7]应付冲应付页面

(4) 科目设置。其他应付单贷方科目应设置其他应付科目，其他应付单借方科目应设置其他应付对方科目，以上需设置科目已汇编成科目设置一览表。

科目设置一览表，如表2-7-2所示。

表2-7-2　　　　　　　　　　科目设置一览表

单据种类	单位类别	项目	贷：其他应付科目	借：其他应付对方科目
其他应付单	一般供应商	银行承兑汇票	应付票据	—
其他应付单	一般供应商	—	—	应付账款——供应商

科目设置具体流程：以存货会计钱晓明"10516674727"的身份于2020-06-04登录，"总账——日常业务"处单击"科目设置"，其他应付科目扩展单击"设置"，增行处理，单位类别选择"一般供应商"，项目选择"银行承兑汇票"，科目代码选择"2201"，其他应付科目扩展设置页面进行保存后退出；其他应付对方科目删除后保存，其扩展设置页面增行，单位类别选择"一般供应商"，科目代码选择"220202"，其他应付对方科目扩展设置页面保存后退出。

(5) 单据生凭证。"总账——日常业务"处单击"单据生成凭证"；单据选择"其他应付单"和"应付冲应付"后单击"下一步"；"选择查询条件"页面默认并单击"下一步"；查询结果页面单击"生成凭证"，附单据数改为"1"；记账凭证进行保存。

【业务2-7】 记账凭证页面，如图2-7-3所示。

序号	摘要	科目名称	辅助项	借方	贷方
1	其他应付单/其他应付	应付账款——供应商	南通通达有限公司	39550000	
2	其他应付单/其他应付	应付票据	南通通达有限公司		39550000

凭证类别：[付款凭证]　凭证编号 0007　制单日期 2020-06-04　附单据数 1

图2-7-3　[业务2-7]记账凭证页面

需要说明的是，银行承兑汇票项目只应用于一种情况，即在一般供应商（一般客户）类别中，同一供应商（同一客户）以银行承兑汇票抵应付（应收）货款，即应付账款转应付票据（应收账款转应收票据）。在此情况下，该供应商（客户）属于一般供应商（一般客户），在单据及科目设置中需设置银行承兑汇票项目进行处理。而当某一单位与债权债务一一对应时，如票据供应商对应"应付票据"科目，或票据客户对应"应收票据"科目时，通过单位分类就可以设置其应付或应收科目，此时，业务和财务中均不允许使用银行承兑汇票项目。

【业务2-8】 6月4日，取得原始凭证6张，业务经办人崔浩朴，如表2-8-1至表2-8-6所示。下面原始凭证中：

表 2-8-1 和表 2-8-3 均是江苏增值税专用发票的第二联抵扣联,此联应作为购买方抵扣进项税额的依据。该抵扣联不能作为记账凭证的附件,专门用于在规定期限内到税务机关办理认证或在平台办理勾选确认,并在认证通过或勾选确认的次月申报期内,向主管税务机关申报抵扣进项税额。

表 2-8-2 是江苏增值税专用发票的第三联发票联,此联应作为购买方的记账依据。该原始凭证注明,"购买方"是本公司,"销售方"是徐州云龙有限公司,"货物或应税劳务、服务名称"是材料 M101,这表明本公司从徐州云龙有限公司购买了材料 M101。

表 2-8-1

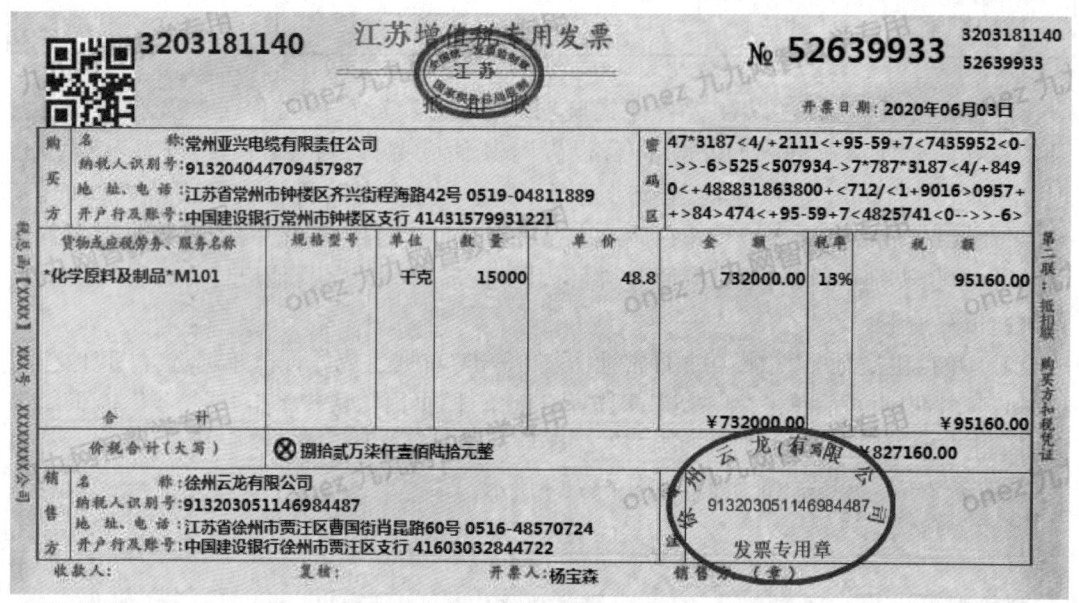

表 2-8-2

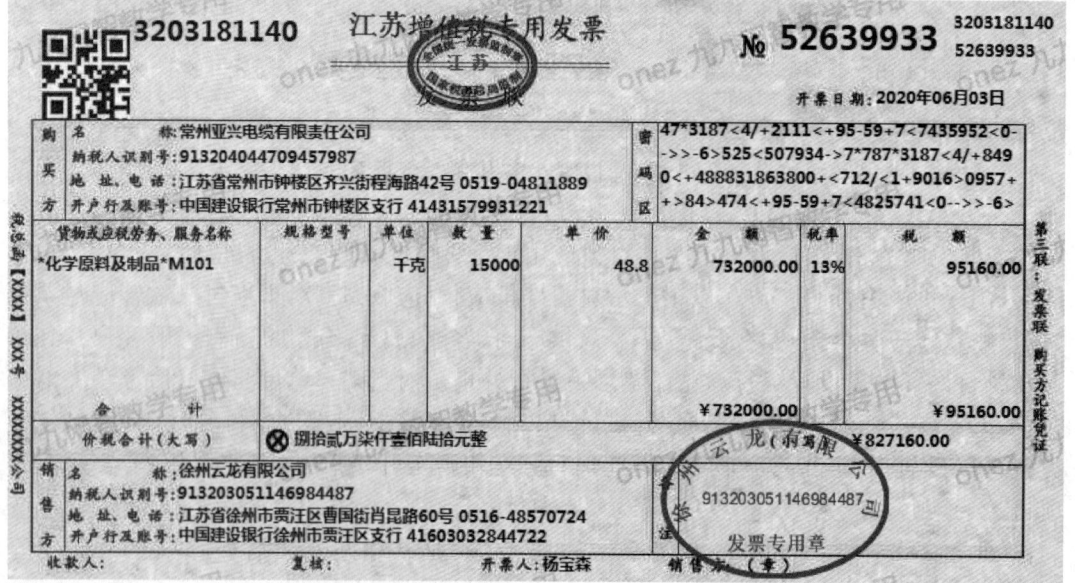

表 2-8-3

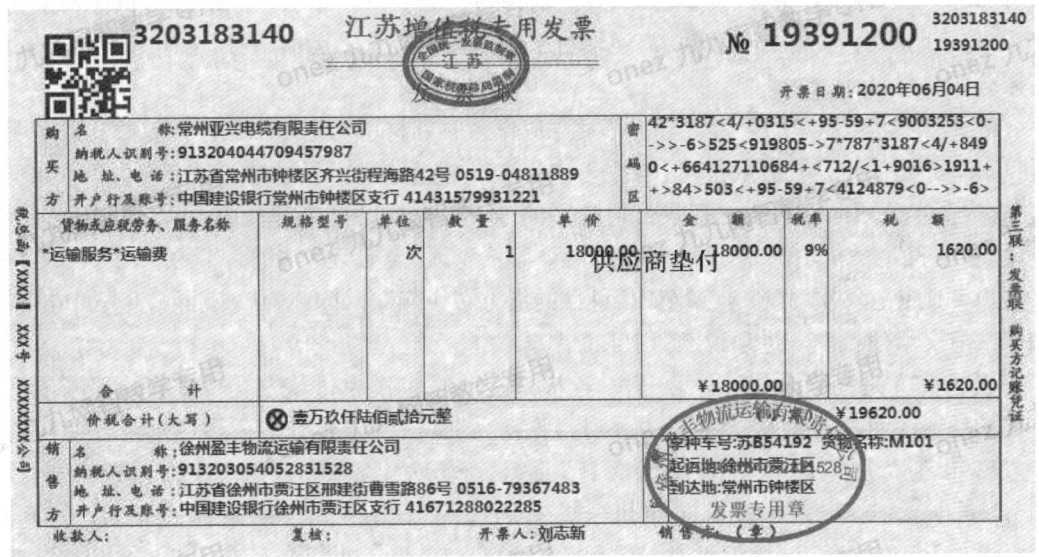

表 2-8-4

表 2-8-5

收料单									
供应单位：徐州云龙有限公司				2020年06月04日					编号 SL1255
材料编号	名称	单位	规格	数量		实际成本			
				应收	实收	单价	发票价格	运杂费	总价
310101	M101	千克		15000	15000				
备注：									
收料人：孙民里						交料人：李海燕			

表 2-8-6

表 2-8-4 是江苏增值税专用发票的第三联发票联,此联应作为购买方的记账依据。该原始凭证注明,"购买方"是本公司,"销售方"是徐州圆通物流有限公司,"货物或应税劳务、服务名称"是运输费,"金额"为 18 000.00 元,"税额"是 1 620.00 元,票面上有"供应商垫付"印章,这表明本公司从徐州盈丰物流运输有限责任公司接受了运输服务,运输费由徐州云龙有限公司垫付。

表 2-8-5 是收料单的第二联记账联,此联应作为收到材料的记账依据。该原始凭证注明,"供应单位"是徐州云龙有限公司,"名称"是 M101,"数量应收"和"数量实收"均为 15 000 千克,这表明本公司向徐州云龙有限公司购买的 M101 材料已经全部验收入库。进行会计核算时,根据表 2-8-2、表 2-8-4 和表 2-8-5,"金额"合计 750 000.00 元(732 000.00 + 18 000.00)应记入"原材料——M101"科目的借方,"税额"合计 96 780.00 元应记入"应交税费——应交增值税——进项税额"科目的借方。

表 2-8-6 是银行承兑汇票第三联(存根)联,此联应作为付款方支付货款的记账依据。该原始凭证注明,"出票人全称"是本公司,"收款人"是徐州云龙有限公司,"出票日期"是贰零壹玖年零壹月零肆日,"汇票到期日"是贰零壹玖年零肆月零肆日,"出票金额"是 846 780.00 元,这表明本公司向徐州云龙有限公司开出了一张期限为 3 个月、金额为 846 780.00 元的银行承兑汇票用于支付货款及运输费。进行会计核算时,"出票金额" 846 780.00 元应记入"应付票据——徐州云龙有限公司"科目的贷方。

根据上述分析,该笔业务在 T+系统中的操作流程如下:

(1)进货单填制。以存货会计钱晓明"10516674727"的身份于"2020-06-04"登录,"采购管理——单据"处单击"进货单";日期选择"2020-06-04",在供应商栏通过搜索选择票据供应商类别,新增"徐州云龙有限公司"档案并确定;业务员选择"崔浩朴",付款方式选择"其他","付款到期日"选择"2020-09-04";存货名称选择"M101",数量录入"15 000",单价录入"48.8",其他信息自动生成;该单据保存后审核。

【业务 2-8】 进货单录入页面,如图 2-8-1 所示。

需要说明的是,徐州云龙有限公司属于首次与本公司发生采购业务,其货款结算采用银

我的桌面　初始化导航　畅捷教育　采购管理　进货单 ×

新增　选单　保存　删除　弃审　生单　转换　变更　工具　联查　设置　打印　更多

已审

*单据日期 2020-06-03　*单据编号 PS-2020-06-0006　*业务类型 普通采购　*票据类型 专用发票

*供应商 徐州云龙有限公司　业务员 崔浩朴　*付款方式 其他　付款到期日 2020-09-04

明细　汇总

序号	*存货名称	规格型号	*采购单位	*数量	*单价	*税率%	*含税单价	*金额	*含税金额	现存量	现存量说明
1	M101		千克	15,000.00	48.80	13.00%	55.14	732,000.00	827,160.00		

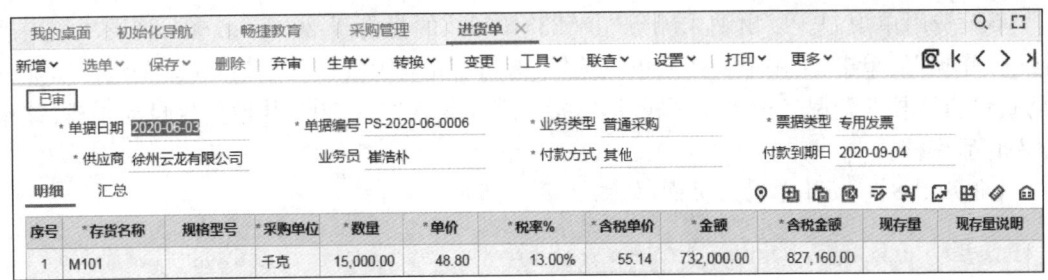

图 2-8-1　[业务 2-8]进货单录入页面

行承兑汇票方式，徐州云龙有限公司应在票据供应商类别中录入其档案，其应付科目已于期初设置。

(2) 采购发票生成。在已审的进货单页面，"生单"下拉菜单单击"生成采购发票(普通采购)"；单据日期默认，付款到期日选择"2020-09-04"，发票号录入"52639933"；该单据保存后审核。

【业务 2-8】 采购发票页面，如图 2-8-2 所示。

我的桌面　初始化导航　畅捷教育　采购管理　进货单　采购发票 ×

新增　选单　保存　删除　弃审　工具　联查　设置　打印　更多

已审

*单据日期 2020-06-04　*单据编号 PB-2020-06-0006　*发票类型 专用发票

发票号 52639933　*供应商 徐州云龙有限公司　业务员 崔浩朴

付款方式 其他　付款到期日 2020-09-04　使用预付 0.00

现结金额 0.00

明细　汇总

序号	*存货名称	规格型号	*采购单位	*数量	*单价	*税率%	*含税单价	*金额	*含税金额
1	M101		千克	15,000.00	48.80	13.00%	55.14	732,000.00	827,160.00

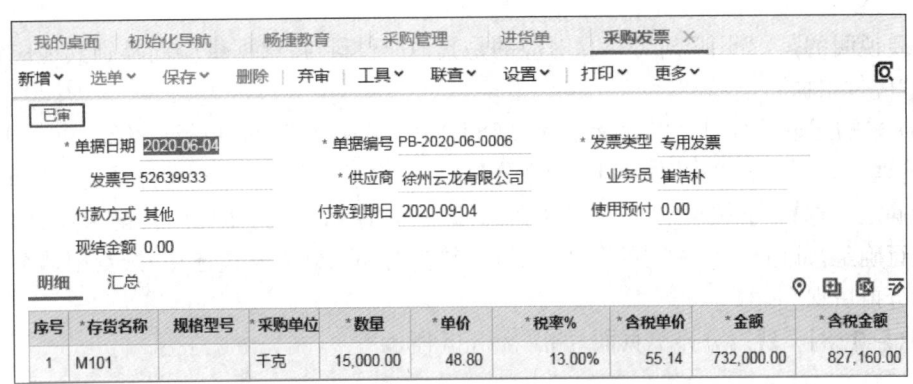

图 2-8-2　[业务 2-8]采购发票页面

(3) 采购入库单生成。在已审的徐州云龙有限公司进货单页面，"生单"下拉菜单单击"生采购入库单(普通采购)"；单据编号录入"SL1255"，仓库选择"综合库"；该单据保存后审核。

【业务 2-8】 采购入库单页面，如图 2-8-3 所示。

我的桌面　初始化导航　畅捷教育　采购管理　进货单　采购发票　采购入库单

新增　选单　保存　删除　弃审　生单　转换　变更　工具　联查　设置　打

已审　已核算

*单据日期 2020-06-04　*单据编号 SL1255　*业务类型 普通采购

*供应商 徐州云龙有限公司　经手人 崔浩朴　仓库 综合库

明细　汇总

序号	*仓库	*存货名称	规格型号	*计量单位	*实收数量	单价	金额
1	综合库	M101		千克	15,000.00	48.80	732,000.00

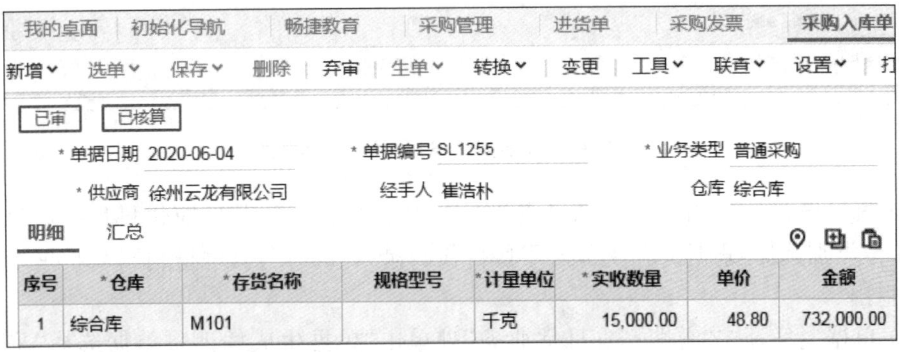

图 2-8-3　[业务 2-8]采购入库单页面

(4)费用单填制。以出纳朱珊珊"10523340668"的身份于2020-06-04登录,"往来现金——单据"处单击"费用单";往来单位选择"徐州云龙有限公司",部门选择"采购部",业务员选择"崔浩朴";费用名称选择"采购运输费",金额录入"18 000",其他信息自动生成;该单据保存后审核。

【业务2-8】 费用单录入页面,如图2-8-4所示。

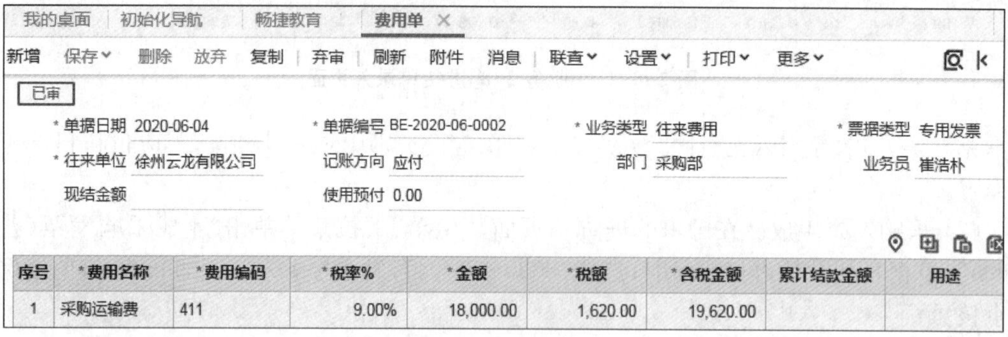

图2-8-4 [业务2-8]费用单录入页面

需要说明的是,费用单对方科目对应的是其他应付科目,票据供应商类别其他应付科目应设为"应付票据"。

(5)采购运输费分摊。以存货会计钱晓明"10516674727"的身份于2020-06-04登录,"采购管理"——"相关单据"处单击"费用分摊单";"徐州云龙有限公司"记录通过查询、选择后进行确定;"选单"下拉菜单单击"选采购入库单","徐州云龙有限公司"记录通过查询、选择后进行确定;部门选择"采购部",业务员选择"崔浩朴",分摊方式选择"按费用档案";该单据进行分摊后保存。

【业务2-8】 费用分摊单页面,如图2-8-5所示。

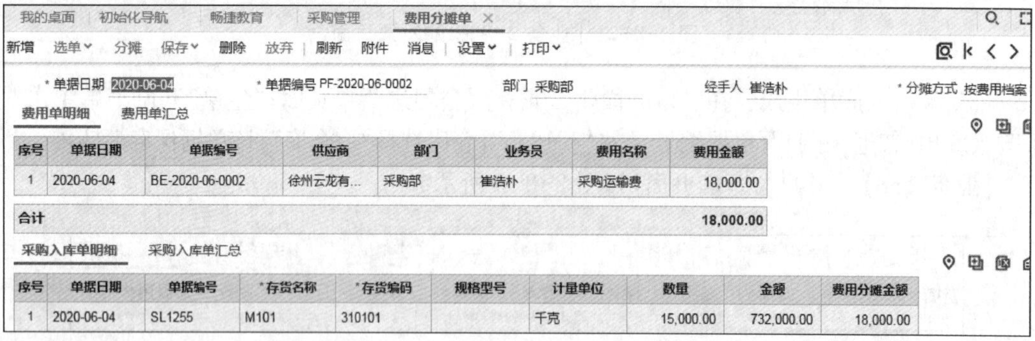

图2-8-5 [业务2-8]费用分摊单页面

(6)科目设置。"总账——日常业务"处单击"科目设置",其他应付科目扩展设置页面增行,单位类别选择"票据供应商",入账科目代码录入"2201",其他应付科目扩展设置页面保存后退出。

(7)单据生凭证。"总账——日常业务"处单击"单据生成凭证";单据选择"采购入库单""采购发票"和"费用单"后单击"下一步";"选择查询条件"页面默认并单击"下一步",查询结果页面单击"生成凭证",附单据数改为"4";记账凭证进行保存。

【业务 2-8】 记账凭证页面,如图 2-8-6 所示。

序号	*摘要	*科目名称	辅助项	计量	借方 亿千百十万千百十元角分	贷方 亿千百十万千百十元角分
1	普通采购/徐州云龙有限公司	原材料	M101	千克	7 5 0 0 0 0 0 0	
2	普通采购/徐州云龙有限公司	应交税费——应交增值税——进项税额			9 6 7 8 0 0 0	
3	普通采购/徐州云龙有限公司	应付票据	徐州云龙有限公司			8 4 6 7 8 0 0 0

图 2-8-6 [业务 2-8]记账凭证页面

【业务 2-9】 6 月 4 日,取得原始凭证 1 张,如表 2-9-1 所示。

表 2-9-1

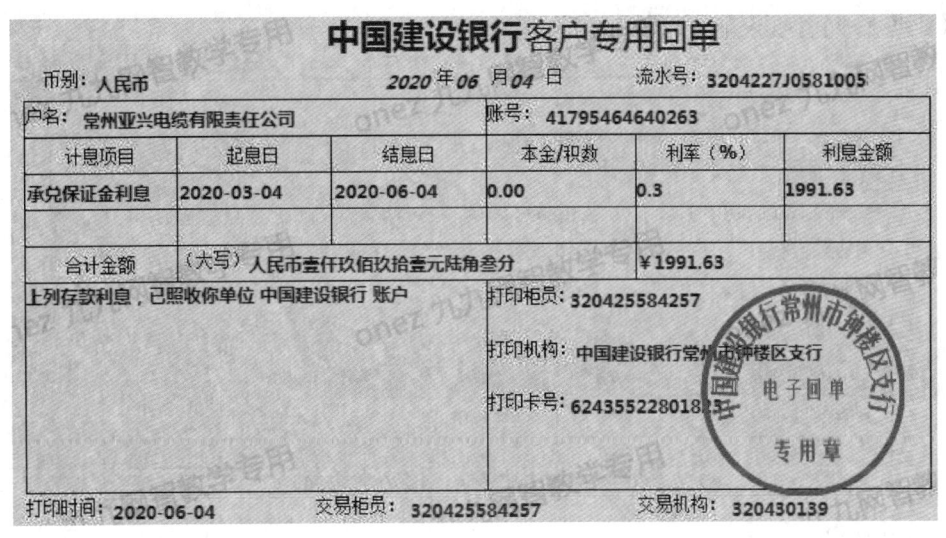

上述原始凭证中:

表 2-9-1 是中国建设银行客户专用回单,此单作为收款方收取款项的记账依据。该原始凭证注明,"户名"是本公司,"账号"是 41795464640263,是承兑保证金户,"计息项目"是承兑保证金利息,这表明本公司账号为 41795464640263 的承兑保证金户收到了承兑保证金的存款利息。进行会计核算时,"利息金额"1 991.63 元分别记入"其他货币资金——承兑保证金 41795464640263"科目和"财务费用——利息收入"科目的借方(注:利息收入一般在会计信息化中记入"财务费用——利息收入"科目的借方,金额用负数填列)。

根据上述分析,该笔业务在 T+系统中的操作流程如下:

(1) 收入录入。以出纳朱珊珊"10523340668"的身份于 2020-06-04 登录,"基础设置——收付结算"处单击"收入",收入页面单击"新增";收入编码录入"51",收入名称录入"利息收入";此收入选择后单击"新增",收入编码录入"511",收入名称录入"银行利息收入";"511"收入选择后单击"新增",收入编码录入"5111",收入名称录入"承兑保证金利息收入",且税率设为 0;收入页面保存后退出。

收入定义页面,如图2-9-1所示。

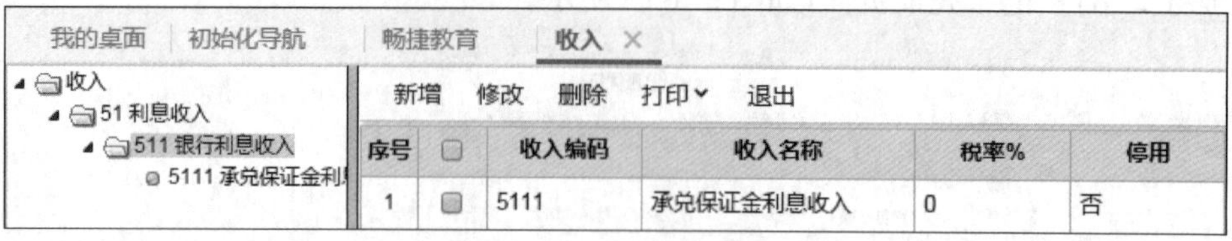

图 2-9-1 收入定义页面

(2) 收入单填制。"往来现金——单据"处单击"收入单";单据日期和单据编号默认,业务类型选择"现金收入",票据类型"收据",收入名称选择"承兑保证金利息收入",金额录入"1 991.63",单击现结金额栏右侧图标,现结页面中,选择结算方式为"其他",账号名称为"A02",收款金额"1 991.63",票据号录入"J0581005",现结页面进行确定;该单据保存后审核。

【业务2-9】 收入单页面,如图2-9-2所示。

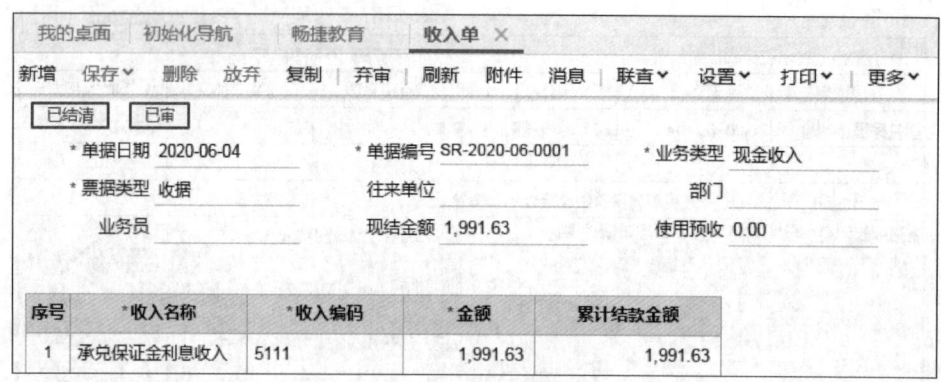

图 2-9-2 [业务2-9]收入单页面

需要说明的是:

① 收入单中的业务类型有往来收入和现金收入两种。收入单的默认类型是"往来收入"。两者的特点表现为,一是现金收入类型的收入单,必须全额现结;往来收入类型的收入单,可以进行预收、应收或部分收款等各种款项结算,款项结算比较灵活。二是往来收入的收入单,必须选择往来单位;而现金收入类型的收入单,往来单位的选择比较灵活,可以选择,也可以不选,甚至不设置往来单位。在本教材中,对于有往来单位档案且用于涉及采购或销售业务的,要求选择往来收入类型,用于其他业务的,则根据实际情况确定其收入类型。

② 票据类型包括专用发票、普通发票和收据三种,无增值税额的,一般使用收据。

③ 收入单的借方入账科目一般为其他应收科目,若全额现结,则为现金或银行科目,现金或银行科目期初同步时已完成设置;收入单贷方入账科目为收入科目的设置,凡"银行利息收入",应设置的收入科目为"财务费用——利息收入",需在收入科目扩展设置中增设。

(3) 科目设置。以存货会计钱晓明"10516674727"的身份于2020-06-04登录,"总账——日常业务"处单击"科目设置",科目设置页面删除收入科目并保存,收入科目扩展栏单击"设置",收入选择"银行利息收入",科目选择"财务费用——利息收入",收入科目扩展设置页面保存并退出。

（4）单据生凭证。"总账——日常业务"处单击"单据生成凭证"；单据选择"收入单"并单击"下一步"；"选择查询条件"页面默认并单击"下一步"；查询结果页面单击"生成凭证"，财务费用科目贷方金额改到借方，其金额改为"－1 991.63"，其他货币资金科目的流量项目选择"25"并确定；记账凭证进行保存。

【业务 2-9】 记账凭证页面，如图 2-9-3 所示。

序号	*摘要	*科目名称	辅助项	借方	贷方
1	现金收入	其他货币资金——承兑保证金41795464640263		1 9 9 1 6 3	
2	现金收入	财务费用——利息收入			1 9 9 1 6 3

图 2-9-3 ［业务 2-9］记账凭证页面

【业务 2-10】 6 月 4 日,取得原始凭证 1 张,如表 2-10-1 所示。

表 2-10-1

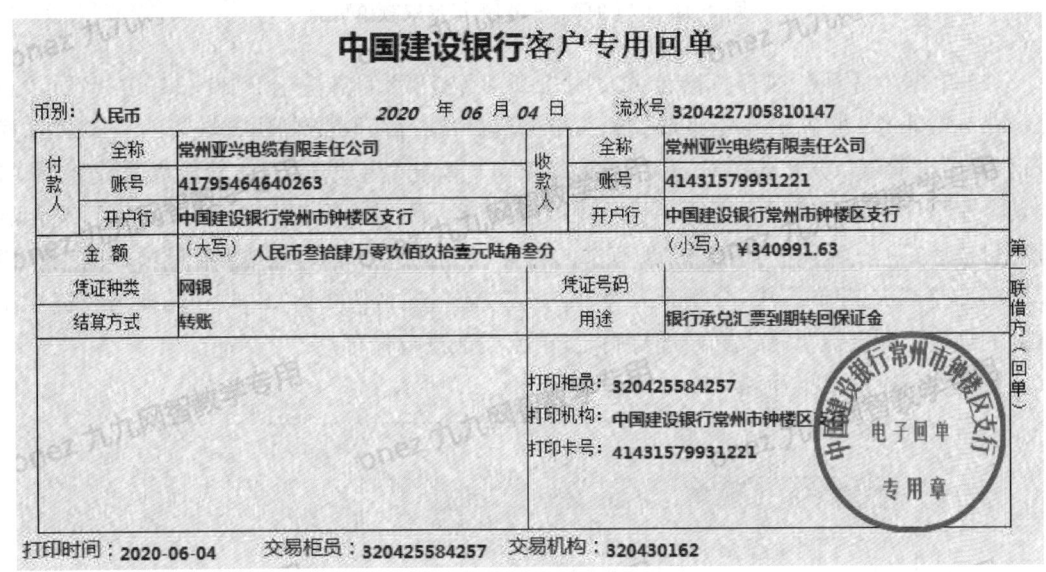

上述原始凭证中：

表 2-10-1 是中国建设银行客户专用回单的第二联贷方回单,此联应作为收款方收取款项的记账依据。该原始凭证注明,"付款人"和"收款人"均为本公司,"付款人账号"为 41795464640263,是承兑保证金户,"收款人账号"为 41431579931221,"金额"为 340 991.63 元,这表明银行已将款项 340 991.63 元从账号为 41795464640263 的承兑保证金户划出,转入账号为 41431579931221 的基本户。进行会计核算时,"金额"340 991.63 元应分别记入"银行存款——建行 41431579931221"科目的借方和"其他货币资金——承兑保证金 41795464640263"科目的贷方。

根据上述分析,该笔业务在T+系统中的操作流程如下:

(1) 银行存取款单填制。以出纳朱珊珊"10523340668"的身份于2020-06-04登录,"往来现金——单据"处单击"银行存取款单";单据日期、单据编号均默认,业务类型选择"转账",转出结算方式选择"网银",转出账号名称选择"A02",转出金额录入"340 991.63",转入结算方式选择"其他",转入账号名称选择"A01",票据号录入"05810147",经手人选择"朱珊珊",备注录入"转回保证金";该单据保存后审核。

【业务2-10】 银行存取款单页面,如图2-10-1所示。

图2-10-1 [业务2-10]银行存取款单页面

(2) 单据生凭证。以存货会计钱晓明"10516674727"的身份于2020-06-04登录,"总账——日常业务"处单击"单据生成凭证";单据选择"银行存取款单"并单击"下一步";"选择查询条件"页面默认并单击"下一步";查询结果页面单击"生成凭证";"其他货币资金"科目的现金流量项目选择"26","银行存款"科目现金流量项目中,金额录入为"339 000",现金流量项目选择"19 收到其他与筹资活动有关的现金","银行存款"科目现金流量项目的编辑栏单击"复制行",在复制行中,金额录入"1 991.63",流量项目选择为"12 收到其他与投资活动有关的现金",现金流量录入页面进行确定;记账凭证进行保存。

【业务2-10】 现金流量录入页面,如图2-10-2所示。

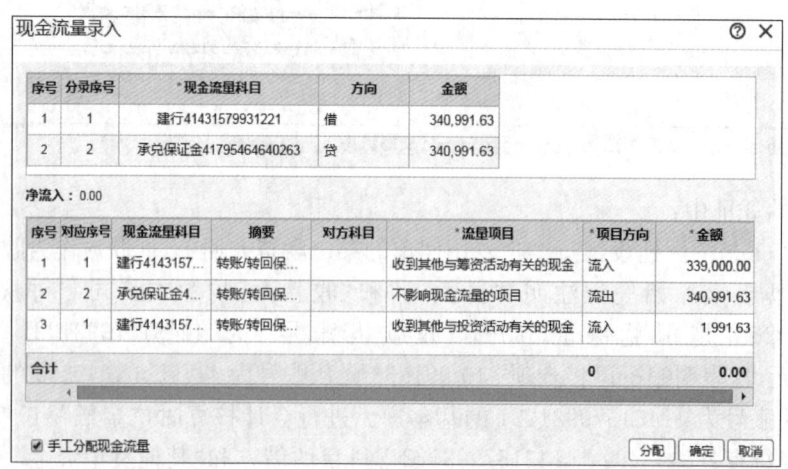

图2-10-2 [业务2-10]现金流量录入页面

【业务 2-10】 记账凭证页面，如图 2-10-3 所示。

序号	摘要	科目名称	辅助项	借方	贷方
1	转账	银行存款——建行41431579931221	网银 05810147 2020-06-04	340991 63	
2	转账	其他货币资金——承兑保证金41795464640263			340991 63

图 2-10-3 ［业务 2-10］记账凭证页面

需要说明的是，承兑保证金专户是定期存款户，其入账科目"其他货币资金——承兑保证金 41795464640263"的流量项目为不影响现金流量的项目；而"银行存款"科目中，属于利息部分"1 991.63"元，其流量项目与保证金本金"339 000.00"元部分是不一致的。为保证现金流量项目的正确，故在现金流量中，需要对"100201"科目，分别设置现金流量项目。

【业务 2-11】 6 月 4 日，取得原始凭证 1 张，业务经办人崔浩朴，如表 2-11-1 所示。

表 2-11-1

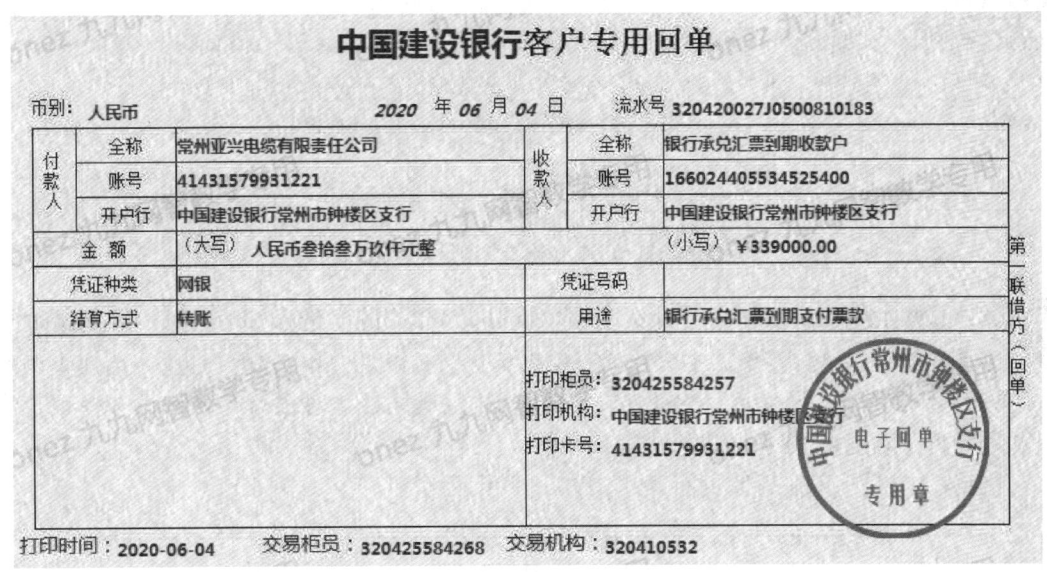

上述原始凭证中：

表 2-11-1 是中国建设银行客户专用回单的第一联借方回单，此联应作为付款方支付款项的记账依据。该原始凭证注明，"付款人"为本公司，"付款人账号"为 41431579931221，"收款人"为银行承兑汇票到期收款户，"凭证种类"为银行承兑汇票，"金额"为 339 000.00 元，从期初余额得知，一般供应商南京中山有限公司的银行承兑汇票 339 000.00 元到期，这表明银行已将款项从账号为 41431579931221 的基本户中划出，用以支付到期票据款 339 000.00元。进行会计核算时，"金额"339 000.00 元应分别记入"应付票据——南京中山有限公司"科目的借方和"银行存款——建行 41431579931221"科目的贷方。

根据上述分析，该笔业务在 T＋系统中的操作流程如下：

（1）付款单填制。以出纳朱珊珊“10523340668”的身份于2020-06-04登录，“往来现金——单据”处单击“付款单”；单据日期、单据编号均默认，供应商选择“南京中山有限公司”，业务类型选择“普通付款”，“部门”选择“采购部”，业务员选择“崔浩朴”，结算方式选择“其他”，账号名称选择“A01”，“付款金额”录入“339 000”，票据号录入“00810183”；付款单页面单击“选单”并选取“期初应付”记录；该单据依次进行分摊、保存和审核。

【业务 2-11】 付款单页面，如图2-11-1所示。

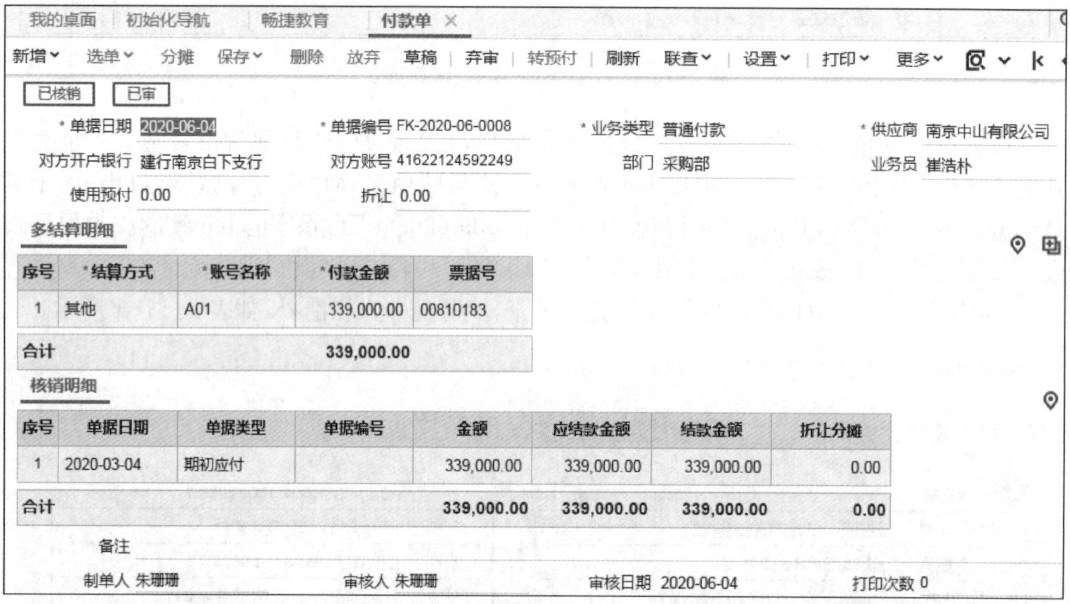
我的桌面 | 初始化导航 | 畅捷教育 | 付款单 ×

新增 | 选单 | 分摊 | 保存 | 删除 | 放弃 | 草稿 | 弃审 | 转预付 | 刷新 | 联查 | 设置 | 打印 | 更多

已核销 已审

* 单据日期 2020-06-04　* 单据编号 FK-2020-06-0008　* 业务类型 普通付款　* 供应商 南京中山有限公司

对方开户银行 建行南京白下支行　对方账号 41622124592249　部门 采购部　业务员 崔浩朴

使用预付 0.00　折让 0.00

多结算明细

序号	*结算方式	*账号名称	*付款金额	票据号
1	其他	A01	339,000.00	00810183
合计			339,000.00	

核销明细

序号	单据日期	单据类型	单据编号	金额	应结款金额	结款金额	折让分摊
1	2020-03-04	期初应付		339,000.00	339,000.00	339,000.00	0.00
合计				339,000.00	339,000.00	339,000.00	0.00

备注

制单人 朱珊珊　审核人 朱珊珊　审核日期 2020-06-04　打印次数 0

图 2-11-1 ［业务2-11］付款单页面

（2）单据生凭证。以存货会计钱晓明“10516674727”的身份于2020-06-04登录，“总账——日常业务”处单击“单据生成凭证”；单据选择“付款单”并单击“下一步”；“选择查询条件”页面默认并单击“下一步”；查询结果页面单击“生成凭证”，对银行存款科目选择现金流量项目“04”并确定；记账凭证进行保存。

【业务 2-11】 记账凭证页面，如图2-11-2所示。

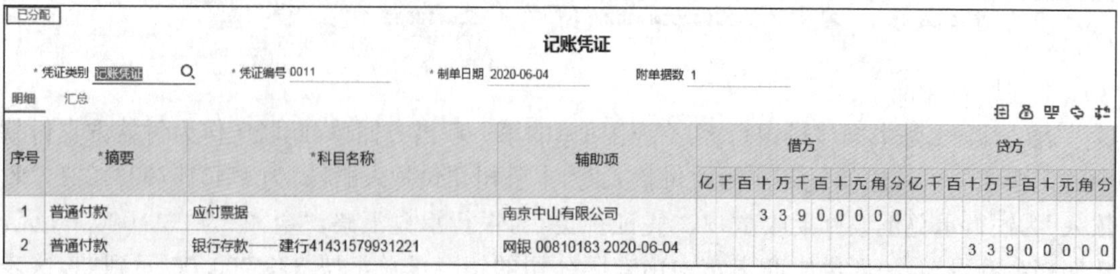
已分配

记账凭证

* 凭证类别 记账凭证　* 凭证编号 0011　* 制单日期 2020-06-04　附单据数 1

明细 汇总

序号	*摘要	*科目名称	辅助项	借方	贷方
1	普通付款	应付票据	南京中山有限公司	33900000	
2	普通付款	银行存款——建行41431579931221	网银 00810183 2020-06-04		33900000

图 2-11-2 ［业务2-11］记账凭证页面

【业务 2-12】 6月4日，取得原始凭证3张，业务经办人崔浩朴，如表2-12-1至表2-12-3所示。

表 2-12-1

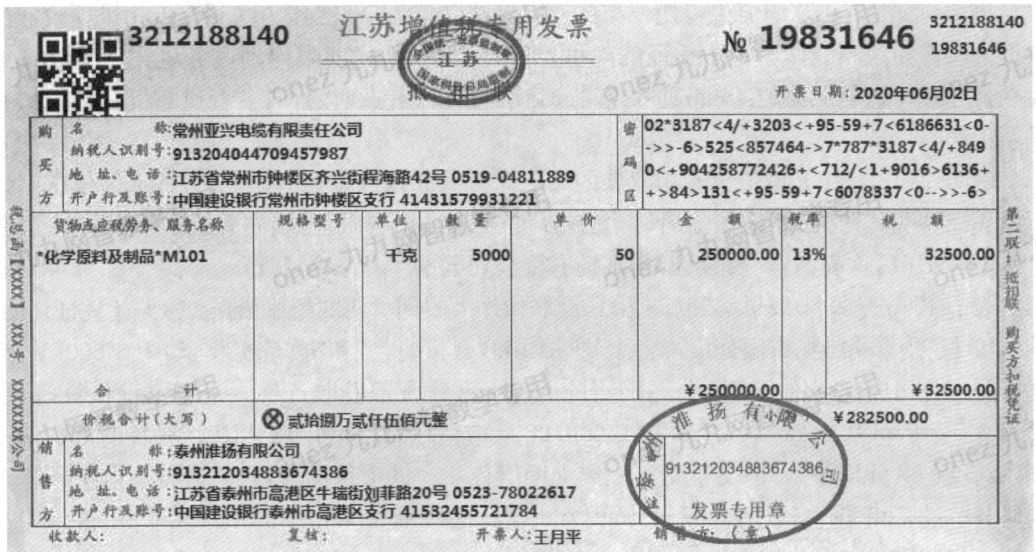

表 2-12-2

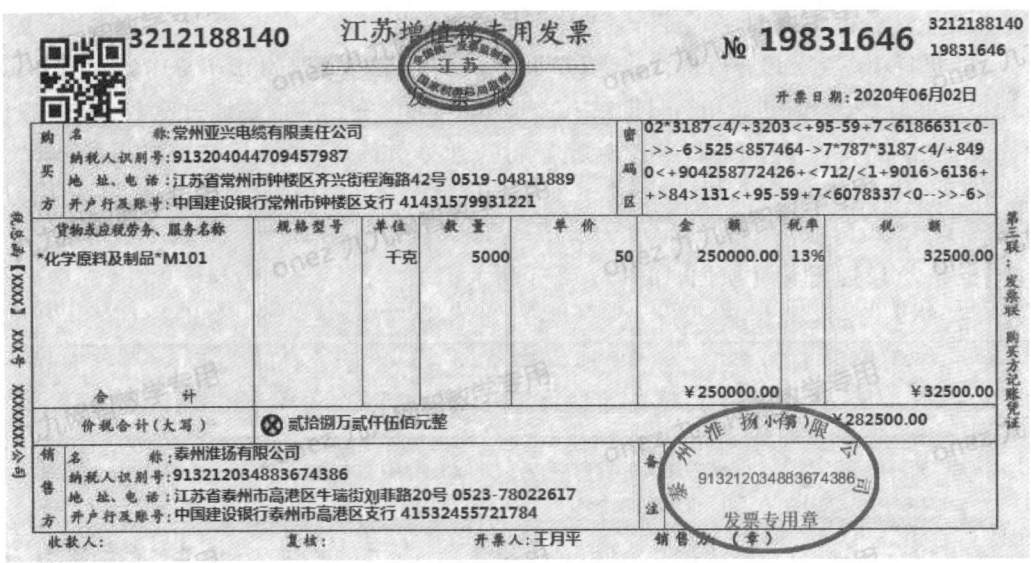

表 2-12-3

收 料 单

供应单位：泰州淮扬有限公司　　　　　2020 年 06 月 04 日　　　　　　　　编号 SL1256

材料编号	名称	单位	规格	数量		单价	实际成本		
				应收	实收		发票价格	运杂费	总价
310101	M101	千克		5000	5000				

备注：　　　　　　收料人：孙民里　　　　　　　　　　交料人：钟国钊

上述原始凭证中：

表 2-12-1 是江苏增值税专用发票的第二联抵扣联，此联应作为购买方抵扣进项税额的依据。该抵扣联不能作为记账凭证的附件，专门用于在规定期限内到税务机关办理认证或在平台办理勾选确认，并在认证通过或勾选确认的次月申报期内，向主管税务机关申报抵扣进项税额。

表 2-12-2 是江苏增值税专用发票的第三联发票联，此联应作为购买方的记账依据。该原始凭证注明，"购买方"是本公司，"销售方"是泰州维扬有限公司，"货物或应税劳务、服务名称"是 M101，这表明本公司从泰州维扬有限公司购买了材料 M101。

表 2-12-3 是收料单的第二联记账联，此联应作为收到材料的记账依据。该原始凭证注明，"供应单位"是泰州维扬有限公司，"名称"是 M101，"数量应收"和"数量实收"均为 5 000 千克，这表明本公司向泰州维扬有限公司购买的 M101 已经全部验收入库。进行会计核算时，根据表 2-12-2 和表 2-12-3，"金额"250 000.00 元应记入"原材料——M101"科目的借方，"税额"32 500.00 元应记入"应交税费——应交增值税——进项税额"科目的借方。由于该笔采购业务中没有相关付款的原始凭证，同时在此之前也没有发生相关的预付款业务，这表明本公司的该笔采购业务为赊购。进行会计核算时，"价税合计"282 500.00 元应记入"应付账款——供应商——泰州维扬有限公司"科目的贷方。

根据上述分析，该笔业务在 T+系统中的操作流程如下：

（1）进货单填制。以存货会计钱晓明"10516674727"的身份于 2020-06-04 登录，"采购管理——单据"处单击"进货单"；日期录入"2020-06-02"，在供应商栏通过搜索选择一般供应商类别，新增"泰州维扬有限公司"档案并确定；业务员选择"崔浩朴"，付款方式选择"其他"，存货名称选择"M101"，数量录入"5 000"，单价录入"50"，其他自动生成；该单据保存后审核。

【业务 2-12】 进货单页面，如图 2-12-1 所示。

图 2-12-1 ［业务 2-12］进货单页面

（2）采购发票生成。在已审的进货单页面，"生单"下拉菜单单击"生成采购发票（普通采购）"；发票号录入"19831646"；该单据保存后审核。

【业务 2-12】 采购发票页面，如图 2-12-2 所示。

（3）采购入库单生成。已审的泰州淮扬有限公司进货单页面，"生单"下拉菜单单击"生采购入库单（普通采购）"；单据编号录入"SL1256"，仓库选择"综合库"；该单据保存后

我的桌面 | 初始化导航 | 畅捷教育 | 采购管理 | 进货单 | 采购发票 ×

新增 | 选单 | 保存 | 删除 | 弃审 | 工具 | 联查 | 设置 | 打印 | 更多

已审

* 单据日期 2020-06-02　* 单据编号 PB-2020-06-0007　* 发票类型 专用发票　发票号 19831646

* 供应商 泰州淮扬有限公司　业务员 崔浩朴　付款方式 其他　付款到期日

使用预付 0.00　现结金额 0.00

明细　汇总

序号	*存货名称	规格型号	*采购单位	*数量	*单价	*税率	*含税单价	*金额	*含税金额
1	M101		千克	5,000.00	50.00	13.00%	56.50	250,000.00	282,500.00

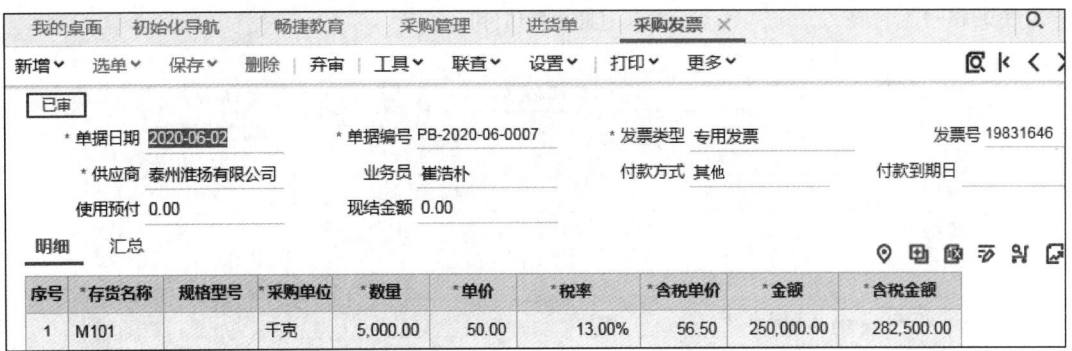

图 2-12-2　[业务 2-12]采购发票页面

审核。

【业务 2-12】　采购入库单页面，如图 2-12-3 所示。

我的桌面 | 初始化导航 | 畅捷教育 | 采购管理 | 采购入库单 ×

新增 | 选单 | 保存 | 删除 | 弃审 | 生单 | 转换 | 变更 | 工具 | 联查 | 设置 | 打印 | 更多

已审　已核算

* 单据日期 2020-06-04　* 单据编号 SL1256　* 业务类型 普通采购　* 供应商 泰州淮扬有限公司

经手人 崔浩朴　仓库 综合库

明细　汇总

序号	*仓库	*存货名称	规格型号	*计量单位	*实收数量	单价	金额	现存量	现存量说明
1	综合库	M101		千克	5,000.00	50.00	250,000.00		

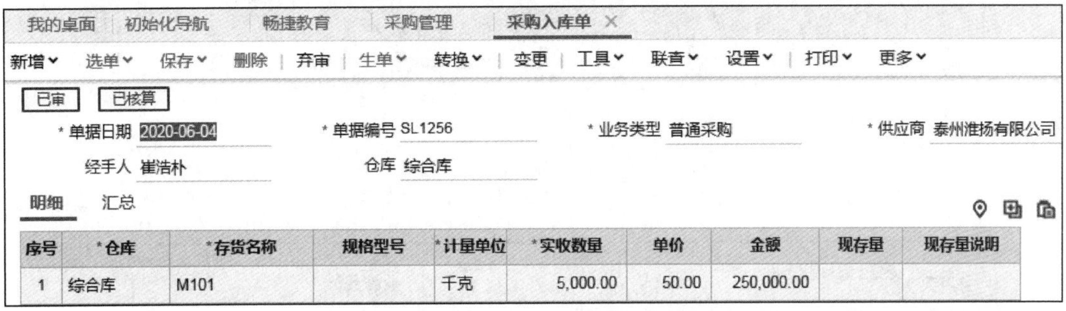

图 2-12-3　[业务 2-12]采购入库单页面

(4) 单据生凭证。“总账——日常业务”单击“单据生成凭证”；单据选择“采购入库单”和“采购发票”并单击“下一步”；“选择查询条件”页面默认并单击“下一步”；查询结果页面单击“生成凭证”，附单据数录入“2”；记账凭证进行保存。

【业务 2-12】　记账凭证页面，如图 2-12-4 所示。

记账凭证

* 凭证类别 记账凭证　* 凭证编号 0012　* 制单日期 2020-06-04　附单据数 2

明细　汇总

序号	*摘要	*科目名称	辅助项	计量...	借方	贷方
1	普通采购/泰州淮扬有限公司	原材料	M101	千克	25000000	
2	普通采购/泰州淮扬有限公司	应交税费——应交增值税——进项税额			3250000	
3	普通采购/泰州淮扬有限公司	应付账款——供应商	泰州淮扬有限公司			28250000

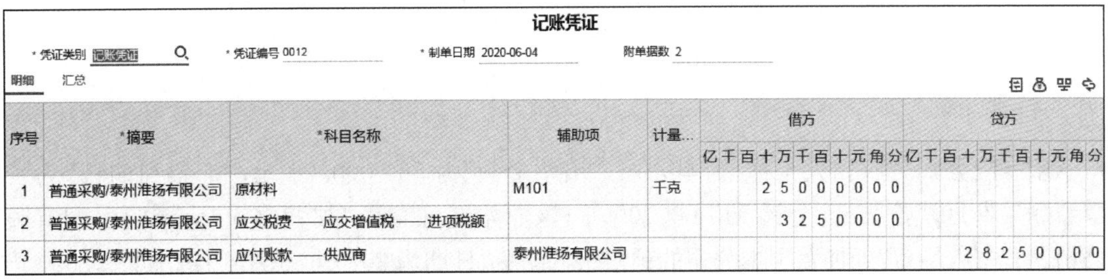

图 2-12-4　[业务 2-12]记账凭证页面

【业务 2-13】　6 月 6 日，取得原始凭证 1 张，业务经办人崔浩朴，如表 2-13-1 所示。

上述原始凭证中：

表 2-13-1 是银行承兑汇票第二联的复印件，此复印件应作为付款方结算货款的记账依据。该原始凭证正面注明，“出票日期”为贰零壹捌年壹拾贰月贰拾柒日，“出票人全称”为常

表 2-13-1　　　　　　　　　　（此为复印件）

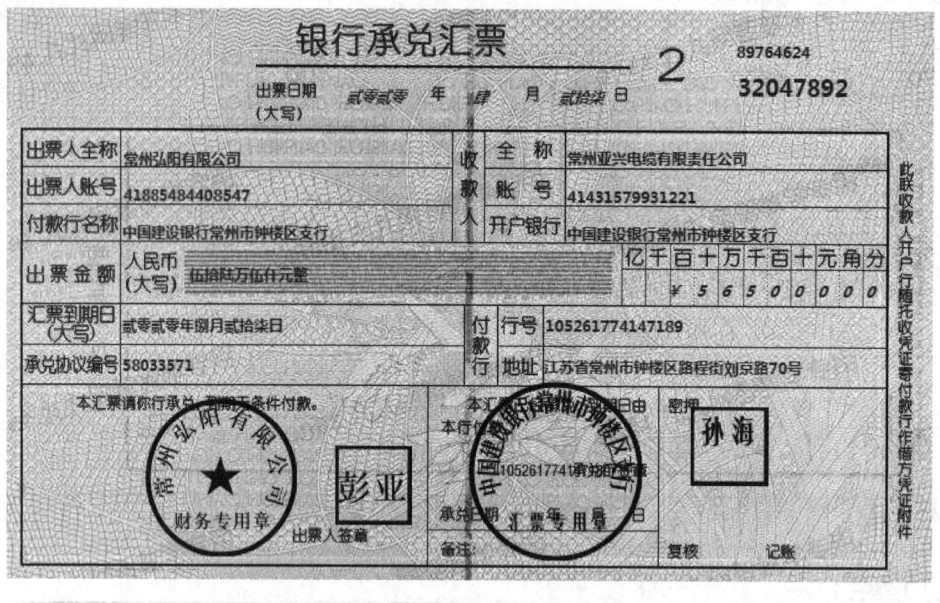

州弘阳有限公司,"收款人全称"为本公司,"出票金额"为 565 000.00 元,"汇票到期日"为贰零壹捌年叁月贰拾柒日,金额 565 000.00 元;该原始凭证背面"被背书人"为无锡太湖有限公司,"背书人签章"处加盖了本公司的预留银行印鉴,日期为 2020 年 6 月 6 日。同时,2020 年 5 月 31 日"应收票据——常州弘阳有限公司"科目的借方余额为 565 000.00 元,"应付账款——供应商——无锡太湖有限公司"科目期初贷方余额 565 000.00 元,这表明本公司在 2020 年 6 月 6 日将未到期的常州弘阳有限公司开具的银行承兑汇票背书转让给无锡太湖有限公司抵付其期初货款 565 000.00 元。进行会计核算时,"出票金额"565 000.00 元应分别记入"应付账款——供应商——无锡太湖有限公司"科目的借方和"应收票据——常州弘阳有限公司"科目的贷方。

根据上述分析,该笔业务在T+系统中的操作流程如下:

(1) 应收冲应付。以朱珊珊"10523340668"的身份于2020-06-06登录,"往来现金——往来冲销"处单击"应收冲应付";结算客户选择"常州弘阳有限公司",供应商选择"无锡太湖有限公司";在"应收冲销明细"项下,"选单"下拉菜单单击"应收","期初应收"勾选并单击"确定";在"应付冲销明细"项下,"选单"下拉菜单单击"应付","期初应付"勾选并单击"确定";冲销金额合计录入"565 000",该单据进行分摊后保存。

【业务2-13】 应收冲销明细页面,如图2-13-1所示。

图2-13-1 [业务2-13]应收冲销明细页面

【业务2-13】 应付冲销明细页面,如图2-13-2所示。

图2-13-2 [业务2-13]应付冲销明细页面

(2) 单据生凭证。以存货会计钱晓明"10516674727"的身份于2020-06-06登录,"总账——日常业务"处单击"单据生成凭证";单据选择"应收冲应付"并单击"下一步";"选择查询条件"页面默认并单击"下一步";查询结果页面单击"生成凭证";记账凭证进行保存。

【业务2-13】 记账凭证页面,如图2-13-3所示。

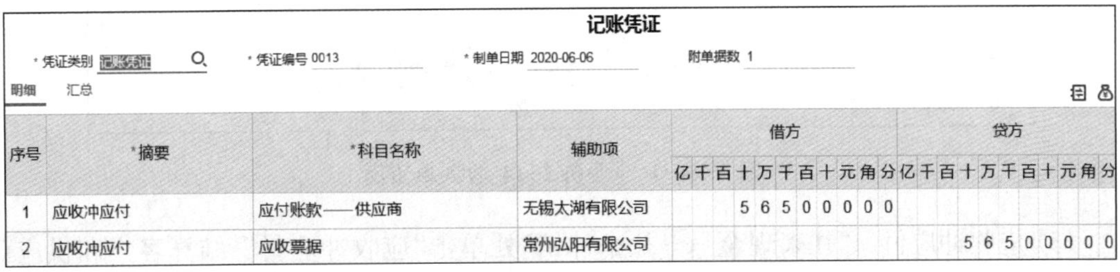

图2-13-3 [业务2-13]记账凭证页面

【业务 2-14】 6月6日,取得原始凭证1张,业务经办人邹萌红,如表2-14-1所示。

表 2-14-1

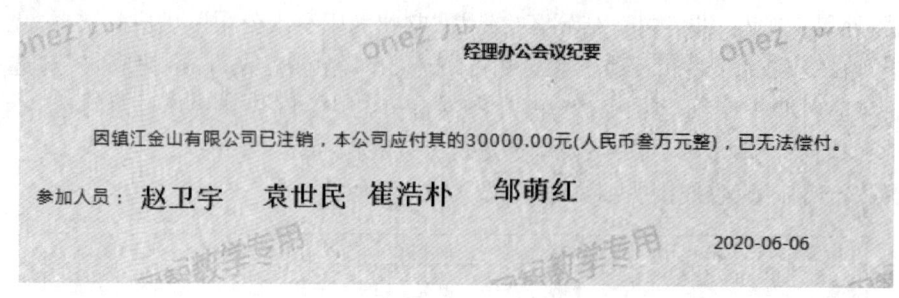

上述原始凭证中:

表 2-14-1是6月6日的经理办公会议纪要,作为付款方核算无法支付货款的依据。其内容表明,应付期初镇江金山有限公司货款30 000.00元无法支付,确认为营业外收入。进行会计核算时,"应付账款"30 000.00元应分别记入"应付账款——供应商——镇江金山有限公司"科目的借方和"营业外收入——无法偿付的应付账款"科目的贷方。

根据上述分析,该笔业务在T+系统中的操作流程是:

(1)收入档案设置。以出纳朱珊珊"10523340668"的身份于2020-06-06登录,"基础设置——收付结算"单击"收入",在收入页面单击"新增";收入编码录入"52",收入名称录入"营业外收入",收入档案页面单击"保存新增";收入编码录入"521",收入名称录入"无法支付应付款项",上级收入选择"52",收入档案页面保存并退出。

(2)收入单填制。"往来现金——单据"处单击"收入单";业务类型默认"往来收入",往来单位选择"镇江金山有限公司"(若选择不到该单位,则在基础设置——基本信息——往来单位中找到该单位,将其性质改为"客户/供应商"),部门选择"采购部",业务员选择"邹萌红",收入名称选择"无法支付应付账款",金额录入"30 000";该单据保存后审核。

【业务 2-14】 收入单页面,如图2-14-1所示。

图 2-14-1 [业务2-14]收入单页面

(3)应收冲应付。"往来现金——往来冲销"处单击"应收冲应付";结算客户和供应商均选择"镇江金山有限公司",在应收冲销明细项下"选单"下拉菜单选择"应收"单,"收入单"勾选并单击"确定";在应付冲销明细项下"选单"下拉菜单单击"应付","期初应付"勾选并单击"确定";冲销金额合计录入"30 000";该单据进行分摊后保存。

应收冲销明细页面,如图2-14-2所示。

图2-14-2 应收冲销明细页面

应付冲销明细页面,如图2-14-3所示。

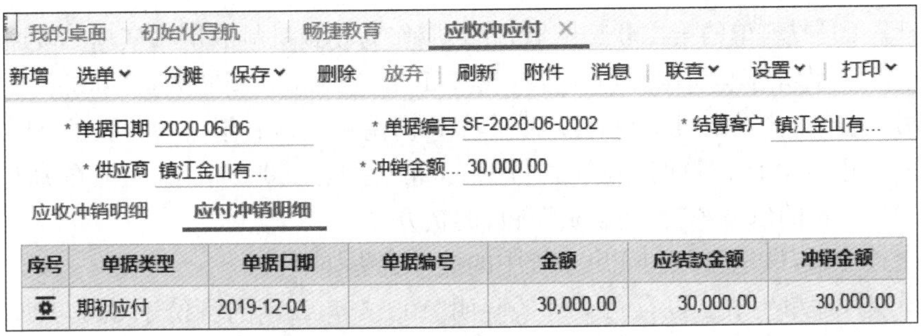

图2-14-3 应付冲销明细页面

(4)科目设置。收入单的科目设置,一般应包括收入科目和其他应收科目的设置。具体设置流程如下所述:以存货会计钱晓明"10516674727"的身份于2020-06-06登录,"总账——日常业务"单击"科目设置";收入科目扩展栏单击"设置";收入科目扩展设置页面增行,收入选择"无法支付应付款项",科目选择"营业外收入——无法偿付的应付款项",收入科目扩展设置页面保存后退出;其他应收科目扩展栏单击"设置";其他应收科目扩展设置页面增行,往来单位分类选择"一般供应商",科目选择"应付账款——供应商",其他应收科目扩展设置页面保存并退出。

(5)单据生凭证。"总账——日常业务"单击"单据生成凭证";单据选择"收入单"和"应收冲应付"并单击"下一步";"选择查询条件"页面默认并单击"下一步";查询结果页面单击"生成凭证";附单据数改为"1";记账凭证进行保存。

【业务2-14】 记账凭证页面,如图2-14-4所示。

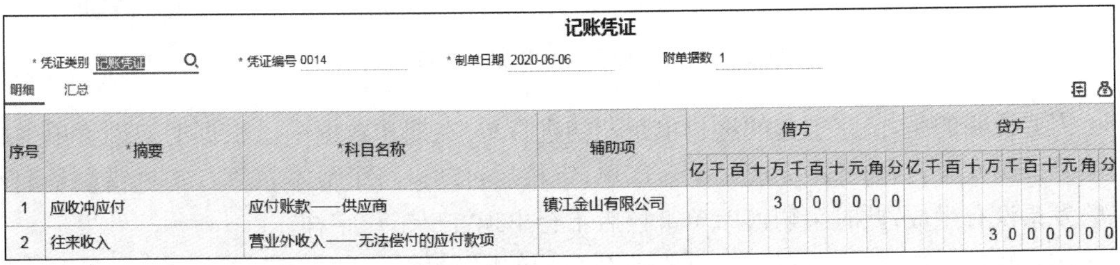

图2-14-4 [业务2-14]记账凭证页面

（二）单先到料后到业务

【业务 2-15】 6月6日，取得原始凭证1张，业务经办人崔浩朴，如表 2-15-1 所示。

表 2-15-1

供应单位：南京宝蓝有限公司					2020年06月06日					编号 SL1257
材料编号	名称	单位	规格	数量		实际成本				
				应收	实收	单价	发票价格	运杂费	总价	
310101	M101	千克		3000	3000					

备注：　　　收料人：孙民里　　　交料人：李红梅

上述原始凭证中：

表 2-15-1 是收料单的第二联记账联，此联应作为收到材料的记账依据。该原始凭证注明，"供应单位"是南京宝蓝有限公司，"名称"是 M101，"数量应收"和"数量实收"均为 3 000 千克，与期初进货单单位及数量一致，这表明本公司向南京宝蓝有限公司购买的 M101 已经全部验收入库。进行会计核算时，在途物资科目期初余额 150 000.00 元应分别记入"原材料——M101"科目的借方和"在途物资"科目的贷方。

根据上述分析，该笔业务在 T＋系统中的操作流程如下：

（1）采购入库单生成。以存货会计钱晓明"10516674727"的身份于 2020-06-06 登录，"库存核算——单据"处单击"采购入库单"，"选单"下拉菜单单击"选进货单"；"南京宝蓝"记录勾选并单击"确定"，单据编号录入"SL1257"，仓库选择"综合库"；该单据保存后审核。

【业务 2-15】 采购入库单页面，如图 2-15-1 所示。

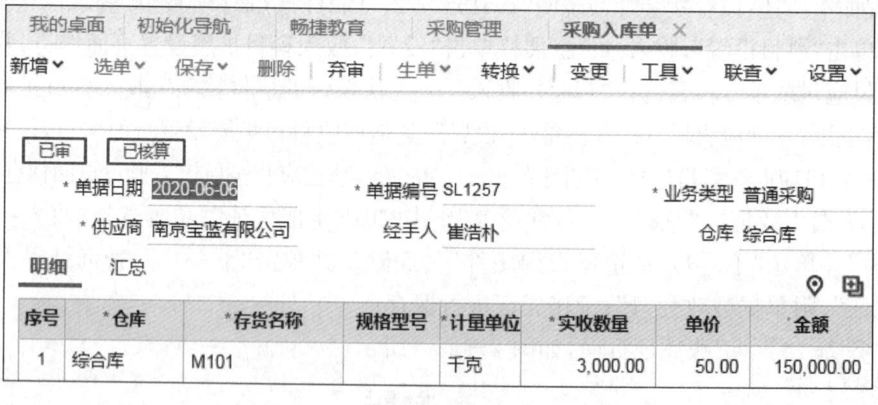

序号	*仓库	*存货名称	规格型号	*计量单位	*实收数量	单价	金额
1	综合库	M101		千克	3,000.00	50.00	150,000.00

单据日期 2020-06-06　　*单据编号 SL1257　　*业务类型 普通采购
*供应商 南京宝蓝有限公司　　经手人 崔浩朴　　仓库 综合库

图 2-15-1　[业务 2-15]采购入库单页面

需要说明的是，南京宝蓝的进货单是期初进货单，在期初数据中已根据期初进货单生成了上月采购发票，在业务中完成采购入库单，审核后自动进行了成本核算。常见错误是期初采购发票没有生成，此时采购入库单审核后不会出现"已核算"字样。

（2）单据生凭证。"总账——日常业务"处单击"单据生成凭证"；单据选择"采购入库单"并单击"下一步";"选择查询条件"页面默认并单击"下一步";查询结果页面单击"生成凭证";记账凭证进行保存。

【业务2-15】 记账凭证页面,如图2-15-2所示。

序号	摘要	科目名称	辅助项	计量	借方	贷方
1	普通采购/南京宝蓝有限公司	原材料	M101	千克	1500000.00	
2	普通采购/南京宝蓝有限公司	在途物资				1500000.00

凭证类别:记账凭证 凭证编号 0015 制单日期 2020-06-06 附单据数 1

图2-15-2 [业务2-15]记账凭证页面

需要说明的是,期初进货单在发票立账时不能作为确定实际采购成本的依据,应该是上月生成的采购发票,如果生成的凭证贷方科目是"应付账款——暂估应付账款",说明采购入库单没有和上月采购发票匹配,该错误属于业务流程错误,其错误原因是没有根据期初进货单生成上期的采购发票。

【业务2-16】 6月7日,取得原始凭证3张,业务经办人崔浩朴,如表2-16-1至表2-16-3所示。

表2-16-1

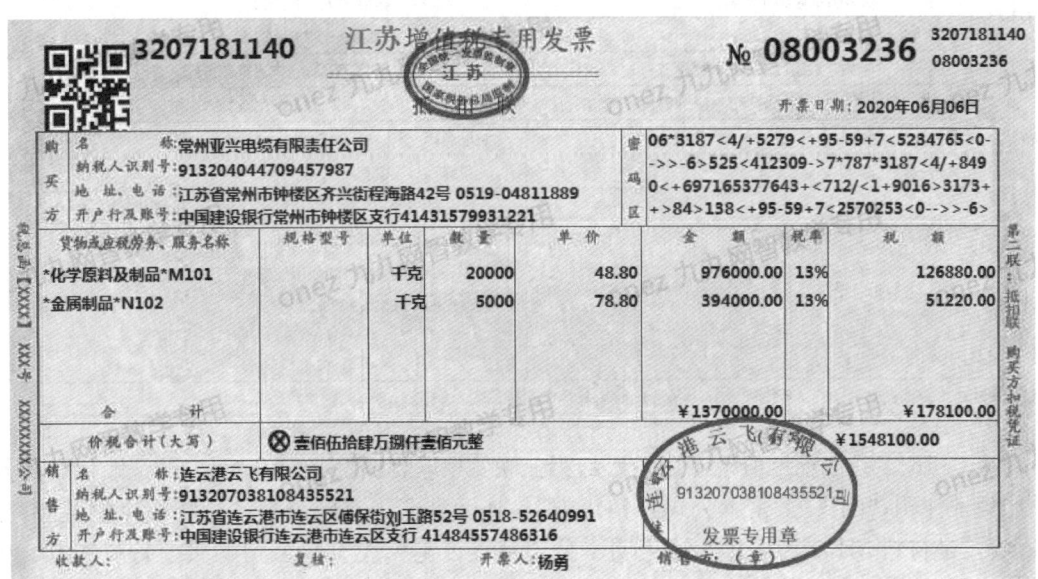

上述原始凭证中:

表2-16-1是江苏增值税专用发票的第二联抵扣联,此联应作为购买方抵扣进项税额的依据。该抵扣联不能作为记账凭证的附件,专门用于在规定期限内到税务机关办理认证或在平台办理勾选确认,并在认证通过或勾选确认的次月申报期内,向主管税务机关申报抵扣进项税额。

表 2-16-2

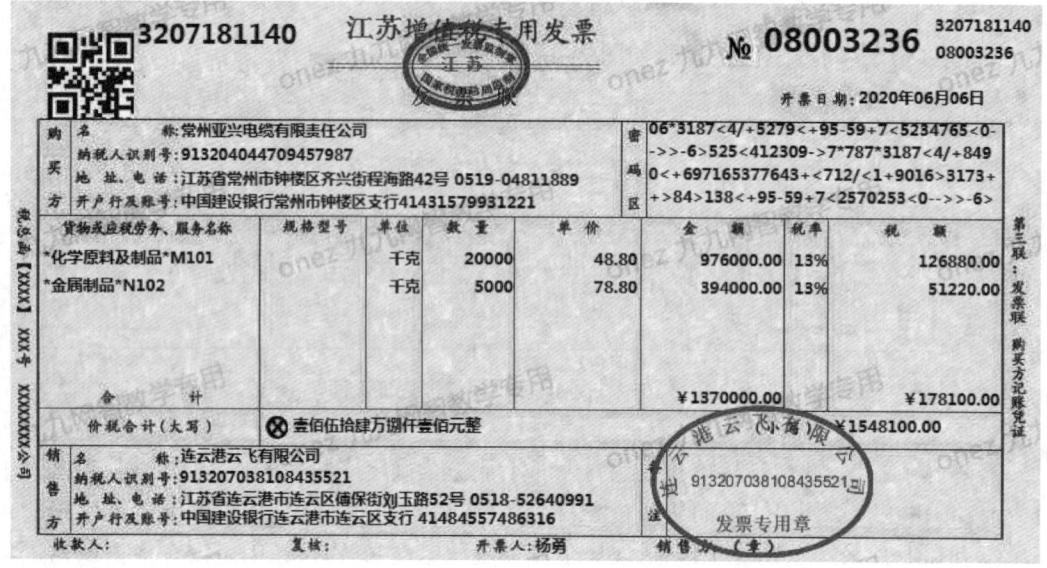

表 2-16-3

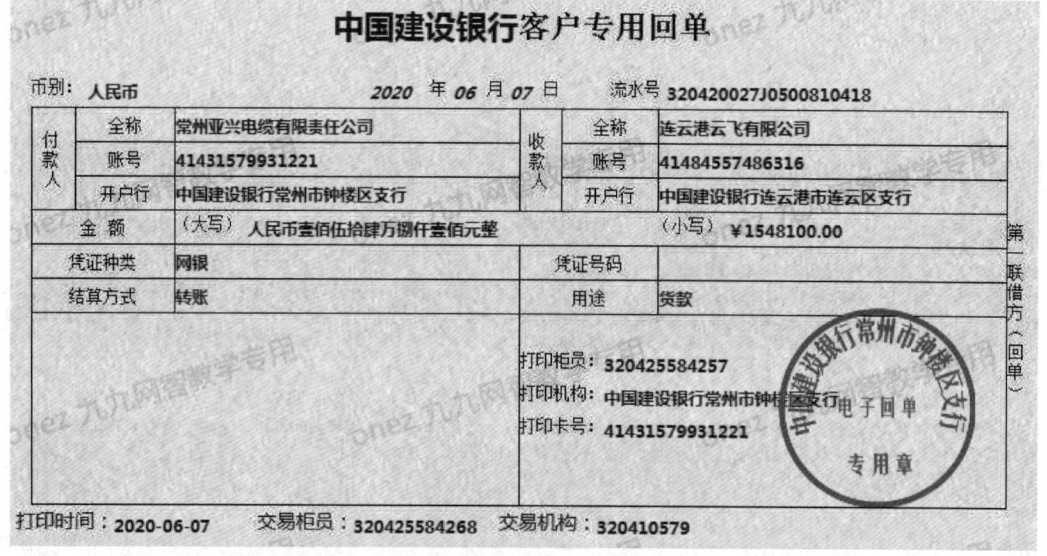

表 2-16-2 是江苏增值税专用发票的第三联发票联，此联应作为购买方的记账依据。该原始凭证注明，"购买方"是本公司，"销售方"是连云港云飞有限公司，"货物或应税劳务、服务名称"是材料 M101 和 N102，这表明本公司从连云港云飞有限公司购买了材料 M101 和 N102。该业务没有收料单，材料尚未验收入库，进行会计核算时，表 2-16-2 中，"金额合计" 1 370 000.00 元应记入"在途物资"科目的借方，"税额合计"178 100.00 元应记入"应交税费——应交增值税——进项税额"科目的借方。

表 2-16-3 是中国建设银行客户专用回单的第一联借方回单，此联应作为付款方支付货款的记账依据。该原始凭证注明，"付款人"是本公司，"付款人账号"是 41431579931221，"收款人"是连云港云飞有限公司，"用途"是支付货款，这表明本公司已通过账号为

41431579931221 的基本户向连云港云飞有限公司支付了货款。进行会计核算时,"金额" 1 548 100.00 元应记入"银行存款——建行 41431579931221"科目的贷方。

根据上述分析,该笔业务在 T+ 系统中的操作流程如下:

(1) 进货单填制。以存货会计钱晓明"10516674727"的身份于"2020-06-07"登录,"采购管理——单据"处单击"进货单";日期录入"2020-06-06",在供应商栏通过搜索选择一般供应商类别,新增"连云港云飞有限公司"档案并确定;业务员选择"崔浩朴",付款方式选择"全额现结",存货名称分别选择"M101"和"N102",数量分别录入"20 000"和"5 000",单价分别录入"48.8"和"78.8";该单据保存后审核。

【业务 2-16】 进货单录入页面,如图 2-16-1 所示。

图 2-16-1 [业务 2-16]进货单录入页面

(2) 采购发票生成。已审的进货单页面,"生单"下拉菜单单击"生成采购发票(普通采购)";发票号录入"08003236",结算方式选择"网银",账号名称默认,票据号录入"00810418",结算方式页面进行确定;该单据保存后审核。

【业务 2-16】 采购发票页面,如图 2-16-2 所示。

图 2-16-2 [业务 2-16]采购发票页面

(3) 对付款单进行审核。以出纳朱珊珊"10523340668"的身份于 2020-06-07 登录,"往来现金——单据"处单击"付款单",已生成付款单定位后审核。

(4) 单据生凭证。以存货会计钱晓明"10516674727"的身份于 2020-06-07 登录,"总账——日常业务"单击"单据生成凭证",单据选择"采购发票"并单击"下一步";"选择查询条件"页面默认并单击"下一步";查询结果页面单击"生成凭证";附单据数改为"2","银行存款"科目需确定结算日期;现金流量项目选择"04"并确定;记账凭证进行保存。

【业务 2-16】 记账凭证页面，如图 2-16-3 所示。

序号	摘要	科目名称	辅助项	借方	贷方
1	普通采购/连云港云飞有限公司	在途物资		1 370 000 00	
2	普通采购/连云港云飞有限公司	应交税费——应交增值税——进项税额		178 100 00	
3	普通采购/连云港云飞有限公司	银行存款——建行41431579931221	网银 00810418 2020-06-07		1 548 100 00

图 2-16-3 ［业务 2-16］记账凭证页面

【业务 2-17】 6月8日，取得原始凭证5张，业务经办人崔浩朴，如表 2-17-1 至表 2-17-5 所示。

表 2-17-1

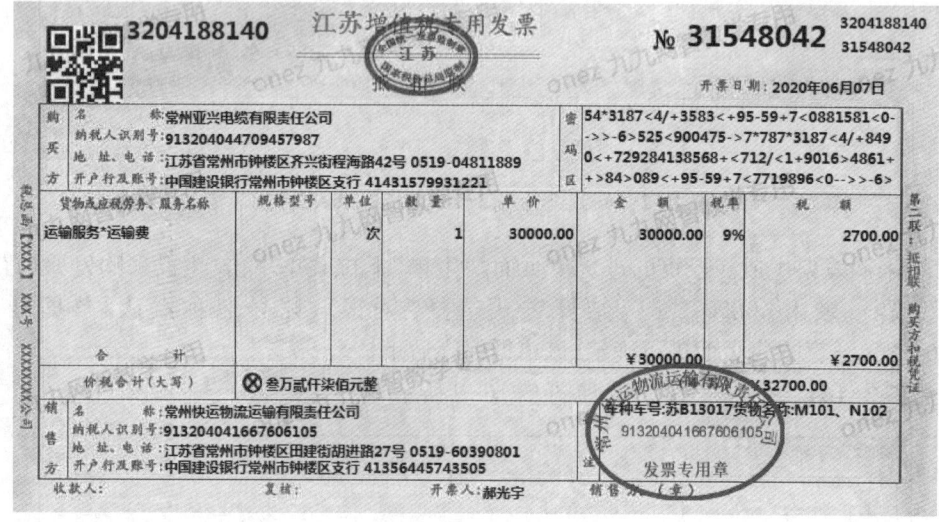

表 2-17-2

表 2-17-3

表 2-17-4

收料单

供应单位：连云港云飞有限公司　　　　2020年06月08日　　　　　　　　　　　编号 SL1259

材料编号	名称	单位	规格	数量		实际成本			
				应收	实收	单价	发票价格	运杂费	总价
310101	M101	千克		20000	20000				
310102	N102	千克		5000	5000				

备注：
收料人：孙民里　　　　　　　　　　　　　　　　　　　　　　交料人：刘毅炜

表 2-17-5

采购费用分配表

2020-06-07　　　　　　　　　　　　　　　　　　　　　　单位：元

材料名称	分配标准（数量）	分配率	分配金额
M101	20000.00	1.20	24000.00
N102	5000.00	1.20	6000.00
合计	25000.00		30000.00

制表：王杰　　　　　　　　　　　　　　　　　　　　　　审核：袁世民

上述原始凭证中：

表 2-17-1 是江苏增值税专用发票的第二联抵扣联，此联应作为购买方抵扣进项税额的依据。该抵扣联不能作为记账凭证的附件，专门用于在规定期限内到税务机关办理认证或在平台办理勾选确认，并在认证通过或勾选确认的次月申报期内，向主管税务机关申报抵扣进项税额。

表 2-17-2 是江苏增值税专用发票的第三联发票联，此联应作为购买方的记账依据。该原始凭证注明，"购买方"是本公司，"销售方"是常州快运物流有限公司，"货物或应税劳务、

服务名称"是运输费,"备注"是货物名称M101,N102,这表明本公司从常州快运物流有限公司接受了运输 M101 和 N102 材料的劳务,而供应商是[业务2-16]的连云港云飞有限公司,材料尚未验收入库,进行会计核算时,"金额"30 000.00 元应记入"在途物资"科目的借方,"税额"3 300 元记入"应交税费——应交增值税——进项税额"科目的借方。

表2-17-3是中国建设银行转账支票存根,此联应作为付款方支付货款的记账依据。该原始凭证注明,"付款行账号"是 41431579931221,"收款人"是常州快运物流有限公司,"用途"是运输费,这表明本公司已通过账号为 41431579931221 的基本户向常州快运物流有限公司支付了运输费。进行会计核算时,"金额"33 000.00 元记入"银行存款——建行41431579931221"科目的贷方。

表2-17-4是收料单的第二联记账联,此联应作为收到材料的记账依据。该原始凭证注明,"供应单位"是连云港云飞有限公司,其中"名称"为 M101,"数量应收"与"数量实收"均为20 000 千克,名称为 N102,"数量应收"与"数量实收"均为 5 000 千克,这表明本公司向连云港云飞有限公司购买的 M101 和 N102 材料已经全部验收入库。

表 2-17-5 是采购费用分配表,表中显示,M101 应负担运输费 24 000.00 元,N102 应负担运输费 6 000.00 元;根据表 2-16-2 和表 2-17-5 计算两种材料的实际采购成本:M101 实际成本 = 976 000.00 + 24 000.00 = 1 000 000.00(元),N102 实际成本 = 394 000.00 + 6 000.00 = 400 000.00(元)。计算的结果分别记入"原材料——M101"和"原材料——N102"科目的借方,税额 2 700.00 元记入"应交税费——应交增值税——进项税额"科目的借方,全部的金额合计 1 400 000.00 元记入"在途物资"科目的贷方。

根据上述分析,该笔业务在T+系统中的操作流程如下:

(1)费用单填制。以出纳朱珊珊"10523340668"的身份于"2020-06-08"登录,"往来现金——单据"处单击"费用单";业务类型选择"现金费用",部门选择"采购部",业务员选择"崔浩朴",费用名称选择"采购运输费",金额录入"30 000",现结金额中,结算方式选择"转账支票",账号名称自动生成,票据号录入"07025805"后进行确定;该单据保存后审核。

【业务2-17】 费用单录入页面,如图2-17-1所示。

图 2-17-1 [业务 2-17]费用单录入页面

需要说明的是,往来费用的费用单现结并审核后,还需要出纳在生成的付款单中进行审核,而现金费用的费用单必须全额现结,现金费用单审核后不会生成付款单;在全额现结的情况下使用现金费用单可简化业务流程。

(2)采购入库单生成。以存货会计钱晓明"10516674727"的身份于 2020-06-08 登录,"采购管理——单据"处单击"进货单",已审的连云港云飞有限公司进货单页面,"生单"下拉菜单单击“生采购入库单(普通采购)”;单据编号录入“SL1259”,仓库选择“综合库”;该单据保存后审核。

采购入库单完成后页面,如图 2-17-2 所示。

序号	*仓库	*存货名称	规格型号	*计量单位	*实收数量	单价	金额
1	综合库	M101		千克	20,000.00	48.80	976,000.00
2	综合库	N102		千克	5,000.00	78.80	394,000.00

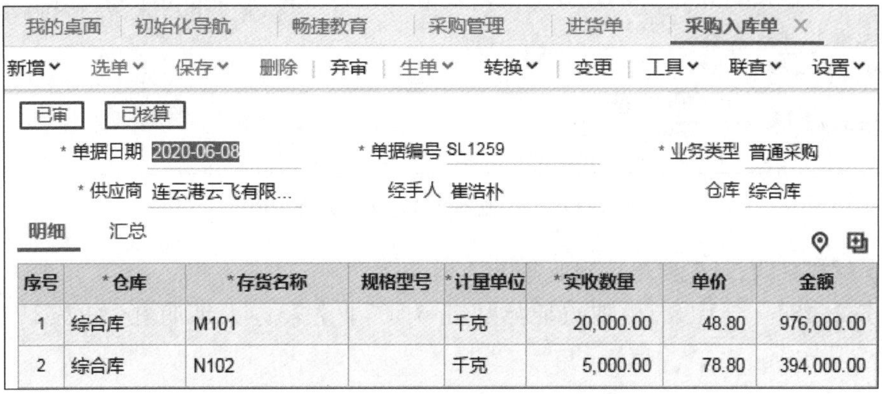

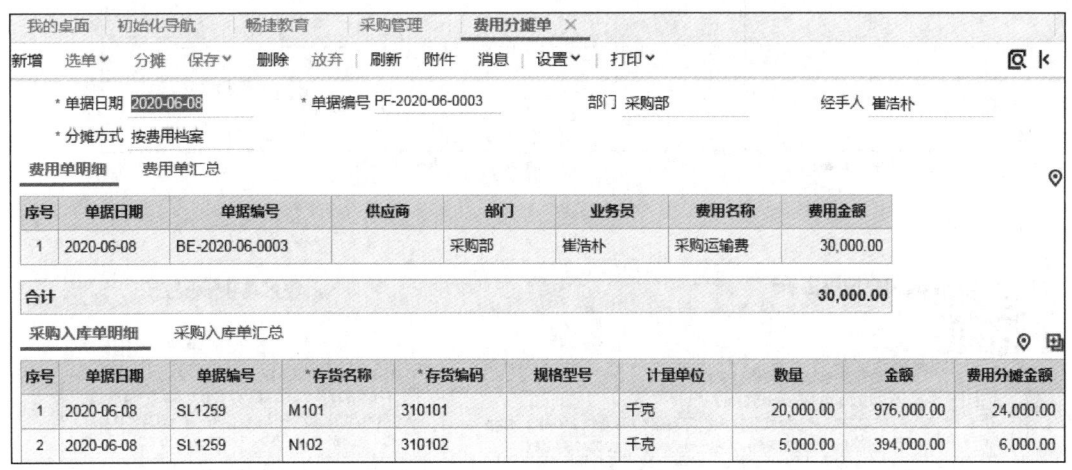

图 2-17-2　采购入库单完成后页面

(3) 采购运输费分摊。在“采购管理”——“相关单据”处单击“费用分摊单”;“连云港云飞有限公司”记录经查询、勾选后;进行确定;“选单”下拉菜单单击“选采购入库单”,“连云港云飞”两条记录经查询、勾选后进行确定;部门/业务员分别选择“采购部”“崔浩朴”,分摊方式选择“按费用档案”;该单据进行分摊后保存。

费用分摊页面,如图 2-17-3 所示。

序号	单据日期	单据编号	供应商	部门	业务员	费用名称	费用金额
1	2020-06-08	BE-2020-06-0003		采购部	崔浩朴	采购运输费	30,000.00
合计							30,000.00

序号	单据日期	单据编号	*存货名称	*存货编码	规格型号	计量单位	数量	金额	费用分摊金额
1	2020-06-08	SL1259	M101	310101		千克	20,000.00	976,000.00	24,000.00
2	2020-06-08	SL1259	N102	310102		千克	5,000.00	394,000.00	6,000.00

图 2-17-3　费用分摊页面

(4) 单据生凭证。“总账——日常业务”处单击“单据生成凭证”;单据选择“采购入库单”“费用单”并单击“下一步”;“选择查询条件”页面默认并单击“下一步”;合并方式下单击“生成凭证”;附单据数录入“4”,银行存款科目需确定结算日期;现金流量项目选择“04”并确定;记账凭证进行保存。

【业务 2-17】 记账凭证页面,如图 2-17-4 所示。

图 2-17-4 [业务 2-17]记账凭证页面

(三) 材料采购,料先到单后到业务

【业务 2-18】 6月8日,取得原始凭证5张,业务经办人邹萌红,如表 2-18-1 至表 2-18-5 所示。

表 2-18-1

原材料暂估入账清单 No.11804
2020 年 05 月 30 日

材料名称	合同号	供货单位	数量	不含税合同单价	不含税合同金额	入库日期
N102	65351050	常州飞达有限公司	1200	80	96000.00	2020-05-30

编制:钱晓明   审核:袁世民

表 2-18-2

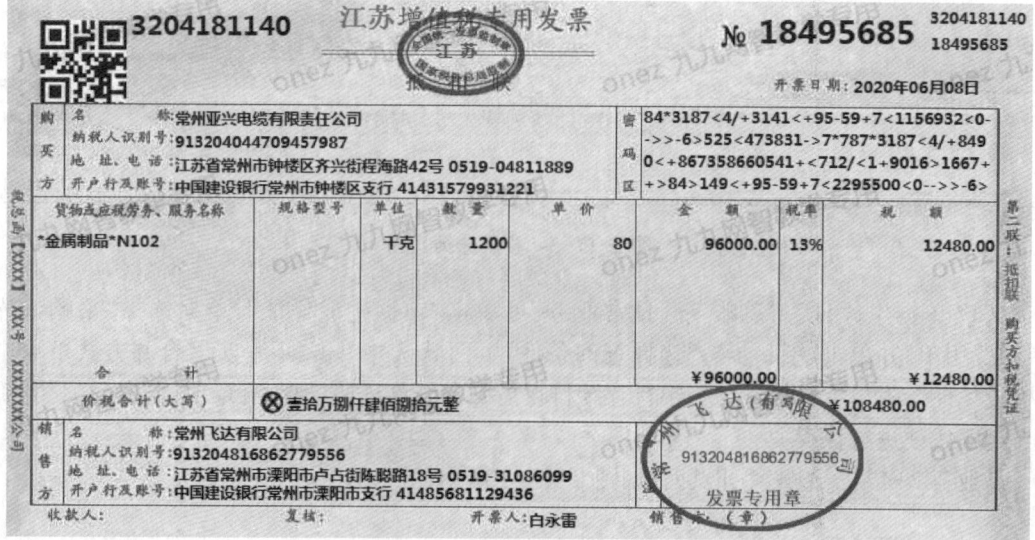

表 2-18-3

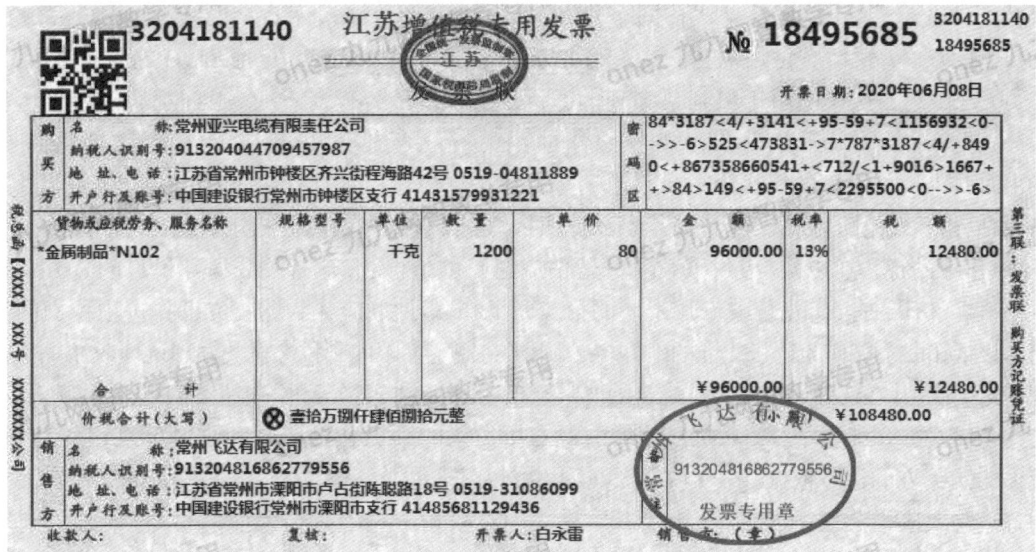

表 2-18-4

(此为复印件)

表 2-18-5

收料单

供应单位：常州飞达有限公司				2020年05月30日					编号 SL1249
材料编号	名称	单位	规格	数量		单价	发票价格	实际成本	总价
				应收	实收			运杂费	
310102	N102	千克		1200	1200				
备注：									
收料人：孙民里							交料人：孟翠		

上述原始凭证中：

表 2-18-1 是材料暂估入库清单第三联红冲联，是采购方进行红字回冲的记账依据。该

原始凭证注明,"编制日期"是 2020-05-30,"材料名称"是 N102,"供货单位"是常州飞达有限公司,"数量"是 1 200 千克,"合同金额"是 96 000.00 元,"入库日期"是 2020-05-30,而"应付账款——暂估应付账款(常州飞达有限公司)"科目 2020 年 5 月 31 日的贷方余额为 96 000.00 元。这表明由于料到票未到的原因,公司已于 2020 年 5 月 31 日对从常州飞达有限公司购入的 1 200 千克 N102 材料按照合同金额进行了暂估入账,现应于 2020 年 6 月 8 日红冲上月月末暂估入库的 N102 材料。因此,该原始凭证应作为本月月初或收到单时红冲上月月末暂估入库的记账依据。在进行会计核算时,"合同金额"应以红字分别记入"原材料——N102"科目的借方,以及"应付账款——暂估应付账款(常州飞达有限公司)"科目的贷方。

表 2-18-2 是江苏增值税专用发票的第二联抵扣联,此联应作为购买方抵扣进项税额的依据。该抵扣联不能作为记账凭证的附件,专门用于在规定期限内到税务机关办理认证或在平台办理勾选确认,并在认证通过或勾选确认的次月申报期内,向主管税务机关申报抵扣进项税额。

表 2-18-3 和表 2-18-5 是江苏增值税专用发票的第三联发票联和收料单复印件,此联应作为购买方的记账依据。表 2-18-3 注明,"购买方"是本公司,"销售方"是常州飞达有限公司,"货物或应税劳务、服务名称"是 N102,这表明本公司上月已暂估入库的材料,本月收到发票账单,购入 N102 材料 1 200 千克,单价 80.00 元。表 2-18-5 表明在 2020 年 5 月 30 日,收到了原材料,在进行会计核算时,"金额"96 000.00 元记入"原材料——N102"科目的借方,"税额"12 480.00 元记入"应交税费——应交增值税——进项税额"科目的借方。

表 2-18-4 是中国建设银行转账支票存根,此联应作为付款方支付货款的记账依据。该原始凭证注明,"付款行账号"是 41431579931221,"收款人"是常州飞达有限公司,"用途"是支付货款,这表明本公司已通过账号为 41431579931221 的基本户向常州飞达有限公司支付了货款。进行会计核算时,"金额"108 480.00 元记入"银行存款——建行 41431579931221"科目的贷方。

根据上述分析,该笔业务在 T+系统中的操作流程如下:

(1) 生成进货单。以存货会计钱晓明"10516674727"的身份于"2020-06-08"登录,"初始化"——"期初单据"处单击"期初暂估入库单";单据移至首张"上月暂估入库材料单","生单"下拉菜单单击"生成进货单(专用发票)";付款方式改为"全额现结";该单据保存后审核。

【业务 2-18】 进货单页面,如图 2-18-1 所示。

图 2-18-1 [业务 2-18]进货单页面

(2) 采购发票生成。在已审进货单页面,"生单"菜单单击"生成采购发票(普通采购)";发票号录入"18495685",现结金额中,结算方式选择"转账支票",票据号录入"07025806"并进行确定,其他默认;该单据保存后审核。采购发票审核后,自动生成红字回冲单和蓝字回冲单;红字回冲单和蓝字回冲单均属于特殊的采购入库单,其科目在[业务 2-1]中已完成设置。

【业务 2-18】 采购发票页面,如图 2-18-2 所示。

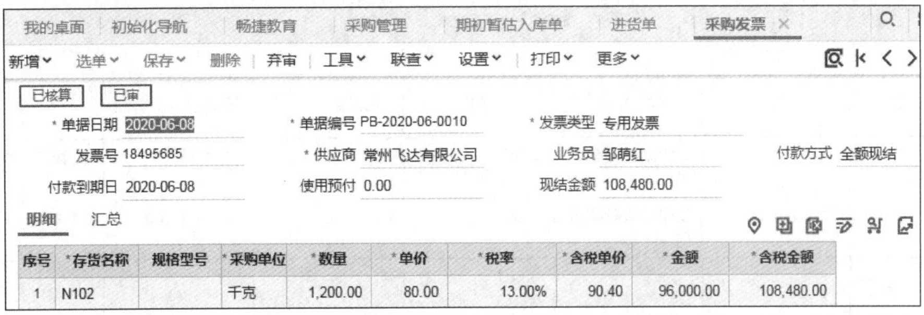

序号	*存货名称	规格型号	*采购单位	*数量	*单价	*税率	*含税单价	*金额	*含税金额
1	N102		千克	1,200.00	80.00	13.00%	90.40	96,000.00	108,480.00

图 2-18-2　[业务 2-18]采购发票页面

(3) 付款单审核。以出纳朱珊珊“10523340668”的身份于 2020-06-08 登录,“往来现金——单据”处单击“付款单”;已生成付款单定位后审核。

(4) 单据生凭证。以存货会计钱晓明“10516674727”的身份于 2020-06-08 登录,“总账——日常业务”处单击“单据生成凭证”;单据选择“红字回冲单”“蓝字回冲单”和“采购发票”并单击“下一步”;“选择查询条件”页面默认并单击“下一步”;查询结果页面,“红字回冲单”合并号改为“1”,“采购发票”和“蓝字回冲单”合并号均改为“2”(系统要求红字回冲单生成一张凭证,其他单据可以合并生成另一张凭证),查询结果页面单击“生成凭证”;红字回冲单生成回冲凭证,摘要默认,记账凭证进行保存;记账凭证页面选择下一张,附单据数改为“3”,摘要默认,银行存款科目确定其结算日期;选择现金流量项目“04”后确定;记账凭证进行保存。

【业务 2-18】 单到回冲上月暂估入材料凭证页面,如图 2-18-3 所示。

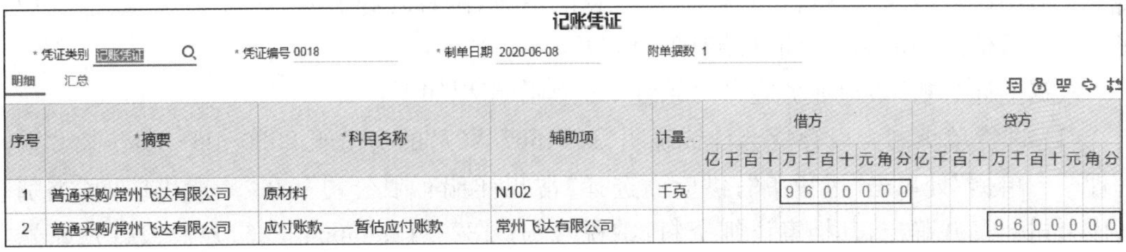

序号	*摘要	*科目名称	辅助项	计量...	借方	贷方
1	普通采购/常州飞达有限公司	原材料	N102	千克	9600000	
2	普通采购/常州飞达有限公司	应付账款——暂估应付账款	常州飞达有限公司			9600000

图 2-18-3　[业务 2-18]单到回冲上月暂估入材料凭证页面

【业务 2-18】 蓝字回冲单/采购发票等合并生成凭证页面,如图 2-18-4 所示。

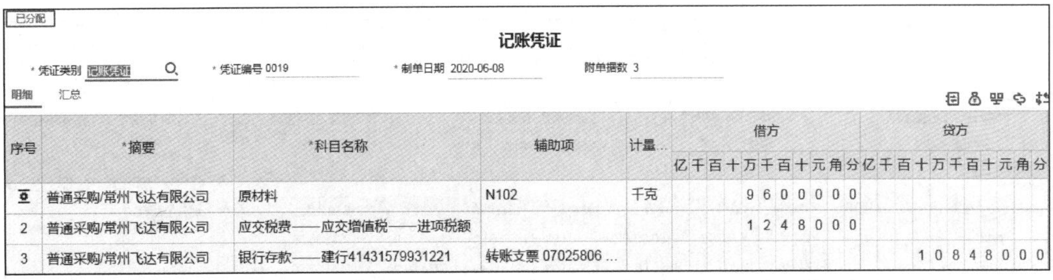

序号	*摘要	*科目名称	辅助项	计量...	借方	贷方
1	普通采购/常州飞达有限公司	原材料	N102	千克	9600000	
2	普通采购/常州飞达有限公司	应交税费——应交增值税——进项税额			1248000	
3	普通采购/常州飞达有限公司	银行存款——建行41431579931221	转账支票 07025806 ...			10848000

图 2-18-4　[业务 2-18]蓝字回冲单/采购发票等合并生成凭证页面

【业务 2-19】 6 月 30 日,取得原始凭证 1 张,业务经办人崔浩朴,如表 2-19-1 所示。

表 2-19-1

原材料暂估入账清单 No.43661

2020 年 06月 30日

材料名称	合同号	供货单位	数量	不含税合同单价	不含税合同金额	入库日期
M101	74180949	常州祥瑞有限公司	6770	50	338500.00	2020-06-30
N102	74180949	常州祥瑞有限公司	19000	80	1520000.00	2020-06-30

第二联 暂估联

编制：李本勇 审核：袁世民

上述原始凭证中:

表 2-19-1 是材料暂估入库清单,应作为月末暂估入账原材料的记账依据。该原始凭证注明,编制日期是“2020-6-30”,“材料名称”分别是 M101 和 N102,“供货单位”是常州祥瑞有限公司,“数量”分别是 6 770 千克和 19 000 千克,“合同金额”分别是 338 500.00 元和 1 520 000.00 元,“入库日期”是 2020-6-30。这表明由于料到票未到,公司应对从常州祥瑞有限公司购入的 6 770 千克 M101 材料及 19 000 千克 N102 材料按照合同金额进行暂估入账。在进行会计核算时,“合同金额”338 500.00 元和 1 520 000.00 元应分别记入“原材料——M101”科目和“原材料——N102”科目的借方,两者之和 1 858 500.00 元应记入“应付账款——暂估应付账款(常州祥瑞有限公司)”科目的贷方。

根据上述分析,该笔业务在 T+系统中的操作流程如下:

(1) 进货单填制。以存货会计钱晓明“10516674727”的身份于 2020-06-30 登录,“采购管理——单据”处单击“进货单”;供应商选择“常州祥瑞有限公司”(在“一般供应商”类别新增该公司档案并确定,其档案详细资料:纳税号为 913204113836640066,开户银行及账号为建行常州新北支行 41841286279100);业务员选择“崔浩朴”,付款方式选择“其他”,存货名称选择“M101”,数量录入“6 770”,其他项目数据默认;该单据保存后审核。

【业务 2-19】 进货单页面,如图 2-19-1 所示。

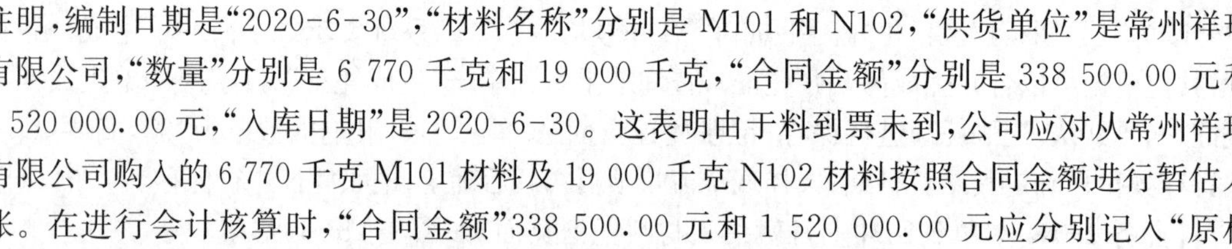

序号	*存货名称	规格型号	*采购单位	*数量	*单价	*税率%	*含税单价	*金额	*含税金额	现存量	现存量说明
1	M101		千克	6,770.00	50.00	13.00%	56.50	338,500.00	382,505.00		
2	N102		千克	19,000.00	80.00	13.00%	90.40	1,520,000.00	1,717,600.00		

图 2-19-1 [业务 2-19]进货单页面

（2）采购入库单生成。在已审的进货单页面，“生单”菜单单击“生采购入库单(普通采购)”；仓库选择“综合库”；该单据保存后审核。

【业务 2-19】 采购入库单页面，如图 2-19-2 所示。

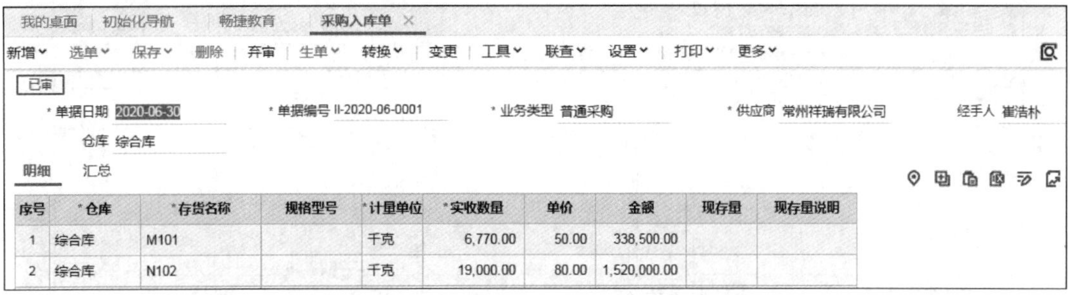

序号	*仓库	*存货名称	规格型号	*计量单位	*实收数量	单价	金额	现存量	现存量说明
1	综合库	M101		千克	6,770.00	50.00	338,500.00		
2	综合库	N102		千克	19,000.00	80.00	1,520,000.00		

图 2-19-2　[业务 2-19]采购入库单页面

（3）单据生凭证。“总账——日常业务”处单击“单据生成凭证”；单据选择“采购入库单”并单击“下一步”；“选择查询条件”页面默认并单击“下一步”；查询结果页面单击“生成凭证”；附单据数改为“69”；记账凭证进行保存。

【业务 2-19】 记账凭证页面，如图 2-19-3 所示。

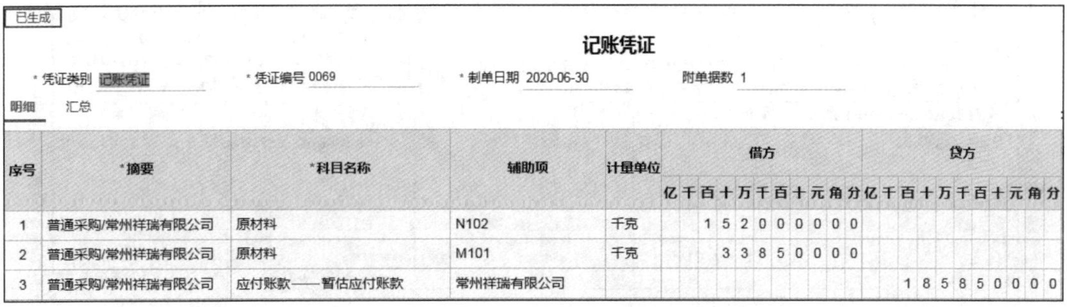

序号	*摘要	*科目名称	辅助项	计量单位	借方（亿千百十万千百十元角分）	贷方（亿千百十万千百十元角分）
1	普通采购/常州祥瑞有限公司	原材料	N102	千克	1 5 2 0 0 0 0 0 0	
2	普通采购/常州祥瑞有限公司	原材料	M101	千克	3 3 8 5 0 0 0 0	
3	普通采购/常州祥瑞有限公司	应付账款——暂估应付账款	常州祥瑞有限公司			1 8 5 8 5 0 0 0 0

图 2-19-3　[业务 2-19]记账凭证页面

需要说明的是，这个业务在实际操作中必须是序时完成。本教材为保证业务内容分类核算的完整性，材料暂估入库的业务提前到此处讲解，为保证业务的顺利核算，在财务选项中不勾选“凭证必须序时处理”。在操作教学中，应根据业务日期的先后顺序及生成凭证的序号次序，重新安排业务的实际次序，然后进行教学和练习。生成凭证的编号为 0069，是考虑本教材按业务发生的时间顺序确定的，如果该业务在此时完成，后续业务发生时，会导致凭证的顺序号发生混乱，需根据教材案例手工调整凭证实际序号。

（四）材料采购特殊业务

1. 合理损耗

【业务 2-20】 6 月 8 日，取得原始凭证 4 张，业务经办人崔浩朴，如表 2-20-1 至表 2-20-4所示。

表 2-20-1

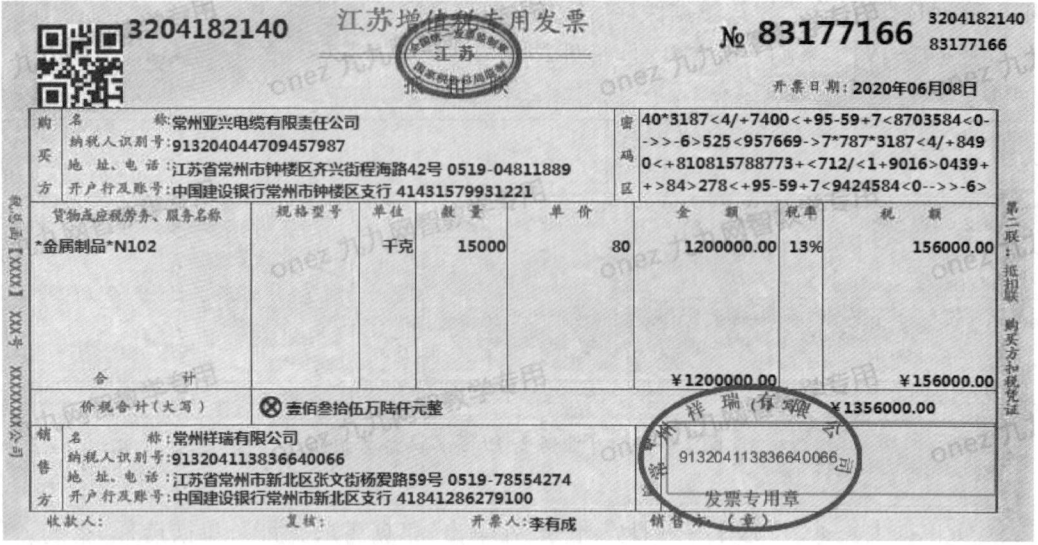

表 2-20-2

表 2-20-3

收料单

供应单位：常州祥瑞有限公司　　2020年06月08日　　编号 SL1260

材料编号	名称	单位	规格	数量		实际成本			
				应收	实收	单价	发票价格	运杂费	总价
310102	N102	千克		15000	14985				

备注：经查，短缺材料系合理损耗

收料人：孙民里　　　　　　　　　　　　　　　交料人：吴江华

表 2-20-4

上述原始凭证中：

表 2-20-1 是江苏增值税专用发票的第二联抵扣联，此联应作为购买方抵扣进项税额的依据。该抵扣联不能作为记账凭证的附件，专门用于在规定期限内到税务机关办理认证或在平台办理勾选确认，并在认证通过或勾选确认的次月申报期内，向主管税务机关申报抵扣进项税额。

表 2-20-2 是江苏增值税专用发票的第三联发票联，此联应作为购买方的记账依据。该原始凭证注明，"购买方"是本公司，"销售方"是常州祥瑞有限公司，"货物或应税劳务、服务名称"是 N102，这表明本公司从常州祥瑞有限公司购买了 N102 材料。

表 2-20-3 是收料单的第二联记账联，此联应作为收到材料的记账依据。该原始凭证注明，"供应单位"是常州祥瑞有限公司，"名称"是 N102，"应收数量"为 15 000 千克，"实收数量"为 14 985 千克，这表明本公司向常州祥瑞有限公司购买的材料 N102 还有 15 千克没有收到，经查是合理损耗。进行会计核算时，根据表 2-20-2 和表 2-20-3，"金额"1 200 000.00 元应记入"原材料——N102"科目的借方，"税额"192 000.00 元应记入"应交税费——应交增值税——进项税额"科目的借方。

表 2-20-4 是中国建设银行转账支票存根，此联应作为付款方结算支付货款的记账依据。该原始凭证注明，"付款行账号"是 41431579931221，"收款人"是常州祥瑞有限公司，"用途"是支付货款，这表明本公司已通过账号为 41431579931221 的基本户向常州祥瑞有限公司支付了货款。进行会计核算时，"金额"1 392 000.00 元应记入"银行存款——建行41431579931221"科目的贷方。

在 T+系统中，合理损耗需将损耗的金额分摊至入库存货的成本中，在进货单立账方式下，录入进货单，入库单选择进货单生成，录入实收数量(实际入库数量)和损耗数量，由于数量变少，金额不变，保存审核后单价自动提高；在发票立账模式下，录入进货单，入库单选择进货单生成，录入实收数量和损耗数量，其他不用处理；采购发票根据进货单生成，审核之后，采购入库单和采购发票自动结算其采购单位成本。

根据上述分析，该笔业务在 T+系统中的操作流程如下：

(1) 进货单填制。以存货会计钱晓明"10516674727"的身份于"2020-06-08"登录，"采购管理——单据"处单击"进货单"；供应商选择"常州祥瑞有限公司"，业务员选择"崔浩朴"，付款方式选择"全额现结",存货名称选择"N102",数量录入"15 000",单价录入"80";该单据保存后审核。

【业务2-20】 进货单录入页面,如图2-20-1所示。

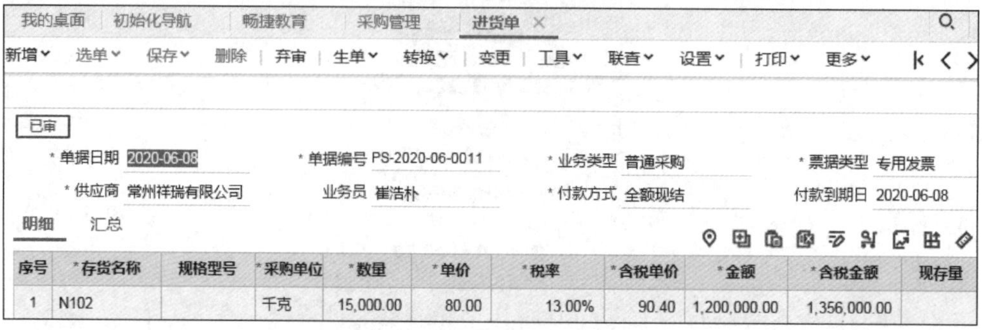

图2-20-1 [业务2-20]进货单录入页面

(2)采购入库单生成。在已审的进货单页面,"生单"菜单单击"生采购入库单(普通采购)";单据编号录入"SL1260",仓库选择"综合库",实收数量录入"14 985";该单据保存后审核。

【业务2-20】 采购入库单页面,如图2-20-2所示。

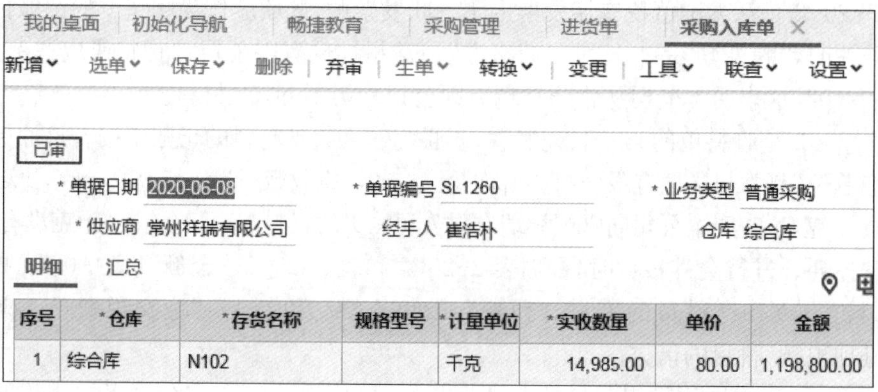

图2-20-2 [业务2-20]采购入库单页面

需要说明的是,合理损耗的数量在采购发票中列示,采购入库单只需录入材料实收数量。

(3)采购发票生成。"采购管理——单据"处单击"采购发票","设置"下拉菜单处单击"单据设置","明细"页签勾选"损耗数量"并进行确定;"选单"菜单单击"选进货单","常州祥瑞有限公司"2020-06-08的记录经查询、勾选后进行确定;损耗数量录入"15",发票号录入"83177166",在现结金额细项中结算方式选择"转账支票",票据号录入"07025807"后进行确定;该单据保存后审核。

【业务2-20】 采购发票页面,如图2-20-3所示。

(4)付款单审核。以出纳朱珊珊"10523340668"的身份于2020-06-08登录,"往来现金——单据"处单击"付款单";已生成付款单定位后进行审核。

(5)单据生凭证。以存货会计钱晓明"10516674727"的身份于2020-06-08登录,"总账——日常业务"处单击"单据生成凭证";单据选择"采购入库单"和"采购发票"后单击"下一

我的桌面 | 初始化导航 | 畅捷教育 | 采购管理 | 进货单 | 采购发票 ×

新增 | 选单 | 保存 | 删除 | 弃审 | 工具 | 联查 | 设置 | 打印 | 更多

已核算　已审

* 单据日期 2020-06-08　* 单据编号 PB-2020-06-0011　* 发票类型 专用发票　发票号 83177166

* 供应商 常州祥瑞有限公司　业务员 崔浩朴　付款方式 全额现结　付款到期日 2020-06-08

使用预付 0.00　现结金额 1,356,000.00

明细　汇总

序号	*存货名称	规格型号	*采购单位	*数量	损耗数量	*单价	*税率	*含税单价	*金额	*含税金额
1	N102		千克	15,000.00	15.00	80.00	13.00%	90.40	1,200,000.00	1,356,000.00

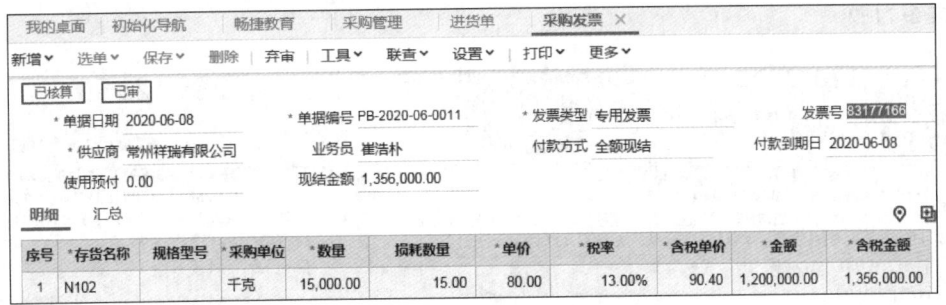

图 2-20-3　[业务 2-20]采购发票页面

步";"选择查询条件"页面默认并单击"下一步";查询结果页面单击"生成凭证";凭证编号改为"20",附单据数改为"3","银行存款"科目需确定结算日期;现金流量项目选择"04"并确定;记账凭证进行保存。

【业务 2-20】　记账凭证页面,如图 2-20-4 所示。

已分配

记账凭证

* 凭证类别 记账凭证　* 凭证编号 0020　* 制单日期 2020-06-08　附单据数 3

明细　汇总

序号	*摘要	*科目名称	辅助项	计量...	借方	贷方
					亿千百十万千百十元角分	亿千百十万千百十元角分
	普通采购/常州祥瑞有限公司	原材料	N102	千克	120000000	
2	普通采购/常州祥瑞有限公司	应交税费——应交增值税——进项税额			15600000	
3	普通采购/常州祥瑞有限公司	银行存款——建行41431579931221	转账支票 07025807 ...			135600000

图 2-20-4　[业务 2-20]记账凭证页面

2. 与供应商相关的采购特殊业务

【业务 2-21】　6 月 10 日,取得原始凭证 4 张,业务经办人邹萌红,如表 2-21-1 至表 2-21-4 所示。

表 2-21-1

3204184140　江苏增值税专用发票　№ 28062359　3204184140 28062359

销项负数　抵扣联　开票日期:2020年06月10日

购买方	
名　　称	常州亚兴电缆有限责任公司
纳税人识别号	913204044709457987
地址、电话	江苏省常州市钟楼区齐兴街程海路42号 0519-04811889
开户行及账号	中国建设银行常州市钟楼区支行 41431579931221

密码区:84*3187<4/+3645<+95-59+7<2070866<0-->>-6>525<774061->7*787*3187<4/+8490<+177992550361+<712/<1+9016>6059++>84>767<+95-59+7<4995086<0-->>-6>

货物或应税劳务、服务名称	规格型号	单位	数量	单价	金额	税率	税额
*金属制品*N102		千克	-500	80	-40000.00	13%	-5200.00
合　计					¥-40000.00		¥-5200.00
价税合计(大写)	⊗(负数)肆万伍仟贰佰元整				(小写)¥-45200.00		

销售方	
名　　称	常州奇志有限公司
纳税人识别号	913204118762100258
地址、电话	江苏省常州市新北区李东街柳玉路10号 0519-57925417
开户行及账号	中国建设银行常州市新北区支行 41408267646708

收款人:　复核:　开票人:赵金广　销售方:(章)

第二联:抵扣联　购买方扣税凭证

表 2-21-2

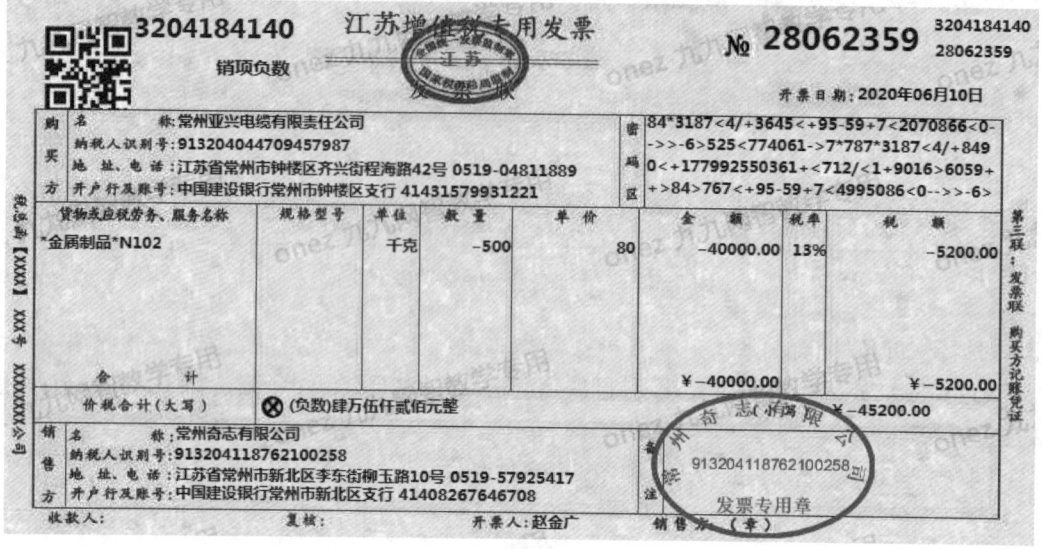

表 2-21-3

领 料 单

领料部门：采购部门
用　途：采购退货
2020年06月10日
编号 LL6224

材料编号	名称	规格	计量单位	请领数量	实发数量	备注
310102	N102		千克	500	500	以前月份购入本月退货

领料人：邹萌红　　　　发料人：孙民里

表 2-21-4

中国建设银行 进账单（收账通知） 3

2020年 06月 10日

出票人	全称	常州奇志有限公司	收款人	全称	常州亚兴电缆有限责任公司
	账号	41408267646708		账号	41431579931221
	开户银行	中国建设银行常州市新北区支行		开户银行	中国建设银行常州市钟楼区支行

金额 人民币（大写）肆万伍仟贰佰元整　　￥45200.00

票据种类 转账支票　　票据张数 1

票据号码 1050182589388448

2020-06-10 办讫（01）

复核　　记账　　　　开户银行签章

上述原始凭证中：

表 2-21-1 是江苏增值税专用发票的第二联抵扣联，此联应作为购买方进项税额转出的依据。该抵扣联不能作为记账凭证的附件，专门用于在规定期限内到税务机关办理认证或在平台办理勾选确认，并在认证通过或勾选确认的次月申报期内，向主管税务机关申报进项税额转出。

表 2-21-2 是江苏增值税专用发票的第三联发票联，此联应作为购买方的记账依据。该原始凭证注明，"购买方"是本公司，"销售方"是常州奇志有限公司，"货物或应税劳务、服务名称"是 N102，"数量"是－500 千克，这表明本公司向常州奇志有限公司退回以前采购的 N102 材料 500 千克，单价 80 元。

表 2-21-3 是收料单的第二联记账联，此联应作为以前采购本月退料的记账依据。该原始凭证注明，"供应单位"是常州奇志有限公司，"名称"是 N102，"数量实收"和"数量应收"均为－500 千克，这表明本公司向常州奇志有限公司以前购买入库的 N102 材料 500 千克退回。进行会计核算时，根据表 2-21-2 和表 2-21-3，"金额"－40 000.00 元记入"原材料——N102"科目的借方，"税额"－6 400.00 元记入"应交税费——应交增值税——进项税额转出"科目的贷方（金额改为正数）。

表 2-21-4 是中国建设银行进账单的第三联收账通知联，此联应作为收款方收到货款的记账依据。该原始凭证注明，"出票人"是常州奇志有限公司，"收款人"是本公司，"收款人账号"是 41431579931221，"金额"是 46 800.00 元，结合表 2-21-2，这表明本公司账号为 41431579931221 的基本户已收到了常州奇志有限公司退回的货款 46 800.00 元。进行会计核算时，"金额"46 400.00 元记入"银行存款——建行 41431579931221"科目的借方。

根据上述分析，该笔业务在 T＋系统中的操作流程如下：

(1) 退货单填制。以存货会计钱晓明"10516674727"的身份于"2020-06-10"登录，"采购管理——单据"处单击"进货单"；业务类型选择"采购退货"，供应商选择"常州奇志有限公司"（在一般供应商类别中新增供应商档案且其性质为"客户/供应商"），业务员选择"邹萌红"，存货名称选择"N102"，数量录入"－500"，单价录入"80"；该单据保存后审核。

【业务 2-21】 进货单录入页面，如图 2-21-1 所示。

图 2-21-1 ［业务 2-21］进货单录入页面

(2) 采购入库单(采购退货)生成。在已审核进货单(采购退货)页面，"生单"菜单单击

"生成采购入库单(采购退货)";单据编号录入"LL6224",仓库选择"综合库";该单据保存后审核。

【业务 2-21】 采购入库单页面,如图 2-21-2 所示。

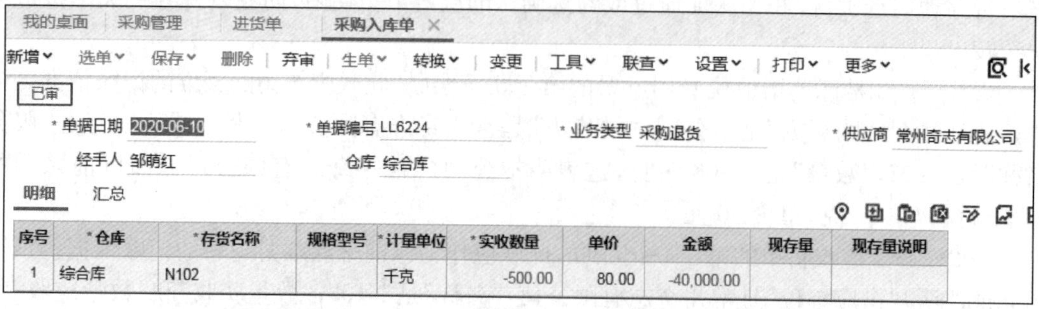

图 2-21-2 [业务 2-21]采购入库单页面

（3）采购发票生成。已审核进货单(采购退货)页面,"生单"菜单单击"生成采购发票(采购退货)";发票号录入"28062359";该单据保存后审核。

【业务 2-21】 采购发票页面,如图 2-21-3 所示。

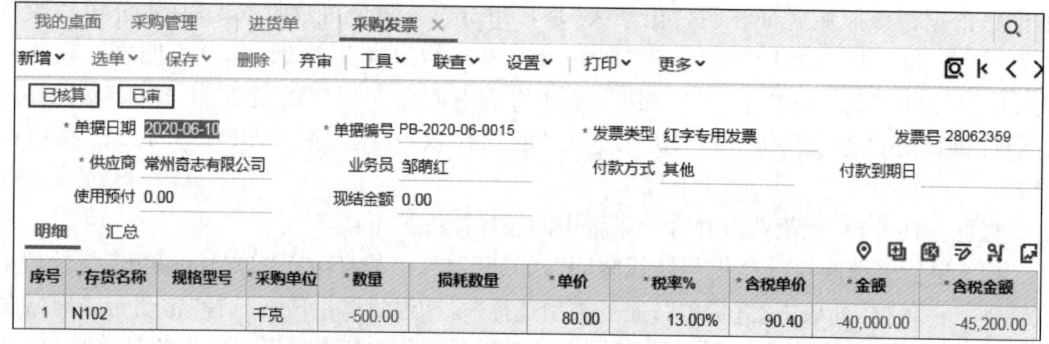

图 2-21-3 [业务 2-21]采购发票页面

需要说明的是,在采购发票上进行退货款的结算,最终记入银行日记账的数据,会导致总账与日记账、银行对账单与日记账核对不符。因此,发生各种采购退款业务时,应由出纳在收款单中进行处理。

（4）收款单填制。以出纳朱珊珊"10523340668"的身份于 2020-06-10 登录,"往来现金——单据"处单击"收款单";客户选择"常州奇志有限公司"(若无法选择该公司,则在基础设置——基本信息——往来单位中,将该公司性质改为"客户/供应商"),部门选择"采购部",业务员选择"邹萌红",类型自动跳至"直接收款",结算方式选择"转账支票",金额录入"45 200",票号录入"89388448";该单据保存后审核。

收款单页面,如图 2-21-4 所示。

需要说明的是：

① 常州奇志有限公司虽然是供应商,传统上往往填制的是付款单,但基于银行对账的要求,凡是本公司收款业务,必须填制收款单。因此,该单位的性质应设为"客户/供应商"。

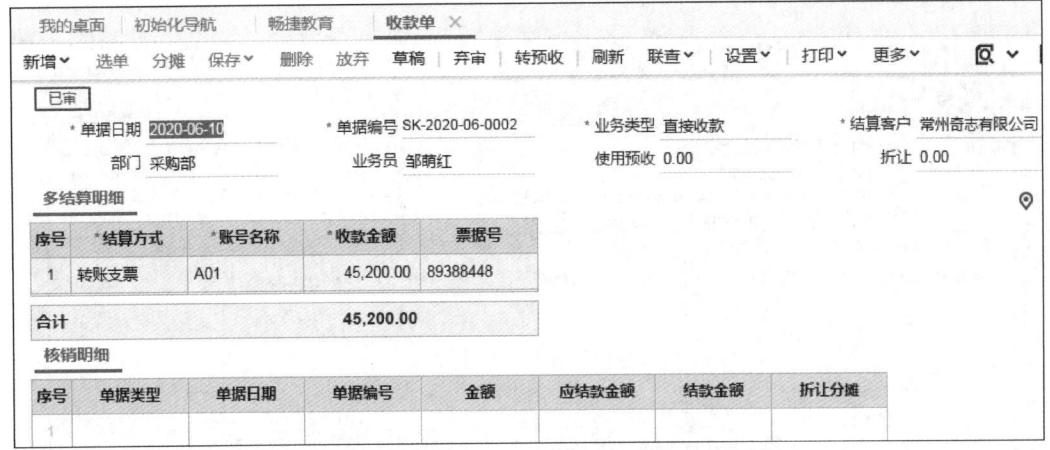

图 2-21-4 收款单页面

② 对于收款单的业务类型,有普通收款、预收款和直接收款三种。其中,普通收款适用于收款的同时核销已有的应收款项的收款业务;预收款适用于预收货款业务;直接收款适用于除了普通收款和预收款业务的其他收款业务。作为供应商,无法在收款单中对预付账款进行普通核销处理,因此,收款单业务类型采用了直接收款。

(5)科目设置。收款单上的单位属于一般供应商,应收科目中"一般供应商"单位类别的入账科目为"220202";其流程为:以存货会计钱晓明"11207"的身份于 2020-06-10 登录,"总账——日常业务"处单击"科目设置";应收科目扩展栏单击"设置",应收科目扩展设置页面增行,单位类别选择"一般供应商",科目选择"220202",应收科目扩展设置页面保存并退出。

(6)单据生凭证。"总账——日常业务"处单击"单据生成凭证";单据选择"采购入库单""采购发票""收款单"并单击"下一步";"选择查询条件"页面默认并单击"下一步";查询结果页面单击"生成凭证";附单据数及摘要均默认,科目"2220101"改为"2220108",该科目方向改为贷方,该科目金额改为"5 200.00","银行存款"科目需确定结算日期,现金流量项目选择"04",流量项目金额改为"-45 200"后进行确定;记账凭证进行保存。

【业务 2-21】 记账凭证页面,如图 2-21-5 所示。

图 2-21-5 [业务 2-21]记账凭证页面

【业务 2-22】 6 月 10 日,取得原始凭证 2 张,业务经办人崔浩朴,如表 2-22-1 和表 2-22-2 所示。

表 2-22-1

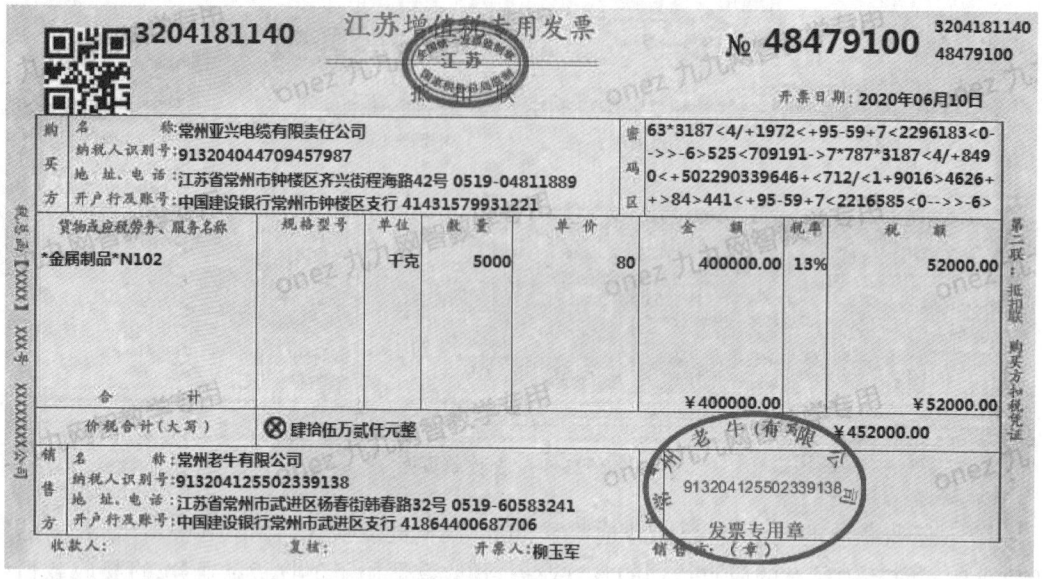

表 2-22-2

上述原始凭证中：

表 2-22-1 是江苏增值税专用发票的第二联抵扣联，此联应作为购买方抵扣进项税额的依据。该抵扣联不能作为记账凭证的附件，专门用于在规定期限内到税务机关办理认证或在平台办理勾选确认，并在认证通过或勾选确认的次月申报期内，向主管税务机关申报抵扣进项税额。

表 2-22-2 是江苏增值税专用发票的第三联发票联，此联应作为购买方的记账依据。该原始凭证注明，"购买方"是本公司，"销售方"是常州老牛有限公司，"货物或应税劳务、服务名称"是 N102，这表明本公司从常州老牛有限公司购买了材料 N102。经查询常州老牛有限

公司无期初余额数据,也无以前发生业务数据,进行会计核算时,金额"400 000.00"应记入"在途物资"科目的借方,税额"52 000.00"应记入"应交税费——应交增值税——进项税额"科目的借方,价税合计"452 000.00"应记入"应付账款——供应商——常州老牛有限公司"科目的贷方。

根据上述分析,该笔业务在T+系统中的操作流程如下:

(1) 进货单填制。以存货会计钱晓明"10516674727"的身份于2020-06-10登录,"采购管理——单据"处单击"进货单",供应商选择"常州老牛有限公司"(在一般供应商类别中新增该公司档案并单击"确定"),业务员选择"崔浩朴",付款方式选择"其他",存货名称选择"N102",数量录入"5 000",单价录入"80";该单据保存后审核。

【业务2-22】 进货单页面,如图2-22-1所示。

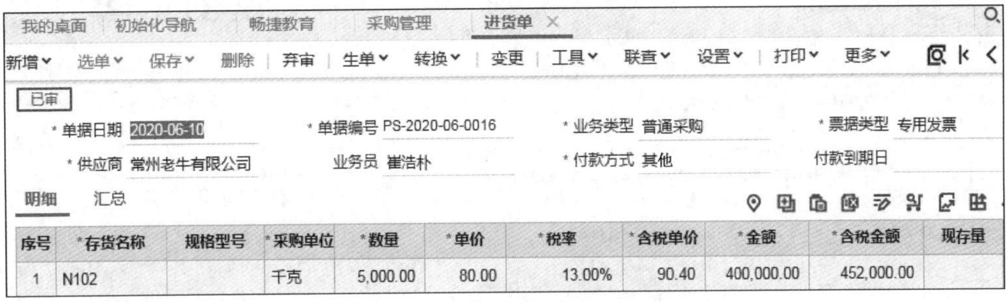

图2-22-1 [业务2-22]进货单页面

(2) 采购发票生成。在已审的进货单页面,"生单"下拉菜单单击"生成采购发票(普通采购)";发票号录入"48479100";该单据保存后审核。

【业务2-22】 采购发票页面,如图2-22-2所示。

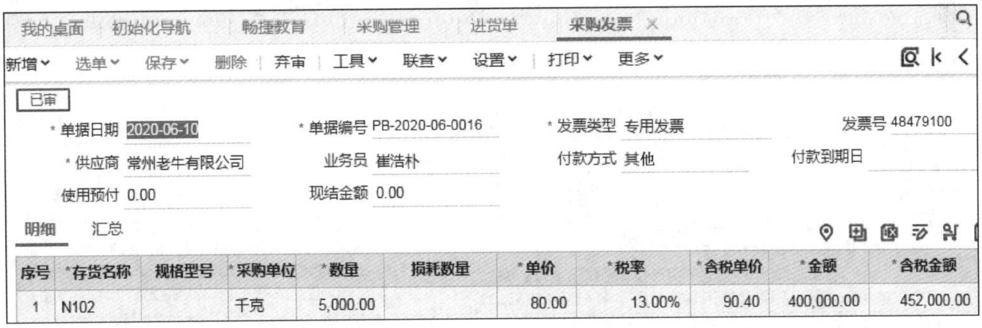

图2-22-2 [业务2-22]采购发票页面

(3) 单据生凭证。"总账——日常业务"处单击"单据生成凭证";单据选择"采购发票"并单击"下一步";"选择查询条件"页面默认并单击"下一步";查询结果页面单击"生成凭证";摘要默认,记账凭证进行保存按钮。

【业务2-22】 记账凭证页面,如图2-22-3所示。

【业务2-23】 6月11日,取得原始凭证3张,业务经办人崔浩朴,如表2-23-1至表2-23-3所示。

记账凭证

序号	*摘要	*科目名称	辅助项	借方	贷方
1	普通采购/常州老牛有限公司	在途物资		40000000	
2	普通采购/常州老牛有限公司	应交税费——应交增值税——进项税额		5200000	
3	普通采购/常州老牛有限公司	应付账款——供应商	常州老牛有限公司		45200000

图 2-22-3 [业务 2-22]记账凭证页面

表 2-23-1

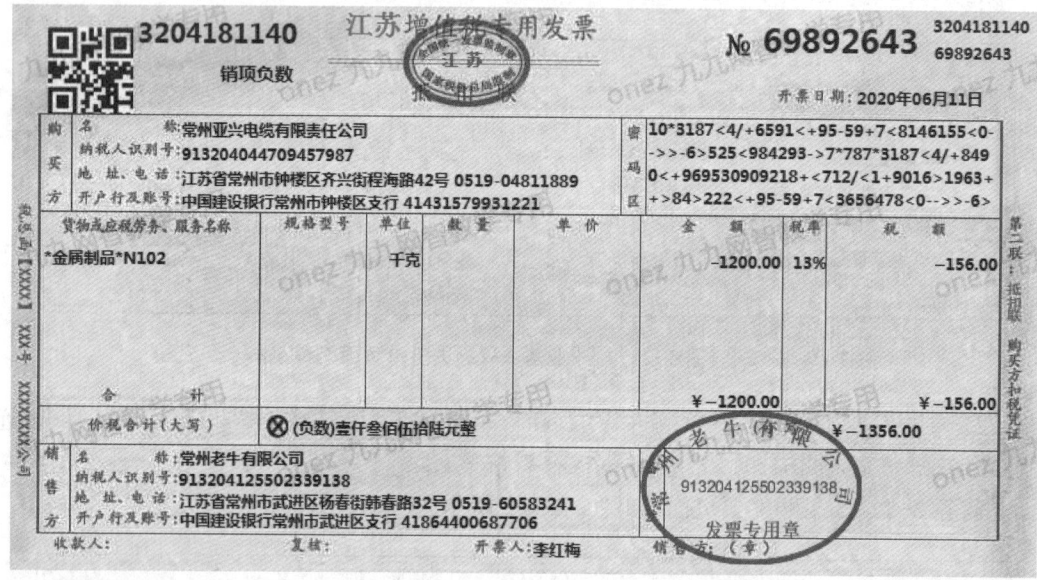

表 2-23-2

表 2-23-3

收 料 单

供应单位：常州老牛有限公司　　　　　　　2020 年 06 月 10 日　　　　　　　　　编号 SL1264

材料编号	名　称	单位	规　格	数　量		单　价	实际成本		
				应收	实收		发票价格	运杂费	总价
310102	N102	千克		5000	5000				

备注：　　　　　　收料人：孙民里　　　　　　　　　　　　交料人：王云

第二联记账联

上述原始凭证中：

表 2-23-1 是江苏增值税专用发票的第二联抵扣联，此联应作为购买方进项税额转出的依据。该抵扣联不能作为记账凭证的附件，专门用于在规定期限内到税务机关办理认证或在平台办理勾选确认，并在认证通过或勾选确认的次月申报期内，向主管税务机关申报进项税额转出。

表 2-23-2 是江苏增值税专用发票的第三联发票联，此联应作为购买方的记账依据。该原始凭证注明，"购买方"是本公司，"销售方"是常州老牛有限公司，"货物或应税劳务、服务名称"是 N102，"金额"为－1 200.00 元，"税额"为－156.00 元，没有数量记录，这表明本公司在[业务 2-22]中向常州老牛有限公司采购的 N102 材料同意折让 1 200.00 元，对方开出负数增值税专用发票。进行会计核算时，"金额"－1 200.00 元记入"在途物资"科目的借方，"税额"－156.00 元记入"应交税费——应交增值税——进项税额转出"科目的贷方（金额改为 156.00），"价税合计"－1 356.00 元记入"应付账款——供应商——常州老牛有限公司"科目的贷方（冲减[业务 2-22]的应付账款）。

表 2-23-3 是收料单的第二联记账联，此联应作为收到材料的记账依据。该原始凭证注明，"供应单位"是常州老牛有限公司，"名称"是 N102，"数量应收"和"数量实收"均为 5 000 千克，这表明本公司向常州老牛有限公司购买的 N102 已经全部验收入库。进行会计核算时，根据表 2-22-2 和表 2-22-3，"金额"400 000.00 元分别记入"原材料——N102"科目的借方和"在途物资"科目的贷方。

根据上述分析，该笔业务在 T＋系统中的操作流程如下：

（1）采购入库单生成。以存货会计钱晓明"11207"的身份于 2020-06-11 登录，"采购管理——单据"处单击"进货单"，在[业务 2-22]已审进货单页面，"生单"菜单单击"采购入库单（普通采购）"。单据日期改为"2020-06-10"，单据编号录入"SL1264"，仓库选择"综合库"；该单据保存后审核。

【业务 2-23】 采购入库单页面，如图 2-23-1 所示。

（2）费用单填制。以出纳朱珊珊"10523340668"的身份于 2020-06-11 登录，"往来现金——单据"处单击"费用单"，业务类型默认为往来费用，票据类型选择"专用发票"，往来单位选择"常州老牛有限公司"，部门选择"采购部"，业务员选择"崔浩朴"，费用名称（通过"🔍"图标选择，在采购运输及杂项费中新增采购费用项目）选择"采购折让"，金额录入"－1 200"；该单据保存后审核。

图 2-23-1 [业务 2-23]采购入库单页面

采购折让费用的新增,如图 2-23-2 所示。

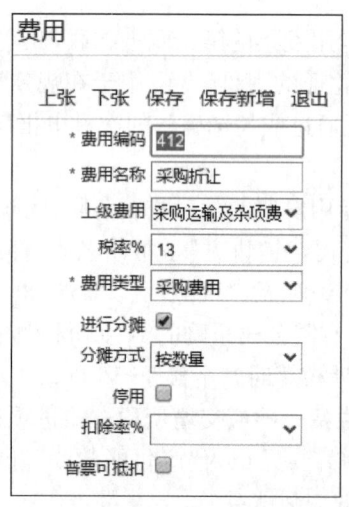

图 2-23-2 采购折让费用的新增

【业务 2-23】 费用单页面,如图 2-23-2 所示。

图 2-23-3 [业务 2-23]费用单页面

(3) 费用分摊单填制。以存货会计钱晓明"10516674727"的身份于 2020-06-11 登录,"采购管理"——"相关单据"处单击"费用分摊单","常州老牛有限公司"记录经查询、勾选后确定;"选单"菜单单击"选采购入库单""常州老牛有限公司"记录经查询、勾选后确定;部门/业务员分别选择"采购部""崔浩朴",分摊方式选择"按费用档案";该单据进行分摊后保存。

采购折让费用分摊单,如图 2-23-4 所示。

图 2-23-4　采购折让费用分摊单

(4) 科目设置及单据生凭证。费用单中常州老牛有限公司属于一般供应商类别，在其他应付科目扩展设置中增行选择单位类别"一般供应商"，录入入账科目为"应付账款——供应商"。生成凭证流程："总账——日常业务"处单击"单据生成凭证"；单据选择"采购入库单"和"费用单"并单击"下一步"；"选择查询条件"页面默认并单击"下一步"；查询结果页面单击"生成凭证"；根据提示在科目设置——其他应付科目扩展设置页面中新增一行，单位类别选择"一般供应商"，入账科目选择"220202"，其页面保存并退出；查询结果页面刷新后单击"生成凭证"；科目"22210101"改为"22210108"，该科目方向改贷方，该科目金额改为正数金额；记账凭证进行保存。

【业务 2-23】　记账凭证页面，如图 2-23-5 所示。

序号	摘要	科目名称	辅助项	计量	借方	贷方
1	普通采购/常州老牛有限公司	原材料	N102	千克	398800 00	
2	往来费用	应交税费——应交增值税——进项税额转出				1560 0
3	普通采购/常州老牛有限公司	在途物资			400000 00	
4	往来费用	应付账款——供应商	常州老牛有限公司			13560 0

图 2-23-5　[业务 2-23]记账凭证页面

需要说明的是，采购折让填制费用单的方法是有限制条件的，如果在填制费用单之前，采购入库单已经入账，则该方法无法使用，这时需要填制"入库调整单"进行处理。

因管理不善造成货物被盗窃、发生霉烂变质等而造成的非合理损耗，其购进货物的进项税额不得从销项税额中抵扣，应作进项税转出处理。在采购时可以按以下流程处理：

① 在"采购管理"中录入"进货单"再流转生成"采购入库单"（全部应收数量入库）。

② 在"基础设置"—"业务类型"中增加"非合理损耗出库"这一类型。

③ 在库存核算中新增一张"其他出库单"（记录损耗数量），业务类型选择"非合理损耗出库"，科目设置为"待处理财产损溢——待处理流动资产损溢"。

④ 将①和③两个流程的单据合并生成凭证并予以调整。后续根据调整原因进行处理，处理结果的会计核算在总账中填制凭证完成。

(五) 其他方式取得材料业务

【业务 2-24】 6 月 11 日，取得原始凭证 4 张，业务经办人崔浩朴，如表 2-24-1 至表 2-24-4 所示。

表 2-24-1

表 2-24-2

上述原始凭证中：

表 2-24-1 是江苏增值税专用发票的第二联抵扣联，此联应作为购买方抵扣进项税额的依据。该抵扣联不能作为记账凭证的附件，专门用于在规定期限内到税务机关办理认证或在平台办理勾选确认，并在认证通过或勾选确认的次月申报期内，向主管税务机关申报抵扣进项税额。

表 2-24-3

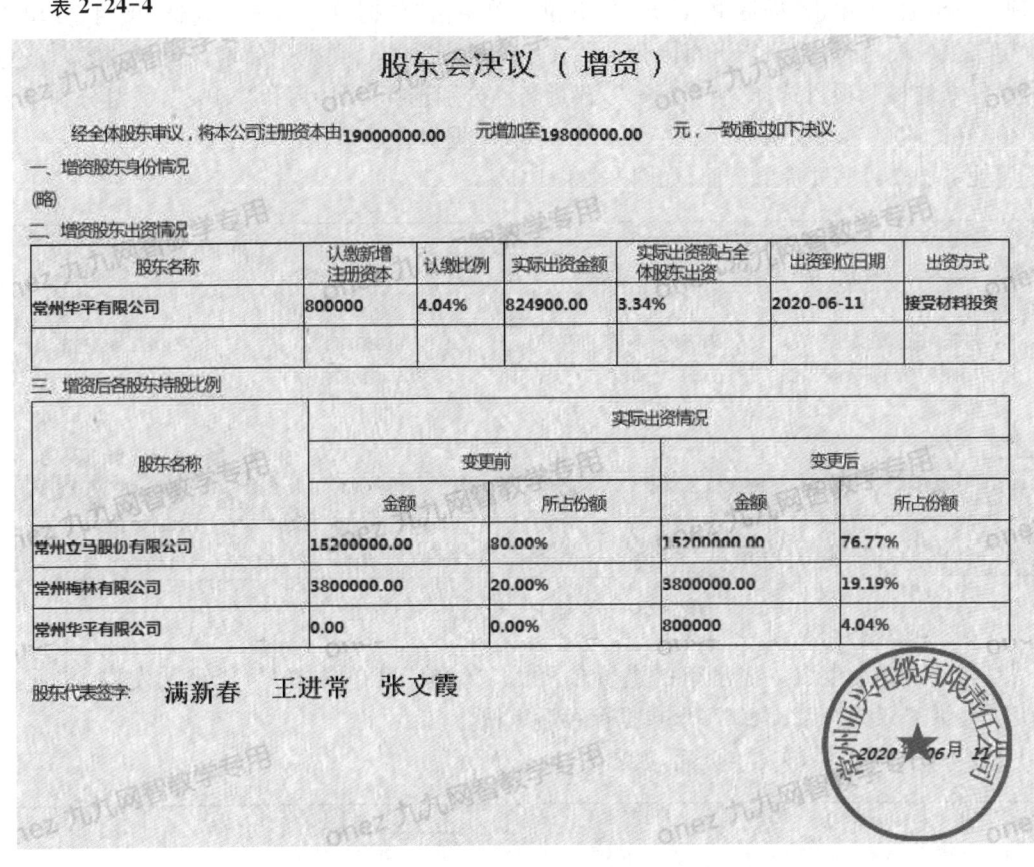

表 2-24-4

表 2-24-2 是江苏增值税专用发票的第三联发票联，此联应作为购买方的记账依据。该原始凭证注明，"购买方"是本公司，"销售方"是常州华平有限公司，"货物或应税劳务、服务名称"是 M101 和 N102，这表明本公司从常州华平有限公司采购了材料 M101 和 N102。

表 2-24-3 是收料单的第二联记账联，此联应作为收到材料的记账依据。该原始凭证注明，"供应单位"是常州华平有限公司，"名称"是 M101，"数量应收"和"数量实收"均为 5 000 千克；"名称"是 N102，"数量应收"和"数量实收"均为 6 000 千克，这表明本公司向常州华平有限公司购买的材料 M101 和 N102 已经全部验收入库。进行会计核算时，根据表 2-24-2 和表 2-24-3，"金额"250 000.00 元和 480 000.00 元分别记入"原材料——M101"和"原材

料——N102”科目的借方,“税额合计”94 900.00 元记入“应交税费——应交增值税——进项税额”科目的借方。

表 2-24-4 是股东会决议,此联应作为接受投资的记账依据。该原始凭证注明,“股东名称”为常州华平有限公司,“认缴新增注册资本”为 800 000.00 元,“认缴比例”为 4.04%,“实际出资额”为 824 900.00 元,这表明本公司接受常州华平有限公司的材料投资,实收资本金额为 800 000.00 元,占本公司注册资本的 4.04%。进行会计核算时,“认缴新增注册资本”800 000.00 元记入“实收资本——常州华平有限公司”科目的贷方,“实际出资额”与“认缴新增注册资本”之差 24 900.00 元记入“资本公积——资本溢价”科目的贷方。

根据上述分析,该笔业务在 T+系统中的操作流程如下:

(1) 进货单填制。以存货会计钱晓明“10516674727”的身份于 2020-06-11 登录,“采购管理——单据”处单击“进货单”,“设置”下拉菜单单击“单据设置”,表头勾选“项目”并单击“确定”;供应商选择“常州华平有限公司”(在单位类别“股东”类别中新增该公司档案),业务员选择“崔浩朴”,项目选择“接受投资”,存货名称分别选择“M101”和“N102”,数量分别录入“5 000”和“6 000”,单价分别录入“50”和“80”,该单据保存后审核。

【业务 2-24】 进货单页面,如图 2-24-1 所示。

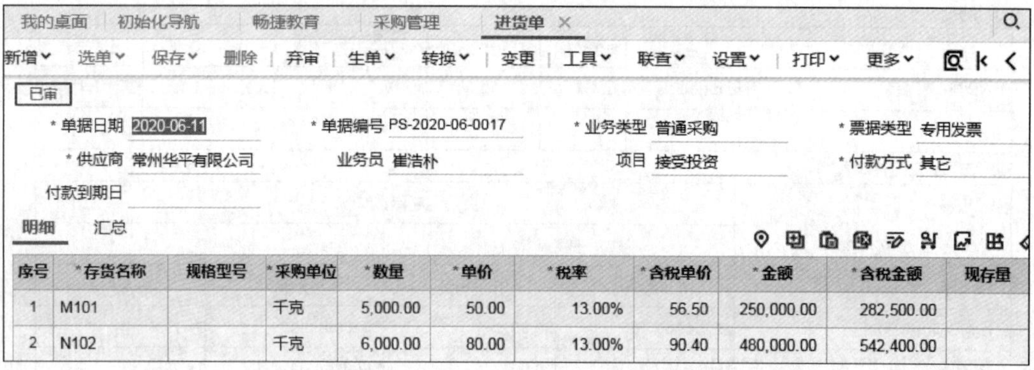

序号	*存货名称	规格型号	*采购单位	*数量	*单价	*税率	*含税单价	*金额	*含税金额	现存量
1	M101		千克	5,000.00	50.00	13.00%	56.50	250,000.00	282,500.00	
2	N102		千克	6,000.00	80.00	13.00%	90.40	480,000.00	542,400.00	

图 2-24-1 [业务 2-24]进货单页面

(2) 采购发票生成。在已审的进货单页面,“生单”菜单单击“生成采购发票(普通采购)”。发票号录入“57288486”;该单据保存后审核。

【业务 2-24】 采购发票页面,如图 2-24-2 所示。

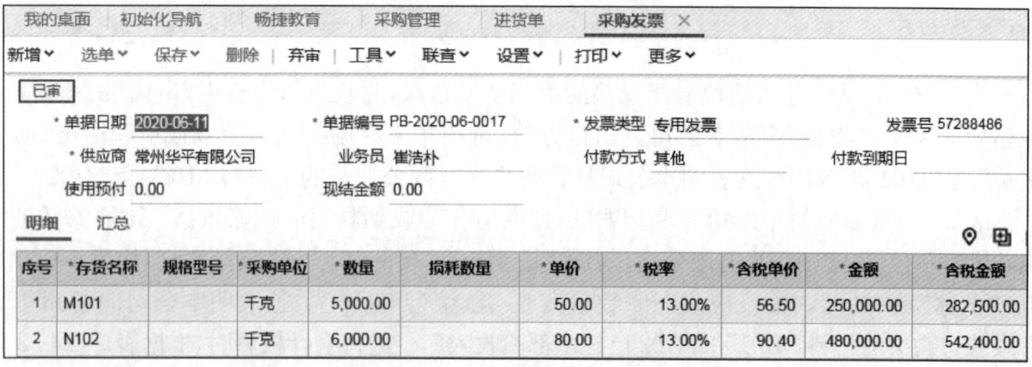

序号	*存货名称	规格型号	*采购单位	*数量	损耗数量	*单价	*税率	*含税单价	*金额	*含税金额
1	M101		千克	5,000.00		50.00	13.00%	56.50	250,000.00	282,500.00
2	N102		千克	6,000.00		80.00	13.00%	90.40	480,000.00	542,400.00

图 2-24-2 [业务 2-24]采购发票页面

需要说明的是,进货单上已有项目会自动传递给后续业务单据。

(3) 采购入库单生成。在已审的进货单页面,“生单”菜单单击“生采购入库单(普通采购)”;单据编号录入“SL1265”,仓库选择“综合库”;该单据保存后审核。

【业务 2-24】 采购入库单页面,如图 2-24-3 所示。

我的桌面　初始化导航　畅捷教育　采购管理　进货单　采购入库单 ×

新增　选单　保存　删除　弃审　生单　转换　变更　工具　联查　设置　打印　更多

已审　已核算

*单据日期 2020-06-11　*单据编号 SL1265　*业务类型 普通采购　*供应商 常州华平有限公司

经手人 崔浩朴　仓库 综合库

明细　汇总

序号	*仓库	*存货名称	规格型号	*计量单位	*实收数量	单价	金额	现存量	现存量说明
1	综合库	M101		千克	5,000.00	50.00	250,000.00		
2	综合库	N102		千克	6,000.00	80.00	480,000.00		

图 2-24-3　[业务 2-24]采购入库单页面

(4) 科目设置与单据生凭证。常州华平有限公司为公司股东,应付科目的入账科目为“实收资本”;具体流程为:“总账——日常业务”处单击“单据生成凭证”;单据选择“采购入库单”和“采购发票”并单击“下一步”;“选择查询条件”页面默认并单击“下一步”;查询结果页面单击“生成凭证”;根据提示进行科目设置,即应付科目扩展设置增加一行,单位类别选择“股东”,项目选择“接受投资”(项目可通过选项设置勾选得到),入账科目录入“4001”,该页面保存;查询结果页面刷新并单击“生成凭证”;附单据数改为“3”,“实收资本”科目贷方金额改为“800 000”,实收资本下面一行,贷方科目录入“资本公积——资本溢价”,贷方金额自动生成;记账凭证进行保存。

【业务 2-24】 记账凭证页面,如图 2-24-4 所示。

记账凭证

*凭证类别 记账凭证　*凭证编号 0024　*制单日期 2020-06-11　附单据数 3

明细　汇总

序号	*摘要	*科目名称	辅助项	计量	借方(亿千百十万千百十元角分)	贷方(亿千百十万千百十元角分)
1	普通采购/常州华平有限公司	原材料	N102	千克	48000000	
2	普通采购/常州华平有限公司	原材料	M101	千克	25000000	
3	普通采购/常州华平有限公司	应交税费——应交增值税——进项税额			9490000	
4	普通采购/常州华平有限公司	实收资本	常州华平有限公司			80000000
5	普通采购/常州华平有限公司	资本公积——资本溢价				2490000

图 2-24-4　[业务 2-24]记账凭证页面

二、委托加工物资业务

【业务 2-25】 6 月 11 日,取得原始凭证 5 张,业务经办人崔浩朴,如表 2-25-1 至表 2-25-5 所示。

表 2-25-1　　　　　　　　　　　（此为复印件）

委托加工协议书

甲方（委托方）常州亚兴电缆有限责任公司　　　乙方（受托方）常州红锦有限公司

甲、乙双方在平等互利自愿的基础上 经协商，就甲方用 12000千克WH01 委托乙方加工生产 800件WS01 事宜，达成如下协议：

一、甲方责任：
1、甲方负责提供委托加工产品技术和质量文件，包括生产工艺、质量控制、质量标准、包装要求等。
2、甲方在 2020-06-11 负责向乙方提供委托加工产品所需的全部材料，并向乙方提供相关的技术支持。
3、甲方有权对乙方的生产标准、产品质量进行检查监督，并提出意见和建议。
4、甲方按照甲乙双方确定的标准进行验收货品。

二、乙方责任：
1、乙方负责按照甲方提供的产品质量标准，提供合格的产品，并负责生产过程及质量控制。
2、乙方不得将产品授权第三方代为加工。
3、乙方所加工生产甲方委托之产品，不得自行加工销售，不得利用甲方产品技术自行进行同类产品研发。

三、加工费及付款方式：
1、加工费每件 121.48 元，含税总金额 97180.00 元，乙方应开 增值税专用发票 给甲方。
2、加工费等款项结算采用银行转账，甲方收到货物 1 天之内应付完所有的费用。

四、其他：
1、本协议未尽事宜，由双方协商解决，协商不成任何一方可向合协议履行地人民法院起诉。
2、本协议有效期年，双方签署之日起生效，期间任何方有违约行为，另一方有权终止本协议，并保留法律追述权。
3、本协议一式四份，甲乙双方各执两份，同具法律效力。

甲方（盖章）常州亚兴电缆有限责任公司　　　乙方（盖章）常州红锦有限公司
法定（授权）代表人：赵卫宇　　　　　　　　法定（授权）代表人：李彦
签订日期：2020-06-11　　　　　　　　　　　签订日期：2020-06-11

表 2-25-2

领 料 单

领料部门：采购部
用　　途：委托加工产品领用　　　2020年06月11日　　　编号 LL6225

材料编号	名　称	规　格	计量单位	请领数量	实发数量	备注
310201	WH01		千克	12000	12000	第三联记账联

领料人：张彩　　　　　　　　　　　　　　发料人：孙民里

表 2-25-3

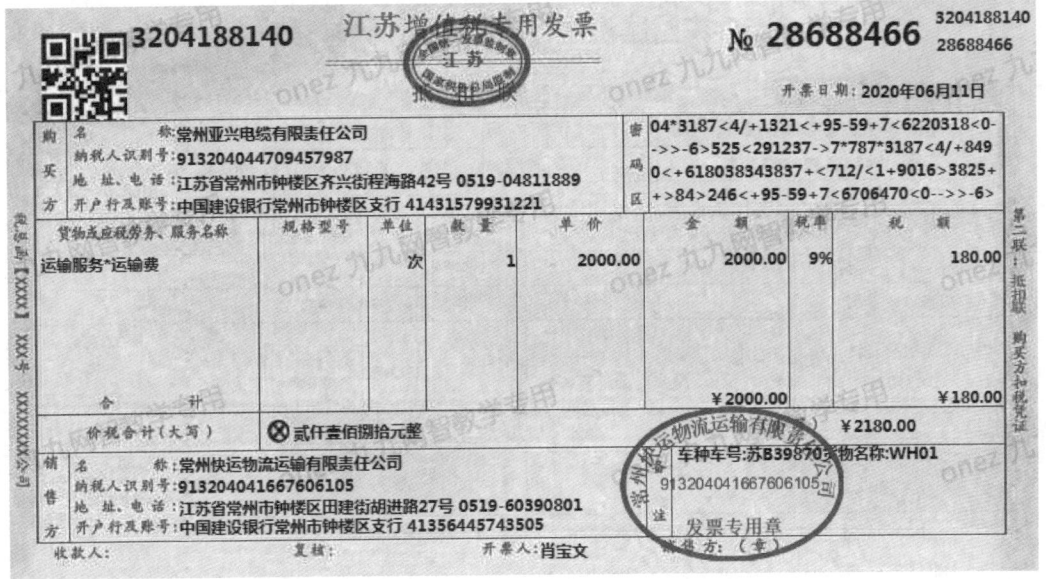

表 2-25-4

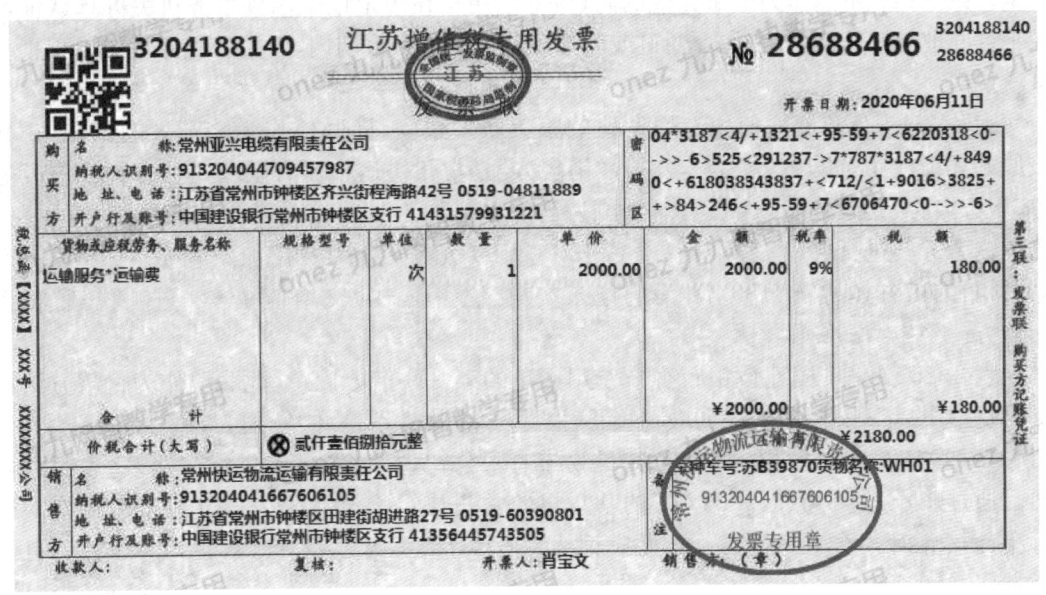

上述原始凭证中：

表 2-25-1 是委托加工协议书的复印件，应作为发出材料委托加工产品的记账依据。该原始凭证注明，"委托方"是本公司，"受托方"是常州红锦有限公司，本公司发出 12 000 千克 WH01 材料，委托常州红锦有限公司加工成 800 件 WS01 产品。

表 2-25-2 是领料单的第三联记账联，此联应作为发出材料的记账依据。该原始凭证注明，采购部委托加工产品领用 WH01 材料 12 000 千克。进行会计核算时，根据"实发数量"与期初 WH01 材料单价 25.00 元之积 300 000.00 元，分别记入"委托加工物资——WS01 产品"科目的借方和"原材料——WH01"科目的贷方。

表 2-25-5

中国建设银行客户专用回单			
币别 人民币	2020 年 06 月 11 日	流水号 320420027J0500810589	
付款人	全称 常州亚兴电缆有限责任公司	收款人	全称 常州快运物流运输有限责任公司
	账号 41431579931221		账号 913204041667606105
	开户行 中国建设银行常州市钟楼区支行		开户行 中国建设银行常州市钟楼区支行
金额	(大写) 人民币贰仟壹佰捌拾元整	(小写) ￥2180.00	
凭证种类	网银	凭证号码	
结算方式	转账	用途	支付运输费
	打印柜员: 320425584257 打印机构: 中国建设银行常州市钟楼区支行 打印卡号: 41431579931221		
打印时间: 2020-06-11	交易柜员: 320425584268	交易机构: 320410551	

表 2-25-3 是江苏增值税专用发票的第二联抵扣联,此联应作为购买方抵扣进项税额的依据。该抵扣联不能作为记账凭证的附件,专门用于在规定期限内到税务机关办理认证或在平台办理勾选确认,并在认证通过或勾选确认的次月申报期内,向主管税务机关申报抵扣进项税额。

表 2-25-4 是江苏增值税专用发票的第三联发票联,此联应作为购买方的记账依据。该原始凭证注明,"购买方"是本公司,"销售方"是常州快运物流有限公司,"货物或应税劳务、服务名称"是运输费,这表明本公司为运送委托加工材料接受常州快运物流有限公司的运输劳务。进行会计核算时,"金额"2 000.00 元应记入"委托加工物资——WS01 产品"科目的借方,"税额"180.00 元应记入"应交税费——应交增值税——进项税额"科目的借方。

表 2-25-5 是中国建设银行客户专用回单的第一联借方回单,此联应作为付款方结算支付货款的记账依据。该原始凭证注明,"付款人"是本公司,"付款人账号"是 41431579931221,"收款人"是常州快运物流有限公司,"用途"是支付运输费,这表明本公司已通过账号为 41431579931221 的基本户向常州快运物流有限公司支付了运输费。进行会计核算时,"金额"2 180.00 元应记入"银行存款——建行 41431579931221"科目的贷方。

根据上述分析,该笔业务在 T＋系统中的操作流程如下:

(1) 费用档案录入。以存货会计钱晓明"10516674727"的身份于 2020-06-12 登录,在"基础设置——收付结算"处单击"费用",费用页面单击"新增";编号录入"42",名称录入"委外费用",费用类型为"其他费用",页面单击"保存新增";费用编码录入"4201",费用名称录入"委托运输费",税率选择"9",上级费用选择"42",页面单击"保存新增";费用编码录入"4202",费用名称录入"委托加工费",税率选择"13",上级费用选择"42";该页面保存后退出。

【业务 2-25】 委托加工费用设置,如图 2-25-1 所示。

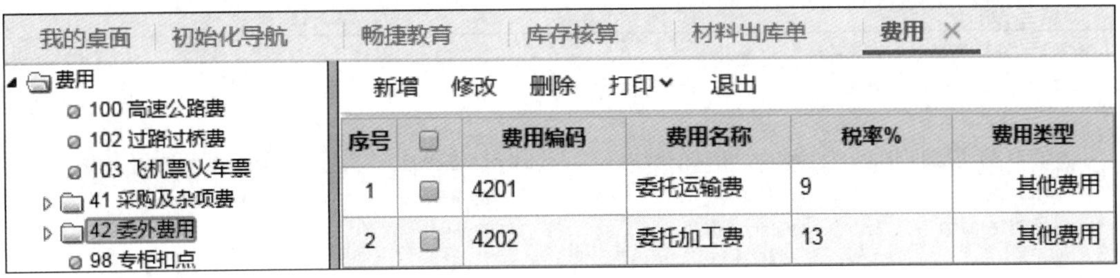

图 2-25-1 [业务 2-25]委托加工费用设置

(2) 填制材料出库单。在"库存核算——单据"处单击"材料出库单","设置"菜单单击"单据设置",表头页勾选"项目",单击"确定";业务类型选择"直接领料",单据编号录入"LL6225",领用人选择"崔浩朴",项目选择"WS01产品",仓库选择"综合库",材料名称选择"WH01",数量录入"12 000",其他自动生成;该单据保存后审核。

【业务 2-25】 材料出库单页面,如图 2-25-2 所示。

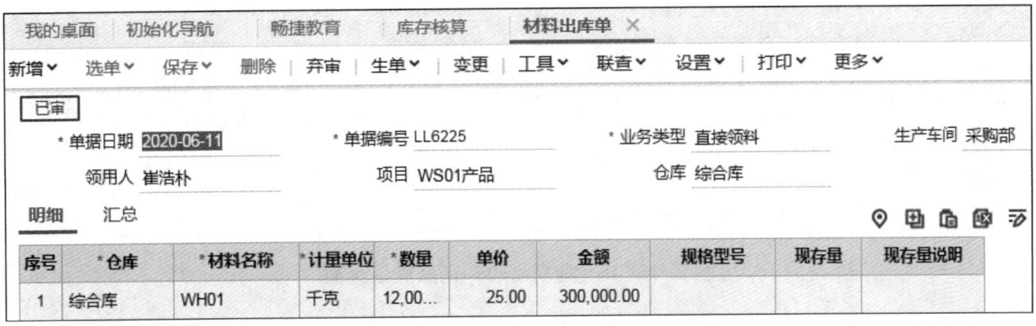

图 2-25-2 [业务 2-25]材料出库单页面

(3) 费用单填制。以出纳朱珊珊"10523340668"的身份于 2020-06-12 登录,在"往来现金——单据"处单击"费用单";业务类型选择"现金费用",部门选择"采购部",业务员选择"崔浩朴",项目选择"WS01产品",费用名称选择"委托运输费",金额录入"2 000",现结金额中结算方式选择"网银",账号名称默认,金额自动为含税金额,票据号录入"00810589"后进行确定;该单据保存后审核。

【业务 2-25】 费用单页面,如图 2-25-3 所示。

(4) 科目设置。其中,材料出库单对应的存货科目期初已设置,但存货对方科目没有设置,需在存货对方科目扩展设置中增行,项目选择"WS01产品",入账科目选择"委托加工物资";费用单对应的费用科目没有设置,在费用科目扩展设置中,在其第 1 行,费用类型改为"其他费用",费用选择"委外费用",入账科目录入"委托加工物资"。具体流程:以存货会计钱晓明"10516674727"的身份于 2020-06-12 登录,"总账——日常业务"处单击"科目设置",根据上述要求进行科目设置。

(5) 单据生凭证。"总账——日常业务"处单击"单据生成凭证";单据选择"材料出库单""费用单",单击"下一步";选择查询条件页面默认并单击"下一步";查询结果页面单击"生成凭证";附单据数改为"4",银行存款科目需确定结算日期;现金流量项目选择"04"并确定;记账凭证进行保存。

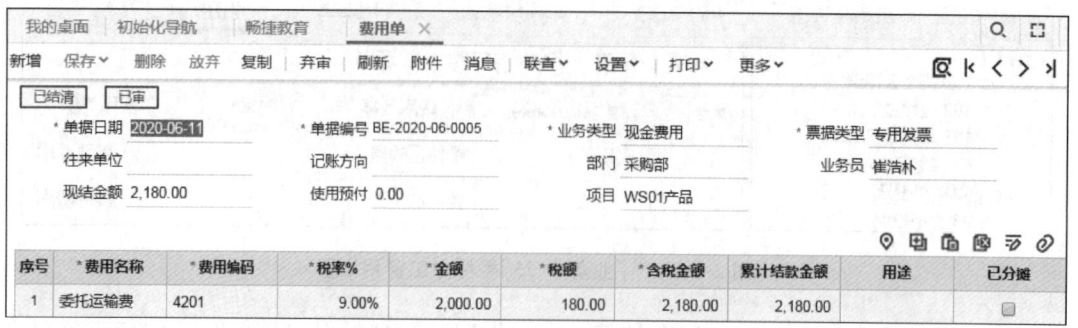

图 2-25-3 [业务 2-25]费用单页面

【业务 2-25】 记账凭证页面,如图 2-25-4 所示。

序号	摘要	科目名称	辅助项	计量	借方	贷方
1	直接领料	委托加工物资	WS01产品		3 0 2 0 0 0 0	
2	现金费用	应交税费——应交增值税——进项税额			1 8 0 0 0	
3	直接领料	原材料	WH01	千克		3 0 0 0 0 0 0 0
4	现金费用	银行存款——建行41431579931221	网银 00810589 202...			2 1 8 0 0 0

图 2-25-4 [业务 2-25]记账凭证页面

【业务 2-26】 6月12日,取得原始凭证3张,业务经办人崔浩朴,如表 2-26-1 至表 2-26-3 所示。

表 2-26-1

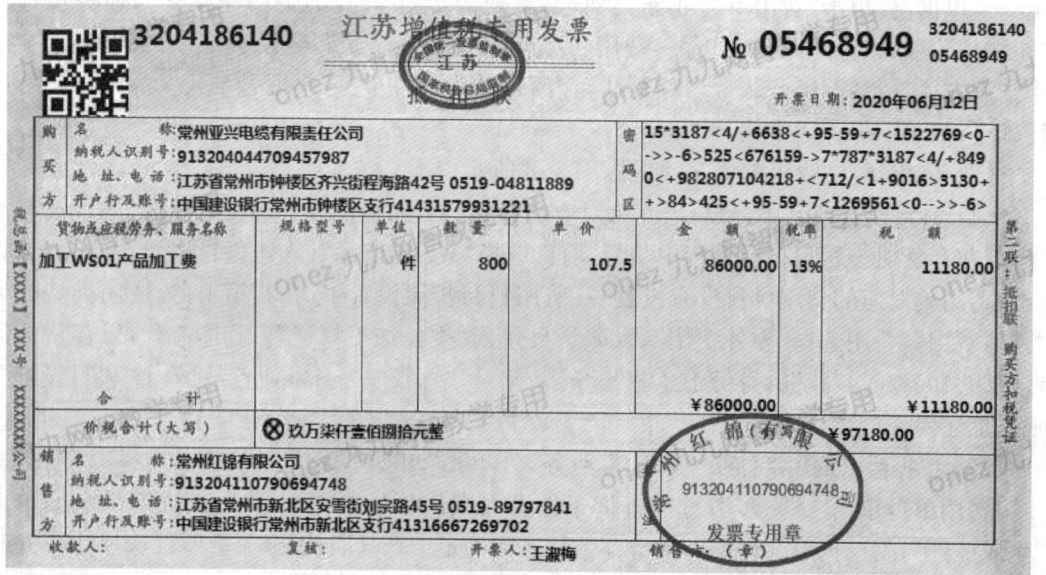

表 2-26-2

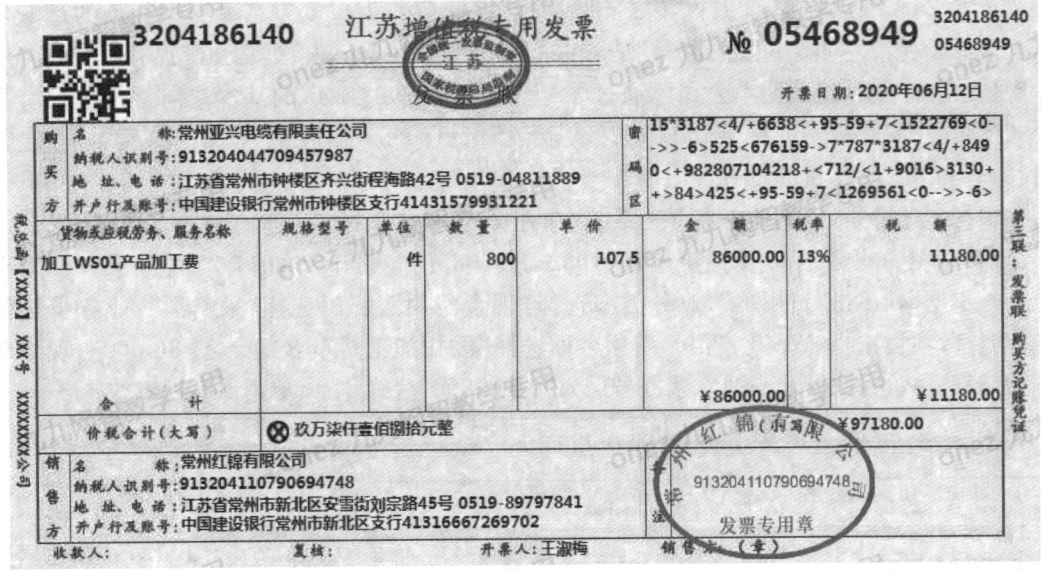

表 2-26-3

上述原始凭证中：

表 2-26-1 是江苏增值税专用发票的第二联抵扣联，此联应作为购买方抵扣进项税额的依据。该抵扣联不能作为记账凭证的附件，专门用于在规定期限内到税务机关办理认证或在平台办理勾选确认，并在认证通过或勾选确认的次月申报期内，向主管税务机关申报抵扣进项税额。

表 2-26-2 是江苏增值税专用发票的第三联发票联，此联应作为购买方的记账依据。该原始凭证注明，"购买方"是本公司，"销售方"是常州红锦有限公司，"货物或应税劳务、服务名称"是加工 WS01 产品加工费，这表明本公司委托常州红锦有限公司加工 WS01 产品发生了加工费。进行会计核算时，"金额"86 000.00 元应记入"委托加工物资——WS01 产品"科目的借方，"税额"11 180.00 元应记入"应交税费——应交增值税——进项税额"科目的

借方。

表 2-26-3 是中国建设银行转账支票存根,此联应作为付款方结算支付货款的记账依据。该原始凭证注明,"付款行账号"是 41431579931221,"收款人"是常州红锦有限公司,"用途"是支付加工费,这表明本公司已通过账号为 41431579931221 的基本户向常州红锦有限公司支付了加工费。进行会计核算时,"金额"97 180.00 元应记入"银行存款——建行41431579931221"科目的贷方。

根据上述分析,该笔业务在 T+系统中的操作流程如下:

(1) 费用单填制。以出纳朱珊珊"10523340668"的身份于 2020-06-12 登录,"往来现金——单据"处单击"费用单";业务类型选择"现金费用",部门选择"采购部",业务员选择"崔浩朴",项目选择"WS01 产品",费用名称选择"委托加工费",金额录入"86 000",现结金额中结算方式选择"转账支票",票据号录入"07025808"后确定;该单据保存后审核。

【业务 2-26】 费用单页面,如图 2-26-1 所示。

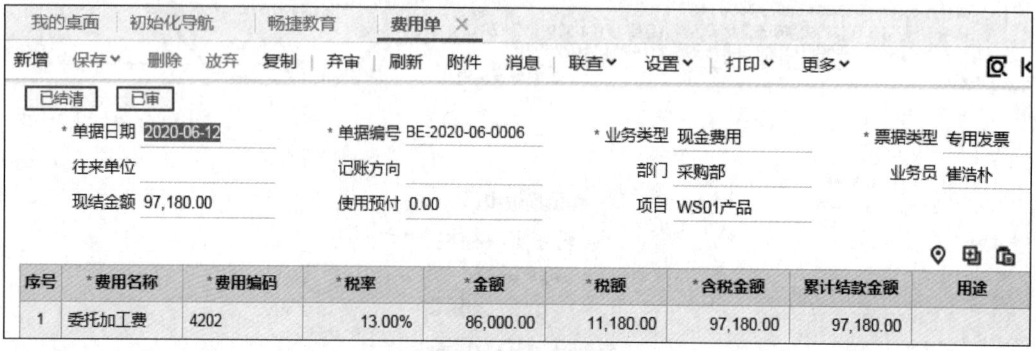

图 2-26-1 [业务 2-26]费用单页面

(2) 单据生凭证。以存货会计钱晓明"10516674727"的身份于 2020-06-12 登录,"总账——日常业务"单击"单据生成凭证",单据选择"费用单"并单击"下一步";"选择查询条件"页面默认并单击"下一步";查询结果页面单击"生成凭证";附单据数改为"2","银行存款"科目需确定结算日期,现金流量项目选择"04"后确定;记账凭证进行保存。

【业务 2-26】 记账凭证页面,如图 2-26-2 所示。

图 2-26-2 [业务 2-26]记账凭证页面

【业务 2-27】 6 月 12 日,取得原始凭证 2 张,业务经办人崔浩朴,如表 2-27-1 和表 2-27-2 所示。

表 2-27-1

委托加工物资入库单

供应单位：常州红锦有限公司　　　　　2020年06月12日　　　　　编号：RK7157

产品编号	名称	单位	规格	数量		实际成本			
				应收	实收	发出材料成本	加工费	运费	总金额
	WS01	件		800	800				

备注：　　　收货人：孙民里　　　　　　　交货人：崔建国

表 2-27-2

委托加工物资完工入库成本计算表

2020-06-12　　　　　　　　　　　　　单位：元

产品名称	材料费	加工费	运费	合计
WS01	300000.00	86000.00	2000.00	388000.00

制表：钱晓明　　　　　　　　　　　　　　　　　　　　　审核：袁世民

上述原始凭证中：

表 2-27-1 是委托加工物资入库单的会计联，此联应作为委托方收入委托加工产品的记账依据。该原始凭证注明，"供应单位"是常州红锦有限公司，入库"名称"是 WS01 产品，"数量应收"和"数量实收"均为 800 件，这表明本公司委托常州红锦有限公司加工的 WS01 产品已全部验收入库。

表 2-27-2 是委托加工物资完工入库成本计算表，此联应作为委托方取得委托加工产品成本的记账依据。"合计"388 000.00 元，表明 WS01 产品的成本为 388 000.00 元。进行会计核算时，"合计"388 000.00 元应分别记入"库存商品——WS01"科目的借方和"委托加工物资——WS01 产品"科目的贷方。

根据上述分析，该笔业务在 T+系统中的操作流程如下：

(1) 查询委托加工产品成本。以存货会计钱晓明"10516674727"的身份于 2020-06-12 登录，在"总账"——"明细账表"处单击"科目项目明细账"；"查询"对话框中，科目选择"1408"，项目选择"WS01 产品""包含未记账凭证"必须勾选其复选框，页面单击"确定"；WS01 产品实际成本为 388 000.00 元。

【业务 2-27】　科目项目明细账查询查询结果页面，如图 2-27-1 所示。

(2) 填制其他入库单。"库存核算——单据"处单击"其他入库单"；单据编号录入"RK7157"，业务类型选择"其他"，项目选择"WS01 产品"（在设置——单据设置中勾选"项目"），仓库选择"综合库"，存货名称选择"WS01"，数量录入"800"，金额录入"388 000"；该单据保存后审核。

【业务 2-27】　其他入库单页面，如图 2-27-2 所示。

我的桌面 | 初始化导航 | 畅捷教育 | 科目项目明细账 ×

查询 | 打印 | 导出 | 发送邮件 | 摘要设置 | 样式 | 刷新 | 联查辅助总账 | 退出

科目项目明细账

科目 1408 委托加工物资　　期间：2020.06 - 2020.06

序号	项目	日期	凭证字号	摘要	借方	贷方	方向	余额
1	WS01产品			期初余额			平	
2	WS01产品	2020-06-11	记-0034	（未记账）直接领料	302,000.00		借	302,000.00
3	WS01产品	2020-06-12	记-0035	（未记账）现金费用	86,000.00		借	388,000.00
4	WS01产品	2020.06		本月合计	388,000.00		借	388,000.00
5	WS01产品	2020.06		本年累计	388,000.00		借	388,000.00

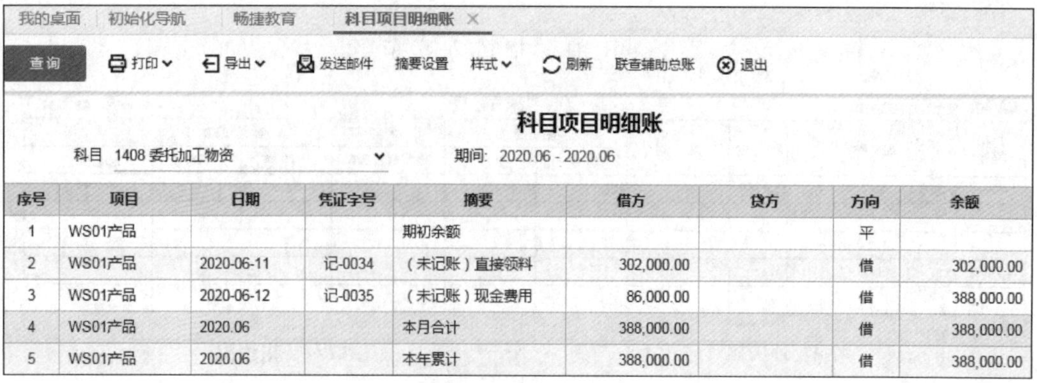

图 2-27-1 [业务 2-27]科目项目明细账查询查询结果页面

我的桌面 | 初始化导航 | 畅捷教育 | 其他入库单 ×

新增 | 保存 | 删除 | 弃审 | 转换 | 变更 | 工具 | 联查 | 设置 | 打印 | 更多

已审

* 单据日期 2020-06-12　　* 单据编号 RK7157　　* 业务类型 其他

项目 WS01产品　　仓库 综合库

明细　汇总

序号	*仓库	*存货名称	规格型号	*计量单位	*数量	单价	金额	现存量	现存量说明
1	综合库	WS01		件	800.00	485.00	388,000.00		

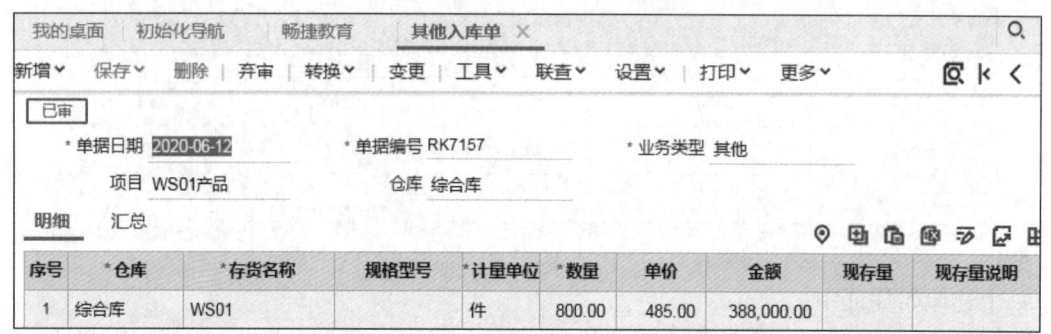

图 2-27-2 [业务 2-27]其他入库单页面

(3) 单据生凭证。“总账——日常业务”处单击“单据生成凭证”；单据选择“其他入库单”并单击“下一步”；“选择查询条件”页面默认并单击“下一步”；查询结果页面单击“生成凭证”；附单据数改为“2”；记账凭证进行保存。

【业务 2-27】 记账凭证页面，如图 2-27-3 所示。

记账凭证

* 凭证类别 记账凭证　　* 凭证编号 0027　　* 制单日期 2020-06-12　　附单据数 2

明细　汇总

序号	*摘要	*科目名称	辅助项	计量...	借方（亿千百十万千百十元角分）	贷方（亿千百十万千百十元角分）
1	其他	库存商品	WS01	件	38800000	
2	其他	委托加工物资	WS01产品			38800000

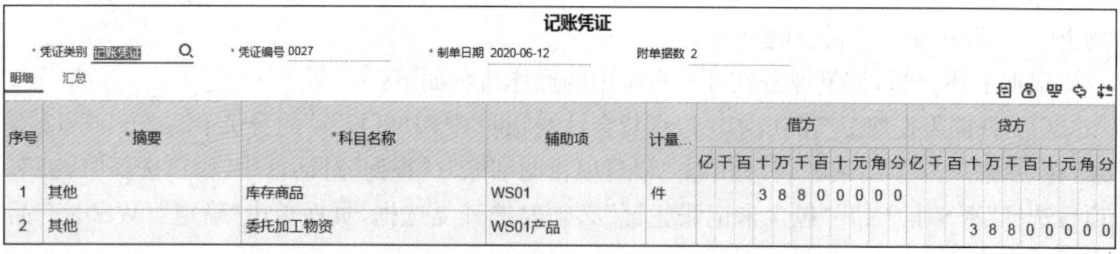

图 2-27-3 [业务 2-27]记账凭证页面

第三部分

存货业务会计信息化处理（下）

一、销售业务会计信息化处理

（一）现销业务

【业务3-1】 6月12日，取得原始凭证5张，业务经办人李丽洁，如表3-1-1至表3-1-5所示。

表3-1-1

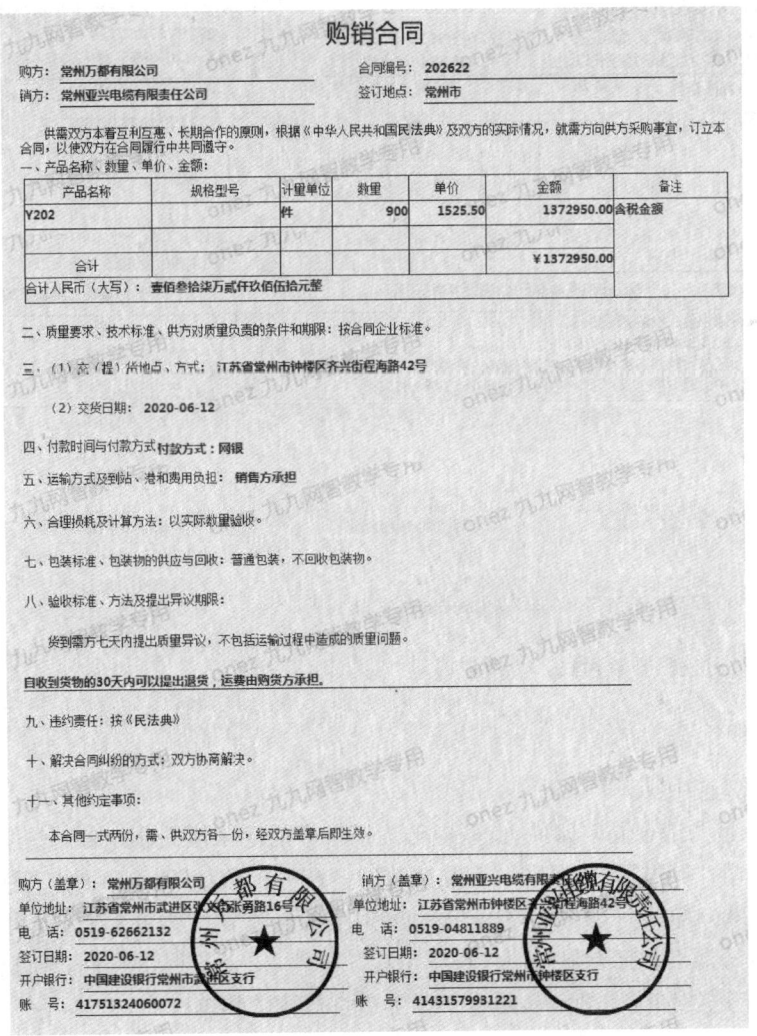

表 3-1-2

表 3-1-3

表 3-1-4

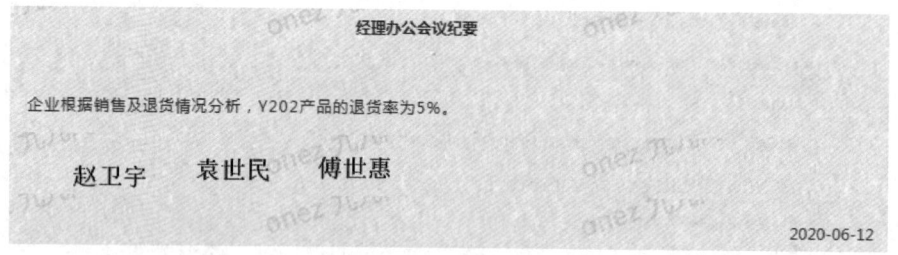

上述原始凭证中：

表 3-1-1 是购销合同复印件，此联应作为销售方的记账依据。该合同注明，"购方"是常州万都有限公司，"销方"是本公司，"产品名称"是 Y202，"数量"是 900 件，"交货日期"与"签订日期"均是 2020 年 6 月 12 日，"提出异议期限"是自收到货物的 30 天内可以提出退货。这表明本公司与常州万都有限公司签订了销售 900 件 Y202 产品的合同，签订合同当日已经发货，合同规定退货期限是 30 天，是进行预计退货核算的依据。

表 3-1-5

表 3-1-2 是销售单的会计联,此联应作为销售方的记账依据。该原始凭证注明,"购货单位"是常州万都有限公司,"产品名称"是 Y202,"数量"是 900 件,这表明本公司已将 900 件 Y202 产品销售给了常州万都有限公司。

表 3-1-3 是江苏增值税专用发票的第一联记账联,此联应作为销售方生成销售发票及生成销售记账凭证的记账依据。该原始凭证注明,"销售方"是本公司,"购买方"是常州万都有限公司,"货物或应税劳务、服务名称"是 Y202,这表明本公司销售了 Y202 产品给常州万都有限公司。

表 3-1-4 是经理办公会议纪要,应作为销售方进行预计退货的计算依据。该会议纪要指明"Y202 产品的退货率为 5%",即销售的 900 件 Y202 产品,其中,45 件进行预计退货的会计核算。进行会计核算时,根据表 3-1-1 至表 3-1-4,"金额"中 1 154 250.00 元应记入"主营业务收入——商品销售——商品销售"(存货"Y202")科目的贷方,60 750.00 元应记入"预计负债——应付退货款"(存货"Y202")科目的贷方;"税额"157 950.00 元应记入"应交税费——应交增值税——销项税额"科目的贷方。

表 3-1-5 是中国建设银行客户专用回单的第二联贷方回单,此联应作为收款方收取款项的记账依据。该原始凭证注明,日期为 2018 年 6 月 12 日,"付款人全称"是常州万都有限公司,"收款人全称"是本公司,"收款人账号"是 41431579931221,"金额"是 1 372 950.00 元,与表 3-1-3 中的价税合计一致,这表明常州万都有限公司已向本公司账号为 41431579931221 的基本户支付了全部货款。进行会计核算时,"金额"1 372 950.00 元应记入"银行存款——建行 41431579931221"科目的借方。

原始凭证在 T+系统中,购销合同等同于销售订单,销售单等同于销货单,基于 Y202 产品的发出采用全月平均法,本业务只能根据销售发票等生成有关销售收入的凭证,其入账科目在销售科目中设置;结转销售成本需在期末计算出平均单价后才能进行处理,其入账科目在存货对方科目中设置。

根据上述分析,该笔业务在 T+系统中的操作流程如下:

(1) 销售订单填制。以存货会计钱晓明"10516674727"的身份于2020-06-12登录,左侧功能区单击"销售管理",销售流程图中单击"销售订单"(或"销售管理——单据"处单击"销售订单");"设置"下拉菜单单击"单据设置",明细页勾选"项目"后确定;单据编号录入"202622",客户选择"常州万都有限公司"(鼠标移至客户选择右侧,单击显示的图标,进行客户选择页面,"一般客户"类别选择后单击"新增",在客户档案页面,录入该公司档案卡片,其公司性质为"客户",客户档案页面保存后退出;客户选择页面单击"确定"。后续业务该步骤简化为"在一般客户类别中新增该公司档案后确定");业务员选择"李丽洁",收款方式选择"全额现结",预计交货日期选择"2020-06-12",明细第1行,存货名称选择"Y202",数量录入"855",单价录入"1 350",明细第2行,项目选择"预计退货",存货选择"Y202",数量录入"45",单价录入"1 350";该单据保存后审核。

销售管理主页面,如图3-1-1所示。

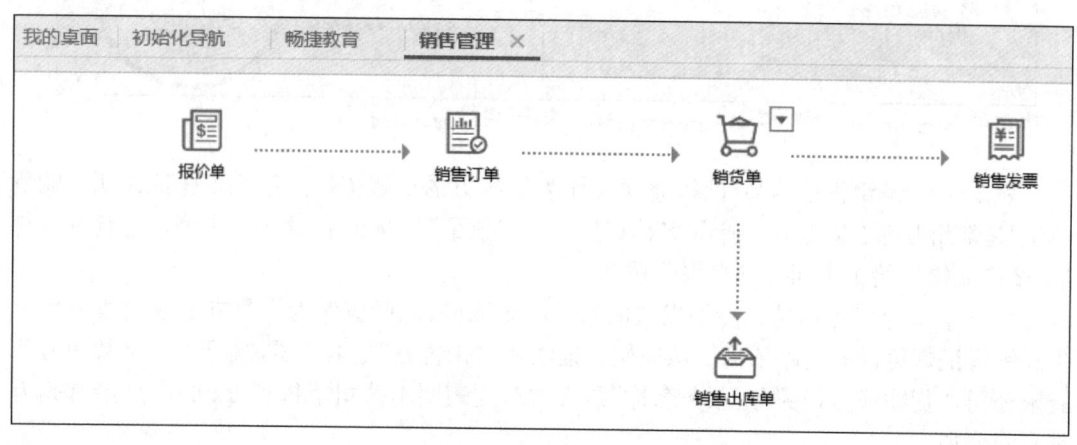

图3-1-1 销售管理主页面

【业务3-1】 销售订单页面,如图3-1-2所示。

图3-1-2 [业务3-1]销售订单页面

(2) 销货单生成。销售单生成有两种方法。第一种,采用销售订单生单的方法,在已审核的销售订单页面,"生单"菜单单击"生成销货单";第二种,销货单页面选单生成,"销售管理——单据"处单击"销货单","选单"菜单单击"销售订单",通过查询,常州万都有限公司销售订单记录勾选后确定;单据编号录入"XS8120";该单据保存后审核。

【业务3-1】 销货单页面,如图3-1-3所示。

图 3-1-3 [业务 3-1]销货单页面

需要说明的是,销售订单明细中的第 2 行勾选的项目,默认传递给后续的所有单据,如销货单、销售发票和销售出库单等。即使后续单据没有显示"项目",其默认的项目与最初选择的项目完全一致。这些单据中显示项目的设置方法参考销售订单中项目的设置方法,均在该单据"设置——单据设置"中完成。

(3) 销售发票生成。销售发票生成有两种方法:第一种方法是在销货单生单;第二种方法是在销售发票页面选销货单生成,首选"生单"的方法;在已审核销货单页面,"生单"菜单单击"生成销售发票(普通销售)";发票号录入"32042972",现结金额中结算方式选择"网银",账号名称默认,票据号录入"00810681"后确定;其他信息自动生成;该单据保存后审核。

【业务 3-1】 销售发票页面,如图 3-1-4 所示。

图 3-1-4 [业务 3-1]销售发票页面

(4) 销售出库单生成。销售出库单生成有两种方法:第一种方法是在销货单生单;第二种方法是在销售出库单页面选销货单生成,首选"生单"的方法;在已审核销货单页面,"生单"菜单单击"生成销售出库单(普通销售)";仓库选择"综合库";该单据保存后审核。

【业务 3-1】 销售出库单页面,如图 3-1-5 所示。

(5) 收款单审核。以出纳朱珊珊"10523340668"的身份于 2020-06-12 登录,"往来现金"——"单据"处单击"收款单",通过单击"<"图标(上一张)的方法找出已完成的收款单,各项内容检查无误,收款单页面进行审核。

图 3-1-5 [业务 3-1]销售出库单页面

收款单审核页面,如图 3-1-6 所示。

图 3-1-6 收款单审核页面

需要说明的是,凡现结的销售发票或现结的往来收入单,审核后,自动生成收款单。自动生成的收款单须出纳审核后,才能自动生成对应的日记账记录。因此,自动生成的收款单必须进行审核,才能保证日记账记录的完整性,才能保证期末总账与日记账、银行对账单与日记账核对的正确。

(6)科目设置。本业务需进行销售科目设置,需设置销售科目已汇编成本业务应设置销售科目列表。

本业务应设置销售科目列表,如表 3-1-6 所示。

表 3-1-6   本业务应设置销售科目列表

存货类型	项目	科目代码	科目名称
库存商品	—	600101	主营业务收入——商品销售
库存商品	预计退货	280101	预计负债——应付退货款

科目设置流程为：以存货会计钱晓明"10516674727"的身份于2020-06-12登录，"总账——日常业务"处单击"科目设置"，销售科目删除后保存；销售科目扩展单击"设置"，在第1行，存货类型选择"库存商品"，科目代码录入"600101"；第2行，存货类型选择"库存商品"，项目（单击"选项设置"，"项目"处勾选并单击"确定"）选择"预计退货"，科目代码录入"280101"；销售扩展设置页面保存后退出。

（7）单据生凭证。"总账——日常业务"处单击"单据生凭证"，单据勾选"销售发票"并单击"下一步"；第二步页面单击"下一步"；查询结果页面单击"生成凭证"；附单据数改为"3"，银行存款科目确定结算日期，现金流量项目选择"01 销售商品、提供劳务收到的现金"并确定；记账凭证进行保存。

【业务 3-1】 记账凭证页面，如图 3-1-7 所示。

序号	摘要	科目名称	辅助项	计	数量	单价	借方	贷方
1	普通销售/常州万都有限公司	银行存款——建行414131579931221	网银 00810681...				1 3 7 2 9 5 0 0 0	
2	普通销售/常州万都有限公司	应交税费——应交增值税——销项税额						1 5 7 9 5 0 0 0
3	普通销售/常州万都有限公司	预计负债——应付退货款	Y202	件	45.00	1,350.		6 0 7 5 0 0 0
4	普通销售/常州万都有限公司	主营业务收入——商品销售	Y202	件				1 1 5 4 2 5 0 0 0

图 3-1-7 ［业务 3-1］记账凭证页面

需要说明的是，平时在 T+系统生成并审核销售出库单，是保证销售业务流程的完整性，需根据存货计价方法确定是否生成凭证。全月平均法计价的存货销售，应于月末单位成本确定后，根据销售出库单合并生成凭证；先进先出法计价的存货销售，应及时根据销售出库单生成凭证。

（二）赊销业务

【业务 3-2】 6月12日，取得凭证5张，业务经办人傅世惠，如表 3-2-1 至表 3-2-5 所示。

表 3-2-1

经理办公会议纪要
企业根据销售及退货情况分析，销售给扬州兴仪有限公司Y202和X201产品的退货率均为5%。
赵卫宇　　袁世民　　傅世惠
2020-06-12

表 3-2-2

购销合同

购方：扬州兴仪有限公司　　　　　　　合同编号：202624
销方：常州亚兴电缆有限责任公司　　　签订地点：常州市

供需双方本着互利互惠、长期合作的原则，根据《中华人民共和国民法典》及双方的实际情况，就需方向供方采购事宜，订立本合同，以使双方在合同履行中共同遵守。

一、产品名称、数量、单价、金额：

产品名称	规格型号	计量单位	数量	单价	金额	备注
Y202		件	800	1525.50	1220400.00	含税金额
X201		件	1000	2034.00	2034000.00	
合计					￥3254400.00	

合计人民币（大写）：叁佰贰拾伍万肆仟肆佰元整

二、质量要求、技术标准、供方对质量负责的条件和期限：按合同企业标准。

三、(1) 交（提）货地点、方式：江苏省常州市钟楼区齐兴街程海路42号

　　(2) 交货日期：2020-06-12

四、付款时间与付款方式：

五、运输方式及到站、港和费用负担：销售方承担

六、合理损耗及计算方法：以实际数量验收。

七、包装标准、包装物的供应与回收：普通包装，不回收包装物。

八、验收标准、方法及提出异议期限：

货到需方七天内提出质量异议，不包括运输过程中造成的质量问题。

自收到货物的30天内可以提出退货，运费由购货方承担。

九、违约责任：按《民法典》

十、解决合同纠纷的方式：双方协商解决。

十一、其他约定事项：

本合同一式两份，需、供双方各一份，经双方盖章后即生效。

购方（盖章）：扬州兴仪有限公司　　　　销方（盖章）：常州亚兴电缆有限责任公司
单位地址：江苏省扬州市邗江区装备街谷克路59号　　单位地址：江苏省常州市钟楼区齐兴街程海路42号
电　话：0514-66221917　　　　　　　　电　话：0519-04811889
签订日期：2020-06-12　　　　　　　　　签订日期：2020-06-12
开户银行：中国建设银行扬州市邗江区支行　　开户银行：中国建设银行常州市钟楼区支行
账　号：41965735996868　　　　　　　账　号：41431579931221

表 3-2-3

编码	产品名称	规格	单位	单价	数量	金额	备注
	Y202		件	1525.50	800	1220400.00	
	X201		件	2034.00	1000	2034000.00	
合计	人民币(大写)：叁佰贰拾伍万肆仟肆佰元整					¥3254400.00	

购货单位：扬州兴仪有限公司 地址和电话：江苏省扬州市邗江区姜惠街谷克路59号0514-66221917 单据编号：XS8121
纳税识别号：913210030954447558 开户行及账号：中国建设银行扬州市邗江区支行 41965735996868 制单日期：2020-06-12
销售经理：傅世惠 经手人：傅世惠 会计：李本男 签收人：田爱

表 3-2-4

表 3-2-5

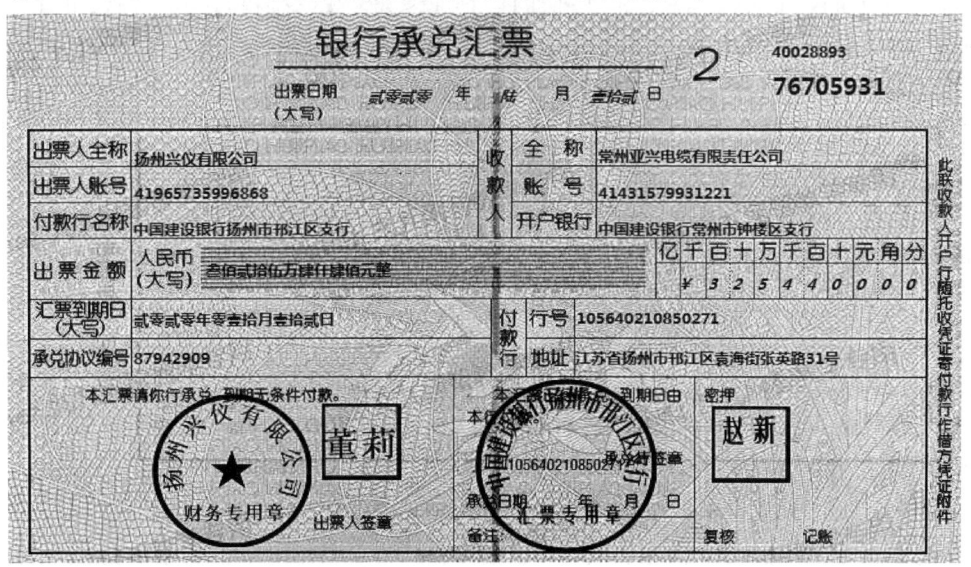

上述原始凭证中：

表 3-2-1 是经理办公会议纪要，应作为销售方进行预计退货的计算依据。该会议纪要

指明"销售给扬州兴仪有限公司 Y202 和 X201 产品的退货率均为 5％",即销售的 Y202 产品和 X201 产品,均应按 5％计算预计退货的产品数量和退货金额。

表 3-2-2 是购销合同复印件,此联应作为销售方的记账依据。该合同注明,"购方"是扬州兴仪有限公司,"销方"是本公司,"产品名称"是 Y202 和 X201,"数量"分别为 800 和 1 000 件,"交货日期"与"签订日期"均是 2020 年 06 月 12 日,"提出异议期限"是自收到货物的 30 天内可以提出退货。这表明本公司与扬州兴仪有限公司签订了销售 800 件 Y202、1 000 件 X201 产品的合同,签订合同当日已经发货,合同规定退货期限是 30 天,结合表 3-2-1,根据 95％和 5％分别确认该产品的销售数量、预计退货数量;根据 95％和 5％分别确认该产品的主营业务收入和预计负债。

表 3-2-3 是销售单的会计联,此联应作为销售方的记账依据。该原始凭证注明,"购货单位"是扬州兴仪有限公司,"产品名称"是 X201 和 Y202,这表明本公司已将 X201 产品和 Y202 产品销售给了扬州兴仪有限公司。

表 3-2-4 是江苏增值税专用发票的第一联记账联,此联应作为销售方生成销售发票及销售记账凭证的记账依据。该原始凭证注明,"销售方"是本公司,"购买方"是扬州兴仪有限公司,"货物或应税劳务、服务名称"是 X201 和 Y202,这表明本公司向扬州兴仪有限公司销售了 X201 产品和 Y202 产品。结合表 3-2-1 和表 3-2-3,进行会计核算时,"金额合计" 2 880 000.00 元中 1 710 000.00 元和 1 026 000.00 元应分别记入"主营业务收入——商品销售"科目中存货"X201"及"Y202"的贷方,90 000.00 元和 54 000.00 元应分别记入"预计负债——应付退货款"科目中存货"X201"及"Y202"的贷方,"税额合计"374 400.00 元应记入"应交税费——应交增值税——销项税额"科目的贷方。

表 3-2-5 是银行承兑汇票第二联的复印件,此复印件应作为收款方的记账依据。该原始凭证注明,"出票日期"为贰零贰零年陆月壹拾贰日,"出票人全称"是扬州兴仪有限公司,"收款人全称"是本公司,"收款人账号"是 41431579931221,"出票金额"是 3 254 400.00 元,与表 3-2-3 上的价税合计一致,"汇票到期日"是贰零贰零年零壹拾月壹拾贰日,且其背面无任何记录,这表明本公司销售给扬州兴仪有限公司 X201 和 Y202 产品的货款均已通过银行承兑汇票结算。进行会计核算时,"出票金额"3 254 400.00 元应记入"应收票据——扬州兴仪有限公司"科目的借方。

根据上述分析,该笔业务在 T+系统中的操作流程如下:

(1) 销售订单填制。以存货会计钱晓明"10516674727"的身份于 2020-06-12 登录,"销售管理——单据"处单击"销售订单";单据编号录入"202624",客户选择"扬州兴仪有限公司"(在票据客户类别中新增该公司档案并确定),业务员选择"傅世惠",预计交货日期选择"2020-06-12",明细第 1 行,存货名称选择"Y202",数量录入"760",单价默认,第 2 行中,项目选择"预计退货",存货选择"Y202",数量录入"40",单价默认,明细第 3 行,存货名称选择"X201",数量录入"950",单价录入"1 800.00",第 4 行中,项目选择"预计退货",存货选择"X201",数量录入"50",单价录入"1 800",其他自动生成;该单据保存并审核。

【业务 3-2】 销售订单页面,如图 3-2-1 所示。

(2) 销货单生成。已审核销售订单页面,"生单"菜单单击"生销货单";单据编号录入"XS8121",收款到期日选择"2020-10-12";该单据保存并审核。

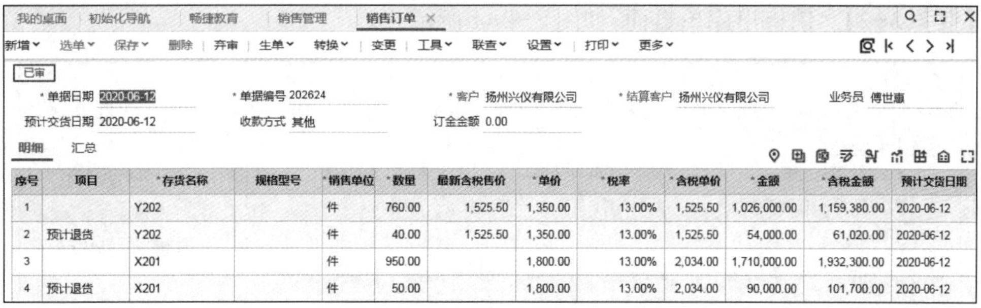

我的桌面　初始化导航　畅捷教育　销售管理　销售订单

新增　选单　保存　删除　弃审　生单　转换　变更　工具　联查　设置　打印　更多

已审

*单据日期 2020-06-12　*单据编号 202624　*客户 扬州兴仪有限公司　*结算客户 扬州兴仪有限公司　业务员 傅世惠

预计交货日期 2020-06-12　收款方式 其他　订金金额 0.00

明细　汇总

序号	项目	*存货名称	规格型号	*销售单位	*数量	最新含税售价	*单价	*税率	*含税单价	*金额	*含税金额	预计交货日期
1		Y202		件	760.00	1,525.50	1,350.00	13.00%	1,525.50	1,026,000.00	1,159,380.00	2020-06-12
2	预计退货	Y202		件	40.00	1,525.50	1,350.00	13.00%	1,525.50	54,000.00	61,020.00	2020-06-12
3		X201		件	950.00		1,800.00	13.00%	2,034.00	1,710,000.00	1,932,300.00	2020-06-12
4	预计退货	X201		件	50.00		1,800.00	13.00%	2,034.00	90,000.00	101,700.00	2020-06-12

图 3-2-1　[业务 3-2]销售订单页面

【业务 3-2】　销货单，如图 3-2-2 所示。

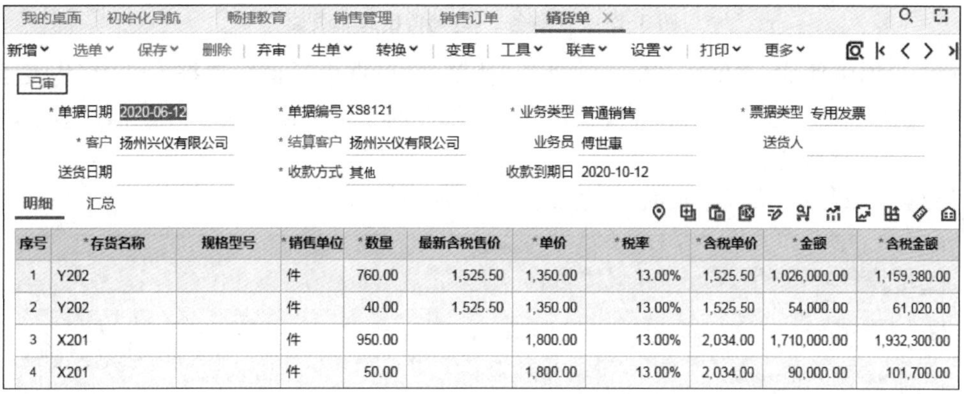

我的桌面　初始化导航　畅捷教育　销售管理　销售订单　销货单

新增　选单　保存　删除　弃审　生单　转换　变更　工具　联查　设置　打印　更多

已审

*单据日期 2020-06-12　*单据编号 XS8121　*业务类型 普通销售　*票据类型 专用发票

*客户 扬州兴仪有限公司　*结算客户 扬州兴仪有限公司　业务员 傅世惠　送货人

送货日期　*收款方式 其他　收款到期日 2020-10-12

明细　汇总

序号	*存货名称	规格型号	*销售单位	*数量	最新含税售价	*单价	*税率	*含税单价	*金额	*含税金额
1	Y202		件	760.00	1,525.50	1,350.00	13.00%	1,525.50	1,026,000.00	1,159,380.00
2	Y202		件	40.00	1,525.50	1,350.00	13.00%	1,525.50	54,000.00	61,020.00
3	X201		件	950.00		1,800.00	13.00%	2,034.00	1,710,000.00	1,932,300.00
4	X201		件	50.00		1,800.00	13.00%	2,034.00	90,000.00	101,700.00

图 3-2-2　[业务 3-2]销货单

(3) 销售发票生成。在已审核销货单页面，“生单”菜单单击“生成销售发票(普通销售)”；发票号录入“32042973”，收款到期日录入“2019-04-12”；该单据保存后审核。

【业务 3-2】　销售发票页面，如图 3-2-3 所示。

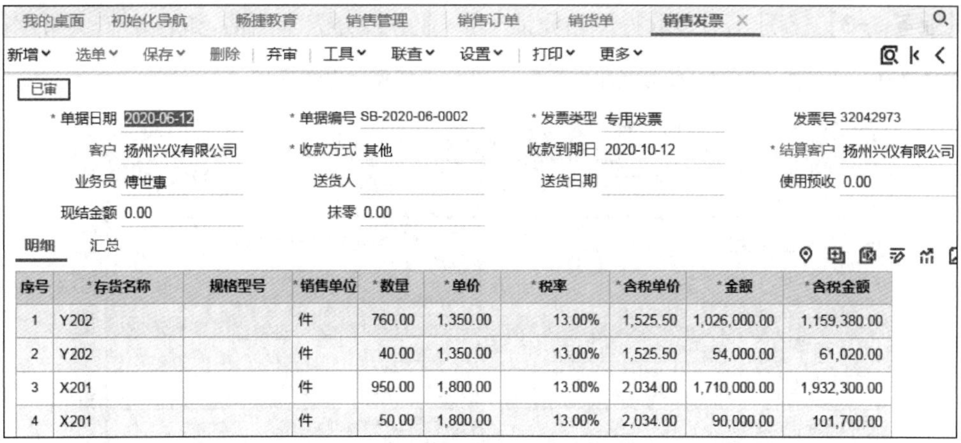

我的桌面　初始化导航　畅捷教育　销售管理　销售订单　销货单　销售发票

新增　选单　保存　删除　弃审　工具　联查　设置　打印　更多

已审

*单据日期 2020-06-12　*单据编号 SB-2020-06-0002　*发票类型 专用发票　发票号 32042973

客户 扬州兴仪有限公司　*收款方式 其他　收款到期日 2020-10-12　*结算客户 扬州兴仪有限公司

业务员 傅世惠　送货人　送货日期　使用预收 0.00

现结金额 0.00　抹零 0.00

明细　汇总

序号	*存货名称	规格型号	*销售单位	*数量	*单价	*税率	*含税单价	*金额	*含税金额
1	Y202		件	760.00	1,350.00	13.00%	1,525.50	1,026,000.00	1,159,380.00
2	Y202		件	40.00	1,350.00	13.00%	1,525.50	54,000.00	61,020.00
3	X201		件	950.00	1,800.00	13.00%	2,034.00	1,710,000.00	1,932,300.00
4	X201		件	50.00	1,800.00	13.00%	2,034.00	90,000.00	101,700.00

图 3-2-3　[业务 3-2]销售发票页面

(4) 销售出库单生成。在已审核销货单页面，“生单”菜单单击“生销货单(普通销售)”；仓库选择“综合库”；该单据保存后审核。

【业务 3-2】 销售出库单页面,如图 3-2-4 所示。

我的桌面 初始化导航 畅捷教育 销售管理 销售订单 销货单 销售出库单

新增 选单 保存 删除 弃审 生单 变更 工具 联查 设置 打印 更多

已审 已销货

*单据日期 2020-06-12 *单据编号 IO-2020-06-0002 *业务类型 普通销售 *客户 扬州兴仪有限公司

*结算客户 扬州兴仪有限公司 经手人 傅世喜 仓库 综合库

明细 汇总

序号	*仓库	*存货名称	规格型号	*计量单位	*数量	现存量	现存量说明
1	综合库	Y202		件	760.00		
2	综合库	Y202		件	40.00		
3	综合库	X201		件	950.00		
4	综合库	X201		件	50.00		

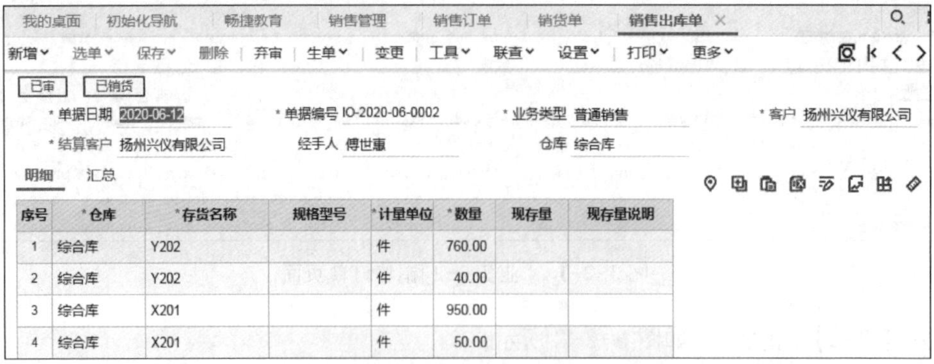

图 3-2-4 [业务 3-2]销售出库单页面

(5) 单据生凭证。“总账——日常业务”处单击“单据生凭证”,单据勾选“销售发票”并单击“下一步”;第二步页面默认并单击“下一步”;查询结果页面单击“生成凭证”;附单据数改为“5”;记账凭证进行保存。

【业务 3-2】 生成凭证页面,如图 3-2-5 所示。

记账凭证

*凭证类别 记账凭证 *凭证编号 0029 *制单日期 2020-06-12 附单据数 5

明细 汇总

序号	*摘要	*科目名称	辅助项	计...	数量	单价	借方	贷方
1	普通销售/扬州兴仪有限公司	应收票据	扬州兴仪有限公司				325440000	
2	普通销售/扬州兴仪有限公司	应交税费——应交增值税——销项税额						37440000
3	普通销售/扬州兴仪有限公司	预计负债——应付退货款	X201	件	50.00	1,800...		9000000
4	普通销售/扬州兴仪有限公司	预计负债——应付退货款	Y202	件	40.00	1,350...		5400000
5	普通销售/扬州兴仪有限公司	主营业务收入——商品销售	Y202	件				102600000
6	普通销售/扬州兴仪有限公司	主营业务收入——商品销售	X201	件				171000000

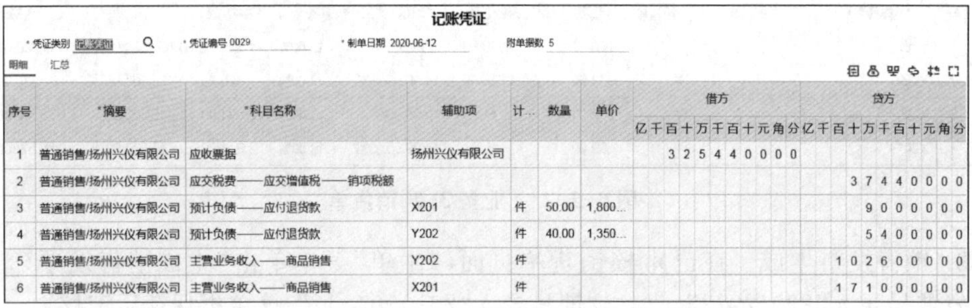

图 3-2-5 [业务 3-2]生成凭证页面

【业务 3-3】 6 月 12 日,取得原始凭证 1 张,业务经办人李丽洁,如表 3-3-1 所示。

表 3-3-1 (此为复印件正面,其背面无任何背书情况)

银行承兑汇票 2

12084736

71056244

出票日期(大写) 贰零贰零 年 陆 月 壹拾贰 日

出票人全称	无锡兰芳有限公司	收款人	全称	常州亚兴电缆有限责任公司
出票人账号	41883892395875		账号	41431579931221
付款行名称	中国建设银行无锡市南长区支行		开户银行	中国建设银行常州市钟楼区支行
出票金额	人民币(大写) 壹拾万元整			¥10000000
汇票到期日(大写)	贰零贰零年玖月壹拾贰日	付款行	行号	105656485095259
承兑协议编号	82038522		地址	江苏省无锡市南长区孙武街刘京路84号

本汇票请你行承兑,到期无条件付款。 出票人签章(无锡兰芳有限公司 财务专用章;王晨)

本汇票已经承兑,到期日由本行付款。 承兑行签章(中国建设银行无锡市南长区支行 汇票专用章 105656485095259;邱书)

承兑日期 2020 年 06 月 12 日

备注: 密押 复核 记账

此联收款人开户行随托收凭证寄付款行作借方凭证附件

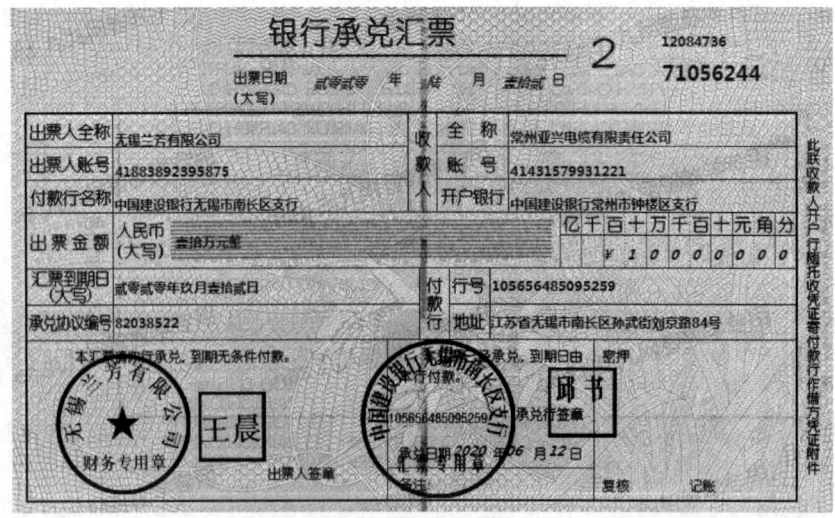

上述原始凭证中：

表 3-3-1 是银行承兑汇票第二联的复印件，此复印件应作为收款方的记账依据。该原始凭证的内容表明，"出票日期"是贰零贰零年陆月壹拾贰日，"出票人全称"是无锡兰芳有限公司，"收款人全称"是本公司，"汇票到期日"是贰零贰零年玖月壹拾贰日，"出票金额"是100 000.00 元，同时，2020 年 5 月 30 日"应收账款——无锡兰芳有限公司"科目借方余额 100 000.00 元，这表明本公司收到无锡兰芳有限公司开出的一张期限为 3 个月、金额为 100 000.00 元的且经银行承兑的银行承兑汇票用于偿还前欠货款。进行会计核算时，"出票金额"100 000.00 元应分别记入"应收票据——无锡兰芳有限公司"科目的借方和"应收账款——无锡兰芳有限公司"科目的贷方。

根据上述分析，该笔业务在 T+系统中的操作流程如下：

(1) 其他应收单填制。无锡兰芳有限公司属于一般客户，类型不能改为票据客户，因此，填制其他应收单时必须选择银行承兑汇票项目，说明其具体用途。其具体流程为：以出纳朱珊珊"10523340668"的身份于 2020-06-12 登录，"往来现金——单据"处单击"其他应收单"；单据日期、单据编号均默认，业务类型选择"其他应收"，往来单位选择"无锡兰芳有限公司"，部门选择"销售部"，业务员选择"李丽洁"，收款到期日选择"2019-04-12"，项目选择"银行承兑汇票"，摘要录入"收到票据抵货款"，金额录入"100 000.00"；该单据保存并审核。

【业务 3-3】 其他应收单页面，如图 3-3-1 所示。

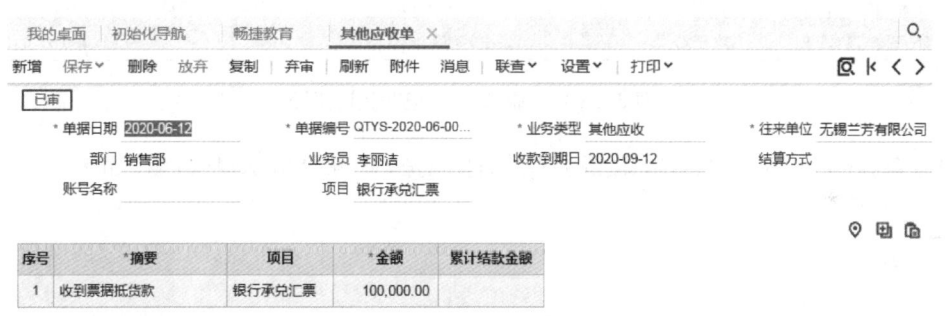

图 3-3-1 [业务 3-3]其他应收单页面

(2) 应收冲应收。在"往来现金——往来冲销"中单击"应收冲应收"；单据日期、单据编号均默认，业务类型选择"应收冲应收"，转出客户和转入客户均选择"无锡兰芳有限公司"，页面单击"选单"并选择"期初应收"记录；转入项目选择"银行承兑汇票"，冲销金额合计录入 "100 000"；该单据进行分摊后保存。

【业务 3-3】 应收冲应收页面，如图 3-3-2 所示。

图 3-3-2 [业务 3-3]应收冲应收页面

(3) 科目设置。其他应收单需要分别设置其他应收科目和其他应收对方科目。根据其他应收单,项目为"银行承兑汇票"。因此,其他应收科目应该在一般客户类型且项目为银行承兑汇票的条件下,设置入账科目为"应收票据";其他应收对方科目则在一般客户条件下,设置入账科目为"应收账款"。具体流程如下:以存货会计钱晓明"10516674727"的身份于 2020-06-12 登录,"总账——日常业务"单击"科目设置",其他应收科目扩展设置中增行:项目选择为"银行承兑汇票",单位类别选择"一般客户",设置入账科目为"应收票据",其他应收科目扩展设置页面保存后退出;其他应收对方科目扩展设置中增行:往来单位类别选择"一般客户",入账科目设置为"应收账款";其他应收对方科目扩展设置页面保存后退出。

(4) 单据生凭证。"总账——日常业务"单击"单据生成凭证";单据选择"其他应收单"和"应收冲应收"后单击"下一步","选择查询条件"页面默认并单击"下一步";查询结果页面单击"生成凭证";附单据数改为"1";记账凭证进行保存。

【业务 3-3】 记账凭证页面,如图 3-3-3 所示。

记账凭证

凭证类别	记账凭证	凭证编号 0030	制单日期 2020-06-12	附单据数 1			

序号	摘要	科目名称	辅助项	借方 亿千百十万千百十元角分	贷方 亿千百十万千百十元角分
1	其他应收单/其他应收	应收票据	无锡兰芳有限公司	1 0 0 0 0 0 0 0	
2	其他应收单/其他应收	应收账款	无锡兰芳有限公司		1 0 0 0 0 0 0 0

图 3-3-3 [业务 3-3]记账凭证页面

【业务 3-4】 6月12日,取得原始凭证2张,业务经办人朱珊珊,如表 3-4-1 至表 3-4-2 所示。

表 3-4-1

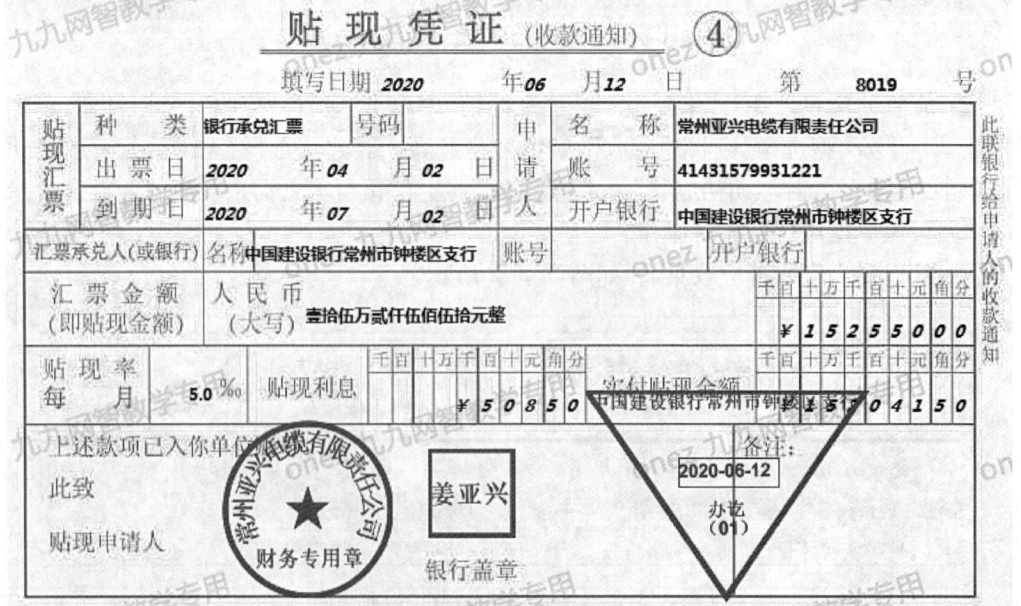

表 3-4-2　　　　　　　　　　（此为复印件正面）

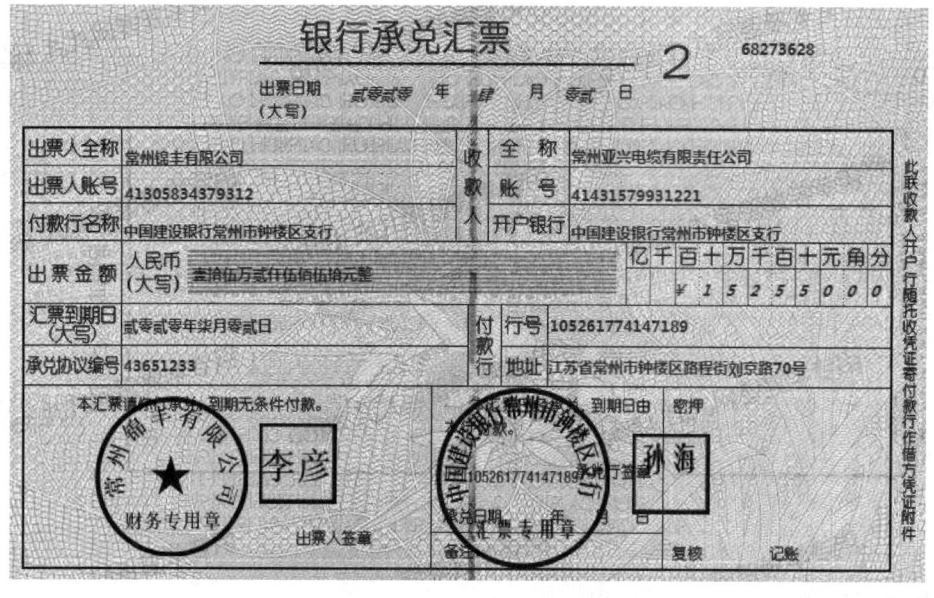

（复印件背面）

上述原始凭证中：

表 3-4-1 是中国建设银行贴现凭证的第四联收款通知联，此联应作为收款方收到款项的记账依据。该原始凭证注明，"贴现汇票种类"是银行承兑汇票，"申请人名称"是本公司，"申请人账号"是 41431579931221，"贴现汇票出票日"是 2020 年 4 月 2 日，"贴现汇票到期日"是 2020 年 7 月 2 日，"汇票金额"是 152 550.00 元，"实付贴现金额"是 152 041.50 元，"贴现利息"是 508.50 元。

表 3-4-2 是银行承兑汇票第 2 联复印件，此复印件应作为收款方的记账依据。该原始凭证的内容表明，"出票日期"是贰零贰零年肆月零贰日，"出票人全称"是常州锦丰有限公司，"收款人全称"是本公司，"汇票到期日"是贰零贰零年柒月零贰日，"出票金额"是152 550.00元，背面"被背书人"是中国建设银行常州市钟楼区支行，日期是 2020 年 6 月 12 日。这表明本公司将持有未到期的常州锦丰有限公司开具的银行承兑汇票向建行常州钟楼支行办妥了贴现手续。进行会计核算时，"实付贴现金额"152 041.50 元应记入"银行存款——建行 41431579931221"科目的借方，"贴现利息"508.50 元应记入"财务费用——利息支出"科目的借方，"汇票金额"152 550.00 元应记入"应收票据——常州锦丰有限公司"科目

的贷方。

根据上述分析,该笔业务在T+系统中的操作流程如下:

(1)费用增加。以出纳朱珊珊"10523340668"的身份于2020-06-12登录,在"基础设置——收付结算"中单击"费用";费用编号录入"43",费用名称录入"银行利息费用",费用类型选择"其他费用";并在"43"费用下新增编号"4301",名称"贴现利息支出"的费用。

(2)费用单填制。"往来现金——单据"处单击"费用单";业务类型确认为"往来费用",票据类型为"收据",往来单位选择"常州锦丰有限公司",部门选择"财务部",业务员选择"朱珊珊",已有项目删除(项目必须删除,否则会生成凭证科目错误,若项目无法删除,先删除错误的费用单,再新增1张);费用名称选择"贴现利息支出",金额录入"508.50",该单据保存并审核。

【业务3-4】 费用单,如图3-4-1所示。

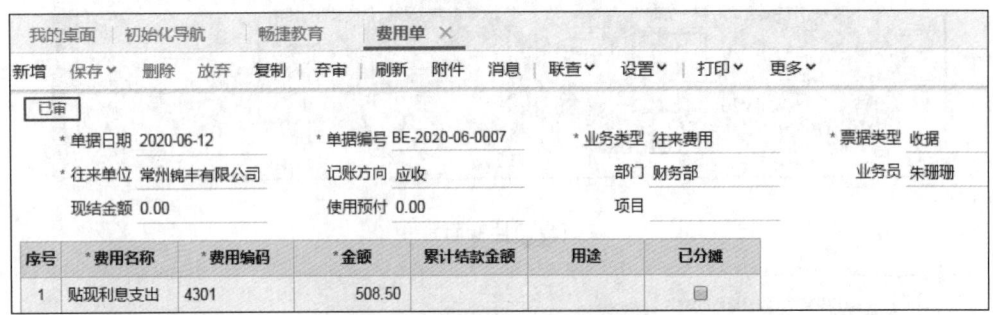

图3-4-1 [业务3-4]费用单

(3)收款单填制。"往来现金——单据"处单击"收款单";单据日期、单据编号均默认,供应商选择"常州锦丰有限公司",业务类型选择"普通收款",部门选择"财务部",业务员选择"朱珊珊";结算方式选择"其他",账号名称选择"A01",收款金额录入"152 041.50",票据号录入"8019";页面分别单击"选单"并分别选择"期初应收""费用单";该单据进行分摊、保存及审核。

【业务3-4】 收款单页面,如图3-4-2所示。

图3-4-2 [业务3-4]收款单页面

需要说明的是,收款单业务有普通收款、预收款和直接收款三种类型。其中,普通收款是收款同时必须手工核销已有债权的收款业务;预收款一般用于销货预收款业务;除此之外的业务使用直接收款类型。选择客户后该类型自动跳到直接收款。本教材必须根据实际情况选择正确的业务类型,如能核销的须选普通收款业务。

(4)科目设置。科目设置主要是费用单对应的费用科目和其他应收科目(费用单正常对应的是费用科目和其他应付科目,因票据客户属性为"客户",在费用单上显示"应收",其对应的只能是单一性的其他应收科目)等。其中银行利息费用类型为其他费用,具体设置步骤可与生成凭证合并完成。

【业务3-4】 应设置科目,如表3-4-3所示。

表3-4-3　　　　　　　　　　[业务3-4]应设置科目

科目设置	费用类型	单位类别	费用名称	入账科目
费用科目	其他费用	—	银行利息费用	财务费用——利息支出
其他应收科目	—	票据客户	—	应收票据

科目设置流程是,以存货会计钱晓明"10516674727"的身份于2020-06-12登录,"总账——日常业务"处单击"科目设置",根据表3-4-3分别设置费用科目和其他应收科目扩展设置科目。

(5)单据生凭证。"总账——日常业务"处单击"单据生成凭证";单据选择"收款单""费用单"并单击"下一步","选择查询条件"页面默认并单击"下一步";查询结果页面单击"生成凭证";"银行存款"科目确定其结算日期并确定;现金流量项目选择"01"并确定;记账凭证进行保存。

【业务3-4】 记账凭证页面,如图3-4-3所示。

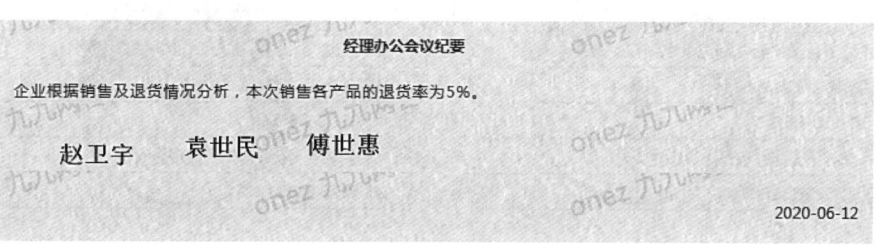

图3-4-3　[业务3-4]记账凭证页面

【业务3-5】 6月12日,取得原始凭证6张,业务经办人傅世惠,如表3-5-1至表3-5-6所示。

表3-5-1

经理办公会议纪要

企业根据销售及退货情况分析,本次销售各产品的退货率为5%。

赵卫宇　　袁世民　　傅世惠

2020-06-12

表 3-5-2

购销合同

购方：徐州淮工有限公司　　　　　　　合同编号：202626
销方：常州亚兴电缆有限责任公司　　　签订地点：常州市

供需双方本着互利互惠、长期合作的原则，根据《中华人民共和国民法典》及双方的实际情况，就需方向供方采购事宜，订立本合同，以使双方在合同履行中共同遵守。

一、产品名称、数量、单价、金额：

产品名称	规格型号	计量单位	数量	单价	金额	备注
Y202		件	2000	1525.50	3051000.00	含税金额
X201		件	1900	2034.00	3864600.00	
合计					￥6915600.00	

合计人民币（大写）：陆佰玖拾壹万伍仟陆佰元整

二、质量要求、技术标准、供方对质量负责的条件和期限：按合同企业标准。

三、(1) 交（提）货地点、方式：江苏省常州市钟楼区齐兴街程海路42号

　　(2) 交货日期：2020-06-12

四、付款时间与付款方式：

五、运输方式及到站、港和费用负担：销售方承担

六、合理损耗及计算方法：以实际数量验收。

七、包装标准、包装物的供应与回收：普通包装，不回收包装物。

八、验收标准、方法及提出异议期限：

货到需方七天内提出质量异议，不包括运输过程中造成的质量问题。

自收到货物的30天内可以提出退货，运费由购货方承担。

九、违约责任：按《民法典》

十、解决合同纠纷的方式：双方协商解决。

十一、其他约定事项：

本合同一式两份，需、供双方各一份，经双方盖章后即生效。

购方（盖章）：徐州淮工有限公司	销方（盖章）：常州亚兴电缆有限责任公司
单位地址：江苏省徐州市泉山区杨秀街杨继路87号	单位地址：江苏省常州市钟楼区齐兴街程海路42号
电　话：0516-79293357	电　话：0519-04811325
签订日期：2020-06-12	签订日期：2020-06-12
开户银行：中国建设银行徐州市泉山区支行	开户银行：中国建设银行常州市钟楼区支行
账　号：41762705598708	账　号：41431579931222

表 3-5-3

销售单							
购货单位：徐州淮工有限公司			地址和电话：江苏省徐州市泉山区杨秀街杨继路87号0516-79293357				单据编号：XS8122
纳税识别号：913203116414819131			开户行及账号：中国建设银行徐州市泉山区支行 41762705598708				制单日期：2020-06-12
编码	产品名称	规格	单位	单价	数量	金额	备注
	Y202		件	1525.50	2000	3051000.00	
	X201		件	2034.00	1900	3864600.00	
合计	人民币（大写）：陆佰玖拾壹万伍仟陆佰元整					¥6915600.00	
销售经理：傅世惠		经手人：傅世惠		会计：李本男		签收人：刘宁	

表 3-5-4

表 3-5-5   （此为复印件）

表 3-5-6

上述原始凭证中：

表 3-5-1 是经理办公会议纪要，应作为销售方进行预计退货的计算依据。该会议纪要指明"本次销售各产品的退货率为5%"，即销售的 Y202 产品和 X201 产品，均应按 5% 计算预计退货的产品数量和金额。

表 3-5-2 是购销合同复印件，此联应作为销售方的记账依据。该合同注明，"购方"是徐州淮工有限公司，"销方"是本公司，"产品名称"是 Y202 和 X201，"数量"分别为 2 000 和 1 900 件，"交货日期"与"签订日期"均是 2020 年 06 月 12 日，"提出异议期限"是自收到货物的 30 天内可以提出退货。这表明本公司与徐州淮工有限公司签订了销售 2 000 件 Y202、1 900 件 X201 产品的合同，签订合同当日已经发货，合同规定退货期限是 30 天，结合表 3-5-1，根据 95% 和 5% 分别确认各产品的销售数量、预计退货数量；根据 95% 和 5% 分别确认各产品的主营业务收入和预计负债。

表 3-5-3 是销售单的会计联，此联应作为销售方的记账依据。该原始凭证注明，"购货单位"是徐州淮工有限公司，"产品名称"是 X201 和 Y202，这表明本公司已将 X201 产品和 Y202 产品销售给了徐州淮工有限公司。

表 3-5-4 是江苏增值税专用发票的第一联记账联，此联应作为销售方生成销售发票及生成销售记账凭证的记账依据。该原始凭证注明，"销售方"是本公司，"购买方"是徐州淮工有限公司，"货物或应税劳务、服务名称"是 X201 和 Y202，这表明本公司销售了 X201 产品和 Y202 产品给徐州淮工有限公司。进行会计核算时，结合表 3-5-1 和表 3-5-3，"金额合计" 6 120 000.00 元中 3 249 000.00 元和 2 565 000.00 元应分别记入"主营业务收入——商品销售"科目中存货"X201"及"Y202"的贷方，171 000 元和 135 000.00 元应分别记入"预计负债——应付退货款"科目中存货"X201"及"Y202"的贷方，"税额合计" 795 600.00 元应记入"应交税费——应交增值税——销项税额"科目的贷方。由于该笔销售业务中没有相关收款的原始凭证，同时在此之前也没有发生相关的预收款业务，这表明本公司的该笔采购业务为赊销，进行会计核算时，"价税合计" 6 915 600.00 元应记入"应收账款——徐州淮工有限公司"科目的借方。

表 3-5-5 是运费发票发票联的复印件，此联应作为本公司核算代垫款的记账依据。该原始凭证注明，"购买方"是徐州淮工有限公司，"销售方"是常州快运物流有限公司，"货物或应税劳务、服务名称"是运费，同时这是一张复印件，也没有相关收款的原始凭证，且在此之前也没有发生相关的预收款业务，这表明本公司代垫了运费。进行会计核算时，"价税合计"

21 800.00 元应记入“应收账款——徐州淮工有限公司”科目的借方。

表 3-5-6 是中国建设银行转账支票存根，此联应作为本公司支付款项的原始依据，该原始凭证的内容注明，“付款行账号”是 41431579931221，“收款人”是常州快运物流有限公司，“金额”是 21 800.00 元，与表 3-5-5 上的价税金额一致，“用途”是支付代垫运费，这表明本公司已通过账号为 41431579931221 的基本户向常州快运物流有限公司支付了代垫的运费。进行会计核算时，“金额”21 800.00 元应记入“银行存款——建行 41431579931221”科目的贷方。

根据上述分析，该笔业务在 T+系统中的操作流程如下：

(1) 销售订单填制。以存货会计钱晓明“10516674727”的身份于 2020-06-12 登录，“销售管理——单据”处单击“销售订单”；单据编号录入“202626”，客户选择“徐州淮工有限公司”(在一般客户类别中新增该公司档案并确定，该公司性质为“客户/供应商”)，业务员选择“傅世惠”，预计交货日期选择“2020-06-12”，明细第 1 行，存货名称选择“Y202”，数量录入“1 900”，单价默认，第 2 行中，项目选择“预计退货”，存货选择“Y202”，数量录入“100”，单价默认，明细第 3 行，存货名称选择“X201”，数量录入“1 805”，单价默认，第 4 行中，项目选择“预计退货”，存货选择“X201”，数量录入“95”，单价默认，其他自动生成；该单据保存并审核。

【业务 3-5】 销售订单页面，如图 3-5-1 所示。

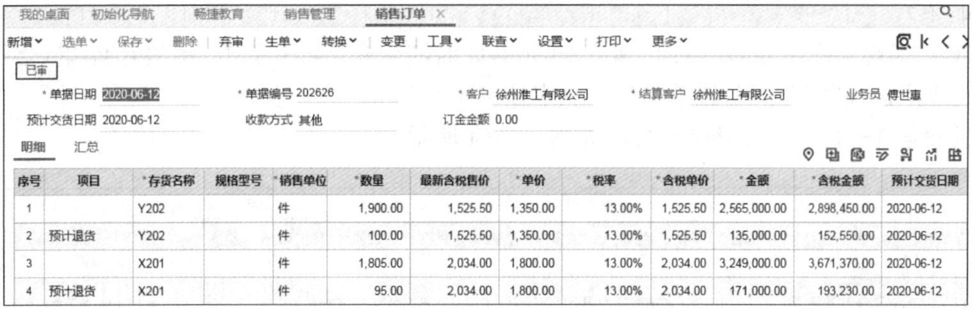

已审

*单据日期 2020-06-12　*单据编号 202626　*客户 徐州淮工有限公司　*结算客户 徐州淮工有限公司　业务员 傅世惠

预计交货日期 2020-06-12　收款方式 其他　订金金额 0.00

明细　汇总

序号	项目	*存货名称	规格型号	*销售单位	*数量	最新含税售价	*单价	*税率	*含税单价	*金额	*含税金额	预计交货日期
1		Y202		件	1,900.00	1,525.50	1,350.00	13.00%	1,525.50	2,565,000.00	2,898,450.00	2020-06-12
2	预计退货	Y202		件	100.00	1,525.50	1,350.00	13.00%	1,525.50	135,000.00	152,550.00	2020-06-12
3		X201		件	1,805.00	2,034.00	1,800.00	13.00%	2,034.00	3,249,000.00	3,671,370.00	2020-06-12
4	预计退货	X201		件	95.00	2,034.00	1,800.00	13.00%	2,034.00	171,000.00	193,230.00	2020-06-12

图 3-5-1　[业务 3-5]销售订单页面

(2) 销货单生成。已审核销售订单页面，“生单”菜单单击“销货单(普通销售)”；单据编号录入“XS8122”；该单据保存并审核。

【业务 3-5】 销货单页面，如图 3-5-2 所示。

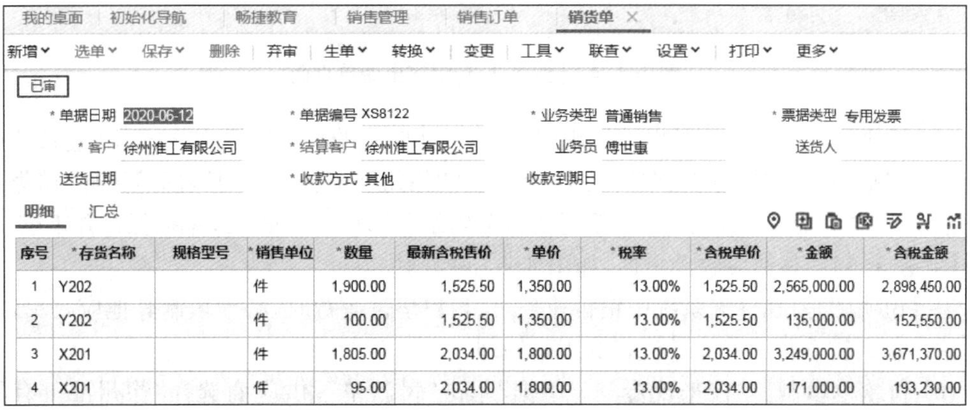

已审

*单据日期 2020-06-12　*单据编号 XS8122　*业务类型 普通销售　*票据类型 专用发票

*客户 徐州淮工有限公司　*结算客户 徐州淮工有限公司　业务员 傅世惠　送货人

送货日期　*收款方式 其他　收款到期日

明细　汇总

序号	*存货名称	规格型号	*销售单位	*数量	最新含税售价	*单价	*税率	*含税单价	*金额	*含税金额
1	Y202		件	1,900.00	1,525.50	1,350.00	13.00%	1,525.50	2,565,000.00	2,898,450.00
2	Y202		件	100.00	1,525.50	1,350.00	13.00%	1,525.50	135,000.00	152,550.00
3	X201		件	1,805.00	2,034.00	1,800.00	13.00%	2,034.00	3,249,000.00	3,671,370.00
4	X201		件	95.00	2,034.00	1,800.00	13.00%	2,034.00	171,000.00	193,230.00

图 3-5-2　[业务 3-5]销货单页面

(3) 销售发票生成。在已审核的销货单页面,"生单"菜单单击"生成销售发票(普通销售)";发票号录入"32042974";该单据保存并审核。

【业务 3-5】 销售发票页面,如图 3-5-3 所示。

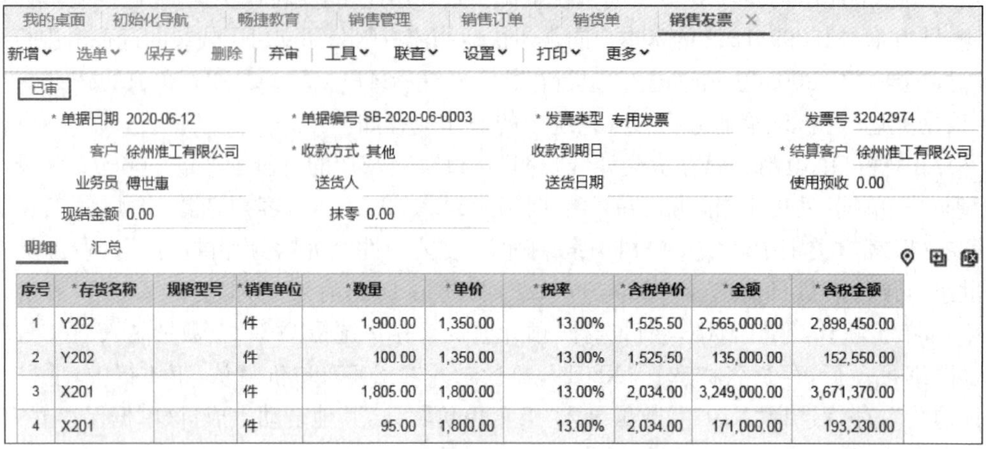
我的桌面 初始化导航 畅捷教育 销售管理 销售订单 销货单 销售发票 ×

新增 选单 保存 删除 | 弃审 | 工具 联查 设置 | 打印 更多

已审

* 单据日期 2020-06-12 * 单据编号 SB-2020-06-0003 * 发票类型 专用发票 发票号 32042974

客户 徐州淮工有限公司 * 收款方式 其他 收款到期日 * 结算客户 徐州淮工有限公司

业务员 傅世惠 送货人 送货日期 使用预收 0.00

现结金额 0.00 抹零 0.00

明细 汇总

序号	*存货名称	规格型号	*销售单位	*数量	*单价	*税率	*含税单价	*金额	*含税金额
1	Y202		件	1,900.00	1,350.00	13.00%	1,525.50	2,565,000.00	2,898,450.00
2	Y202		件	100.00	1,350.00	13.00%	1,525.50	135,000.00	152,550.00
3	X201		件	1,805.00	1,800.00	13.00%	2,034.00	3,249,000.00	3,671,370.00
4	X201		件	95.00	1,800.00	13.00%	2,034.00	171,000.00	193,230.00

图 3-5-3 [业务 3-5]销售发票页面

(4) 销售出库单生成。在已审核销货单页面,"生单"菜单单击"销售出库单(普通销售)";仓库选择"综合库";该单据保存后审核。

【业务 3-5】 销售出库单页面,如图 3-5-4 所示。

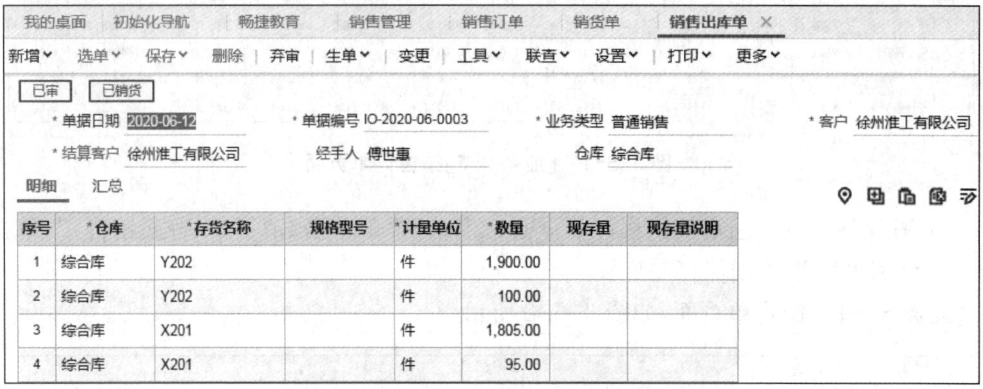
我的桌面 初始化导航 畅捷教育 销售管理 销售订单 销货单 销售出库单 ×

新增 选单 保存 删除 | 弃审 | 生单 | 变更 | 工具 联查 设置 | 打印 更多

已审 已销货

* 单据日期 2020-06-12 * 单据编号 IO-2020-06-0003 * 业务类型 普通销售 * 客户 徐州淮工有限公司

* 结算客户 徐州淮工有限公司 经手人 傅世惠 仓库 综合库

明细 汇总

序号	*仓库	*存货名称	规格型号	*计量单位	*数量	现存量	现存量说明
1	综合库	Y202		件	1,900.00		
2	综合库	Y202		件	100.00		
3	综合库	X201		件	1,805.00		
4	综合库	X201		件	95.00		

图 3-5-4 [业务 3-5]销售出库单页面

(5) 其他应收单填制。以出纳朱珊珊"10523340668"的身份于 2020-06-12 登录,"往来现金——单据"单击"其他应收单";往来单位选择"徐州淮工有限公司",部门选择"销售部",业务员选择"傅世惠",摘要录入"代垫运费",金额录入"21 800.00";该单据保存并审核。

【业务 3-5】 其他应收单页面,如图 3-5-5 所示。

需要说明的是,在 T+系统中销售业务,代客户垫付运费时,必须填制其他应收单,才能保证后续收到货款及运费业务流程的正确处理。

(6) 付款单填制。"往来现金——单据"单击"付款单";供应商选择"徐州淮工有限公司"(若该公司无法选择,在基础设置——基本信息——往来单位中找到该公司,将其性质改

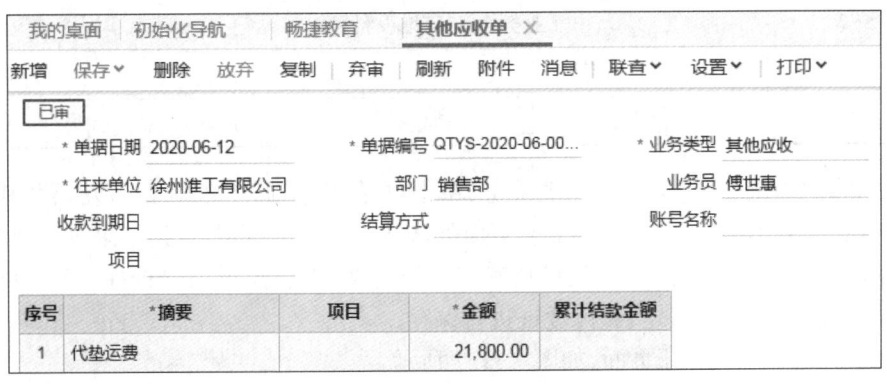

图 3-5-5 [业务 3-5]其他应收单页面

为"客户/供应商"),部门选择"销售部",业务员选择"傅世惠",结算方式选择"转账支票",金额录入"21 800",票据号录入"07025809";该单据保存并审核。

【业务 3-5】 付款单页面,如图 3-5-6 所示。

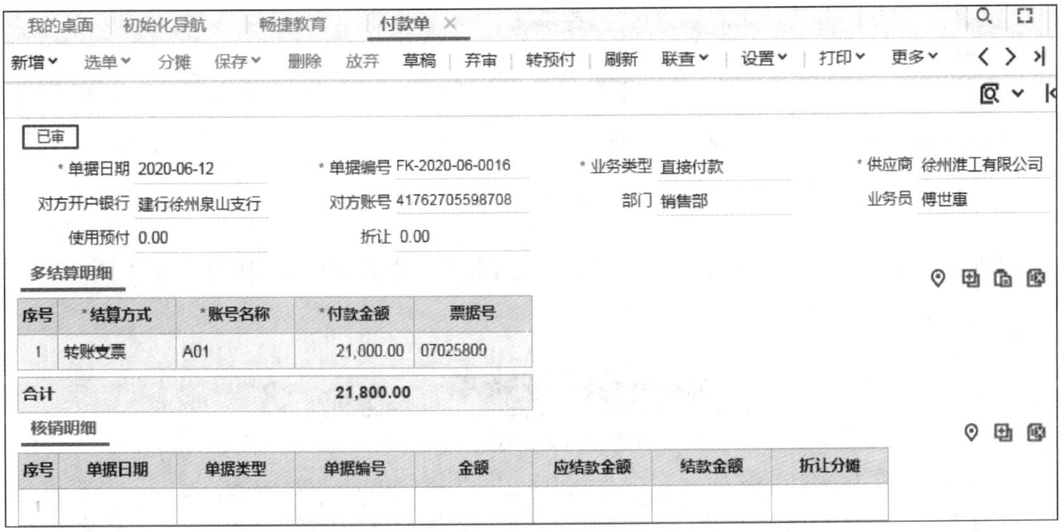

图 3-5-6 [业务 3-5]付款单页面

需要说明的是,原始单据中款项是支付给常州快运物流运输有限责任公司的,但目的是代徐州淮工有限公司支付代垫运费,这个款最后应由徐州淮工有限公司支付。因此,为保证代垫业务流程的正确进行,付款单上的供应商选择"徐州淮工有限公司"。

(7)科目设置。本业务以一般客户类别使用了付款单和其他应收单,付款单应设置应付科目,其他应收单应设置其他应收科目和其他应收对方科目,具体需设置科目,如表3-5-7所示。其设置流程为:以存货会计钱晓明"10516674727"的身份于 2020-06-12 登录,"总账——日常业务"单击"科目设置",检查科目设置,若无,新增,注意如果存在项目的和本业务设置的科目是不同的,也必须新增科目。

【业务 3-5】 应增设科目,如表 3-5-7 所示。

表 3-5-7 [业务 3-5]应增设科目

单位类型	其他应收科目	其他应收对方科目	应付科目	项目
一般客户	应收账款	应收账款	应收账款	—

(8) 单据生凭证。"总账——日常业务"单击"单据生凭证",勾选"销售发票""其他应收单"和"付款单"并单击"下一步",第二步页面默认并单击"下一步";查询结果页面单击"生成凭证";附单据数改为"6",银行存款科目确定结算日期;现金流量项目选择"07 支付其他与经营活动有关的现金"并确定;记账凭证进行保存。

【业务 3-5】 生成凭证页面,如图 3-5-7 所示。

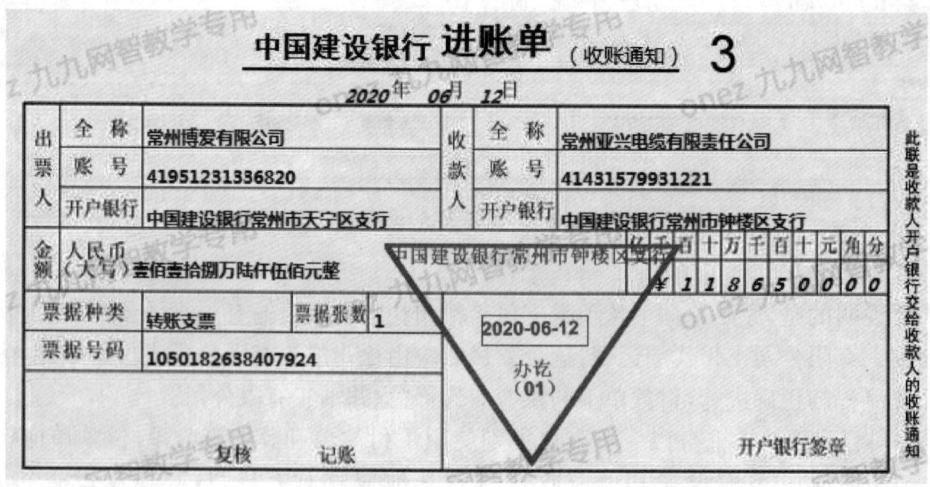

图 3-5-7 [业务 3-5]生成凭证页面

【业务 3-6】 6 月 12 日,取得原始凭证 1 张,业务经办人李丽洁,如表 3-6-1 所示。

表 3-6-1

上述原始凭证中:

表 3-6-1 是中国建设银行进账单的第三联收账通知联,此联应作为收款方收到款项的记账依据。该原始凭证注明,"收款人全称"为本公司,"收款人账号"为 41431579931221,"出票人全称"是常州博爱有限公司,"金额"为 1 186 500.00 元。经查期初数据得知,2020 年

5月30日,"应收账款——常州博爱有限公司"科目的借方余额为1 186 500.00,这表明常州博爱有限公司已向本公司账号为41431579931221的基本户上支付了前欠货款。进行会计核算时,"金额"1 186 500.00元应分别记入"银行存款——建行41431579931221"科目的借方和"应收账款——常州博爱有限公司"科目的贷方。

根据上述分析,该笔业务在T+系统中的操作流程如下:

(1)收款单填制。以出纳朱珊珊"10523340668"的身份于2020-06-12登录,在"往来现金——单据"中单击"收款单";单据日期、单据编号均默认,结算客户选择"常州博爱有限公司",业务类型选择"普通收款",部门选择"销售部",业务员选择"李丽洁";结算方式选择"转账支票",账号名称默认,收款金额录入"1 186 500.00",票据号录入"38407924";该页面单击"选单"并选取"期初应收"记录;该单据分别进行分摊、保存和审核。

【业务3-6】 收款单页面,如图3-6-1所示。

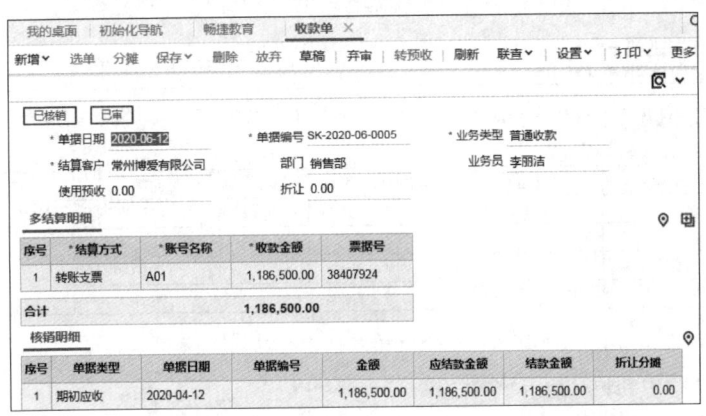

图3-6-1 [业务3-6]收款单页面

(2)单据生凭证。以存货会计钱晓明"10516674727"的身份于2020-06-12登录,"总账——日常业务"单击"单据生成凭证";单据选择"收款单"并单击"下一步";"选择查询条件"页面默认并单击"下一步";查询结果页面单击"生成凭证";"银行存款"科目确定结算日期;现金流量项目选择"01"并确定;记账凭证进行保存。

【业务3-6】 记账凭证页面,如图3-6-2所示。

序号	*摘要	*科目名称	辅助项	借方 亿千百十万千百十元角分	贷方 亿千百十万千百十元角分
1	普通收款	银行存款——建行41431579931221	转账支票 38407924...	1 1 8 6 5 0 0 0 0	
2	普通收款	应收账款	常州博爱有限公司		1 1 8 6 5 0 0 0 0

图3-6-2 [业务3-6]记账凭证页面

【业务3-7】 6月12日,取得原始凭证6张,业务经办人傅世惠,如表3-7-1至表3-7-6所示。

表 3-7-1

经理办公会议纪要

企业根据销售及退货情况分析，本次销售产品的折让率为2%。

赵卫宇　　袁世民　　傅世惠

2020-06-12

表 3-7-2

购销合同

购方：常州长虹有限公司	合同编号：202629
销方：常州亚兴电缆有限责任公司	签订地点：常州市

供需双方本着互利互惠、长期合作的原则，根据《中华人民共和国民法典》及双方的实际情况，就需方向供方采购事宜，订立本合同，以使双方在合同履行中共同遵守。

一、产品名称、数量、单价、金额：

产品名称	规格型号	计量单位	数量	单价	金额	备注
WS01		件	800	1073.50	858800.00	含税金额
合计					￥858800.00	

合计人民币（大写）：捌拾伍万捌仟捌佰元整

二、质量要求、技术标准、供方对质量负责的条件和期限：按合同企业标准。

三、（1）交（提）货地点、方式：江苏省常州市钟楼区齐兴街程海路42号

　　（2）交货日期：2020-06-12

四、付款时间与付款方式：**付款方式：转账支票**

五、运输方式及到站、港和费用负担：**销售方承担**

六、合理损耗及计算方法：以实际数量验收。

七、包装标准、包装物的供应与回收：普通包装，不回收包装物。

八、验收标准、方法及提出异议期限：

　　货到需方七天内提出质量异议，不包括运输过程中造成的质量问题。

　　自收到货物的30天内可以提出折让。

九、违约责任：按《民法典》

十、解决合同纠纷的方式：双方协商解决。

十一、其他约定事项：

　　本合同一式两份，需、供双方各一份，经双方盖章后即生效。

购方（盖章）：常州长虹有限公司	销方（盖章）：常州亚兴电缆有限责任公司
单位地址：江苏省常州市武进区赵发街梁墅路48号	单位地址：江苏省常州市钟楼区齐兴街程海路42号
电　话：0519-29541237	电　话：0519-04811889
签订日期：2020-06-12	签订日期：2020-06-12
开户银行：中国建设银行常州市武进区支行	开户银行：中国建设银行常州市钟楼区支行
账　号：41181171875773	账　号：41431579931221

表 3-7-3

销售单								
购货单位：常州长虹有限公司			地址和电话：江苏省常州市武进区赵爱街梁贵路48号0519-29541237				单据编号：XS8124	
纳税识别号：913204120089594222			开户行及账号：中国建设银行常州市武进区支行 41181171875773				制单日期：2020-06-12	
编码	产品名称	规格		单位	单价	数量	金额	备注
330201	WS01			件	1073.50	800	858800.00	
合计	人民币（大写）：捌拾伍万捌仟捌佰元整					—	￥858800.00	
	销售经理：傅世惠	经手人：傅世惠			会计：李本男		签收人：李京	

表 3-7-4

（正面复印件）

表 3-7-5

表 3-7-5　　　　　　　　　　　　　（反面复印件）

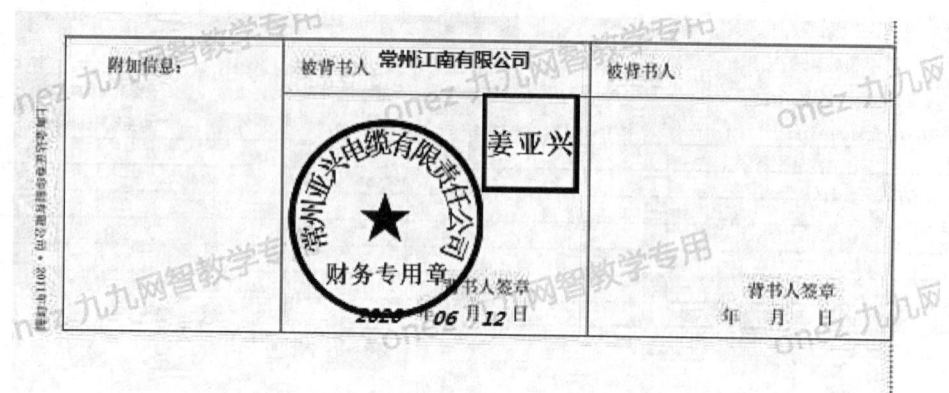

表 3-7-6　　　　　　　　　销售产品成本结转表
2020 年 6 月 12 日

项目	WS01		
	数量	单位成本	总成本
销售	800	450.00	388 000.00
合　计	800	450.00	388 000.00

编制：钱晓明　　　　　　　　　　　　　　　　　　　　　　　　　　审核：袁世民

上述原始凭证中：

表 3-7-1 是经理办公会议纪要，应作为销售方进行预计折让的计算依据。该会议纪要指明"本次销售产品的折让率为 2%"，即销售的 WS01 产品，均按 2%计算预计折让款。

表 3-7-2 是购销合同复印件，此联应作为销售方的记账依据。该合同注明，"购方"是常州长虹有限公司，"销方"是本公司，"产品名称"是 WS01，"数量"为 800 件，"交货日期"与"签订日期"均是 2020 年 06 月 12 日，"提出异议期限"是自收到货物的 30 天内可以提出折让。这表明本公司与常州长虹有限公司签订了销售 800 件 WS01 产品的合同，签订合同当日已经发货，货款折让期限为 30 天，结合表 3-7-1，确认该产品的销售数量为 800 件、销售折让无存货数量；根据 98%和 2%分别确认各产品的主营业务收入和预计负债——应付折让款。

表 3-7-3 是销售单的会计联，此联应作为销售方的记账依据。该原始凭证注明，"购货单位"是常州长虹有限公司，"产品名称"是 WS01，这表明本公司已将 WS01 产品销售给了常州长虹有限公司。

表 3-7-4 是江苏增值税专用发票的第一联记账联，此联应作为销售方生成销售发票及生成销售记账凭证的记账依据。该原始凭证注明，"销售方"是本公司，"购买方"是常州长虹有限公司，"货物或应税劳务、服务名称"是 WS01，这表明本公司向常州长虹有限公司销售了 WS01 产品。进行会计核算时，结合表 3-7-1 和表 3-7-3"金额"760 000.00 元中 744 800.00 元应记入"主营业务收入——商品销售——WS01"科目的贷方，15 200.00 元应记入"预计负债——应付折让款"科目的贷方，"税额"98 800.00 元应记入"应交税费——应交增值税——销项税

额"科目的贷方。

表 3-7-5 是转账支票正联的复印件,此联应作为本公司收到支票后背书转让支付款项的原始依据,该原始凭证正面注明,"出票人签章"是常州长虹有限公司的印签章,"收款人"是本公司,"金额"是 858 800.00 元,与表 3-7-4 上的价税金额一致,这表明常州长虹有限公司已向本公司支付了全部货款;背面"被背书人"是常州江南有限公司,"背书人签章"是本公司签章,同时,2020 年 5 月 30 日"应付账款——供应商——常州江南有限公司"科目的贷方余额为 858 800.00 元,这表明本公司将该支票背书转让给了常州江南有限公司抵付其货款858 800.00 元。进行会计核算时,"金额"858 800.00 元应记入"应付账款——供应商——常州江南有限公司"科目的借方。

表 3-7-6 是销售产品成本结转表,此表作为计算产成品销售成本的记账依据。该原始凭证注明的内容表明,本公司本月销售 WS01 产品数量和总成本分别为 800 件、388 000.00 元,进行会计核算时,根据 WS01 总成本 388 000.00 元,分别记入"主营业务成本——WS01"科目的借方和"库存商品——WS01"科目的贷方。

根据上述分析,该笔业务在 T+ 系统中的操作流程如下:

(1) 存货档案增加。本业务中出现了销售折让,一般将销售折让作为存货处理。需新增存货分类与存货档案。

新增存货分类及档案表,如表 3-7-7 所示。

表 3-7-7　　　　　　　　　　新增存货分类及档案表

存货分类				存货档案				
存货类别编号	存货类别名称	二级类别编号	二级类别名称	具体存货编号	具体存货名称	用途	计量单位	计价方法
34	其他	341	销售	341101	销售折让	劳务费用。税率13%	元	全月平均法

新增存货具体操作流程为:以存货会计钱晓明"10516674727"的身份于"2020-06-12"登录,"基础设置——基本信息"处单击"存货",根据表 3-7-7 录入存货分类及档案。

(2) 销售订单填制。"销售管理——单据"处单击"销售订单";单据编号录入"202629",客户选择"常州长虹有限公司"(在一般客户类别中新增该公司档案并确定),业务员选择"傅世惠",预计交货日期选择"2020-06-12",明细第 1 行,存货名称选择"WS01",数量录入"800",单价录入"931"[950×(1−2%)],第 2 行中,项目选择"WS01产品",存货选择"销售折让",数量录入"1",单价录入"15 200",其他自动生成;该单据保存并审核。

【业务 3-7】　销售订单页面,如图 3-7-1 所示。

图 3-7-1　[业务 3-7]销售订单页面

(3) 销货单生成。在已审核的销售订单页面,"生单"菜单单击"销货单(普通销售)";单据编号录入"XS8124",其他自动生成;该单据保存并审核。

【业务 3-7】 销货单页面,如图 3-7-2 所示。

图 3-7-2　[业务 3-7]销货单页面

(4) 销售发票生成。在已审核的销货单页面,"生单"菜单单击"生成销售发票(普通销售)";发票号录入"32042976",该单据保存并审核。

【业务 3-7】 销售发票页面,如图 3-7-3 所示。

图 3-7-3　[业务 3-7]销售发票页面

(5) 销售出库单生成。在已审核销货单页面,"生单"菜单单击"生销货单(普通销售)";仓库选择"综合库";该单据保存后审核。

【业务 3-7】 销售出库单页面,如图 3-7-4 所示。

图 3-7-4　[业务 3-7]销售出库单页面

(6) 应收冲应付。以出纳朱珊珊"10523340668"的身份于 2020-06-12 登录,"往来现金——往来冲销"单击"应收冲应付";单据日期、单据编号均默认,结算客户选择"常州长虹有限公司",供应商选择"常州江南有限公司",页面单击"选单",应收冲销明细选择"销售发票"记录,应付冲销明细选择"其他应付"记录,冲销金额合计录入"858 800.0";该单据进行分摊和保存。

【业务 3-7】 应收冲销页面,如图 3-7-5 所示。

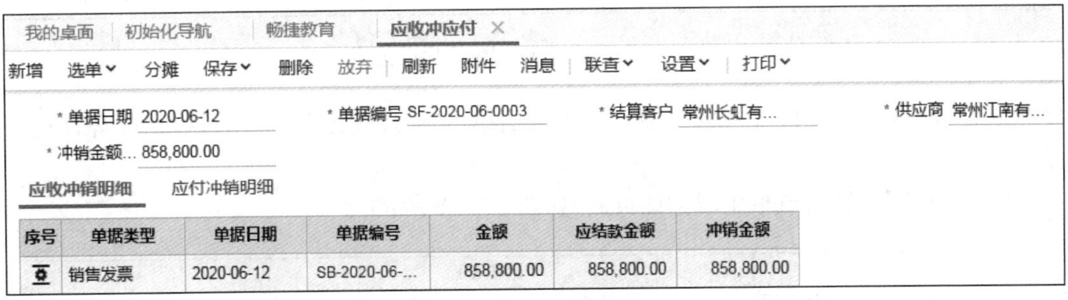

图 3-7-5 [业务 3-7]应收冲销页面

【业务 3-7】 应付冲销页面,如图 3-7-6 所示。

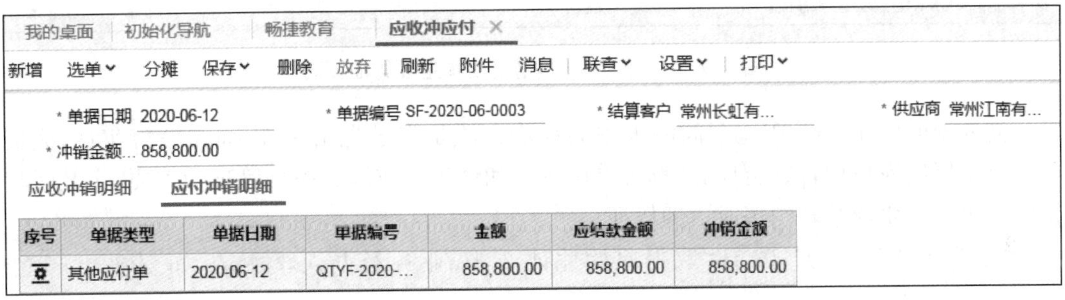

图 3-7-6 [业务 3-7]应付冲销页面

(7) 设置科目、生成销售发票记账凭证。在销售科目应增设:存货名称为"销售折让",入账科目为"预付负债——应付折让款",其流程与生成销售发票凭证合并:以存货会计钱晓明"11207"的身份于 2020-06-12 登录,"总账——日常业务"单击"单据生凭证",勾选"销售发票""应收冲应付"并单击"下一步",第二步页面默认并单击"下一步",查询结果页面单击"生成凭证";附单据数改为"5";记账凭证进行保存。

【业务 3-7】 生成凭证页面,如图 3-7-7 所示。

(8) 生成结转销售成本记账凭证。WS01 商品计价方法为先进先出法,销售出库单生成后,应及时据此单生成凭证。销售出库单需设置存货科目(已预置)及存货对方科目,在存货对方科目中,一般"库存商品"类别的存货,应设置"主营业务成本"科目。科目与生成凭证可合并处理,其流程为"总账——日常业务"单击"科目设置",检查存货对方科目扩展设置:存货分类选择"库存商品",是否设置科目"主营业务成本——商品销售",若无,则新增;"总账——日常业务"单击"单据生凭证",勾选"销售出库单"并单击"下一步",第二步选

记账凭证

* 凭证类别 记账凭证　* 凭证编号 0034　* 制单日期 2020-06-12　附单据数 5

明细　汇总

序号	*摘要	*科目名称	辅助项	…	借方（亿千百十万千百十元角分）	贷方（亿千百十万千百十元角分）
1	应收冲应付	应付账款——供应商	常州江南有限公司		85880000	
2	普通销售/常州长虹有限公司	应交税费——应交增值税——销项税额				9880000
3	普通销售/常州长虹有限公司	预计负债——应付折让款	WS01产品			1520000
4	普通销售/常州长虹有限公司	主营业务收入——商品销售	WS01	件		74480000

图 3-7-7　[业务 3-7]生成凭证页面

择存货为“WS01”并单击“下一步”，查询结果页面单击“生成凭证”，摘要默认，记账凭证进行保存。

【业务 3-7】　销售成本生成凭证页面，如图 3-7-8 所示。

记账凭证

* 凭证类别 记账凭证　* 凭证编号 0035　* 制单日期 2020-06-12　附单据数 1

明细　汇总

序号	*摘要	*科目名称	辅助项	…	借方（亿千百十万千百十元角分）	贷方（亿千百十万千百十元角分）
1	普通销售/常州长虹有限公司	主营业务成本——商品销售	WS01	件	38800000	
2	普通销售/常州长虹有限公司	库存商品	WS01	件		38800000

图 3-7-8　[业务 3-7]销售成本生成凭证页面

需要说明的是，WS01 库存商品采用的计价方法是先进先出法，因而在销售实现，完成并审核销售出库单后，系统自动计算其单位成本和销售总成本。根据管理的需要，应及时根据销售出库单生成结转销售成本的凭证。

【业务 3-8】　6 月 12 日，取得原始凭证 2 张，业务经办人李丽洁，如表 3-8-1 至表 3-8-2 所示。

表 3-8-1

特殊事项处理说明单

日期：2020 年 06 月 12 日

说明事项	本公司应收常州兰陵有限公司的应收账款56160.00元于2019年06月12日已确认坏账损失。2020年06月12日本公司收到常州兰陵有限公司返还的款项56160.00元，经批准，冲销已确认的坏账损失。

批准：赵卫宇　审核：袁世民　说明人：朱珊珊

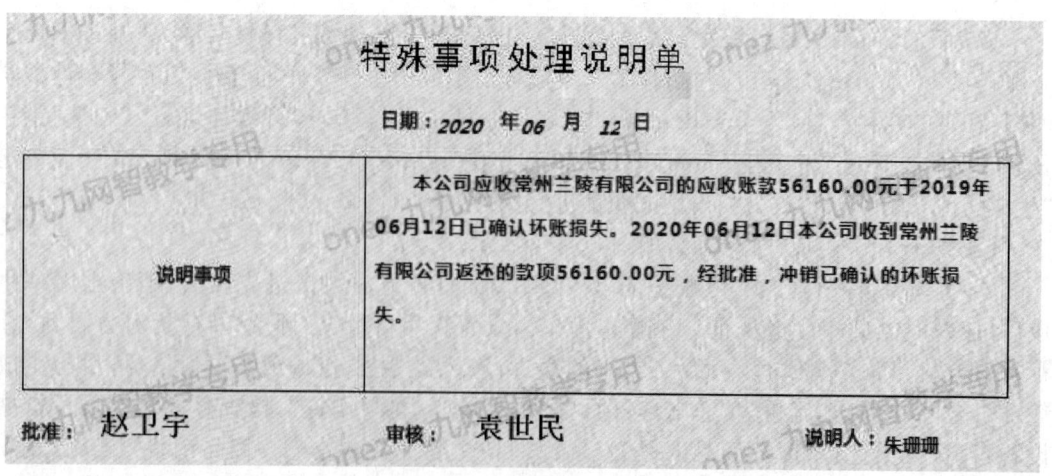

表3-8-2

中国建设银行客户专用回单

币别	人民币		2020 年 06 月 12 日		流水号	320420027J0500810158
付款人	全称	常州兰陵有限公司		收款人	全称	常州亚兴电缆有限责任公司
	账号	41833847965419			账号	41431579931221
	开户行	中国建设银行常州市溧阳市支行			开户行	中国建设银行常州市钟楼区支行
金额	（大写）	人民币伍万陆仟壹佰陆拾元整			（小写）	￥56160.00
凭证种类	网银			凭证号码		
结算方式	转账			用途	货款	

打印柜员：320425584257
打印机构：中国建设银行常州市钟楼区支行
打印卡号：41431579931221

打印时间：2020-06-12 交易柜员：320425584268 交易机构：320410547

上述原始凭证中：

表3-8-1是特殊事项处理说明，此说明应作为收款方的记账依据。该原始凭证注明，常州兰陵有限公司所欠货款已于2018年6月2日作坏账损失处理，但于2020年6月12日又收回。

表3-8-2是中国建设银行客户专用回单第二联贷方回单，此联应作为收款方收取款项的记账依据。该原始凭证注明，"收款人全称"为本公司，"收款人账号"是41431579931221，"金额"是56 160.00元，"付款人全称"是常州兰陵有限公司，这表明本公司账号为41431579931221的基本户上收到了常州兰陵有限公司的货款。

根据表3-8-1和表3-8-2，进行会计核算时，"金额"56 160.00元应分别记入"银行存款——建行41431579931221"科目的借方和"坏账准备——应收账款坏账准备"科目的贷方。

根据上述分析，该笔业务在T＋系统中的操作流程如下：

(1) 客户档案增加、收入档案增加。以出纳朱珊珊"10523340668"的身份于"2020-06-12"登录，"基础设置——基本信息"处，单击"往来单位"，增加常州兰陵有限公司客户档案（单位类别：一般客户，纳税号：913204143336781472，开户银行及账号：建行常州溧阳支行，4183384796514）；在"基础设置——收付结算"中单击"收入"，在收入下，新增编码"53"，名称"收回已发生坏账"的具体收入。

(2) 收入单填制。"往来现金——单据"单击"收入单"；单据日期、单据编号均默认，业务类型选择"往来收入"，票据类型选择"收据"，往来单位选择"常州兰陵有限公司"，部门选择"销售部"，业务员选择"李丽洁"，收入名称选择"收回已发生坏账"，金额录入"56 160.00"；该单据保存并审核。

【业务3-8】 其他应收单页面，如图3-8-1所示。

(3) 收款单填制。"往来现金——单据"处单击"收款单"；供应商选择"常州兰陵有限公司"，业务类型选择"普通收款"，部门选择"销售部"，业务员选择"李丽洁"，结算方式选择"网银"，账号名称默认，收款金额录入"56 160"，票据号录入"00810158"，页面单击"选单"并选

图 3-8-1 [业务 3-8]其他应收单页面

择"收入单";该单据分别进行分摊、保存和审核。

【业务 3-8】 收款单页面,如图 3-8-2 所示。

图 3-8-2 [业务 3-8]收款单页面

(4) 科目设置及单据生凭证。常州兰陵有限公司属于一般客户,因此,收入单中收入科目扩展设置中新增收入"收回已发生坏账"入账科目为"坏账准备——应收账款坏账准备";其他应收科目应检查单位类别"一般客户"、入账科目是否是"应收账款"。科目设置与生成凭证流程合并:以存货会计钱晓明"10516674727"的身份于 2020-06-12 登录,"总账——日常业务"单击"单据生成凭证",单据选择"收入单"和"收款单"并单击"下一步","选择查询条件"页面默认并单击"下一步",查询结果页面单击"生成凭证";此时根据提示进行科目设置;科目设置完成后,查询结果页面刷新并单击"生成凭证";"银行存款"科目确定结算日期,现金流量项目选择"01"并确定,记账凭证进行保存。

【业务 3-8】 合并生成记账凭证页面,如图 3-8-3 所示。

图 3-8-3 [业务 3-8]合并生成记账凭证页面

需要说明的是,设计的流程应该具有通用性,该业务不论是小企业还是大中企业都会发生,小企业准则将该业务作为收入处理。因此,本教材基于通用性、易用性原则,优先采用收入单。

【业务 3-9】 6 月 12 日,取得原始凭证 2 张,业务经办人李丽洁,如表 3-9-1 和表 3-9-2 所示。

表 3-9-1

镇江市中级人民法院破产终结公告

本院根据债务人镇江岳山有限公司的申请,已于2020年02月13日依法宣告上述单位破产还债。经破产清算组清算,镇江岳山有限公司的破产财产在优先拨付破产费用和职工安置费用后,已无资金清偿二、三顺序破产债权,其他债权人的清偿率为零。现破产财产已分配完毕,本院根据清算组的申请,已于2020年06月04日依法裁定终结本案的破产还债程序,未得到清偿的债权不再清偿。

特此公告

镇江市中级人民法院

2020-06-04

表 3-9-2

经理办公会议纪要

根据镇江市中级人民法院关于镇江岳山有限公司破产终结公告,应收镇江岳山有限公司的应收账款79100.00元(人民币柒万玖仟壹佰元整),已无法收回。

参加人员:赵卫宇 傅世惠 袁世民

2020-06-12

上述原始凭证中:

表 3-9-1 是镇江市中级人民法院破产终结公告,应作为债权人确认坏账损失的记账依据。该原始凭证注明,镇江岳山有限公司已于 2020 年 6 月 4 日被裁定终结破产还债程序,这表明未得到清偿的所有债权人都因无法收回债权而应确认坏账损失。

表 3-9-2 是本公司的经理办公会议纪要,应作为债权人确认坏账损失的记账依据。该原始凭证注明,应收镇江岳山有限公司的 79 100.00 元已无法收回,结合表 3-9-1 应该确认为坏账损失。进行会计核算时,"金额"79 100.00 元应分别记入"坏账准备——应收账款坏账准备"科目的借方和"应收账款——镇江岳山有限公司"科目的贷方。

根据上述分析,该笔业务在 T+系统中的操作流程如下:

(1) 费用单填制。以出纳朱珊珊"10523340668"的身份于 2020-06-12 登录,"往来现金——单据"处单击"费用单";往来单位选择"镇江岳山有限公司",记账方向选择"应收",部门选择"销售部",业务员选择"李丽洁",费用栏单击右侧图标,选择费用分类大类,新增编码"44",名称"确认坏账损失",费用类型为"其他费用"的费用,页面进行确定;金额录入"79 100";该单据保存并审核。

【业务 3-9】 确认坏账损失页面,如图 3-9-1 所示。

图 3-9-1 [业务 3-9]确认坏账损失页面

(2) 科目设置。费用单一般需设置费用科目和费用对方科目。其中,费用科目是对"确认坏账损失"费用设置其入账科目,其入账科目代码为"123101";费用单中记账方向为"应收",则费用对方科目在其他应收科目中设置,单位类型为"一般客户",科目代码为"1122"。具体流程为:以存货会计钱晓明"10516674727"的身份于 2020-06-12 登录,"总账——日常业务"单击"科目设置",费用科目扩展设置中新增费用类型为"其他费用",费用名称"确认坏账损失",入账科目为"123101",费用科目扩展设置保存,退出。单击打开其他应收科目扩展设置,首先检查是否存在单位类别"一般客户",入账科目为"1122"的科目设置,若不存在,新增一行,在新增行中进行设置并保存。

(3) 单据生凭证。"总账——日常业务"单击"单据生成凭证",单据选择"费用单"并单击"下一步","选择查询条件"页面默认并单击"下一步",查询结果页面单击"生成凭证";附单据数改为"2";记账凭证进行保存。

【业务 3-9】 记账凭证页面,如图 3-9-2 所示。

图 3-9-2 [业务 3-9]记账凭证页面

【业务 3-10】 原始凭证共 1 张,于 2020 年 6 月 30 日取得,如表 3-10-1 所示。

表 3-10-1

坏账准备计算表

2020-06-30　　　　　　　　　　　　　　　　　　　　　　　　　　　单位：元

项目	应收款项期末余额	计提比例	坏账准备期初余额	借方发生额	贷方发生额	应补提金额	应冲减金额
应收账款坏账准备	6937400	5%	68280	79100	56160	301530.00	0.00
合计	6937400.00		68280.00	79100.00	56160.00	301530.00	0.00

制表：钱晓明　　　　　　　　　　　　　　　　　　　　　　　　　　　审核：袁世民

上述原始凭证中：

表 3-10-1 是坏账准备计提表，此表应作为期末计提应收账款坏账准备的记账依据。该原始凭证的内容注明，"应收款项期末余额"是 6 937 400.00 元，"计提比例"是 5%，"坏账准备期初余额"是 68 280.00 元，"本期确认坏账损失"是 79 100.00 元，"已确认坏账本期收回"是 56 160.00 元，"应补提金额"是 301 530.00 元。这表明本月应计提坏账准备金额是 301 530.00 元。进行会计核算时，"应补提金额"301 530.00 元应分别记入"信用减值损失——坏账损失"科目的借方和"坏账准备——应收账款坏账准备"科目的贷方。

本教材中对于其他应收款，没有发生与其他单位之间的业务往来。对其他应收款不计提坏账。

根据上述分析，该笔业务在 T+系统中的操作流程如下：

（1）自定义结转设置。以存货会计钱晓明"10516674727"的身份于 2020-06-30 登录，在"总账——期末处理"单击"自定义结转"；自动定义结转页面单击"转账设置"；转账编号录入"63"，转账说明录入"计提应收账款坏账准备"，第 1 行科目编码录入"670201"，方向选择"借方"，金额公式栏单击"▦"图标，选择"CE()"（表示借贷平衡差额）；第 2 行科目录入"123101"，方向选择"贷方"，金额公式录入"QM("1122","RMB","年","月")*0.05－QM("123101","RMB","年","月")"，页面进行保存。

【业务 3-10】 计提应收账款坏账准备自定义结转设置页面，如图 3-10-1 所示。

我的桌面	初始化导航	畅捷教育	总账	自定义结转	自定义转账设置 ×

上张▼　下张▼　新增　保存　删除　复制　退出

*转账编号 3-10-1	*转账说明 计提坏账准备	*转账类别 公式结转	*凭证类别 记账凭证 ▼

序号	*摘要	*科目编码	辅助项	方向	金额公式
1	计提坏账准备	670201		借方	CE()
2	计提坏账准备	123101		贷方	QM("1122","RMB","年","月")*0.05-QM("123101","RMB","年","月")

图 3-10-1　[业务 3-10]计提应收账款坏账准备自定义结转设置页面

需要说明的是，"坏账准备——应收账款坏账准备"科目贷方金额公式中，"QM("1122","RMB","年","月")"是指应收账款期末余额，凡属应收账款属性的款项均在"应收账款"中核算；"0.05"是指坏账准备计提率"5%"，在公式中只能以数值形式出现；"QM("123101","RMB","年","月")"是"坏账准备——应收账款坏账准备"科目计提前余额，不能有方向，T+系统会自动根据其方向进行调整，若在贷方，为正数，若在借方，为负数（一个会计期间，每个科目只能是一个方向）。因此，计提（冲减）应收账款坏账准备的会计公式为"应收账款期末余额×坏账准备计提率－应收账款坏账准备计提前贷方余额或＋应收账款坏账准备计提前借方余额”设置的金额公式为“QM("1122","RMB","年","月")*0.05－QM("123101","RMB","年","月")”。

(2) 生成凭证。在自定义结转页面单击“刷新”后选择“计提应收账款坏账损失”,“包含未记账凭证”勾选其复选框,页面单击“生成凭证”,凭证编号改为“70”,记账凭证进行保存。

【业务 3-10】 计提应收账款坏账准备生成凭证页面,如图 3-10-2 所示。

记账凭证

*凭证类别 记账凭证　*凭证编号 0070　*制单日期 2020-06-30　附单据数 1

明细　汇总

序号	*摘要	*科目名称	借方											贷方										
			亿	千	百	十	万	千	百	十	元	角	分	亿	千	百	十	万	千	百	十	元	角	分
1	计提坏账准备	信用减值损失——坏账损失				3	0	1	5	3	0	0	0											
2	计提坏账准备	坏账准备——应收账款坏账准备															3	0	1	5	3	0	0	0

图 3-10-2 [业务 3-10]计提应收账款坏账准备生成凭证页面

(三) 预收款销售业务

【业务 3-11】 6 月 12 日,取得原始凭证 1 张,业务经办人李丽洁,如表 3-11-1 所示。

表 3-11-1

中国建设银行客户专用回单

币别: 人民币　2020 年 06 月 12 日　流水号 320420027J0500810149

付款人	全称	南京六合有限公司	收款人	全称	常州亚兴电缆有限责任公司
	账号	41835226486991		账号	41431579931221
	开户行	中国建设银行南京市建邺区支行		开户行	中国建设银行常州市钟楼区支行
金 额		(大写) 人民币叁拾万元整		(小写)	¥300000.00
凭证种类		网银	凭证号码		
结算方式		转账	用途		预付款
			打印柜员: 320425584257 打印机构: 中国建设银行常州市钟楼区支行 打印卡号: 41431579931221		中国建设银行常州市钟楼区支行 电子回单 专用章

第二联贷方(回单)

打印时间: 2020-06-12　交易柜员: 320425584268　交易机构: 320410508

上述原始凭证中:

表 3-11-1 是中国建设银行客户专用回单第二联贷方回单,此联应作为收款方收取款项的记账依据。该原始凭证注明,“收款人全称”为本公司,“收款人账号”为 41431579931221,“付款人全称”是南京六合有限公司,“金额”是 300 000.00 元,“用途”是预付货款,这表明本公司账号为 41431579931221 的基本户上收到了南京六合有限公司预付的货款 300 000.00 元。进行会计核算时,“金额”300 000.00 元应分别记入“银行存款——建行 41431579931221”科目的借方和“合同负债——南京六合有限公司”科目的贷方。

根据上述分析，该笔业务在T+系统中的操作流程如下：

(1) 收款单填制。以出纳朱珊珊“10523340668”的身份于2020-06-12登录，在“往来现金——单据”中单击“收款单”；单据日期、单据编号均默认，结算客户选择“南京六合有限公司”(在一般客户类别中新增该公司档案)，业务类型选择“预收款”，业务员选择“李丽洁”；结算方式选择“网银”，账号名称默认，收款金额录入“300 000”，票据号录入“00810149”，该单据保存并审核。

【业务3-11】 收款单页面，如图3-11-1所示。

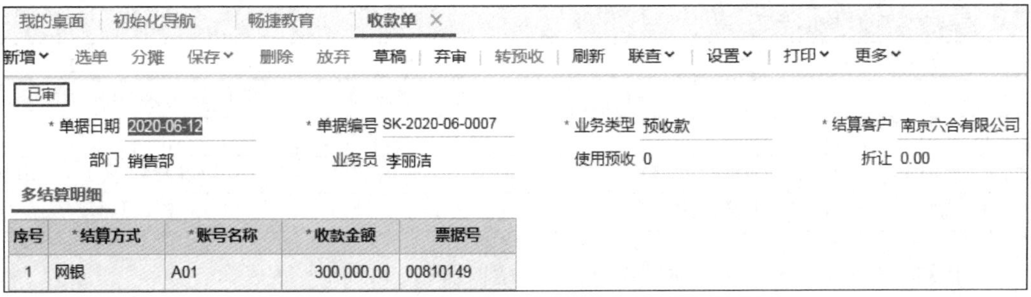

图3-11-1 [业务3-11]收款单页面

(2) 生成凭证。以存货会计钱晓明“10516674727”的身份于2020-06-12登录，“总账——日常业务”单击“单据生成凭证”，单据选择“收款单”并单击“下一步”，“选择查询条件”页面默认并单击“下一步”，查询结果页面单击“生成凭证”；“银行存款”科目确定结算日期；现金流量项目选择“01”并确定，记账凭证进行保存。

【业务3-11】 记账凭证页面，如图3-11-2所示。

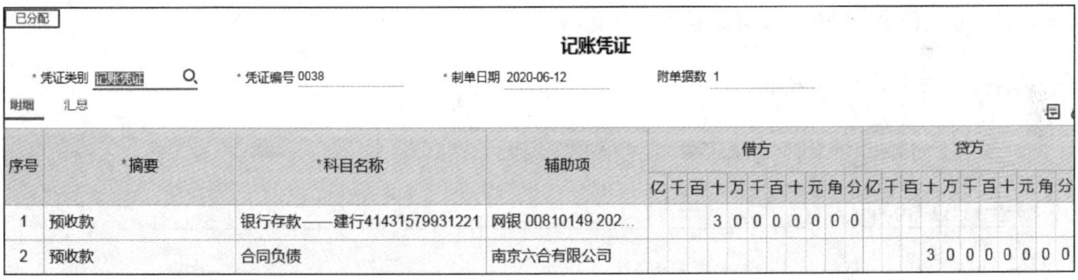

图3-11-2 [业务3-11]记账凭证页面

【业务3-12】 6月13日，取得原始凭证5张，业务经办人李丽洁，如表3-12-1至表3-12-5所示。

表3-12-1

经理办公会议纪要

企业根据销售及退货情况分析，本次销售产品的退货率为5%。

赵卫宇　袁世民　傅世惠

2020-06-13

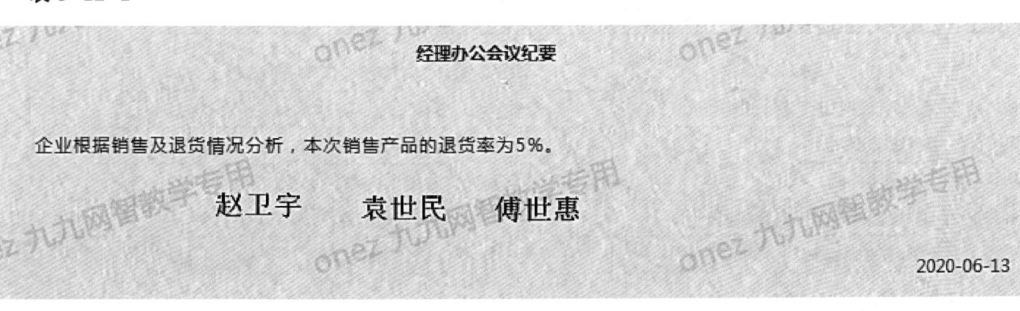

表 3-12-2

购销合同

购方：南京六合有限公司　　　　　　合同编号：202630
销方：常州亚兴电缆有限责任公司　　　签订地点：常州市

供需双方本着互利互惠、长期合作的原则，根据《中华人民共和国民法典》及双方的实际情况，就需方向供方采购事宜，订立本合同，以使双方在合同履行中共同遵守。

一、产品名称、数量、单价、金额：

产品名称	规格型号	计量单位	数量	单价	金额	备注
Y202		件	400	1525.50	610200.00	含税金额
合计					￥610200.00	

合计人民币（大写）：陆拾壹万零贰佰元整

二、质量要求、技术标准、供方对质量负责的条件和期限：按合同企业标准。

三、（1）交（提）货地点、方式：江苏省常州市钟楼区齐兴街程海路42号

（2）交货日期：2020-06-13

四、付款时间与付款方式：**付款方式：签订合同时以网银预付部分货款，余款在收货时支付。**

五、运输方式及到站、港和费用负担：销售方承担

六、合理损耗及计算方法：以实际数量验收。

七、包装标准、包装物的供应与回收：普通包装，不回收包装物。

八、验收标准、方法及提出异议期限：

货到需方七天内提出质量异议，不包括运输过程中造成的质量问题。

自收到货物的30天内可以提出退货，运费由购货方承担。

九、违约责任：按《民法典》

十、解决合同纠纷的方式：双方协商解决。

十一、其他约定事项：

本合同一式两份，需、供双方各一份，经双方盖章后即生效。

购方（盖章）：南京六合有限公司　　　　销方（盖章）：常州亚兴电缆有限责任公司
单位地址：江苏省南京市建邺区苏街张勇路14号　单位地址：江苏省常州市钟楼区齐兴街程海路42号
电　话：025-36556000　　　　　　　　电　话：0519-04811889
签订日期：2020-06-12　　　　　　　　签订日期：2020-06-12
开户银行：中国建设银行南京市建邺区支行　开户银行：中国建设银行常州市钟楼区支行
账　号：41835226486991　　　　　　　账　号：41431579931221

表 3-12-3

表 3-12-4

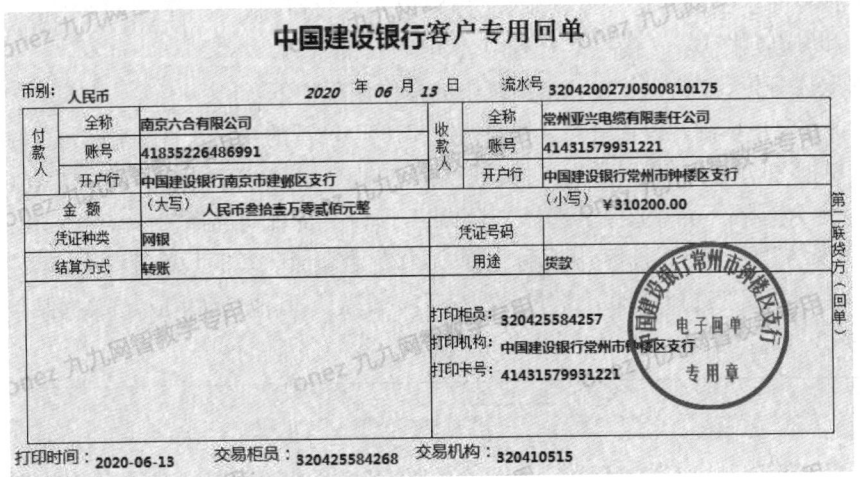

表 3-12-5

上述原始凭证中：

表 3-12-1 是经理办公会议纪要，应作为销售方进行预计退货的计算依据。该会议纪要指明"本次销售产品的退货率为 5‰"，即销售的 Y202 产品，按 5‰计算预计退货数量及预计退货款。

表 3-12-2 是购销合同复印件，此联应作为销售方的记账依据。该合同注明，"购方"是南京六合有限公司，"销方"是本公司，"产品名称"是 Y202，"数量"为 400 件，"交货日期"与

"签订日期"均是2020年06月12日,"提出异议期限"是自收到货物的30天内可以提出退货。这表明本公司与南京六合有限公司签订了销售400件Y202产品的合同,签订合同当日已经发货,合同规定退货期限是30天,结合表3-12-1,根据95%和5%分别确认该产品的销售数量、预计退货数量;根据95%和5%分别确认该产品的主营业务收入和预计负债。

表3-12-3是销售单的会计联,此联应作为销售方的记账依据。该原始凭证注明,"购货单位"是南京六合有限公司,"产品名称"是Y202,这表明本公司已将Y202产品销售给了南京六合有限公司。

表3-12-4是江苏增值税专用发票的第一联记账联,此联应作为销售方生成销售发票及生成销售记账凭证的记账依据。该原始凭证注明,"销售方"是本公司,"购买方"是南京六合有限公司,"货物或应税劳务、服务名称"是Y202,这表明本公司销售了Y202产品给南京六合有限公司,"价税合计"为610 200.00元,[业务3-11]已预收南京六合有限公司货款300 000.00元,因此,尚需收取南京六合有限公司货款310 200.00元。进行会计核算时,已预收的款项300 000.00元应记入"合同负债——南京六合有限公司"科目借方,尚应收取的货款310 200.00元应记入"应收账款——南京六合有限公司"科目借方("合同负债"科目余额方向只允许在贷方),"金额"540 000.00元中513 000.00元应记入"主营业务收入——商品销售——Y202"科目的贷方,27 000.00元应记入"预计负债——应付退货款"科目的贷方,"税额"70 200.00元应记入"应交税费——应交增值税——销项税额"科目的贷方。

表3-12-5是中国建设银行客户专用回单的第二联贷方回单,此联应作为收款方收到款项的记账依据。该原始凭证注明,"收款人全称"为本公司,"收款人账号"为41431579931221,"付款人全称"是南京六合有限公司,金额310 200.00元,结合[业务3-11]和表3-12-5,南京六合公司已预付货款300 000.00元,现已实现销售610 200.00元,这表明南京六合有限公司向本公司账号为41431579931221的基本户补付了货款310 200.00元。进行会计核算时,"金额"310 200.00元应分别记入"银行存款——建行41431579931221"科目的借方和"应收账款——南京六合有限公司"科目的贷方。

根据上述分析,该笔业务在T+系统中的操作流程如下:

(1)销售订单填制。以存货会计钱晓明"10516674727"的身份于2020-06-13登录,"销售管理——单据"处单击"销售订单";单据日期录入"2020-06-12",单据编号录入"202630",客户选择"南京六合有限公司",业务员选择"李丽洁",预计交货日期选择"2020-06-13",结算方式选择"全额现结",明细第1行,存货名称选择"Y202",数量录入"380",单价默认,第2行中,项目选择"预计退货",存货选择"Y202",数量录入"20",单价默认,其他自动生成,该单据保存并审核。

【业务3-12】 销售订单,如图3-12-1所示。

序号	项目	存货名称	规格型号	销售单位	数量	最新含税售价	单价	税率	含税单价	金额	含税金额	预计交货日期
1		Y202		件	380.00	1,525.50	1,350.00	13.00%	1,525.50	513,000.00	579,690.00	2020-06-13
2	预计退货	Y202		件	20.00	1,525.50	1,350.00	13.00%	1,525.50	27,000.00	30,510.00	2020-06-13

图3-12-1 [业务3-12]销售订单

（2）销货单生成。以存货会计钱晓明"10516674727"的身份于2020-06-13登录,在已审的销售订单页面,"生单"菜单单击"销货单(普通销售)";单据编号录入"XS8125",该单据保存并审核。

【业务3-12】 销货单页面,如图3-12-2所示。

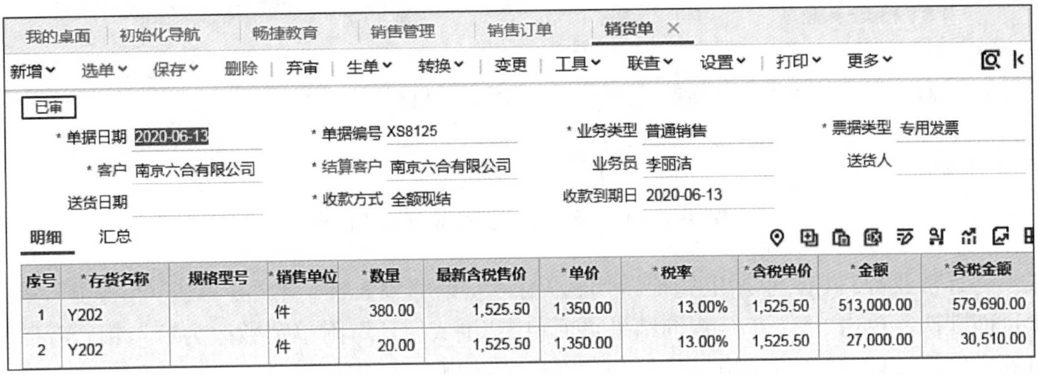

图3-12-2 [业务3-12]销货单页面

（3）销售发票生成。在已审销货单页面,"生单"菜单单击"生成销售发票(普通销售)";发票号录入"32042977",在使用预收中录入"300 000(由系统自动完成预收冲应收)",现结金额中选择结算方式"网银",票据号录入"00810157"并确定,该单据保存并审核。

【业务3-12】 销售发票页面,如图3-12-3所示。

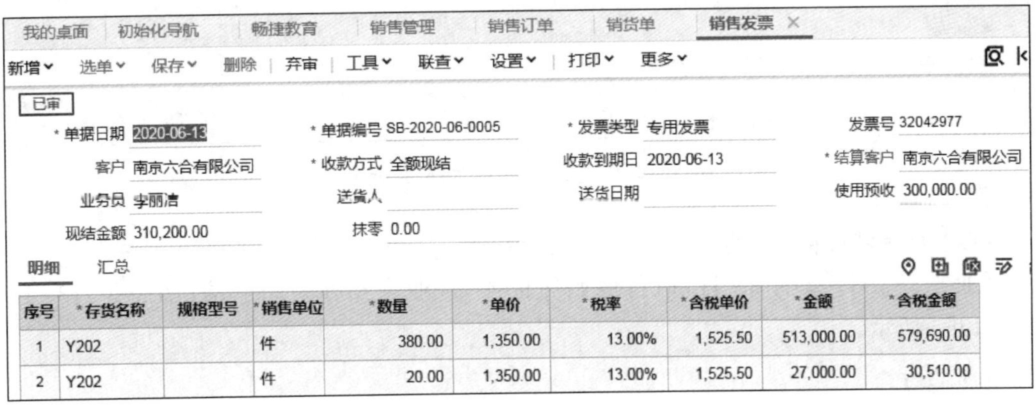

图3-12-3 [业务3-12]销售发票页面

需要说明的是:销售发票中"使用预收"是预收货款结算,在销售发票中操作后,在系统中自动完成了预收冲应收的工作。在生成凭证时,必须勾选"预收冲应收"选项,才能保证凭证生成的正确。

（4）销售出库单生成。在已审的销货单击页面,"生单"菜单单击"销售出库单(普通销售)";仓库选择"综合库",该单据保存并审核。

【业务3-12】 销售出库单页面,如图3-12-4所示。

（5）收款单审核。以出纳朱珊珊"10523340668"的身份于2020-06-13登录,在"往来现金——单据"中单击"收款单",已审核收款单定位并审核。

（6）单据生凭证。以存货会计钱晓明"10516674727"的身份于2020-06-13登录,"总

![图 3-12-4 [业务 3-12]销售出库单页面]

账——日常业务"单击"单据生凭证",勾选"销售发票""预收冲应收"并单击"下一步",第二步页面默认并单击"下一步",查询结果页面单击"生成凭证";附单据数改为"5",银行存款科目确定结算日期,现金流量项目选择"01"并确定;记账凭证进行保存。

【业务 3-12】 生成凭证页面,如图 3-12-5 所示。

图 3-12-5　[业务 3-12]生成凭证页面

(四) 存货销售特殊业务

【业务 3-13】　6 月 13 日,取得原始凭证 4 张,业务经办人李丽洁,如表 3-13-1 至表 3-13-4 所示。

表 3-13-1

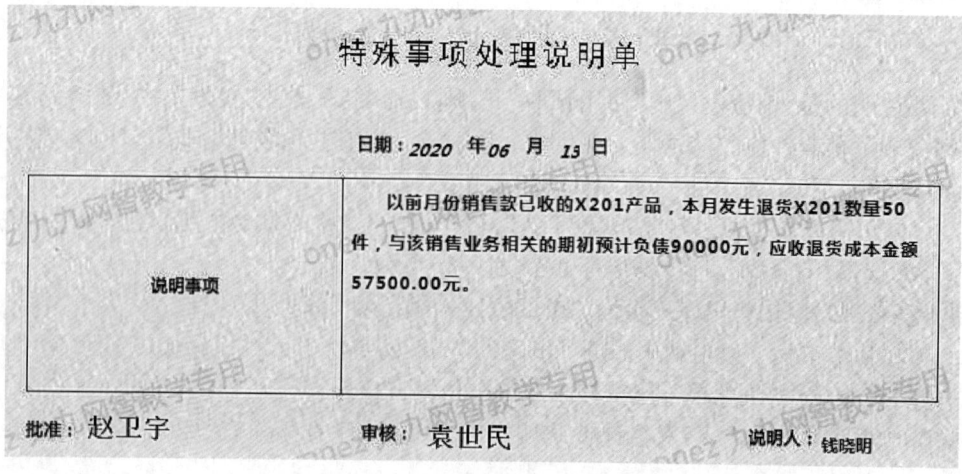

表 3-13-2

简易入库单

2020年06月13日　　　　　　　　　　　　　　　编号 RK7158

产品编号	名称	规格	计量单位	数量	单位成本	金额	备注
330102	X201		件	50	1150	57500.00	上月的销售本月退货
							该货物无实质性损伤
							入综合库

交库人：徐建慧　　　　　　　　　　　　　　　　　收货人：孙民里

表 3-13-3

江苏增值税专用发票

3204184140　销项负数　　　№ 32042979　　3204184140 / 32042978

开票日期：2020年06月13日

购买方：
名称：无锡大禹有限公司
纳税人识别号：913202113655474468
地址、电话：江苏省无锡市滨湖区胡宪街杨军路05号 0510-75658704
开户行及账号：中国建设银行无锡市滨湖区支行 41390940281422

货物或应税劳务、服务名称	规格型号	单位	数量	单价	金额	税率	税额
*电线电缆*X201		件	-50	1800.00	-90000	13%	-11700.00
合计					¥-90000.00		¥-11700.00

价税合计（大写）　（负数）壹拾万壹仟柒佰元整　　（小写）¥-101700.00

销售方：
名称：常州亚兴电缆有限责任公司
纳税人识别号：913204044709457987
地址、电话：江苏省常州市钟楼区齐兴街程海路42号 0519-04811889
开户行及账号：中国建设银行常州市钟楼区支行 41431579931221

收款人：　　复核：　　开票人：朱珊珊　　销售方：（章）

表 3-13-4

中国建设银行客户专用回单

币别：人民币　　2020年06月13日　　流水号 320420027J0500810213

付款人	全称	常州亚兴电缆有限责任公司	收款人	全称	无锡大禹有限公司
	账号	41431579931221		账号	41390940281422
	开户行	中国建设银行常州市钟楼区支行		开户行	中国建设银行无锡市滨湖区支行

金额：（大写）人民币壹拾万壹仟柒佰元整　　（小写）¥101700.00

凭证种类：网银　　凭证号码：
结算方式：网银　　用途：退货款

打印柜员：320425584257
打印机构：中国建设银行常州市钟楼区支行
打印卡号：41431579931221

打印时间：2020-06-13　　交易柜员：320425584257　　交易机构：320410574

上述原始凭证中：

表 3-13-1 是特殊事项处理说明单，此联应作为销售方的记账依据。该原始凭证注明，"以前月份销售款已收的 X201 产品，本月发生退货 X201 数量 50 件，与该销售业务相关的期初预计负债 9 000 元，应收退货成本金额 57 500 元。"这表明以前月份销售的 X201 产品，在销售时款已收到，且在销售时已进行了预计退货处理，本月发生 50 件产品退货。

表 3-13-2 是简易入库单的业务联，此联应作为销售方的记账依据。该原始凭证注明，"名称"是 X201，"备注"注明是上月份销售本月退货，且退入综合库，这表明是上月销售的 X201 产品本月退货入库。进行会计核算时，根据表 3-13-1，预计退货产品总成本 57 500.00 元，分别记入"库存商品——X201"科目的借方和"应收退货成本——X201"科目的贷方。

表 3-13-3 是江苏增值税专用发票的第一联记账联，此联应作为销售方的记账依据。该原始凭证注明，"销售方"是本公司，"购买方"是无锡大禹有限公司，"货物或应税劳务、服务名称"是 X201 产品，"数量"是－50 件，这表明本公司以前销售给无锡大禹有限公司的 X201 产品退回了 50 件。进行会计核算时，"金额"－90 000.00 元应记入"预计负债——应付退货款——X201"科目的贷方，"税额"－11 700.00 元应记入"应交税费——应交增值税——销项税额"科目的贷方。

表 3-13-4 是中国建设银行客户专用回单的第一联借方回单，此联应作为付款方付款的记账依据。该原始凭证注明，"付款人全称"是本公司，"账号"是 41431579931221，"收款人全称"是无锡大禹有限公司，"金额"为 101 700.00 元，与表 3-13-2 上的价税金额一致，"凭证种类"是网银行，"用途"是退货，这表明本公司已通过账号为 41431579931221 的基本户以网银方式向无锡大禹有限公司支付了所有退货款。进行会计核算时，"金额"101 700.00 元应记入"银行存款——建行 41431579931221"科目的贷方。

根据上述分析，该笔业务在 T＋系统中的操作流程如下：

（1）退货单填制。以存货会计钱晓明"10516674727"的身份于 2020-06-13 登录，"销售管理——单据"单击"销货单"；单据编号录入"RK7158"（以简易入库单的编号作为依据处理），业务类型选择"销售退货"（可以直接在导航中单击"销货单——退货单"，业务类型自动为"销售退货"），客户选择"无锡大禹有限公司"（在"一般客户"类别新增该公司档案，其性质为"客户/供应商"），业务员选择"李丽洁"，存货名称选择"X201"，项目选择"预计退货"（在"设置——单据设置"的明细页中勾选项目，确定，销货单中显示项目栏），数量录入"－50"，单价默认；该单据保存并审核。

【业务 3-13】 退货单页面，如图 3-13-1 所示。

图 3-13-1　[业务 3-13]退货单页面

需要说明的是，凡销售退回，其退回存货必须注明项目为"预计退货"，才能保证会计核算的正确。

（2）销售发票生成。在已审的销货单页面，"生单"菜单单击"生成销售发票（销售退货）"；发票号录入"32042979"，该单据保存并审核。

【业务3-13】 销售发票页面，如图3-13-2所示。

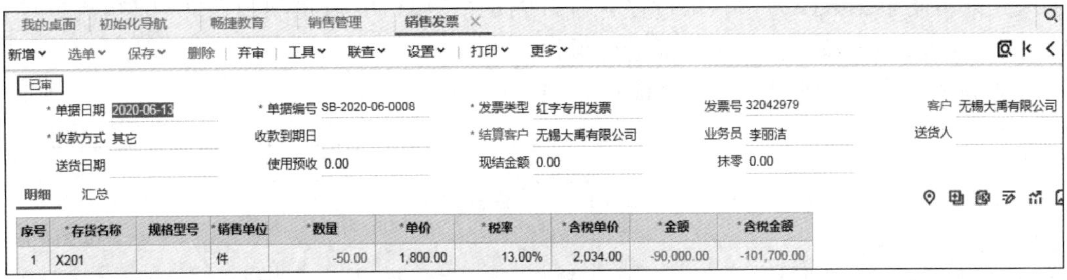

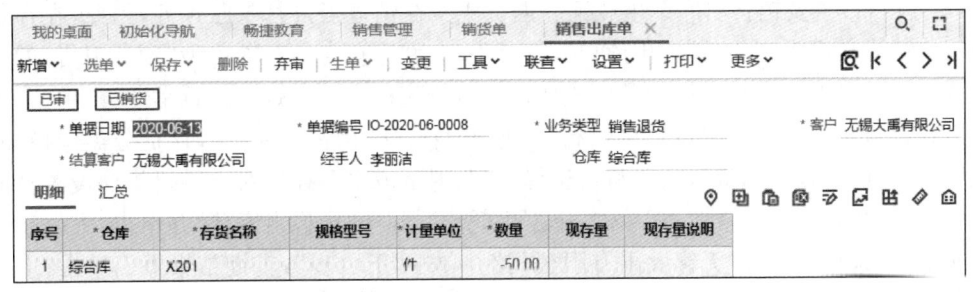

图3-13-2　[业务3-13]销售发票页面

（3）销售出库单生成。在已审的销货单页面，"生单"菜单单击"销售出库单（销售退货）"；仓库选择"综合库"，该单据保存并审核。

【业务3-13】 销售出库单页面，如图3-13-3所示。

图3-13-3　[业务3-13]销售出库单页面

（4）付款单填制。以出纳朱珊珊"10523340668"的身份于2020-06-13登录，"往来现金——单据"单击"付款单"，供应商选择"无锡大禹有限公司"，部门选择"销售部"，业务员选择"李丽洁"，结算方式选择"网银"，金额录入"101 700"，票据号录入"00810213"，该单据保存并审核。

【业务3-13】 付款单，如图3-13-4所示。

图3-13-4　[业务3-13]付款单

(5) 销售发票生成凭证。科目设置中付款单应设置应付科目，在一般客户类型下，应设置“应收账款”科目。科目设置与生成凭证流程相合并，其流程为：以存货会计钱晓明“10516674727”的身份于 2020-06-13 登录，“总账——日常业务”单击“单据生凭证”，勾选“销售发票”“付款单”(需检查应付科目扩展设置是否有单位类别是“一般客户”，入账科目是“应收账款”的记录)并单击“下一步”，第二步页面默认并单击“下一步”，查询结果页面单击“生成凭证”，附单据数改为“3”，银行存款科目确定结算日期，流量项目改为“01”，流量项目金额改为负数金额并确定；记账凭证进行保存。

【业务 3-13】 生成红字收入凭证页面，如图 3-13-5 所示。

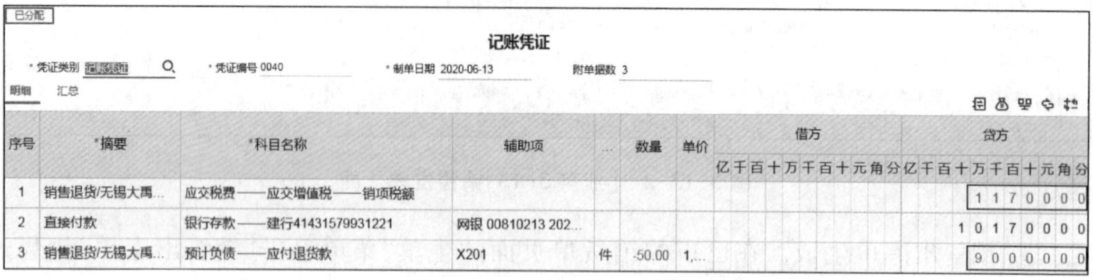
已分配

记账凭证

*凭证类别 记账凭证　*凭证编号 0040　*制单日期 2020-06-13　附单据数 3

明细　汇总

序号	*摘要	*科目名称	辅助项	...	数量	单价	借方	贷方
1	销售退货/无锡大禹...	应交税费——应交增值税——销项税额						1170000
2	直接付款	银行存款——建行41431579931221	网银 00810213 202...					10170000
3	销售退货/无锡大禹...	预计负债——应付退货款	X201	件	-50.00	1,...		9000000

图 3-13-5 [业务 3-13]生成红字收入凭证页面

(6) 科目设置及销售出库单生凭证。退货成本在销售当月月末已预计，因此，在存货对方科目应增设单据类型为“销售出库单”，存货类型为“库存商品”，项目为“预计退货”的入账科目代码为“1902”。其科目设置及生成凭证的具体流程为：“总账——日常业务”单击“科目设置”，在存货对方科目扩展设置中增行，单据类型选择“销售出库单”，存货分类选择“库存商品”，项目选择“预计退货”，入账科目选择“应收退货成本”，存货对方科目扩展设置页面保存并退出。“总账——日常业务”单击“单据生凭证”，勾选“销售出库单”并单击“下一步”，第二步页面，往来单位选择“无锡大禹有限公司”并单击“下一步”，查询结果页面单击“生成凭证”，记账凭证进行保存。

【业务 3-13】 生成结转退货产品销售成本凭证页面，如图 3-13-6 所示。

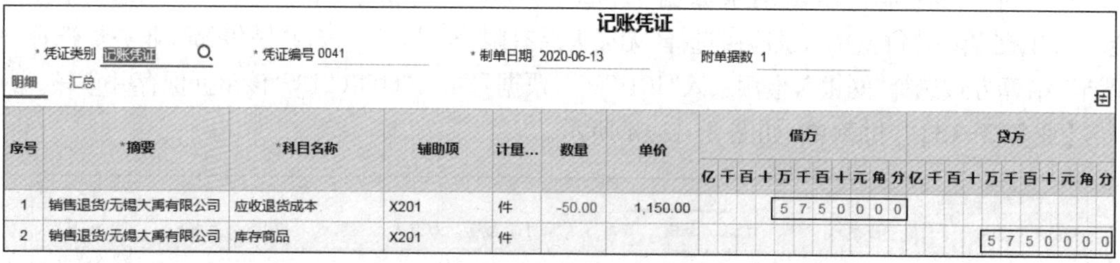
记账凭证

*凭证类别 记账凭证　*凭证编号 0041　*制单日期 2020-06-13　附单据数 1

明细　汇总

序号	*摘要	*科目名称	辅助项	计量...	数量	单价	借方	贷方
1	销售退货/无锡大禹有限公司	应收退货成本	X201	件	-50.00	1,150.00	5750000	
2	销售退货/无锡大禹有限公司	库存商品	X201	件				5750000

图 3-13-6 [业务 3-13]生成结转退货产品销售成本凭证页面

需要说明的是，X201 产品发出计价方法是全月平均法，系统默认根据期初单价结转发出产品成本，本业务销售出库单中产品成本默认上月结转成本，业务发生后，必须根据销售出库单生成凭证。只有生成凭证后，凭证中的数量/金额自动记入“X201”产品存货明细账，才能保证账簿金额的正确。期末结转完工产品成本后，销售出库单产品单价自动调整为本月平均单价，此时根据销售出库单生成凭证，会导致结转产品成本错误。

【业务3-14】 原始凭证共1张,于6月14日取得,如表3-14-1所示。

表 3-14-1

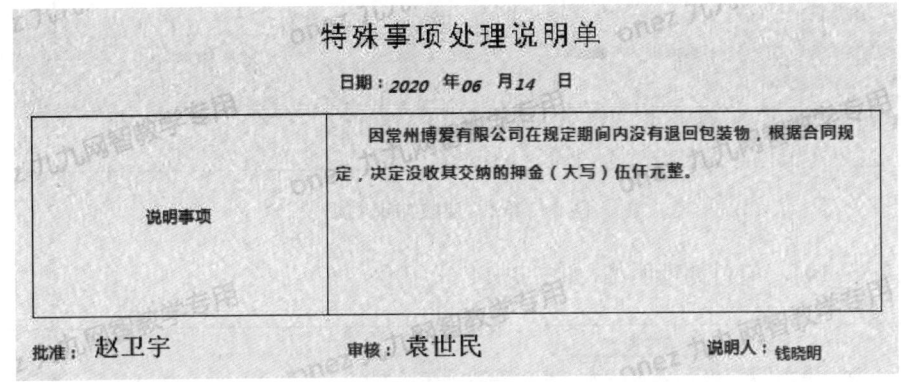

上述原始凭证中:

表3-14-1是特殊事项处理说明,应作为没收押金的记账依据。该原始凭证注明,常州博爱有限公司应归还的周转箱没有按期归还,予以没收押金。同时,2020年5月30日"其他应付款——其他单位——常州博爱有限公司"科目的贷方余额为5 000元,这表明本公司期初应付常州博爱有限公司押金5 000元,现因其逾期不归还周转箱,所以没收该押金5 000元。进行会计核算时,"押金"5 000.00元应记入"其他应付款——其他单位——常州博爱有限公司"科目的借方,575.22元(5 000.00÷1.13×0.13)应记入"应交税费——应交增值税——销项税额"科目的贷方,差额4 424.78元应记入"其他业务收入——没收押金收入"科目的贷方。

根据上述分析,该笔业务在T+系统中的操作流程如下:

(1) 收入单填制并进行应收冲应付。以出纳朱珊珊"10523340668"的身份于2020-06-14登录,在"往来现金——单据"中单击"收入单",单据日期、单据编号均默认,业务类型选择"往来收入",票据类型选择"专用发票",往来单位选择"常州博爱有限公司",项目选择"押金",收入名称选择"没收押金收入"(在收入右侧图标上单击,新增编码"54",名称为"没收押金收入",税率选择"13",页面保存后确定);含税金额录入"5 000",自动计算金额及税额,该单据保存并审核。"往来现金——往来冲销"单击"应收冲应付",结算客户和结算供应商均选择"常州博爱有限公司",页面通过"选单——应收"勾选收入单记录,页面通过"选单——应付"勾选应付期初记录,冲销金额录入"5 000",该单据分别进行分摊及保存。

【业务3-14】 收入单,如图3-14-1所示。

图 3-14-1 [业务3-14]收入单

【业务 3-14】 应收冲销明细,如图 3-14-2 所示。

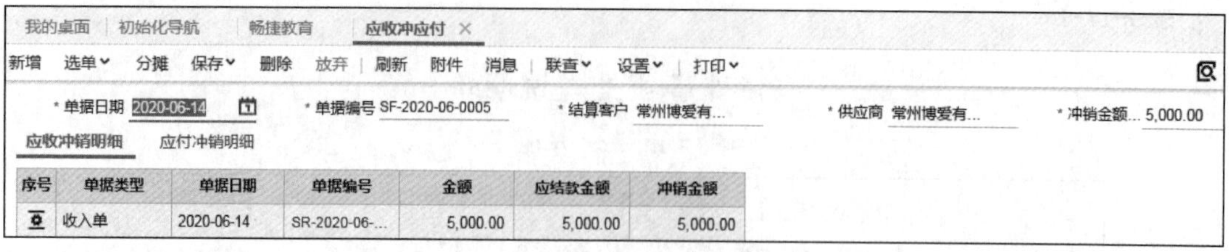
我的桌面 | 初始化导航 | 畅捷教育 | 应收冲应付 ×

新增 选单 分摊 保存 删除 放弃 | 刷新 附件 消息 | 联查 设置 | 打印

* 单据日期 2020-06-14　* 单据编号 SF-2020-06-0005　* 结算客户 常州博爱有...　* 供应商 常州博爱有...　* 冲销金额... 5,000.00

应收冲销明细　应付冲销明细

序号	单据类型	单据日期	单据编号	金额	应结款金额	冲销金额
	收入单	2020-06-14	SR-2020-06-...	5,000.00	5,000.00	5,000.00

图 3-14-2　应收冲销明细

【业务 3-14】 应付冲销明细,如图 3-14-3 所示。

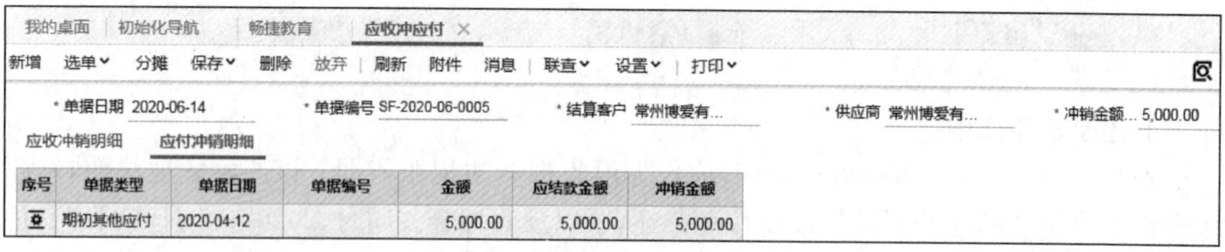
我的桌面 | 初始化导航 | 畅捷教育 | 应收冲应付 ×

新增 选单 分摊 保存 删除 放弃 | 刷新 附件 消息 | 联查 设置 | 打印

* 单据日期 2020-06-14　* 单据编号 SF-2020-06-0005　* 结算客户 常州博爱有...　* 供应商 常州博爱有...　* 冲销金额... 5,000.00

应收冲销明细　应付冲销明细

序号	单据类型	单据日期	单据编号	金额	应结款金额	冲销金额
	期初其他应付	2020-04-12		5,000.00	5,000.00	5,000.00

图 3-14-3　应付冲销明细

(2) 科目设置及单据生凭证。收入单的“没收押金收入”应在收入科目扩展设置中新增入账科目“605103”;其他应收科目扩展设置应新增单位类别“一般客户”、项目“押金”,入账科目为“224104”,可以合并在生成凭证流程中。

具体操作为:以存货会计钱晓明“10516674727”的身份于 2020-06-14 登录,“总账——日常业务”单击“单据生凭证”,勾选“收入单”“应收冲应付”并单击“下一步”,第二步页面默认并单击“下一步”,查询结果页面单击“查看明细”,其中,应收冲应付借贷方科目是否为“224104”;查询结果页面单击“生成凭证”,根据提示进行科目设置;查询结果页面刷新并单击“生成凭证”;附单据数改为“1”,记账凭证进行保存。

【业务 3-14】 凭证页面,如图 3-14-4 所示。

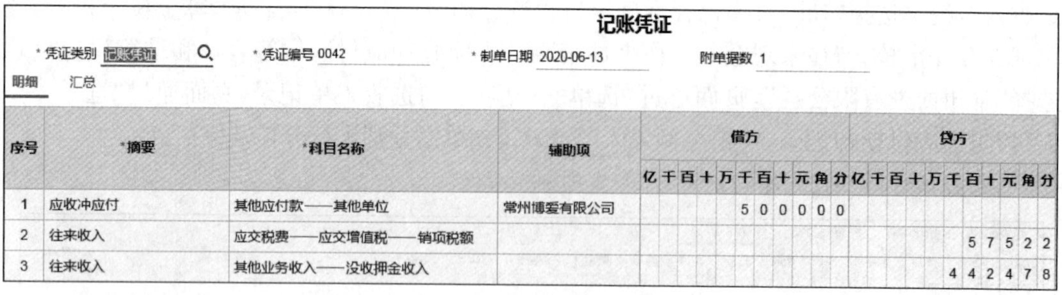
记账凭证

* 凭证类别 记账凭证　* 凭证编号 0042　* 制单日期 2020-06-13　附单据数 1

明细　汇总

序号	*摘要	*科目名称	辅助项	借方(亿千百十万千百十元角分)	贷方(亿千百十万千百十元角分)
1	应收冲应付	其他应付款——其他单位	常州博爱有限公司	5 0 0 0 0 0	
2	往来收入	应交税费——应交增值税——销项税额			5 7 5 2 2
3	往来收入	其他业务收入——没收押金收入			4 4 2 4 7 8

图 3-14-4　[业务 3-14]凭证页面

(五) 委托代销业务

【业务 3-15】 原始凭证共 6 张,于 2020-06-14 取得,业务经办人傅世惠,如表 3-15-1 至表 3-15-6 所示。

表 3-15-1

经理办公会议纪要

企业根据销售及退货情况分析，本次代销产品的退货率为5%。

赵卫宇　　袁世民　　傅世惠

2020-06-24

表 3-15-2

代销售后合同

购方：苏州国联有限公司　　　　　合同编号：202634
销方：常州亚兴电缆有限责任公司　　签订地点：常州市

供需双方本着互利互惠、长期合作的原则，根据《中华人民共和国民法典》及双方的实际情况，就需方向供方采购事宜，订立本合同，以使双方在合同履行中共同遵守。

一、产品名称、数量、单价、金额：

产品名称	规格型号	计量单位	数量	单价	金额	备注
Y202		件	300	1356.00	406800.00	含税金额
合计					￥406800.00	

合计人民币（大写）：　肆拾万陆仟捌佰元整

二、质量要求、技术标准、供方对质量负责的条件和期限：按合同企业标准。

三、(1) 交(提)货地点、方式：江苏省常州市钟楼区齐兴街程海路42号

　　(2) 交货日期：代销完成日期：2020-06-14

四、付款时间与付款方式：网银

五、运输方式及到站、港和费用负担：销售方承担

六、合理损耗及计算方法：以实际数量验收。

七、包装标准、包装物的供应与回收：普通包装，不回收包装物。

八、验收标准、方法及提出异议期限：

　　货到需方七天内提出质量异议，不包括运输过程中造成的质量问题。

自收到货物的30天内可以提出退货，运费由购货方承担。

九、违约责任：按《民法典》

十、解决合同纠纷的方式：双方协商解决。

十一、其他约定事项：

　　本合同一式两份，需、供双方各一份，经双方盖章后即生效。

购方（盖章）：苏州国联有限公司	销方（盖章）：常州亚兴电缆有限责任公司
单位地址：江苏省苏州市姑苏区东街王建路04号	单位地址：江苏省常州市钟楼区齐兴街程海路42号
电　话：0512-22967826	电　话：0519-04811889
签订日期：2020-06-14	签订日期：2020-06-14
开户银行：中国建设银行苏州市姑苏区支行	开户银行：中国建设银行常州市钟楼区支行
账　号：41809377936721	账　号：41431579931221

表 3-15-3

编码	产品名称	规格	单位	单价	数量	金额	备注
330101	Y202		件	1356.00	300	406800.00	
合计	人民币(大写)：肆拾万陆仟捌佰元整					¥406800.00	

委托代销清单
代销单位：苏州国联有限公司
地址和电话：江苏省苏州市姑苏区余海街王建路04号 0512-22967825
纳税识别号：91320508542365643 6
开户行及账号：中国建设银行苏州市姑苏区支行 41809377936721
单据编号：XS8128
制单日期：2020-06-14
销售经理：傅世惠　经手人：李丽洁　会计：李本男　签收人：陈建

表 3-15-4

江苏增值税专用发票 No 32042983
3204184140
开票日期：2020年06月14日

购买方：
名称：苏州国联有限公司
纳税人识别号：91320508542365643 6
地址、电话：江苏省苏州市姑苏区余海街王建路04号 0512-22967825
开户行及账号：中国建设银行苏州市姑苏区支行 41809377936721

货物或应税劳务、服务名称	规格型号	单位	数量	单价	金额	税率	税额
*电线电缆*Y202		件	300	1200	360000.00	13%	46800.00
合计					¥360000.00		¥46800.00

价税合计(大写)：肆拾万陆仟捌佰元整　(小写)¥406800.00

销售方：
名称：常州亚兴电缆有限责任公司
纳税人识别号：91320404470945798 7
地址、电话：江苏省常州市钟楼区齐兴街程海路42号 0519-04811889
开户行及账号：中国建设银行常州市钟楼区支行 41431579931221

收款人：　复核：　开票人：朱珊珊　销售方：(章)

表 3-15-5

表 3-15-6 销售产品成本结转表
2020 年 6 月 14 日

项目	Y202		
	数　量	单位成本	总成本
委托代销	300	880.00	264 000.00
合　计	300	880.00	264 000.00

编制：钱晓明　　　　　　　　　　　　　　　　　　　　　　　　审核：袁世民

上述原始凭证中：

表 3-15-1 是经理办公会议纪要，应作为销售方进行预计退货的计算依据。该会议纪要指明"本次代销产品的退货率为 5%"，即已实现代销的产品，按 5% 计算预计退货数量及货款。

表 3-15-2 是代销售后合同复印件，此联应作为销售方的记账依据。该合同注明，"购方"是苏州国联有限公司，"销方"是本公司，"产品名称"是 Y202，"数量"为 300 件，"交货日期"与"签订日期"分别是 2020 年 06 月 14 日，"提出异议期限"是自收到货物的 30 天内可以提出退货。这表明本公司与苏州国联有限公司签订了销售 300 件 Y202 产品的售后合同，2020-06-14 已经代销发货完成，合同规定退货期限是 30 天，结合表 3-15-1，根据 95% 和 5% 分别确认该产品的销售数量、预计退货数量；根据 95% 和 5% 分别确认该产品的主营业务收入和预计负债。

表 3-15-3 是委托代销清单回单联的复印件，此联应作为委销方的记账依据。该原始凭证注明，"代销单位"是苏州蓝联有限公司，"产品名称"是 Y202，"数量"是 300 件，这表明代销方已销售 Y202 产品 300 件。

表 3-15-4 是江苏增值税专用发票的第一联记账联，此联应作为销售方生成销售发票及生成销售记账凭证的记账依据。该原始凭证注明，"销售方"是本公司，"购买方"是苏州蓝联有限公司，"货物或应税劳务、服务名称"是 Y202，结合表 3-15-1 至表 3-15-3，表明本公司根据代销清单开出应收苏州国联有限公司代销 300 件 Y202 产品的销售收入，价税合计为 406 800.00 元。进行会计核算时，"金额"360 000.00 元中 342 000 元应记入"主营业务收入——商品销售——Y202"科目的贷方，18 000.00 元应记入"预计负债——应付退货款——Y202"科目的贷方，"税额"46 800.00 元应记入"应交税费——应交增值税——销项税额"科目的贷方。

表 3-15-5 是中国建设银行客户专用回单的第二联贷方回单，此联应作为收款方收取款项的记账依据，该原始凭证注明，"收款人全称"是本公司，"收款人账号"是 41431579931221，"付款人全称"是苏州蓝联有限公司，"金额"是 406 800.00 元，"用途"是货款，这表明本公司账号为 41431579931221 的基本户已收到苏州蓝联有限公司的货款 406 800.00 元。进行会计核算时，"金额"406 800.00 元应记入"银行存款——建行 41431579931221"科目的借方。

表 3-15-6 是销售产品成本结转表，此表作为计算产成品销售成本的记账依据。该原始凭证注明的内容表明，本公司实际委托代销 Y202 产品数量和总成本分别为 300 件、264 000.00 元，进行会计核算时，其中 250 800.00 元应记入"主营业务成本——Y202"科目的借方，13 200.00 元应记入"应收退货成本——Y202"科目的借方，金额 264 000.00 元，记入"发出商品——Y202"科目的贷方。

根据上述分析,该笔业务在 T+系统中的操作流程如下:

(1) 销售订单填制。以存货会计钱晓明"10516674727"的身份于 2020-06-14 登录,"销售管理——单据"处单击"销售订单";单据编号录入"202634",客户选择"苏州国联有限公司"(在"一般客户"类别中新增该公司档案并确定),业务员选择"傅世惠",预计交货日期选择"2020-06-14",收款方式选择"全额现结",明细第 1 行,存货名称选择"Y202",数量录入"285",单价录入"1 200",第 2 行中,项目选择"预计退货",存货选择"Y202",数量录入"15",单价录入"1 200",其他自动生成,该单据保存并审核。

【业务 3-15】 销售订单,如图 3-15-1 所示。

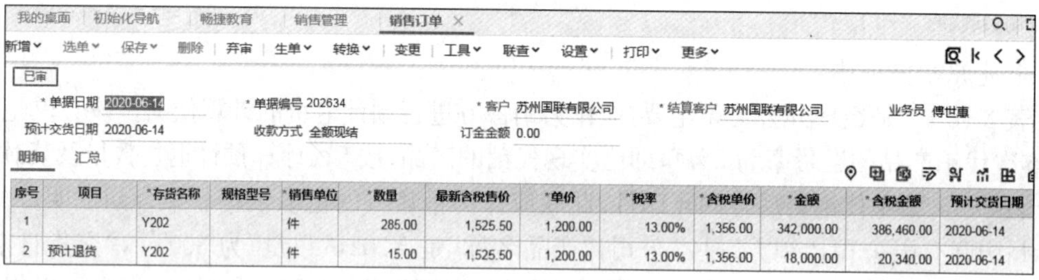
我的桌面 初始化导航 畅捷教育 销售管理 销售订单
新增 选单 保存 删除 弃审 生单 转换 变更 工具 联查 设置 打印 更多
已审
*单据日期 2020-06-14 *单据编号 202634 *客户 苏州国联有限公司 *结算客户 苏州国联有限公司 业务员 傅世惠
预计交货日期 2020-06-14 收款方式 全额现结 订金金额 0.00
明细 汇总

序号	项目	*存货名称	规格型号	*销售单位	*数量	最新含税售价	*单价	*税率	*含税单价	*金额	*含税金额	预计交货日期
1		Y202		件	285.00	1,525.50	1,200.00	13.00%	1,356.00	342,000.00	386,460.00	2020-06-14
2	预计退货	Y202		件	15.00	1,525.50	1,200.00	13.00%	1,356.00	18,000.00	20,340.00	2020-06-14

图 3-15-1 [业务 3-15]销售订单

(2) 销货单生成。在已审销售订单页面,"生单"菜单单击"销货单";单据编号录入"XS8128",该单据保存并审核。

【业务 3-15】 销货单页面,如图 3-15-2 所示。

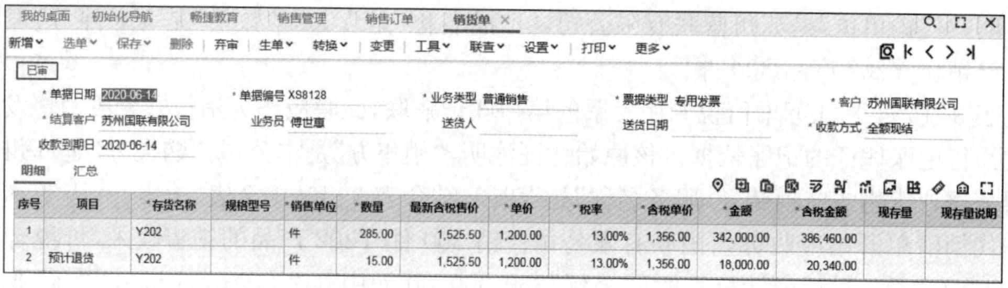
我的桌面 初始化导航 畅捷教育 销售管理 销售订单 销货单
新增 选单 保存 删除 弃审 生单 转换 变更 工具 联查 设置 打印 更多
已审
*单据日期 2020-06-14 *单据编号 XS8128 *业务类型 普通销售 *票据类型 专用发票 *客户 苏州国联有限公司
*结算客户 苏州国联有限公司 业务员 傅世惠 送货人 送货日期 *收款方式 全额现结
收款到期日 2020-06-14
明细 汇总

序号	项目	*存货名称	规格型号	*销售单位	*数量	最新含税售价	*单价	*税率	*含税单价	*金额	*含税金额	现存量	现存量说明
1		Y202		件	285.00	1,525.50	1,200.00	13.00%	1,356.00	342,000.00	386,460.00		
2	预计退货	Y202		件	15.00	1,525.50	1,200.00	13.00%	1,356.00	18,000.00	20,340.00		

图 3-15-2 [业务 3-15]销货单页面

(3) 销售发票生成。在已审销货单页面,"生单"菜单单击"销售发票(普通销售)";发票号录入"32042983",现结金额中结算方式选择"网银",票据号录入"00810432"后确定;该单据保存并审核。

【业务 3-15】 销售发票页面,如图 3-15-3 所示。

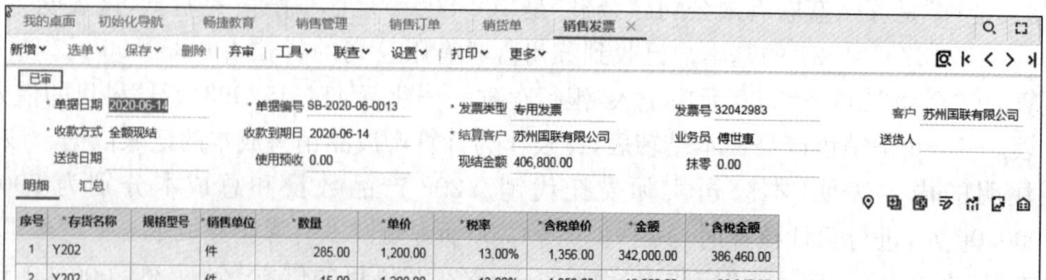
我的桌面 初始化导航 畅捷教育 销售管理 销售订单 销货单 销售发票
新增 选单 保存 删除 弃审 工具 联查 设置 打印 更多
已审
*单据日期 2020-06-14 *单据编号 SB-2020-06-0013 *发票类型 专用发票 发票号 32042983 客户 苏州国联有限公司
*收款方式 全额现结 收款到期日 2020-06-14 *结算客户 苏州国联有限公司 业务员 傅世惠 送货人
送货日期 使用预收 0.00 现结金额 406,800.00 抹零 0.00
明细 汇总

序号	*存货名称	规格型号	*销售单位	*数量	*单价	*税率	*含税单价	*金额	*含税金额
1	Y202		件	285.00	1,200.00	13.00%	1,356.00	342,000.00	386,460.00
2	Y202		件	15.00	1,200.00	13.00%	1,356.00	18,000.00	20,340.00

图 3-15-3 [业务 3-15]销售发票页面

(4) 销售出库单生成。在已审的销货单页面,"生单"菜单单击"销售出库单(普通销售)";仓库选择"委托代销库",该单据保存并审核。

【业务 3-15】 销售出库单页面,如图 3-15-4 所示。

图 3-15-4 [业务 3-15]销售出库单页面

(5) 收款单审核。以出纳朱珊珊"10523340668"的身份于 2020-06-14 登录,"往来现金——单据"单击"收款单",苏州国联已生成收款单定位并审核。

(6) 销售发票生成凭证。以存货会计钱晓明"10516674727"的身份于 2020-06-14 登录,"总账——日常业务"单击"单据生凭证",勾选"销售发票"并单击"下一步",第二步页面默认并单击"下一步",查询结果页面单击"生成凭证",附单据数改为"5","银行存款"科目确定结算日期,现金流量项目选择"01"并确定,记账凭证进行保存。

【业务 3-15】 生成凭证页面,如图 3-15-5 所示。

图 3-15-5 [业务 3-15]生成凭证页面

(7) 销售出库单生成凭证。"总账——日常业务"单击"单据生凭证",单据勾选"销售出库单"并单击"下一步",第二步选择仓库为"委托代销库"并单击"下一步",查询结果页面单击"生成凭证";记账凭证进行保存。

【业务 3-15】 销售成本生成凭证页面,如图 3-15-6 所示。

需要说明的是,在初始设置 Y202 产品时采用的计价方法是全月平均法,但用于委托代销的 Y202 产品已于以前月份发出,且本月并没有继续发出商品,因此,委托代销发出的 Y202 产品根据期初单位成本计价,其总成本计算是正确的,这是个特例,如果本月继续将该商品转入委托代销,则委托代销发出商品的销售成本只能在期末结转处理。

记账凭证

*凭证类别 记账凭证　　*凭证编号 0044　　*制单日期 2020-06-14　　附单据数 1

明细　汇总

序号	摘要	科目名称	辅助项	计量	数量	单价	借方	贷方
1	普通销售/苏州国联有限公司	应收退货成本	Y202	件	15.00	880.00	1320000	
2	普通销售/苏州国联有限公司	主营业务成本——商品销售	Y202	件			25080000	
3	普通销售/苏州国联有限公司	发出商品	Y202	件				26400000

图 3-15-6　[业务 3-15]销售成本生成凭证页面

二、存货期末处理业务

(一)存货清查业务

【业务 3-16】 原始凭证共 1 张,于 6 月 30 日取得,如表 3-16-1 所示。

表 3-16-1

简易存货盘盈盘亏报告表
2020 年 06 月 30 日

企业名称 常州亚兴电缆有限责任公司　　　　　　　　　　　　　　　　　单位：元

存货名称	计量单位	单价	数量		盘盈		盘亏		差异原因
			账存	实存	数量	金额	数量	金额	
M101	千克	50.00	78770	78790	20	1000.00			计量不准
N102	千克	80.00	52485	52455			30	2712.00	管理不善损失

单位主管部门批复处理意见　情况属实

批准人：赵卫宇　　　　　　部门负责人：袁世民　　　　　制单：李本勇

上述原始凭证中：

表 3-16-1 是存货盘盈盘亏报告表,此表应作为核算存货盘盈盘亏的记账依据。该原始凭证的内容注明,"品名"为 M101,"账面数量"是 78 770 千克,"实存数量"是 78 790 千克,这表明本公司期末原材料 M101 盘盈 20 千克,按最近一次进货原价 50.00 元计算,"盘盈金额"为 1 000.00 元,"原因"是计量不准;"品名"是 N102,"账面数量"是 52 485 千克,"实存数量"是 52 455 千克,这表明本公司期末 N102 原材料盘亏 30 千克,"原因"是管理不善,这表明盘亏材料属于非正常损失,进项税额需要转出,因此,根据加权平均单价 80.00 元计算,"盘亏金额"为 2 712.00 元(30×80.00×1.13)。进行会计核算时,"盘盈金额"1 000.00 元应分别记入"原材料——M101"科目的借方和"待处理财产损溢——待处理流动资产损溢"科目的贷方;"盘亏金额"2 712.00 元应记入"待处理财产损溢——待处理流动资产损溢"科目的借方,其中 2 400.00 元应记入"原材料——N102"科目的贷方,312.00 元应记入"应交税费——应交增值税——进项税额转出"科目的贷方。

根据上述分析,该笔业务在 T+系统中的操作流程如下:

(1)存货盘点单。以存货会计钱晓明"10516674727"的身份于 2020-06-30 登录,"库存核算——单据”处单击“盘点单”；选择盘点仓库“综合库”，明细第 1 行选择“M101”材料，盘点数量录入“78 790”，其他信息自动显示，其中盈亏数量为正数，表示盘盈；第 2 行选择“N102”材料，盘点数量录入“52 455”，其他信息自动显示，其中盈亏数量为负数，表示盘亏，该单据进行保存并审核。

【业务 3-16】 盘点单页面，如图 3-16-1 所示。

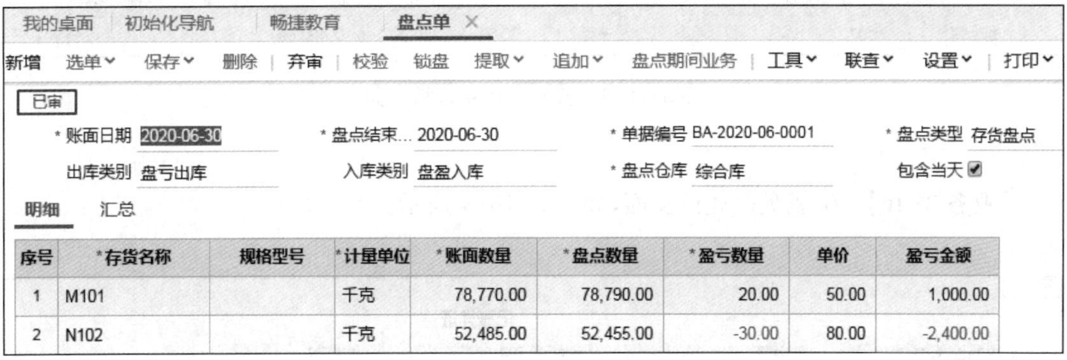
我的桌面 初始化导航 畅捷教育 盘点单
新增 选单 保存 删除 弃审 校验 锁盘 提取 追加 盘点期间业务 工具 联查 设置 打印
已审
*账面日期 2020-06-30　*盘点结束... 2020-06-30　*单据编号 BA-2020-06-0001　*盘点类型 存货盘点
出库类别 盘亏出库　入库类别 盘盈入库　*盘点仓库 综合库　包含当天
明细 汇总

序号	*存货名称	规格型号	*计量单位	*账面数量	*盘点数量	*盈亏数量	单价	盈亏金额
1	M101		千克	78,770.00	78,790.00	20.00	50.00	1,000.00
2	N102		千克	52,485.00	52,455.00	-30.00	80.00	-2,400.00

图 3-16-1　[业务 3-16]盘点单页面

需要说明的是，N102 材料按实际单位成本计价，进项税额转出只能在生成的凭证中进行调整处理。当盘点单审核后，盘盈材料自动生成其他入库单，盘亏材料自动生成其他出库单。

(2) 其他入库单和其他出库单审核。“库存核算——单据”处分别单击“其他入库单”和“其他出库单”，选择已生成的单据，页面单击“审核”。

其他入库单审核页面，如图 3-16-2 所示。

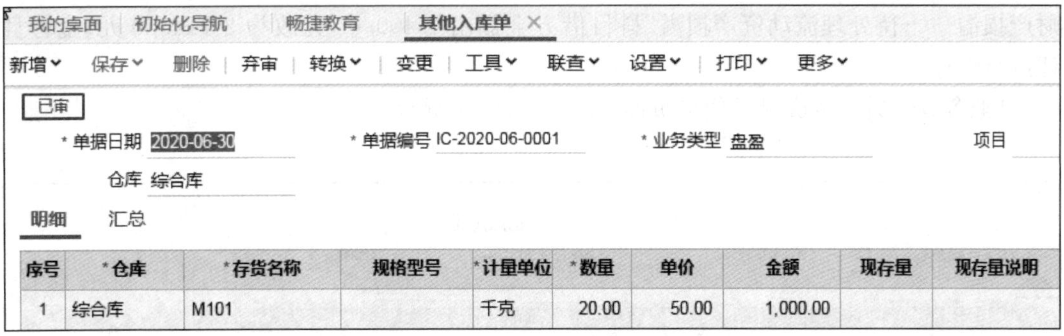
我的桌面 初始化导航 畅捷教育 其他入库单
新增 保存 删除 弃审 转换 变更 工具 联查 设置 打印 更多
已审
*单据日期 2020-06-30　*单据编号 IC-2020-06-0001　*业务类型 盘盈　项目
仓库 综合库
明细 汇总

序号	*仓库	*存货名称	规格型号	*计量单位	*数量	单价	金额	现存量	现存量说明
1	综合库	M101		千克	20.00	50.00	1,000.00		

图 3-16-2　其他入库单审核页面

其他出库单审核页面，如图 3-16-3 所示。

(3) 单据生凭证。以存货会计钱晓明“10516674727”的身份于 2020-06-30 登录，“总账——日常业务”单击“单据生凭证”，单据勾选“其他入库单”和“其他出库单”并单击“下一步”，第二步默认并单击“下一步”，查询结果页面取消合并方式并单击“生成凭证”，分别生成两张凭证。其中，盘盈凭证直接保存。

我的桌面 | 初始化导航 | 畅捷教育 | 其他出库单 ×

新增 | 选单 | 保存 | 删除 | 弃审 | 转换 | 变更 | 工具 | 联查 | 设置 | 打印 | 更多

已审

*单据日期 2020-06-30　*单据编号 ID-2020-06-0001　*业务类型 盘亏　仓库 综合库

明细　汇总

序号	*仓库	*存货名称	规格型号	*计量单位	*数量	单价	金额	现存量	现存量说明
1	综合库	N102		千克	30.00	80.00	2,400.00		

图 3-16-3　其他出库单审核页面

【业务 3-16】 生成盘盈凭证页面,如图 3-16-4 所示。

已生成

记账凭证

*凭证类别 记账凭证　*凭证编号 0071　*制单日期 2020-06-30　附单据数 1

明细　汇总

序号	*摘要	*科目名称	辅助项	计量单位	借方(亿千百十万千百十元角分)	贷方(亿千百十万千百十元角分)
1	盘盈	原材料	M101	千克	100000	
2	盘盈	待处理财产损溢——待处理流动资产损溢				100000

图 3-16-4　[业务 3-16]生成盘盈凭证页面

盘亏生成凭证,其操作流程为:记账凭证定位下一张,附单据数改为"0",在第 3 行,科目名称录入"应交税费——应交增值税——进项税额转出",贷方金额录入"312.00","待处理财产损溢——待处理流动资产损溢"科目借方金额由 2 400.00 元改为 2 712.00 元,盘亏凭证进行保存。

【业务 3-16】 生成盘亏凭证页面,如图 3-16-5 所示。

已生成

记账凭证

*凭证类别 记账凭证　*凭证编号 0072　*制单日期 2020-06-30　附单据数 0

明细　汇总

序号	*摘要	*科目名称	辅助项	计量单位	借方(亿千百十万千百十元角分)	贷方(亿千百十万千百十元角分)
1	盘亏	待处理财产损溢——待处理流动资产损溢			271200	
2	盘亏	原材料	N102	千克		240000
3	盘亏	应交税费——应交增值税——进项税额转出				31200

图 3-16-5　[业务 3-16]生成盘亏凭证页面

【业务 3-17】 原始凭证共 1 张,于 2020-06-30 取得,如表 3-17-1 所示。

表 3-17-1

存货盘盈盘亏核销报告表
2020 年 06 月 30 日

编号	品名	单位	账面数量	实存数量	盘盈 数量	盘盈 金额	盘亏 数量	盘亏 金额	原因
M101		千克	78770	78790	20	1000.00			计量不准
N102		千克	52485	52455			30	2712.00	管理不善损失
合计						1000.00		2712.00	

财务部门意见：
盘盈按《企业会计准则》规定进行处理，盘亏由保管员孙民里赔偿 1000.00 元，其余部分按《企业会计准则》规定进行处理。
袁世民
2020年06月30日

保管部门意见：
同意
孙民里
2020年06月30日

公司领导意见：
同意
赵卫宇
2020年06月30日

上述原始凭证中：

表 3-17-1 是存货盘盈盘亏核销报告表，此表应作为企业期末处理存货盘盈盘亏的记账依据。该原始凭证表明，原材料"M101"盘盈 20 千克，"原因"是计量不准，进行会计核算时，"金额"1 000.00 元应分别记入"待处理财产损溢——待处理流动资产损溢"科目及"管理费用——盘盈利得"科目的借方，金额为－1 000.00 元；原材料"N102"盘亏 30 千克，"金额"2 712.00 元，"原因"是管理不善，"财务部门意见"是由保管员赔偿 1 000.00 元，进行会计核算时，应分别记入"其他应收款——职工往来——孙民里"科目借方 1 000.00 元，"管理费用——盘亏损失"科目借方 1 712.00 元以及"待处理财产损溢——待处理流动资产损溢"科目贷方 2 712.00 元。

根据上述分析，该笔业务在 T＋系统中的操作流程如下：

(1) 盘亏处理。盘亏应由保管员赔偿部分，填制其他应收单。其处理流程如下所述：

① 往来单位新增、项目新增及科目设置。以存货会计钱晓明"10516674727"的身份于 2020-06-30 登录，"基础设置——基本信息"处单击"往来单位"，往来单位类别选择"内部职工"，右侧单击"增加"，往来单位名称录入"孙民里"；"基础设置——基本信息"处单击"项目"。新增表 3-17-2 所列项目(根据日期顺序，第四章盘亏现金处理业务已增设，则不需处理)→"总账——日常业务"处单击"科目设置"，在其他应收对方科目扩展设置中新增表 3-17-2 所列入账科目。

【业务 3-17】 新增项目及入账科目一览表，如表 3-17-2 所示。

表 3-17-2　　　　　　　　［业务 3-17］新增项目及入账科目一览表

上级项目 编码	上级项目 名称	具体项目 编码	具体项目 名称	单位分类	应设科目	入账科目代码
C22	职工往来	C2201	盈亏核销	—	其他应收对方科目	190101
—				内部职工	其他应收科目	122101(已设置)

② 填制其他应收单。以出纳朱珊珊"10523340668"的身份于"2020-06-30"登录,"往来现金——单据"处单击"其他应收单";往来单位选择"孙民里",部门选择"办公室",业务员选择"孙民里",项目选择"盈亏核销",摘要录入"应收赔款",金额录入"1 000",该单据保存并审核。

其他应收单完成页面,如图3-17-1所示。

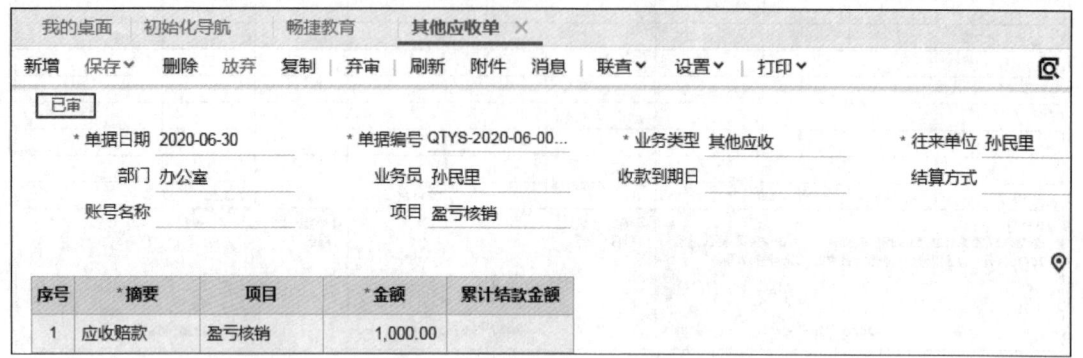

图3-17-1　其他应收单完成页面

③ 生成凭证。以存货会计钱晓明"10516674727"的身份于2020-06-30登录,"总账——日常业务"处单击"单据生凭证",选择"其他应收单"并单击"下一步",第二步页面默认并单击"下一步",查询结果页面单击"生成凭证",在第2行插行,科目录入"管理费用——盘亏损失",借方金额录入"1 712",第3行,贷方金额改为"2 712",记账凭证保存。

【业务3-17】　盘亏核销凭证完成页面,如图3-17-2所示。

序号	摘要	科目名称	辅助项	借方	贷方
1	其他应收单/其他应收	其他应收款——职工往来	孙民里	1 000 00	
2	其他应收单/其他应收	管理费用——盘亏损失		1 712 00	
3	其他应收单/其他应收	待处理财产损溢——待处理流动资产损溢			2 712 00

图3-17-2　[业务3-17]盘亏核销凭证完成页面

需要说明的是,其他应收款的存在,后续的收款业务必然会在往来现金系统中完成。为保证业务单据的连续性,建议采用填制其他应收单的形式完成盘亏材料核销业务。

(2) 盘盈处理。"总账——日常业务"单击"填制凭证",第1行摘要录入"材料盘盈核销",科目名称录入"待处理财产损溢——待处理流动资产损溢",借方金额录入"1 000.00";第2行,科目名称录入"管理费用——盘盈利得",借方金额录入"-1 000.00",记账凭证进行保存。

【业务3-17】　填制盘盈材料处理凭证页面,如图3-17-3所示。

记账凭证

* 凭证类别 记账凭证　　* 凭证编号 0074　　* 制单日期 2020-06-30　　附单据数

序号	摘要	*科目名称	借方 亿千百十万千百十元角分	贷方 亿千百十万千百十元角分
1	存货盘盈核销	待处理财产损溢——待处理流动资产损溢	1 0 0 0 0 0	
2	存货盘盈核销	管理费用——盘盈利得		1 0 0 0 0 0

图 3-17-3　[业务 3-17]填制盘盈材料处理凭证页面

（二）结转发出材料成本业务

【业务 3-18】　原始凭证共 1 张,于 6 月 30 日取得,如表 3-18-1 所示。

表 3-18-1

原材料发料汇总表

2020 年 6 月 30 日

类别 用途	M101		N102		合计
	数量	金额	数量	金额	
X201 产品	30 000	1 500 000.00	24 000	1 920 000.00	3 420 000.00
Y202 产品	45 000	2 250 000.00	25 000	2 000 000.00	4 250 000.00
生产车间一般消耗	80	4 000.00	185	14 800.00	18 800.00
销售材料					
合　计	75 080	3 754 000.00	49 185	3 934 800.00	7 688 800.00

编制：钱晓明　　　　　　　　　　　　　　　　　　　　　　审核：袁世民

上述原始凭证中：

表 3-18-1 是原材料发出汇总表,此表应作为期末计算分配材料费用的记账依据。该原始凭证的内容表明,本月发出 M101、N102 材料的数量分别为 75 080 和 49 185,成本分别为 3 754 000.00 元和 3 934 800.00 元,进行会计核算时,其成本应分别记入"原材料——M101"和"原材料——N102"科目的贷方；主要用于生产 X201 产品的材料费用为 3 420 000.00 元,生产 Y202 产品的材料费用为 4 250 000.00 元,生产车间一般消耗的材料费用为 18 800.00 元,进行会计核算时,应分别记入"生产成本——直接材料——X201""生产成本——直接材料——Y202""制造费用——机物料消耗"科目的借方。

该笔业务中,X201 产品生产采用生产加工单领料的方法,Y202 产品生产领料采用配比出库的方法,生产车间一般消耗领料采用直接填制材料出库单的方法。

根据上述分析,在 T+系统中各类领料业务的操作流程如下：

（1）生产加工单领料方法。生产加工单的使用与产品物料清单的设置相结合。其具体流程如下：

① 填制生产加工单。以存货会计"10516674727"的身份于 2020-06-30 登录,"生产管理——单据"处单击"生产加工单"；生产车间选择"生产车间",负责人选择"柳世杰",项目(项

目在"设置——单据设置"中勾选并确定)选择"X201产品",预完工日选择"2020-06-30",产品编码选择"330101",录入数量"3 000"(表3-21-1),该单据保存并审核。

【业务3-18】 生产加工单页面,如图3-18-1所示。

图3-18-1 [业务3-18]生产加工单页面

注:框中的项目是关键,必须正确选择。

② 生成材料出库单。"库存核算——单据"处单击"材料出库单";"选单"菜单单击"选生产加工单"(或由生产加工单"生单"生成材料出库单);"X201"生产加工单记录经查询、选择后进行确定;该单据保存并审核。

【业务3-18】 根据生产加工单生成材料出库单页面,如图3-18-2所示。

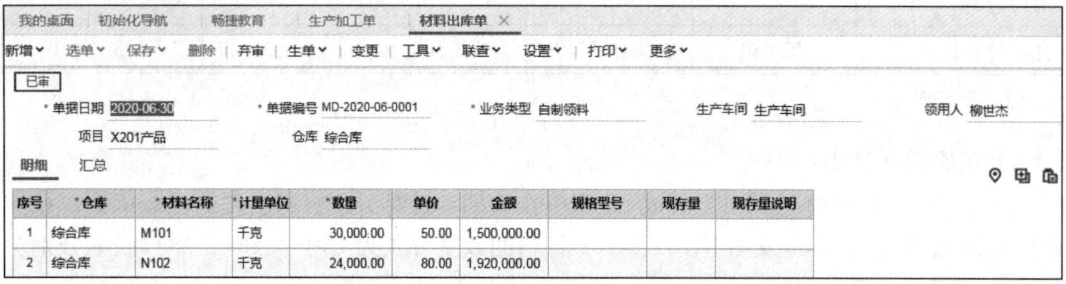

图3-18-2 [业务3-18]根据生产加工单生成材料出库单页面

需要说明的是,由生产加工单生成的材料出库单业务类型默认为"自制领料",该类型的材料出库单不允许任何修改。

(2) 配比出库领料方法。"库存核算——单据"处单击"材料出库单"(连续做的时候,在材料出库单上先单击"新增"),业务类型选择"直接领料","工具"菜单单击"配比出库";存货名称录入"Y202",数量录入"5 000",配比出库页面进行确定;生产车间选择"生产车间",领用人选择"杨帆进",项目选择"Y202产品",仓库选择"综合库",该单据保存并审核。

配比出库窗口,如图3-18-3所示。

配比出库生成材料出库单页面,如图3-18-4所示。

(3) 材料出库单填制。"库存核算——单据"处单击"材料出库单",业务类型选择"直接领

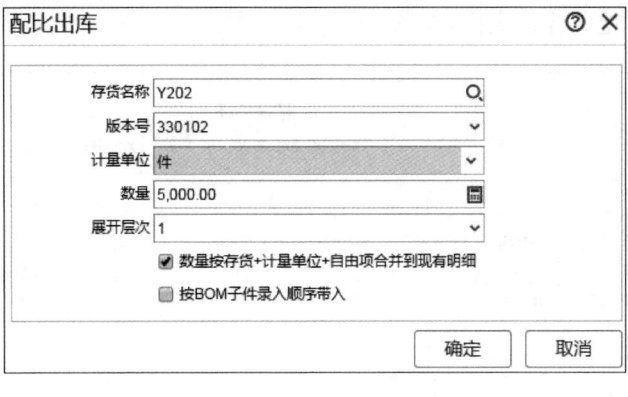

图 3-18-3　配比出库窗口

序号	*仓库	*材料名称	*计量单位	*数量	单价	金额	规格型号	现存量	现存量说明
1	综合库	M101	千克	45,000.00	50.00	2,250,000.00			
2	综合库	N102	千克	25,000.00	80.00	2,000,000.00			

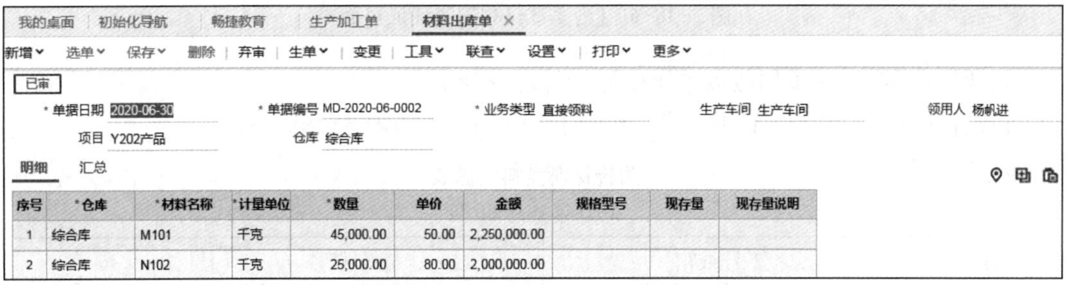

图 3-18-4　配比出库生成材料出库单页面

料”，生产车间选“生产车间”，领用人选择“梁初瑜”，仓库选择“综合库”，材料名称分别选择“M101”和“N102”，数量分别录入“80”和“185”，单价及金额自动显示；该单据保存并审核。

【业务 3-18】 车间一般消耗材料填制材料出库单页面，如图 3-18-5 所示。

序号	*仓库	*材料名称	*计量单位	*数量	单价	金额	规格型号	现存量	现存量说明
1	综合库	M101	千克	80.00	50.00	4,000.00			
2	综合库	N102	千克	185.00	80.00	14,800.00			

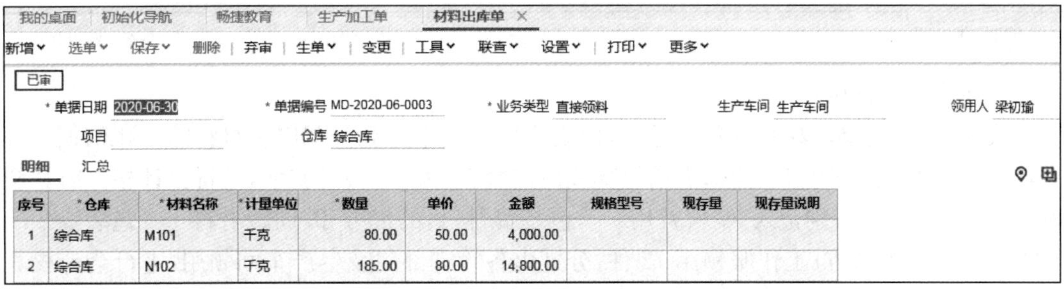

图 3-18-5　[业务 3-18]车间一般消耗材料填制材料出库单页面

(4) 科目设置。“总账——日常业务”单击“科目设置”，在存货对方科目扩展设置中增行，单据类型选择“材料出库单”，项目分类选择“成本计算”，科目代码录入“500101”；增行，单据类型选择“材料出库单”，存货类型选择“原材料”，部门选择“生产车间”，科目代码录入“510110”，存货对方科目扩展设置页面保存并退出。

(5) 单据生凭证。“总账——日常业务”单击“单据生凭证”，票据勾选“材料出库单”和“销售出库单”并单击“下一步”，第二步，存货分类选择“原材料”，其页面单击“下一步”，查询结果页面单击“生成凭证”；记账凭证进行保存。

【业务 3-18】 记账凭证页面,如图 3-18-6 所示。

序号	*摘要	*科目名称	辅助项	计量单位	借方	贷方
1	自制领料	生产成本——直接材料	X201产品		3 4 2 0 0 0 0 0	
2	直接领料	生产成本——直接材料	Y202产品		4 2 5 0 0 0 0 0	
3	直接领料	制造费用——机物料消耗			1 8 8 0 0 0 0	
4	自制领料	原材料	N102	千克		3 9 3 4 8 0 0 0
5	自制领料	原材料	M101	千克		3 7 5 4 0 0 0 0

图 3-18-6 [业务 3-18]记账凭证页面

需要说明的是,附单据数以系统中原始凭证数为准。

【业务 3-19】 原始凭证共 1 张,于 6 月 30 日取得,如表 3-19-1 所示。

表 3-19-1   周转材料发料汇总表
                         2020 年 6 月 30 日

领用部门	1 号纸箱		工作服		合计
	数量	金额	数量	金额	
办公室			33	1 980.00	1 980.00
销售部	810	16 200.00	6	360.00	16 560.00
生产车间			33	1 980.00	1 980.00
合 计	810	16 200.00	72	4 320.00	20 520.00

编制:钱晓明   审核:袁世民

上述原始凭证中:

表 3-19-1 是周转材料发料汇总表,此表应作为期末计算分配周转材料的记账依据。其中,1 号纸箱共领用 810 只,全部由销售部领用,"金额"为 16 200.00 元,进行会计核算时,"金额"16 200.00 元应分别记入"销售费用——包装费"科目的借方和"周转材料——包装物——1 号纸箱"科目的贷方;工作服领用 72 件,分别由各管理部门及生产车间领用,进行会计核算时,管理部门领用的"金额"2 340.00 元(1 980.00+360.00),应记入"管理费用——低耗品摊销"科目的借方,生产车间的"金额"1 980.00 元应记入"制造费用——低值易耗品摊销"科目的借方,工作服"合计"4 320.00 元应记入"周转材料——低值易耗品——工作服"科目的贷方。

根据上述分析,该笔业务在 T+系统中的操作流程如下:

(1)材料出库单填制。以存货会计钱晓明"10516674727"的身份于 2020-06-30 登录,"库存核算——单据"处单击"材料出库单";业务类型选择"直接领料",生产车间选"办公室",仓库选择"综合库",材料名称选择"工作服",数量录入"33",单价及金额自动显示;该单据保存并审核。材料出库单页面单击"新增",业务类型选择"直接领料",生产车间选"销售部",仓库选择"综合库",第 1 行材料名称选择"工作服",数量录入"6",第 2 行材料名称选择

"1号包装箱",数量录入"810",单价及金额自动显示;该单据保存并审核。业务类型选择"直接领料",生产车间选"生产车间",仓库选择"综合库",材料名称选择"工作服",数量录入"33",单价及金额自动显示;该单据保存并审核。

办公室领用工作服页面,如图3-19-1所示。

图 3-19-1　办公室领用工作服页面

销售部材料出库单页面,如图3-19-2所示。

图 3-19-2　销售部材料出库单页面

生产车间领用工作服页面,如图3-19-3所示。

图 3-19-3　生产车间领用工作服页面

(2) 科目设置。"总账——日常业务"单击"科目设置",在存货对方科目扩展设置中增行,单据类型选择"材料出库单",存货分类选择"包装物",科目设为"660101";增1行,单据类型选择"材料出库单",存货分类选择"低值易耗品",部门选择"管理",科目设为"660204";增1行,单据类型选择"材料出库单",存货分类选择"低值易耗品",部门选择"生产车间",科目设为“510111”,存货对方科目扩展设置页面保存并退出。

(3) 单据生凭证。“总账——日常业务”单击“单据生凭证”,单据勾选“材料出库单”并单击“下一步”,第二步默认并单击“下一步”,查询结果页面单击“生成凭证”;记账凭证进行保存。

【业务 3-19】 生成凭证页面,如图 3-19-4 所示。

记账凭证

* 凭证类别 记账凭证　* 凭证编号 0076　* 制单日期 2020-06-30　附单据数 3

明细　汇总

序号	*摘要	*科目名称	辅助项	计量单位	借方 (亿千百十万千百十元角分)	贷方 (亿千百十万千百十元角分)
	直接领料	制造费用——低值易耗品摊销			198000	
2	直接领料	销售费用——包装费			1620000	
3	直接领料	管理费用——低耗品摊销			234000	
4	直接领料	周转材料——低值易耗品	工作服	件		432000
5	直接领料	周转材料——包装物	1号纸箱	只		1620000

图 3-19-4 [业务 3-19]生成凭证页面

(三) 结转完工产品成本业务

【业务 3-20】 原始凭证共 1 张,于 2020-06-30 取得,如表 3-20-1 所示。

表 3-20-1 制造费用分配表

2020 年 6 月 30 日

产品名称	生产工时(小时)	分配率	分配金额(元)
X201	3 000	16.818934	50 456.80
Y202	2 000	16.818934	33 637.87
合计	5 000	—	84 094.67

编制:钱晓明　　审核:袁世民

上述原始凭证中:

表 3-20-1 是制造费用分配表,此表应作为期末计算分配制造费用的记账依据。该原始凭证的内容表明,本月生产 X201、Y202 产品应承担的制造费用分别为 50 456.80 元和 33 637.87 元,进行会计核算时,应分别记入“生产成本——制造费用”相关辅助核算项目的借方;此外,本月在“制造费用”科目借方归集的产品生产间接费用,应按照各明细科目的借方发生额分别记入“制造费用”各明细科目的贷方。

根据上述分析,该笔业务在 T+系统中的操作流程如下:

(1) 自定义转账设置。以存货会计钱晓明“10516674727”的身份于 2020-06-30 登录,在“总账——期末处理”单击“自定义结转”;自定义结转页面单击“转账设置”;转账编号录入“107”,转账说明录入“结转制造费用”,第 1 行科目编码选择“50010103”,辅助项选择“X201 产品”,方向选择“借方”,金额公式设为“QM("5101","RMB","年","月")/5 000 * 3 000”,该金额公式是指以“制造费用”科目期末余额为基数,按生产工时合计 5 000 小时计算分配率,按 3 000 计算 X201 产品应负担的制造费用;第 2 行科目编码选择“50010103”,辅助项选择“Y202 产品”,方向选择“借方”,金额公式设为“CE()”,该公式是指取凭证借贷平衡差额;第 3 行科目选择"510101",方向选择"贷方",金额公式录入"QM("510101","RMB","年","月")",该公式是指取制造费用第 1 个明细科目的期末余额;后面各行依次将制造费用各明细科目记在贷方,其公式金额均取制造费用对应明细科目的期末余额;该公式设置页面保存并退出。

【业务 3-20】 结转制造费用自定义结转设置页面,如图 3-20-1 所示。

我的桌面 | 初始化导航 | 畅捷教育 | 总账 | 自定义结转 | 生成凭证 | 自定义转账设置 ×

上张 下张 新增 保存 删除 复制 退出

* 转账编号 3-26-1　* 转账说明 结转制造费用　* 转账类别 公式结转　* 凭证类别 记账凭证

序号	*摘要	*科目编码	辅助项	方向	金额公式
	结转制造费用	500103	[项目="C3201"]	借方	QM("5101","RMB","年","月")/5000*3000
2	结转制造费用	500103	[项目="C3202"]	借方	CE()
3	结转制造费用	510101		贷方	QM("510101","RMB","年","月")
4	结转制造费用	510102		贷方	QM("510102","RMB","年","月")
5	结转制造费用	510103		贷方	QM("510103","RMB","年","月")
6	结转制造费用	510104		贷方	QM("510104","RMB","年","月")
7	结转制造费用	510105		贷方	QM("510105","RMB","年","月")
8	结转制造费用	510106		贷方	QM("510106","RMB","年","月")
9	结转制造费用	510107		贷方	QM("510107","RMB","年","月")
10	结转制造费用	510108		贷方	QM("510108","RMB","年","月")
11	结转制造费用	510109		贷方	QM("510109","RMB","年","月")
12	结转制造费用	510110		贷方	QM("510110","RMB","年","月")
13	结转制造费用	510111		贷方	QM("510111","RMB","年","月")
14	结转制造费用	510112		贷方	QM("510112","RMB","年","月")

图 3-20-1　[业务 3-20]结转制造费用自定义结转设置页面

(2) 凭证生成。自定义结转页面单击"刷新",该页面分别勾选"结转制造费用""包含未记账凭证",页面单击"生成凭证";凭证编号录入"89",记账凭证进行保存。

【业务 3-20】 记账凭证页面,如图 3-20-2 所示。

记账凭证

* 凭证类别 记账凭证　* 凭证编号 0089　* 制单日期 2020-06-30　附单据数 1

明细　汇总

序号	*摘要	*科目名称	辅助项	借方											贷方										
				亿	千	百	十	万	千	百	十	元	角	分	亿	千	百	十	万	千	百	十	元	角	分
	分配制造费用	生产成本——制造费用	X201产品					5	0	4	5	6	8	0											
2	分配制造费用	生产成本——制造费用	Y202产品					3	3	6	3	7	8	7											
3	分配制造费用	制造费用——办公费																			1	6	0	0	0
4	分配制造费用	制造费用——工资																		2	2	2	0	0	0
5	分配制造费用	制造费用——四险一金																		7	8	8	1	0	0
6	分配制造费用	制造费用——工会经费																			4	4	4	0	0
7	分配制造费用	制造费用——职工教育经费																			5	5	5	0	0
8	分配制造费用	制造费用——机物料消耗																	1	8	8	0	0	0	0
9	分配制造费用	制造费用——低值易耗品摊销																		1	9	8	0	0	0
10	分配制造费用	制造费用——折旧费																	3	2	0	7	4	6	7
合计	大写合计	捌万肆仟零玖拾肆元陆角柒分						8	4	0	9	4	6	7					8	4	0	9	4	6	7

图 3-20-2　[业务 3-20]记账凭证页面

需要说明的是,制造费用结转必须在期末领料、人工费用分配、折旧/摊销计提等与制造费用相关的业务全部核算完成后才能进行。制造费用的分配基于内容安排在本章,但从发生的日期以及会计核算正确性,应该在生产车间各费用核算后才能进行。[业务3-20]至[业务3-22]应该在第五章期末计提企业所得税业务之前比较合理。

【业务3-21】 原始凭证共3张,于2020-06-30取得,如表3-21-1至表3-21-3所示。

表3-21-1　　　　　　　　　　产品成本计算表
产品名称:X201　　　　　　　2020年6月30日
本月投入:3 000(件)　　　完工:3 000(件)　　　月末在产品:0件　　金额单位:元

项目	直接材料	直接人工	制造费用	合计
月初在产品成本	0	0	0	0
本月生产费用	3 420 000.00	38 304.00	50 456.80	3 508 760.80
生产费用合计	3 420 000.00	38 304.00	50 456.80	3 508 760.80
约当产量(件)	3 000.00	3 000.00	3 000.00	
单位成本	1 140.00	12.77	16.82	1 169.59
完工产品成本	3 420 000.00	38 304.00	50 456.80	3 508 760.80
月末在产品成本	0	0	0	0

编制:钱晓明　　　　　　　　　　　　　　　　　　　　　　　　　　审核:袁世民

表3-21-2　　　　　　　　　　产品成本计算表
产品名称:Y202　　　　　　　2020年6月30日
本月投入:5 000(件)　完工:4 500(件)　月末在产品:500(件)　完工率:60%　金额单位:元

项目	直接材料	直接人工	制造费用	合计
月初在产品成本				
本月生产费用	4 250 000.00	25 536.00	33 637.87	4 309 173.87
生产费用合计	4 250 000.00	25 536.00	33 637.87	4 309 173.87
约当产量(件)	5 000.00	4 800.00	4 800.00	
单位成本	850.00	5.32	7.01	862.33
完工产品成本	3 825 000.00	23 940.00	31 545.00	3 880 485.00
月末在产品成本	425 000.00	1 596.00	2 092.87	428 688.87

编制:钱晓明　　　　　　　　　　　　　　　　　　　　　　　　　　审核:袁世民

表3-21-3　　　　　　　　　　产成品入库汇总表
　　　　　　　　　　　　　　　2020年6月30日　　　　　　　　　　　　　金额单位:元

产品编号	名称	规格	计量单位	数量	单价	金额	备注
	X201	略	件	3 000	1 169.59	3 508 760.80	
	Y202	略	件	4 500	862.33	3 880 485.00	

编制:钱晓明　　　　　　　　　　　　　　　　　　　　　　　　　　审核:袁世民

上述原始凭证中：

表 3-21-1 是产品成本计算单，此单应作为期末结转完工产品成本的记账依据。该原始凭证的内容表明，本月完工 3 000 件 X201 产品的成本 3 508 760.80 元应予以结转。进行会计核算时，完工产品成本中的"直接材料"3 420 000.00 元、"直接人工"38 304.00 元和"制造费用"50 456.80 元应分别记入"生产成本——直接材料——X201""生产成本——基本生产成本——直接人工——X201""生产成本——制造费用——X201"等科目的贷方。

表 3-21-2 是产品成本计算单，此单应作为期末结转完工产品成本的记账依据。该原始凭证的内容表明，本月完工 4 500 件 Y202 产品的成本 3 880 485.00 元应予以结转。进行会计核算时，完工产品成本中的"直接材料"3 825 000.00 元、"直接人工"23 940.00 元和"制造费用"31 545.00 元应分别记入"生产成本——直接材料——Y202""生产成本——基本生产成本——直接人工——Y202""生产成本——制造费用——Y202"等科目的贷方。

表 3-21-3 是产成品入库汇总表的第二联记账联，此联应作为完工产品验收入库的记账依据。该原始凭证的内容表明，本月本公司有 3 000 件 X201 产品和 4 500 件 Y202 产品已经完工验收入库。进行会计核算时，"金额"3 508 760.80 元和 3 880 485.00 元应分别记入"库存商品——X201"和"库存商品——Y202"科目的借方。

根据上述分析，该笔业务在 T+系统中的操作流程如下：

（1）产品入库单生成或填制。以存货会计钱晓明"11207"的身份于 2020-06-30 登录，"库存核算——单据"处单击"产品入库单"，"选单"菜单单击"选生产加工单"，"X201"生产加工单记录经查询、勾选后进行确定；金额录入"3 508 760.8"，该单据保存并审核。Y202 产品入库单采用填制的方法，产品入库单页面单击"新增"；生产车间选择"生产车间"，项目选择"Y202 产品"，仓库选择"综合库"，产品名称选择"Y202"，实收数量录入"4 500"，金额录入"3 880 485"；该单据保存并审核。

【业务 3-21】 根据生产加工单生成产品入库单页面，如图 3-21-1 所示。

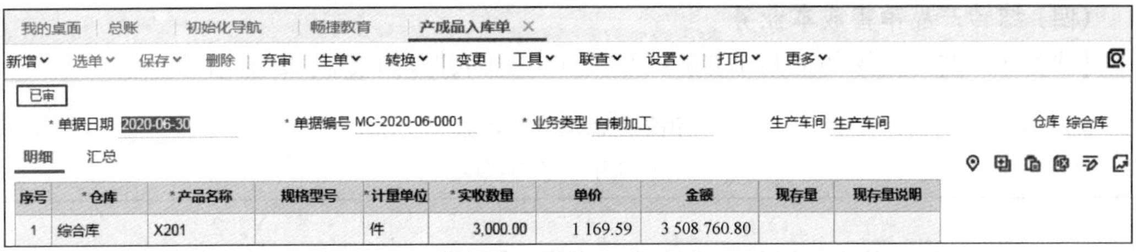

图 3-21-1　[业务 3-21]根据生产加工单生成产品入库单页面

填制 Y202 产品入库单页面，如图 3-21-2 所示。

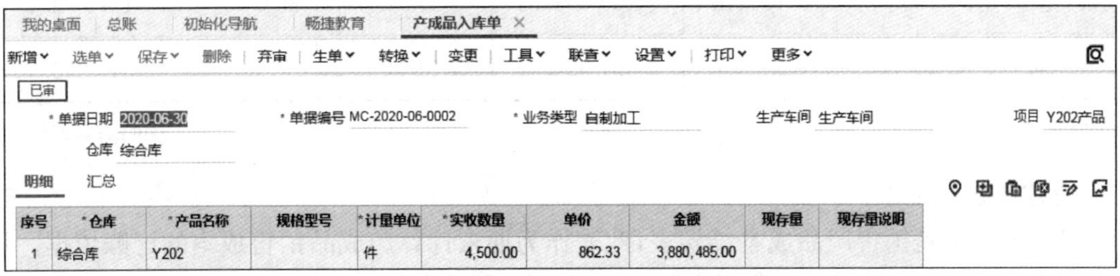

图 3-21-2　填制 Y202 产品入库单页面

(2)科目设置及单据生凭证。"总账——日常业务"单击"科目设置",在存货对方科目扩展设置中增设,单据类型为"产品入库单",存货分类为"库存商品",科目设为"500101";"总账——日常业务"单击"单据生凭证",单据勾选"产品入库单"并单击"下一步",第二步默认并单击"下一步",查询结果页面单击"生成凭证",第3行金额改为"3 420 000",第4行科目录入"500101",项目选择"Y202 产品",贷方金额录入"3 825 000",第5行科目录入"500102",项目选择"X201 产品",贷方金额录入"38 304",第6行科目选择"500102",项目选择"Y202 产品",贷方金额录入"23 940",第7行科目录入"500103",项目选择"X201 产品",贷方金额录入"50 456.8",第8行科目选择"500103",项目选择"Y202 产品",贷方金额录入"31 545",记账凭证进行保存。

【业务 3-21】 记账凭证,如图 3-21-3 所示。

序号	摘要	科目名称	辅助项	计量单位	借方	贷方
1	自制加工	库存商品	X201	件	350 876.08	
2	自制加工	库存商品	Y202	件	388 048.500	
3	自制加工	生产成本——直接材料	X201产品			3 420 000.00
4	自制加工	生产成本——直接材料	Y202产品			3 825 000.00
5	自制加工	生产成本——直接人工	X201产品			383.04
6	自制加工	生产成本——直接人工	Y202产品			239.40
7	自制加工	生产成本——制造费用	X201产品			504.568
8	自制加工	生产成本——制造费用	Y202产品			315.45

图 3-21-3 [业务 3-21]记账凭证

(四)结转产品销售成本业务

【业务 3-22】 原始凭证共 1 张,于 2020-06-30 取得,如表 3-22-1 所示。

表 3-22-1　　　　　　　　销售产品成本结转表
2020 年 6 月 30 日

项目	X201			Y202		
	数量	单位成本	总成本	数量	单位成本	总成本
销售	2 755.00	1 166.10	3 212 605.50	3 895.00	863.43	3 363 059.85
预计退货	145.00	1 166.10	169 084.50	205.00	863.43	177 003.15
合计	2 900.00		3 381 690.00	4 100.00		3 540 063.00

编制:钱晓明　　　　　　　　　　　　　　　　　　　　　　　　审核:袁世民

上述原始凭证中:

表 3-22-1 是销售产品成本结转表,此表作为期末计算产成品销售成本的记账依据。该原始凭证注明的内容表明,本公司本月销售需结转成本的 X201、Y202 产品数量和总成本分

别为 2 755 件、3 212 605.50 元和 3 895 件、3 363 059.85 元，本公司本月销售预计退货结转成本的 X201、Y202 产品数量和总成本分别为 145 件、169 084.50 元和 205 件、177 003.15元。进行会计核算时，根据结转产品销售总成本金额 3 212 605.50 元和 3 363 059.85元，分别记入“主营业务成本——X201”和“主营业务成本——Y202”科目的借方，本月销售预计退货结转成本的 X201、Y202 产品总成本分别为 169 084.50 元、177 003.15元，分别记入“应收退货成本——X201”和“应收退货成本——Y202”科目的借方，本月因销售业务发出的 X201 和 Y202 产品的总成本 3 381 690.00 元、3 540 063.00 元分别记入“库存商品——X201”和“库存商品——Y202”科目的贷方。

根据上述分析，该笔业务在 T＋系统中的操作流程如下：

以存货会计钱晓明“10516674727”的身份于 2020-06-30 登录，“总账——日常业务”单击“单据生凭证”，单据勾选“销售出库单”并单击“下一步”，第二步默认并单击“下一步”，查询结果页面单击“生成凭证”；记账凭证进行保存。

【业务 3-22】 记账凭证页面，如图 3-22-1 所示。

已生成

记账凭证

* 凭证类别 记账凭证　* 凭证编号 0091　* 制单日期 2020-06-30　附单据数 4

明细　汇总

序号	*摘要	*科目名称	辅助项	计量单位	数量	单价	借方（亿千百十万千百十元角分）	贷方（亿千百十万千百十元角分）
1	普通销售/常州万都有限公司	应收退货成本	Y202	件	205.00	863.43	17700315	
2	普通销售/扬州兴仪有限公司	应收退货成本	X201	件	145.00	1,166.10	16908450	
3	普通销售/常州万都有限公司	主营业务成本——商品销售	Y202	件			336305985	
4	普通销售/扬州兴仪有限公司	主营业务成本——商品销售	X201	件			321260550	
5	普通销售/常州万都有限公司	库存商品	Y202	件				354006300
6	普通销售/扬州兴仪有限公司	库存商品	X201	件				338169000

图 3-22-1　[业务 3-22]记账凭证页面

第四部分

其他资产业务会计信息化处理

本章主要针对除存货之外的其他资产业务进行会计信息化的处理。其他资产主要包括货币资金、股票或债券投资等金融商品、长期股权投资等资产以及计提折旧/摊销长期资产。

其他资产相关业务一览表，如表4-1所示。

表4-1　　　　　　　　　　其他资产相关业务一览表

序号	常见业务	使用单据	使用主要系统
1	提现等在现金银行账号之间相互划转业务	银行存取款单	往来现金/总账系统
2	出租、处置长期资产使货币资金增加业务，如转让长期资产、收回投资、收取租金等	收入单	往来现金/总账系统
3	取得股票债券等金融商品并支付手续费等业务	费用单	往来现金/总账系统
4	需计提折旧/摊销的长期资产增加同时货币资金减少业务	资产卡片/付款单	资产管理/往来现金/总账系统
5	需计提折旧/摊销的长期资产增加但与货币资金无关的业务	资产卡片	资产管理/总账系统
6	与货币及需计提折旧或摊销的长期资产均无关的业务，如期末公允价值变动等	—	总账系统（直接填制凭证）
7	需要进行预借、结算等过程性处理的货币收付业务（如预借/报销差旅费等）	其他应收单/付款单/费用单/收款单	往来现金/总账系统

一、货币资金、股票等金融资产业务会计信息化处理

与存货业务相关的银行存款、库存现金和其他货币资金等均在存货业务中进行了会计信息化处理，而与长期股权投资、计提折旧/摊销长期资产相关的货币资金业务将在长期股权投资、计提折旧/摊销长期资产等部分进行会计信息化处理，该部分主要针对其他情况下货币资金、股票债券等金融商品进行会计信息化处理。

（一）货币资金业务会计信息化处理

【业务4-1】　6月14日，取得原始凭证7张，经办人傅世惠，如表4-1-1至表4-1-7所示。

第四部分 其他资产业务会计信息化处理

表 4-1-1

表 4-1-2

表 4-1-3

表 4-1-4

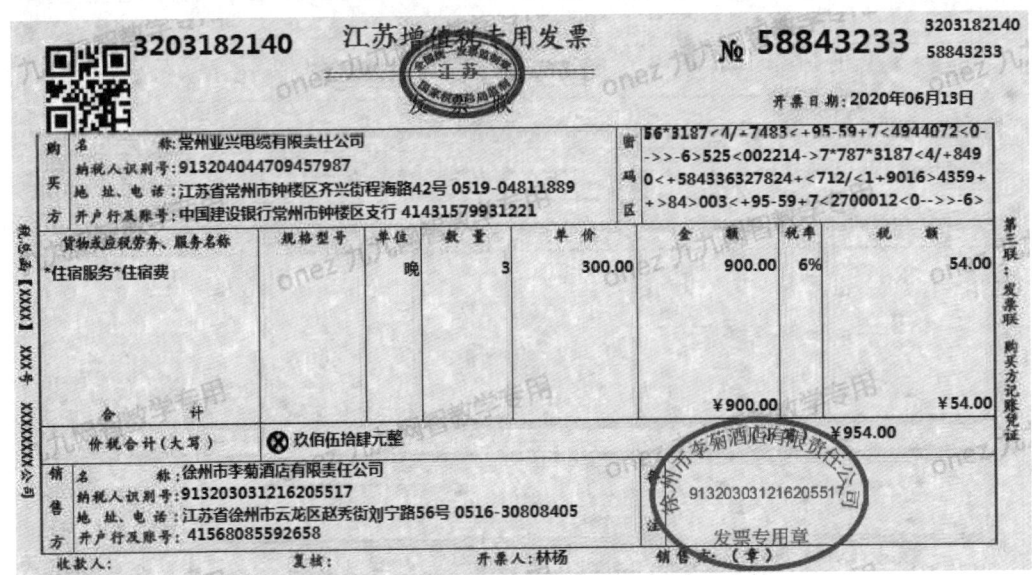

上述原始凭证中：

表 4-1-1 是差旅费报销单，此单应作为本公司核算差旅费的记账依据。该原始凭证注明，"姓名"是傅世惠，"工作部门"是销售部，外出商务谈判，报销金额是共计 1 554.00 元，表 4-1-2 和 4-1-3 是常州到徐州的往返动车票，表明报销单中的车船费是 450.00 元，

表 4-1-5

江苏增值税专用发票 No 58843233

3203182140
58843233

开票日期：2020年06月13日

购买方	名称：常州亚兴电缆有限责任公司 纳税人识别号：913204047094579874 地址、电话：江苏省常州市钟楼区齐兴街程海路42号 0519-04811889 开户行及账号：中国建设银行常州市钟楼支行 41431579931221

货物或应税劳务、服务名称	规格型号	单位	数量	单价	金额	税率	税额
*住宿服务*住宿费		晚	3	300.00	900.00	6%	54.00
合　　计					￥900.00		￥54.00

价税合计(大写) ⊗玖佰伍拾肆元整　　　　￥954.00

销售方	名称：徐州市李菊酒店有限责任公司 纳税人识别号：913203031216205517 地址、电话：江苏省徐州市云龙区赵秀街刘宁路56号 0516-30808405 开户行及账号：41568085592658

收款人：　　　复核：　　　开票人：林杨　　　销售方：(章) 发票专用章

表 4-1-6

借款单

2020年05月31日　　NO.79402

借款人：傅世惠	所属部门：销售部
借款用途：出差借款	
借款金额：人民币(大写) 贰仟元整	￥2000.00
部门负责人审批：傅世惠	借款人(签章)：傅世惠
财务部门　审核：袁世民	
单位负责人批示：同意	签字：赵卫宇
核销记录：收回差旅费多余借款446.00元。	

表 4-1-7

收 款 收 据

NO.420813

2020年06月14日

今 收 到　傅世惠　　　　　　　　　　　现金收讫

交 来　退还差旅费多余款

金额(大写)	零佰	零拾	零万	零仟	肆佰	肆拾	陆元	零角	零分

￥446.00　　☑现金　□转账支票　□其他　　　　收款单位(盖章)

核准　　会计　　记账　　出纳 朱珊珊　经手人 傅世惠

表 4-1-4 是江苏增值税专用发票的第三联发票联,该原始凭证注明,"购买方"是本公司,"销售方"是徐州如家酒店有限公司,"货物或应税劳务、服务名称"是住宿费,表明报销单中的住宿费金额是 954.00 元。进行会计核算时,车船费中扣除增值税 37.16 元的部分 412.84 元、补贴 150 元和增值税专用发票上的金额 900.00 元,合计 1 462.84 元,应记入"管理费用——差旅费"科目的借方,"税额"91.16 元应记入"应交税费——应交增值税——进项税额"科目的借方。

表 4-1-5 是江苏增值税专用发票的第二联抵扣联,此联应作为购买方抵扣进项税额的依据。该抵扣联不能作为记账凭证的附件,专门用于在规定期限内到税务机关办理认证或在平台办理勾选确认,并在认证通过或勾选确认的次月申报期内,向主管税务机关申报抵扣进项税额。

表 4-1-6 是借款单的第二联结算联,此联应作为本公司结算借款的记账依据。该原始凭证的内容表明,傅世惠已于 6 月 14 日结清其预借的差旅费 2 000.00 元。进行会计核算时,"借款金额"2 000.00 元应记入"其他应收款——职工往来——傅世惠"科目的贷方。

表 4-1-7 是收款收据第三联交财务联,此联应作为收款的记账依据,该原始凭证的内容表明,本公司收到傅世惠报销差旅费退回的现金 446.00 元,进行会计核算时,"金额"446.00 元应记入"库存现金"科目的借方。

根据上述分析,该笔业务在 T+系统中的操作流程如下:

(1) 费用设置。以出纳朱珊珊"10523340668"的身份于"2020-06-14"登录,在"基础设置——收付结算——费用"中将表 4-1-8 所示费用依次增设。

新增费用一览表,如表 4-1-8 所示。

表 4-1-8　　　　　　　　新增费用一览表

上级费用		二级费用		下级费用			费用类型
编码	名称	编码	名称	编码	名称	税率	
45	差旅费	451	车船费	4511	飞机/火车票	9%	其他费用
				4512	燃油费	9%	
				4513	汽车客运票	3%	
				4514	轮船票	3%	
		4521	住勤费补贴	—		0	
		4531	旅馆费	—		6%	

(2) 费用单填制。"往来现金——单据"处单击"费用单";业务类型选择"往来费用",票据类型选择"专用发票",往来单位和业务员均选择"傅世惠",记账方向选择"应收",部门选择"销售部",明细第 1 行和第 2 行费用名称均选择"飞机/火车票",含税金额均录入"225"(要求往返车票分别录入),第 3 行费用选择"住勤费补贴",金额录入"150",第 4 行费用选择"旅馆费",金额录入"900",该单据保存并审核。

【业务 4-1】　费用单,如图 4-1-1 所示。

(3) 收款单填制。"往来现金——单据"处单击"收款单";结算客户和业务员均选择"傅世惠",部门选择"销售部",业务类型选择"普通收款","选单"菜单单击后勾选"期初其他应收"及"费用单",结算方式选择"现金",收款金额录入"446",该单据依次进行分摊、保存和审核。

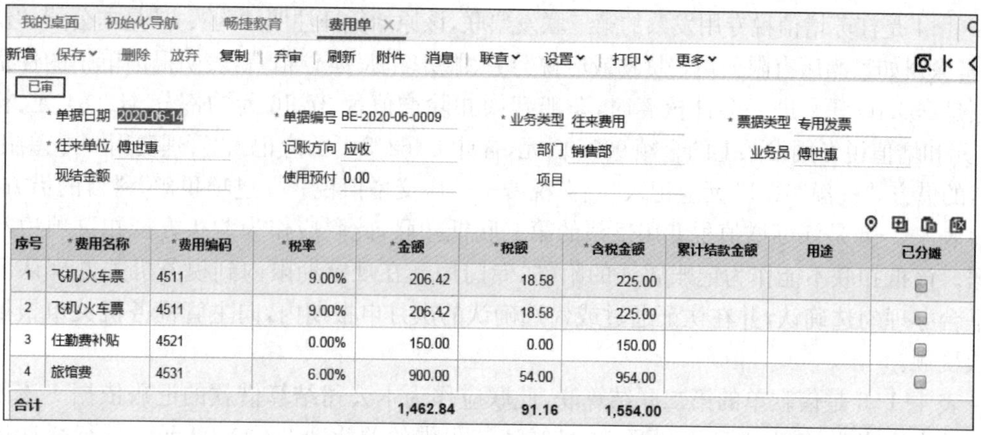

序号	*费用名称	*费用编码	*税率	*金额	*税额	*含税金额	累计结款金额	用途	已分摊
1	飞机/火车票	4511	9.00%	206.42	18.58	225.00			
2	飞机/火车票	4511	9.00%	206.42	18.58	225.00			
3	住勤费补贴	4521	0.00%	150.00	0.00	150.00			
4	旅馆费	4531	6.00%	900.00	54.00	954.00			
合计				1,462.84	91.16	1,554.00			

图 4-1-1 [业务 4-1]费用单

【业务 4-1】 收款单,如图 4-1-2 所示。

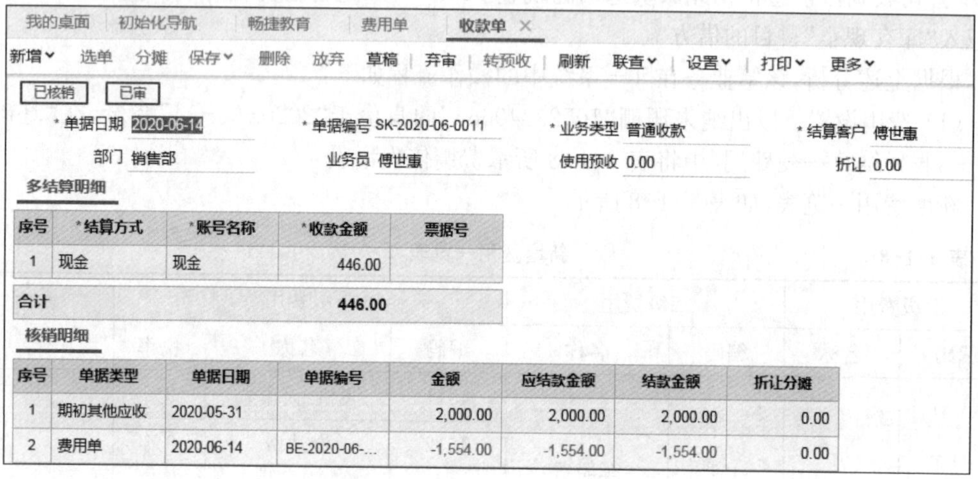

序号	*结算方式	*账号名称	*收款金额	票据号
1	现金	现金	446.00	
合计			446.00	

序号	单据类型	单据日期	单据编号	金额	应结款金额	结款金额	折让分摊
1	期初其他应收	2020-05-31		2,000.00	2,000.00	2,000.00	0.00
2	费用单	2020-06-14	BE-2020-06-...	-1,554.00	-1,554.00	-1,554.00	0.00

图 4-1-2 [业务 4-1]收款单

(4) 科目设置及单据生凭证。傅世惠属于"内部职工"单位类别,本业务收款单、费用单涉及应收科目、其他应收科目等往来结算科目设置,需检查这些科目扩展设置中是否存在单位类别"内部职工"入账科目"其他应收款——职工往来"的记录,没有则需要新增;费用单中费用科目根据管理部门大类,对差旅费设置为"管理费用——差旅费"科目,即费用科目扩展设置页面增行,费用类型选择"其他费用",费用名称选择"差旅费",部门选择"管理",科目选择"管理费用——差旅费"。科目设置可并入单据生凭证的流程中,其操作流程为:以资产会计李本勇"10558470780"的身份于 2020-06-14 登录,"总账——日常业务"处单击"单据生成凭证",单据选择"费用单""收款单"并单击"下一步","选择查询条件"页面默认并单击"下一步",查询结果页面单击"生成凭证";提示中打开科目设置页面,分别进行应收科目、其他应收科目和费用科目的扩展设置;查询结果页面刷新并单击"生成凭证";附单据数改为"3",库存现金录入现金流量项目选择"03 收到其他与经营活动有关的现金"并确定;记账凭证进行保存。

【业务 4-1】 记账凭证页面,如图 4-1-3 所示。

第四部分 其他资产业务会计信息化处理

已分配				记账凭证					
*凭证类别 记账凭证		*凭证编号 0045		*制单日期 2020-06-14		附单据数 3			

明细　汇总

序号	*摘要	*科目名称	辅助项	借方 亿千百十万千百十元角分	贷方 亿千百十万千百十元角分
1	普通收款	库存现金		4 4 6 0 0	
2	往来费用	应交税费——应交增值税——进项税额		9 1 1 6	
3	往来费用	管理费用——差旅费		1 4 6 2 8 4	
4	普通收款	其他应收款——职工往来	傅世惠		2 0 0 0 0 0

图 4-1-3　[业务 4-1]记账凭证页面

【业务 4-2】 6 月 14 日,取得原始凭证 3 张,经办人孙凯愉,如表 4-2-1 至表 4-2-3 所示。

表 4-2-1

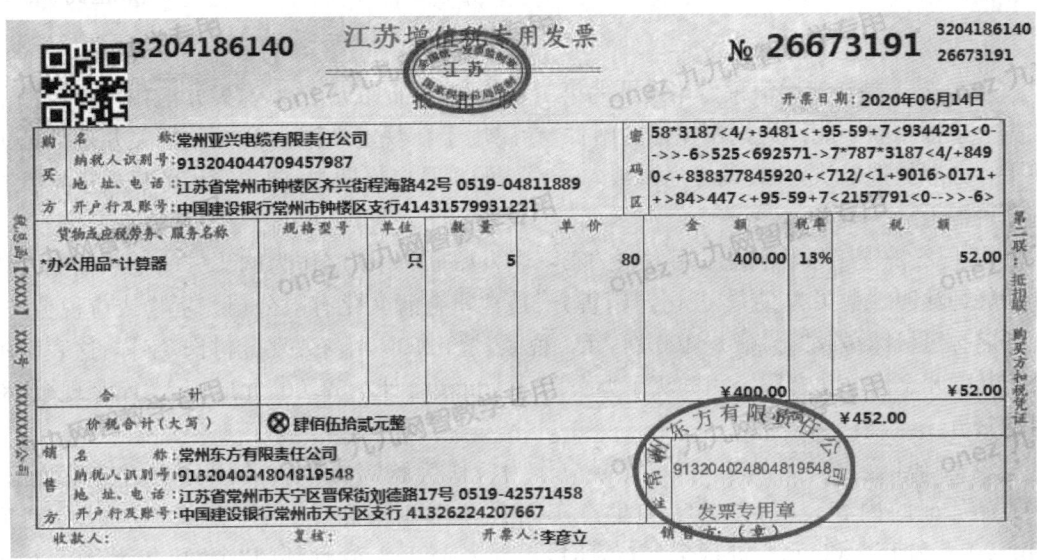

表 4-2-2

229

表 4-2-3

办公用品领用单

品名：办公用品   2020-06-14

领用部门	计算器			合计	领用人
	数量	单价	金额		
办公室	3	80.00	240.00	240.00	魏东明
生产车间	2	80.00	160.00	160.00	杨帆进
合计	5.00		400.00	400.00	

制表：李本勇   审核：袁世民

上述原始凭证中：

表 4-2-1 是江苏增值税专用发票的第二联抵扣联,此联应作为购买方抵扣进项税额的依据。该抵扣联不能作为记账凭证的附件,专门用于在规定期限内到税务机关办理认证或在平台办理勾选确认,并在认证通过或勾选确认的次月申报期内,向主管税务机关申报抵扣进项税额。

表 4-2-2 是江苏增值税专用发票的第三联发票联,此联应作为购买方的记账依据。该原始凭证注明,"购买方"是本公司,"销售方"是常州金海文化有限公司,"货物或应税劳务、服务名称"是计算器,"金额"是 400.00 元,"税额"是 52.00 元,有"现金付讫"字样,这表明本公司从常州金海文化有限公司购买了办公用品。价税合计"452.00"元应记入"库存现金"科目的贷方。

表 4-2-4 是办公用品领用单,此联应作为应作为购买方办公费用分配的记账依据。该原始凭证的内容表明,办公室和生产车间各领用 3 只和 2 只计算器,"金额"分别为 240.00 元和 160.00 元。进行会计核算时,根据表 4-2-2,管理部门"金额"合计240.00元应记入"管理费用——办公费"科目的借方,生产车间"金额"160.00 元应记入"制造费用——办公费"科目的借方,"税额"52.00 元应记入"应交税费——应交增值税——进项税额"科目的借方。

根据上述分析,该笔业务在 T+系统中的操作流程如下：

（1）费用设置。以出纳朱珊珊"10523340668"的身份于"2020-06-14"登录,"基础设置——收付结算"处单击"费用",将表 4-2-4 所示费用依次新增。

新增费用,如表 4-2-4 所示。

表 4-2-4   新增费用

上级费用		二级费用			费用类型
编码	名称	编码	名称	税率	
46	办公费	4601	计算器	13%	其他费用

(2)费用单填制。"往来现金——单据"处单击"费用单";业务类型选择"现金费用",票据类型选择"专用发票",部门选择"办公室",业务员选择"魏东明",费用名称选择"计算器",金额录入"240",现结金额中账号名称选择"现金"并确定,该单据保存并审核。费用单页面单击"复制",部门选择"生产车间",业务员选择"杨帆进",金额录入"160",现结金额方式"现金"并确定;该单据保存并审核。

【业务4-2】 办公室费用单页面,如图4-2-1所示。

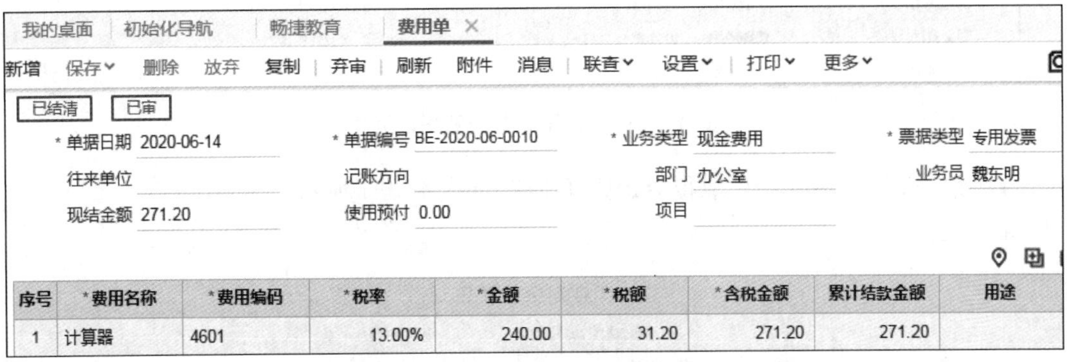

图4-2-1 [业务4-2]办公室费用单页面

【业务4-2】 生产车间费用单,如图4-2-2所示。

图4-2-2 [业务4-2]生产车间费用单

(3)科目设置。以资产会计李本勇"10558470780"的身份于2020-06-14登录,"总账——日常业务"处单击"科目设置",在费用科目中进行费用科目扩展设置,最末栏目序号处增行,费用类型选择"其他费用",费用选择"办公费",部门选择"管理",科目录入"管理费用——办公费";增行,费用类型选择"其他费用",费用选择"办公费",部门选择"生产",科目录入"制造费用——办公费";费用科目扩展设置页面保存并退出。

(4)单据生凭证。"总账——日常业务"处单击"单据生凭证",单据选择"费用单"并单击"下一步","选择查询条件"页面默认并单击"下一步",查询结果页面单击"生成凭证";现金流量项目选择"04"并确定,记账凭证进行保存。

【业务4-2】 记账凭证页面,如图4-2-3所示。

序号	*摘要	*科目名称	借方 亿千百十万千百十元角分	贷方 亿千百十万千百十元角分
1	现金费用	应交税费——应交增值税——进项税额	5 2 0 0	
2	现金费用	制造费用——办公费	1 6 0 0 0	
3	现金费用	管理费用——办公费	2 4 0 0 0	
4	现金费用	库存现金		4 5 2 0 0

图 4-2-3　[业务 4-2]记账凭证页面

【业务 4-3】　6 月 15 日,取得原始凭证 1 张,如表 4-3-1 所示。

表 4-3-1

账存金额	实存金额	盘盈	盘亏	备注
1694.00	1644.00		50.00	

库存现金盘点表　2020 年 06 月 15 日　编号 2961

监盘人(签章):袁世民　　盘点人(签章):朱珊珊

上述原始凭证中:

表 4-3-1 是库存现金盘点表,应作为确认库存现金盘盈盘亏的记账依据。该原始凭证的内容表明,"账存金额"是 1 694.00 元,"实存金额"是 1 644.00 元,"盘亏"是 50.00 元,表明本公司 2019 年 6 月 15 日库存现金短款 50.00 元,进行会计核算时,"盘亏"50.00 元应分别记入"库存现金"科目的贷方和"待处理财产损溢——待处理流动资产损溢"科目的借方。

根据上述分析,该笔业务在 T+系统中的操作流程如下:

(1)现金盘点。以出纳朱珊珊"10523340668"的身份于 2020-06-15 登录,"出纳管理——业务处理"处单击"现金盘点单";账号名称选择"现金",单据编号、单据日期、账面金额自动生成,盘点人选择"朱珊珊",在明细中录入张数,其中 100 元录入"14",50 元录入"3",20 元录入"2",10 元录入"3",5 元录入"3",1 元录入"9",盘点人选择"朱珊珊",该单据保存并审核。

【业务 4-3】　现金盘点单页面,如图 4-3-1 所示。

图 4-3-1　[业务 4-3]现金盘点单页面

(2) 科目设置。以资产会计李本勇"10558470780"的身份于2020-06-15登录,"总账——日常业务"处单击"科目设置",检查差异科目是否为"待处理财产损溢——待处理流动资产损溢"科目。

(3) 单据生凭证。"总账——日常业务"处单击"单据生凭证",单据选择"现金盘点单"并单击"下一步","选择查询条件"页面默认并单击"下一步",查询结果页面单击"生成凭证";现金流量项目选择"07"并确定,记账凭证进行保存。

【业务4-3】 记账凭证页面,如图4-3-2所示。

已分配					
*凭证类别 记账凭证	*凭证编号 0048	*制单日期 2020-06-15	附单据数 1		
明细 汇总					
序号	*摘要	*科目名称		借方	贷方
				亿千百十万千百十元角分	亿千百十万千百十元角分
1	现金盘点单	待处理财产损溢——待处理流动资产损溢		5 0 0 0	
2	现金盘点单	库存现金			5 0 0 0

图4-3-2 [业务4-3]记账凭证页面

需要说明的是,现金盘点业务除现金盘亏外,还有现金盘盈。现金盘点性质均由系统自动判定。

【业务4-4】 6月15日,取得原始凭证1张,如表4-4-1所示。

表4-4-1

现金盘盈盘亏处置结果表			
2020-06-15			
账存金额	实存金额	盘盈	盘亏
1694.00	1644.00		50.00
财务部门意见: 盘亏款应由出纳人员赔偿 袁世民		公司领导意见: 同意 赵卫宇	

上述原始凭证中:

表4-4-1是现金盘盈盘亏处理结果表,应作为确认现金盘亏损失以及责任主体的记账依据。该原始凭证的内容表明,库存现金"盘亏"50.00元,"处理意见"是由朱珊珊赔偿,进行会计核算时,"盘亏"50.00元应分别记入"其他应收款——职工往来——朱珊珊"科目的借方和"待处理财产损溢——待处理流动资产损溢"科目的贷方。

根据上述分析,该笔业务在T+系统中的操作流程如下:

(1) 项目及科目设置检查与完善。以资产会计李本勇"10558470780"的身份于2020-06-15登录,在"基础设置——基本信息——项目"中,已预置项目与表3-17-2所列项目依次检查并完善;"总账——日常业务——科目设置"中,其他应收对方科目扩展设置页面与表3-17-2所列科目依次检查并完善。

(2) 其他应收单填制。以出纳朱珊珊"10523340668"的身份于"2020-06-15"登录,"往来现金——单据"处单击"其他应收单";往来单位选择"朱珊珊"(在"内部职工"单位类别中新增该职工并确定),部门选择"财务部",业务员选择"朱珊珊",项目选择"盈亏核销",摘要录入"赔偿现金短缺",金额录入"50",该单据保存并审核。

【业务 4-4】 其他应收单,如图 4-4-1 所示。

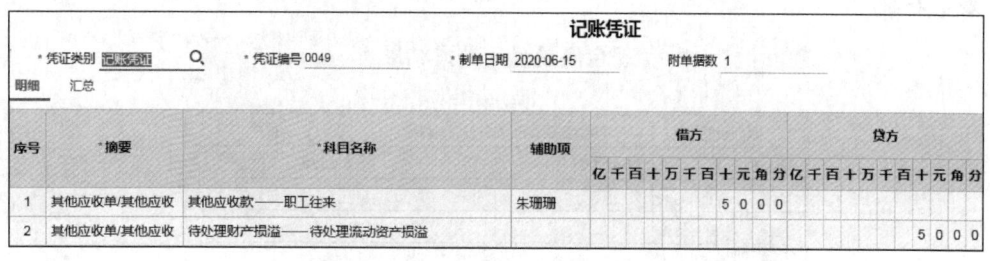

图 4-4-1 [业务 4-4]其他应收单

(3) 单据生凭证。以资产会计李本勇"10558470780"的身份于 2020-06-15 登录,"总账——日常业务"处单击"单据生凭证",单据选择"其他应收单"并单击"下一步",第二步页面默认并单击"下一步",查询结果页面单击"生成凭证",记账凭证进行保存。

【业务 4-4】 记账凭证页面,如图 4-4-2 所示。

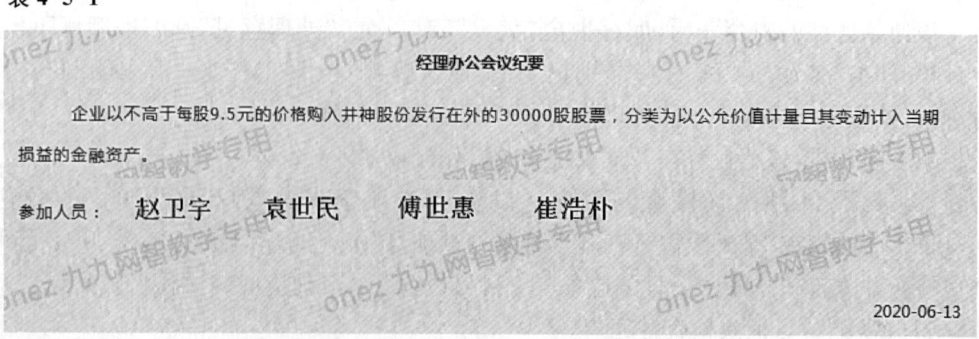

图 4-4-2 [业务 4-4]记账凭证页面

(二)金融商品业务会计信息化处理

【业务 4-5】 6 月 14 日,取得原始凭证 4 张,如表 4-5-1 至表 4-5-4 所示。

表 4-5-1

经理办公会议纪要

企业以不高于每股 9.5 元的价格购入井神股份发行在外的 30000 股股票,分类为以公允价值计量且其变动计入当期损益的金融资产。

参加人员: 赵卫宇   袁世民   傅世惠   崔浩朴

2020-06-13

表 4-5-2

成交日期	操作	证券代码	证券名称	成交数量	成交均价	成交金额	手续费	印花税	其他费用	结算金额	账户	交易市场
2020-06-13	买入	603299	井神股份	30000	9.5	285000.00	57.00			285057.00	6287188507669	上海A股

营业部名：江苏华兴证券服务股份有限公司
股东姓名：常州亚兴电缆有限责任公司
资金账户：6287188507669
当前币种：人民币

表 4-5-3

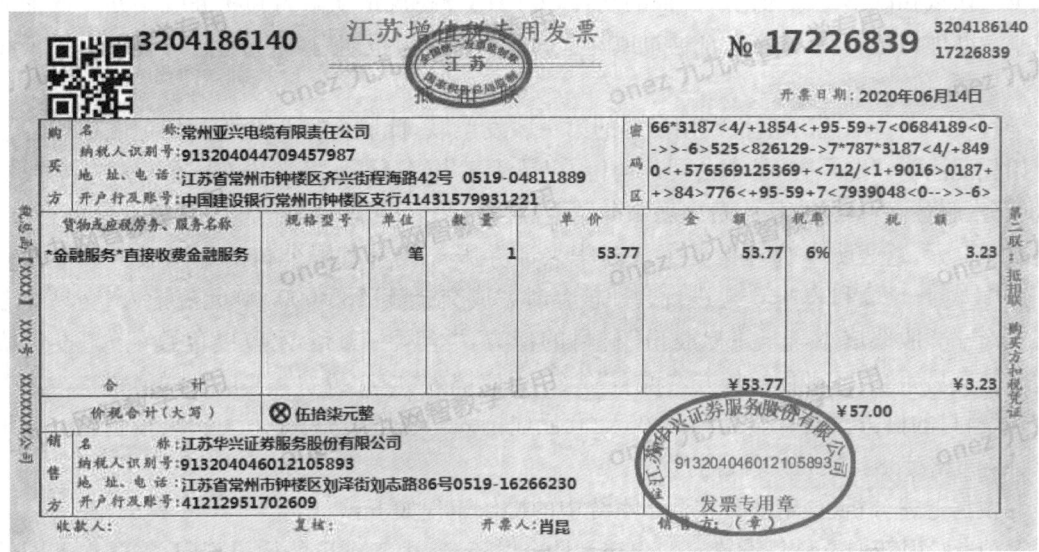

表 4-5-4

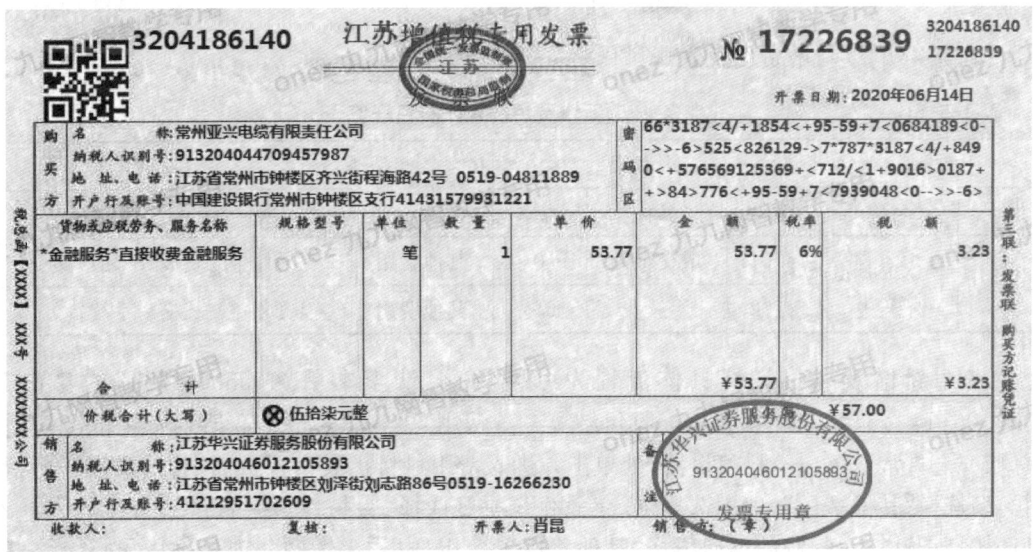

上述原始凭证中：

表 4-5-1 是本公司形成的经理办公会议纪要，应作为购买金融商品并对其进行分类的依据。该原始凭证注明，本公司拟以每股不高于 9.5 元的价格买入井神股份 30 000 股，并划

分为"以公允价值计量且其变动计入当期损益的金融资产",即交易性金融资产。

表4-5-2是买入证券交割单,应作为付款方支付款项的记账依据。该原始凭证注明,"股东姓名"是本公司,"资金账户"是62871887507669,"操作"内容是买入,"证券名称"是井神股份,"成交金额"是285 000.00元,含税"手续费"是57.00元,"结算金额"是285 057.00元,这表明本公司通过账号62871887507669的证券资金账户支付285 057.00元买入了30 000股井神股份。

表4-5-3是江苏增值税专用发票的第二联抵扣联,此联应作为购买方抵扣进项税额的依据。该抵扣联不能作为记账凭证的附件,专门用于在规定期限内到税务机关办理认证或在平台办理勾选确认,并在认证通过或勾选确认的次月申报期内,向主管税务机关申报抵扣进项税额。

表4-5-4是江苏增值税专用发票的第三联发票联,此联应作为购买方的记账依据。该原始凭证注明,"购买方"是本公司,"销售方"是江苏华兴证券服务股份有限公司,"货物或应税劳务、服务名称"是直接收费金融服务,"金额"是53.77元,"税额"是3.23元,"价税合计"是57.00元,这表明本公司接受了江苏华兴证券服务股份有限公司的金融服务。根据表4-5-1、表4-5-2和表4-5-4进行会计核算时,"成交金额"285 000.00元应记入"交易性金融资产——股票成本——井神股份"科目的借方,"金额"53.77元应以负数记入"投资收益——交易手续费"科目的贷方,"税额"3.23元应记入"应交税费——应交增值税——进项税额"科目的借方,"结算金额"285 057.00元应记入"其他货币资金——存出投资款——华兴证券62871887507669"科目的贷方。

根据上述分析,该笔业务在T+系统中的操作流程如下:

(1)费用新增及科目设置。购入交易性金融资产,由于支出的构成不同,需要在不同的科目中进行核算,本业务费用及需设置科目已汇编成[业务4-5]新增费用及入账科目一览表。

【业务4-5】新增费用及入账科目一览表,如表4-5-5所示。

表4-5-5   [业务4-5]新增费用及入账科目一览表

上级费用		二级费用			费用类型	费用科目
编码	名称	编码	名称	税率		项目:交易性金融资产
47	购入金融资产支出	4701	成交金额	0	其他费用	交易性金融资产——股票成本
		4702	手续费	6%	其他费用	投资收益——交易手续费

费用新增及科目设置具体流程为:以资产会计李本勇"10558470780"的身份于2020-06-14登录,"基础设置——收付结算——费用"中,将表4-5-5所列费用依次新增;"总账——日常业务——科目设置"处单击并进入费用科目扩展设置页面,其最末栏增行,费用类型选择"其他费用",费用选择"成交金额",项目选择"交易性金融资产",科目代码录入"110101";新增1行,费用类型选择"其他费用",费用选择"手续费",项目选择"交易性金融资产",科目选择"投资收益——交易手续费";费用科目扩展设置页面保存并退出。

(2)费用单录入及付款单审核。以出纳朱珊珊"10523340668"的身份于2020-06-14登录,"往来现金——单据"处单击"费用单",业务类型选择"往来费用",往来单位选择"井神股份”(在“股票投资对象”单位类别中新增该公司档案并确定),项目选择“交易性金融资产”,第 1 行费用名称选择“成交金额”,金额录入“285 000”,第 2 行费用名称选择“手续费”,含税金额录入“57”,现结金额自动计算,结算方式选择“其他”,账号名称选择“A03”并确定,该单据保存并审核。“往来现金——单据”处单击“付款单”,本业务生成的付款单定位并审核。

【业务 4-5】 费用单页面,如图 4-5-1 所示。

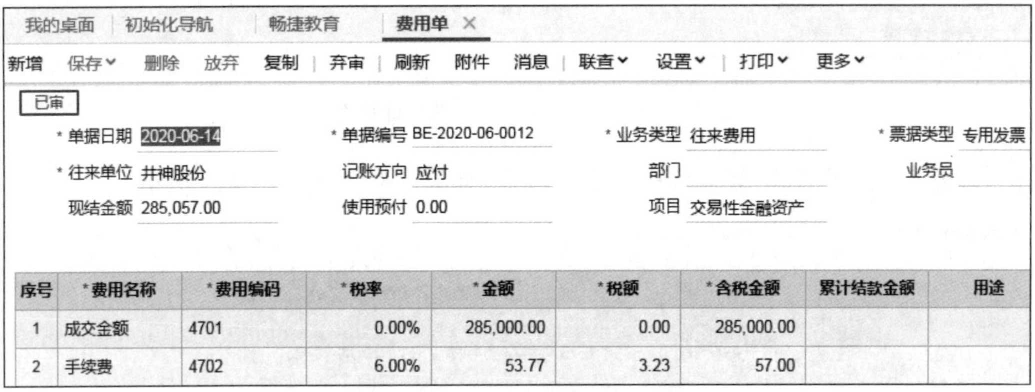
我的桌面 | 初始化导航 | 畅捷教育 | 费用单 ×

新增 保存 删除 放弃 复制 | 弃审 | 刷新 附件 消息 | 联查 | 设置 | 打印 | 更多

已审

* 单据日期 2020-06-14　* 单据编号 BE-2020-06-0012　* 业务类型 往来费用　* 票据类型 专用发票

* 往来单位 井神股份　记账方向 应付　部门　业务员

现结金额 285,057.00　使用预付 0.00　项目 交易性金融资产

序号	*费用名称	*费用编码	*税率	*金额	*税额	*含税金额	累计结款金额	用途
1	成交金额	4701	0.00%	285,000.00	0.00	285,000.00		
2	手续费	4702	6.00%	53.77	3.23	57.00		

图 4-5-1 [业务 4-5]费用单页面

需要说明的是:

① 费用单的票据类型有专用发票、普通发票和收据三种。其中,专用发票中根据税率计算的增值税额、普通发票所含费用中勾选“普票可抵”,且有抵扣率的,计算的可抵扣税额,在自动生成凭证时均记入“应交税费——应交增值税——进项税额”科目。如果业务中不涉及或不允许抵扣税额的,一般使用“收据”这种票据类型;如果原始单据中含有增值税专用发票的,使用“专用发票”票据类型,并对每个费用需设置具体税率;如果原始单据中没有增值税专用发票,但普票中有项目允许抵扣增值税额的,需对允许抵扣增值税的费用勾选“普票可抵”,并设置具体的抵扣率。普通发票类型的费用单中,“税额”栏没有意义,不会生成“进项税额”。

② 费用单可以用于各种费用的支付业务,也可以用于以货币资金取得交易性金融资产、债权投资、其他权益工具投资及长期股权投资的业务,还可以用于缴纳税费、支付职工薪酬等业务。

③ 费用单中的往来单位选择。通过市场交易取得井神股份,其转让的对象肯定不是井神股份。往来单位选择核算对象的作用是便于会计核算,不影响最终的支出结果;而且通过手工调整,不影响日记账与银行对账单的核对。在金融资产及股权投资业务中,不论是费用单还是收入单,其往来单位均选择为核算对象。

(3) 单据生凭证。以资产会计李本勇“10558470780”的身份于 2020-06-14 登录,“总账——日常业务”处单击“单据生凭证”,单据选择“费用单”并单击“下一步”,“选择查询条件”页面默认并单击“下一步”,查询结果页面单击“生成凭证”,附单据数改为“3”,交易性金融资产科目栏数量录入“30 000”,投资收益科目栏,其金额移至贷方,金额改为“−53.77”,现金流量项目选择“14 投资支付的现金”并确定,记账凭证进行保存。

【业务 4-5】 记账凭证页面,如图 4-5-2 所示。

图 4-5-2 [业务 4-5]记账凭证页面

【业务 4-6】 6月15日,取得原始凭证4张,如表4-6-1至表4-6-4所示。

表 4-6-1

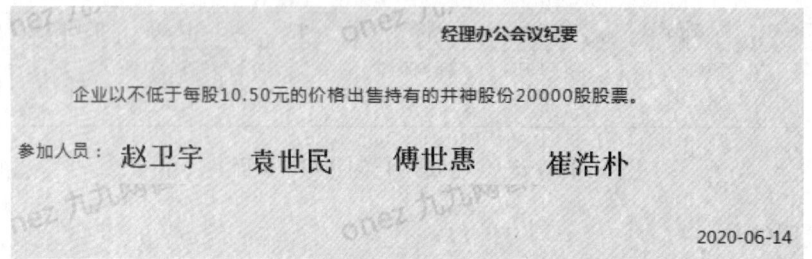

表 4-6-2

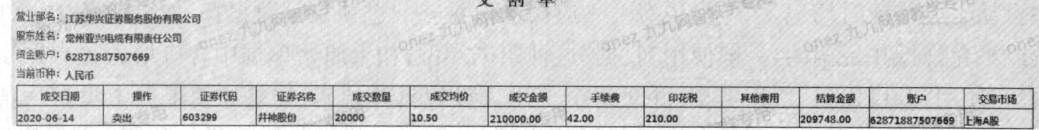

表 4-6-3

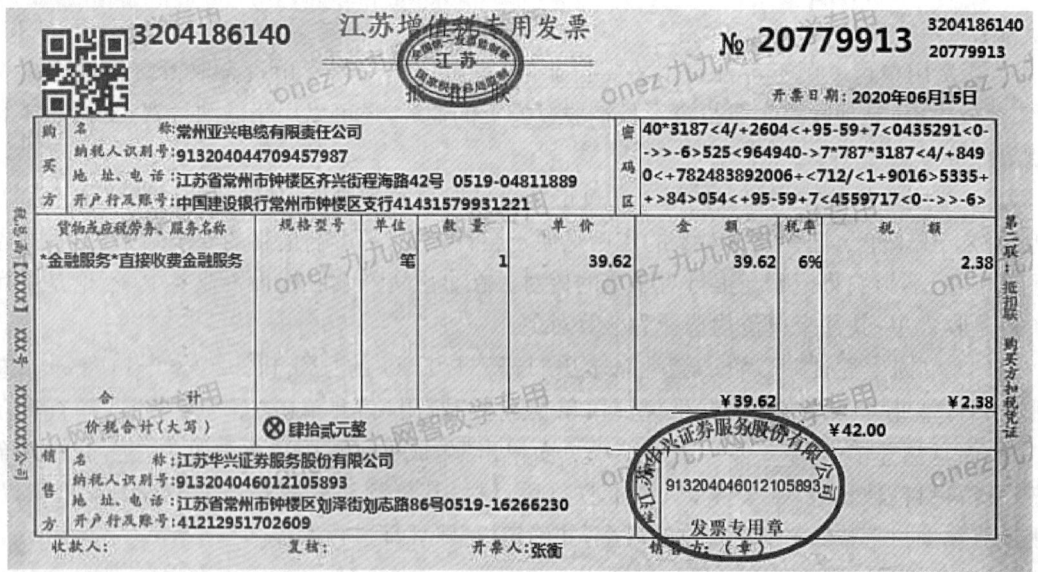

表 4-6-4

上述原始凭证中：

表 4-6-1 是本公司形成的经理办公会议纪要，应作为出售金融商品的依据。该原始凭证注明，本公司拟以每股不低于 10.5 元的价格出售井神股份 20 000 股。

表 4-6-2 是出售证券交割单，应作为收款方收取款项的记账依据。该原始凭证注明，"股东姓名"是本公司，"资金账户"是 62871887507669，"操作"内容是卖出，"证券名称"是井神股份，"成交金额"是 210 000.00 元，含税"手续费"是 43.00 元，"印花税"是 210.00 元，"结算金额"是 209 748.00 元，这表明本公司通过账号 62871887507669 的证券资金账户卖出了 20 000 股井神股份，收款 209 748.00 元。

表 4-6-3 是江苏增值税专用发票的第二联抵扣联，此联应作为购买方抵扣进项税额的依据。该抵扣联不能作为记账凭证的附件，专门用于在规定期限内到税务机关办理认证或在平台办理勾选确认，并在认证通过或勾选确认的次月申报期内，向主管税务机关申报抵扣进项税额。

表 4-6-4 是江苏增值税专用发票的第三联发票联，此联应作为购买方的记账依据。该原始凭证注明，"购买方"是本公司，"销售方"是江苏华兴证券服务股份有限公司，"货物或应税劳务、服务名称"是直接收费金融服务，"金额"是 39.62 元，"税额"是 2.38 元，"价税合计"是 42.00 元，这表明本公司接受了江苏华兴证券服务股份有限公司的金融服务。

根据表 4-6-1、表 4-6-2 和表 4-6-4 进行会计核算时，"税额"2.38 元应记入"应交税费——应交增值税——进项税额"科目的借方，"结算金额"209 748.00 元应记入"其他货币资金——存出投资款——华兴证券 62871887507669"科目的借方，"成交数量"20 000 乘以〔业务 4-5〕中该股票购入时买价 9.50 元为 190 000.00 元应记入"交易性金融资产——股票成本——井神股份"科目的贷方，借贷差额 19 750.38 元应记入"投资收益——出售金融资产收益——出售金融商品收益"科目的贷方。

根据上述分析，该笔业务在 T+ 系统中的操作流程如下：

(1) 收入新增及科目设置。出售交易性金融资产,取得的全部收入扣除其成本、手续费和印花税等支出后,即为其出售收益。其中,手续费对应的增值税属进项税额,应在费用单中填制,但在实际操作中,统一在收入单中记录。因此,在业务中,手续费作为收入的一个内容,以负数填列,最终生成的银行日记账与银行对账单能够核对平衡。

【业务4-6】 新增收入及科目设置一览表,如表4-6-5所示。

表4-6-5 [业务4-6]新增收入及科目设置一览表

归类	上级分类		具体内容			收入科目	备注
	编码	名称	编码	名称	税率	项目:交易性金融资产	
收入	55	出售金融资产	5501	股票成本	0	交易性金融资产——股票成本	收入科目扩展设置中,收入代码55+项目设置61110401科目,5501+项目设置110101科目
			5502	出售收益	0	投资收益——出售金融资产收益——出售金融商品收益	
			5503	手续费	6%		
			5504	印花税	0		

收入新增及科目设置的具体流程如下:

以资产会计李本勇"10558470780"的身份于2020-06-15登录,"基础设置——收付结算"处单击"收入";收入页面单击"新增",将表4-6-5所列收入依次录入系统;"基础设置——基本信息"处单击"项目",已预置项目是否存在"交易性金融资产"项目;"总账——日常业务"处单击"科目设置",收入科目扩展栏单击"设置",最末栏新增1行,收入选择"出售金融资产",项目选择"交易性金融资产",科目名称选择"投资收益——出售金融资产收益——出售金融商品收益";新增1行,收入选择"股票成本",项目选择"交易性金融资产",科目名称选择"交易性金融资产——股票成本";收入科目扩展设置页面保存并退出。

(2) 收入单录入及收款单审核。以出纳朱珊珊"10523340668"的身份于2020-06-15登录,"往来现金——单据"处单击"收入单",业务类型选择"往来收入",票据类型选择"专用发票",往来单位选择"井神股份",项目选择"交易性金融资产",第1行收入名称选择"股票成本",金额录入"190 000",第2行收入名称选择"出售收益",金额录入"20 000",第3行收入名称选择"手续费",含税金额录入"-42",第4行收入名称选择"印花税",含税金额录入"-210",现结金额中结算方式选择"其他",账号名称选择"A03"并确定,该单据保存并审核。"往来现金——单据"处单击"收款单",已生成收款单定位并审核。

【业务4-6】 收入单页面,如图4-6-1所示。

图4-6-1 [业务4-6]收入单页面

(3) 单据生凭证。以资产会计李本勇"10558470780"的身份于 2020-06-15 登录,"总账——日常业务"处单击"单据生凭证",单据选择"收入单"并单击"下一步","选择查询条件"页面默认并单击"下一步",查询结果页面单击"生成凭证",附单据数改为"3",现金流量项目选择"08 收回投资收到的现金"并确定,"应交税费——应交增值税——销项税额"科目改为"应交税费——应交增值税——进项税额",其金额改为借方"2.38",科目"交易性金融资产——股票成本"科目,数量录入"20 000",记账凭证进行保存。

【业务 4-6】 记账凭证页面,如图 4-6-2 所示。

图 4-6-2 [业务 4-6]记账凭证页面

【业务 4-7】 6 月 30 日,取得原始凭证 1 张,如表 4-7-1 所示。

表 4-7-1

上述原始凭证中:

表 4-7-1 是公允价值变动单,应作为确认金融资产公允价值变动的记账依据。[业务 4-5]购入的井神股份属于交易性金融资产,本期末持有数量为 10 000 股,表 4-7-1 注明的内容表明,该股票期末市值比账面价值减少 7 800.00 元,进行会计核算时,"公允价值变动"7 800.00 元应记入"交易性金融资产——公允价值变动——井神股份"科目的贷方以及－7 800.00 元应记入"公允价值变动损益——交易性金融资产公允价值变动"科目的贷方。

根据上述分析,该笔业务在 T＋系统中的操作流程如下:

填制交易性金融资产公允价值变动凭证。以资产会计李本勇"10558470780"的身份于 2020-06-30 登录,"总账——日常业务"处单击"填制凭证",凭证编号改为"77",附单据数录入"1",第 1 行摘要录入"结转交易性金融资产公允价值变动",科目名称录入"110103"自动显示科目名称,双击辅助项,弹出辅助项录入窗口,项目选择"井神股份",方向选择"贷方",金额录入"7 800",第 2 行摘要自动生成,科目名称录入"610101",贷方金额录入"－7 800.00",记账凭证进行保存。

【业务 4-7】 交易性金融资产公允价值变动凭证页面,如图 4-7-1 所示。

记账凭证

序号	摘要	科目名称	辅助项	借方	贷方
1	结转交易性金融资产公允价值变动	交易性金融资产——公允价值变动	井神股份		7 8 0 0 0 0
2	结转交易性金融资产公允价值变动	公允价值变动损益——交易性金融资产公允价值变动		7 8 0 0 0 0	

凭证类别 记账凭证　凭证编号 0077　制单日期 2020-06-30　附单据数 1

图4-7-1　[业务4-7]交易性金融资产公允价值变动凭证页面

【业务4-8】 6月30日，取得原始凭证1张，如表4-8-1所示。

表4-8-1

金融资产公允价值变动损益计算表

2020-06-30　　　　　　　　　　　　　　　　　　　单位：元

证券代码	证券名称	持有数量	账面价值	收盘价	市值	公允价值变动
300425	宏远股份	3000	37635.81	9.06	27180.00	-10455.81
合计			37635.81		27180.00	-10455.81

制表：李本勇　　　　　　　　　　　　　　　　　　　审核：袁世民

上述原始凭证中：

表4-8-1是公允价值变动单，应作为确认其他权益工具投资公允价值变动的记账依据。2020年5月31日"其他权益工具投资——股票——宏远股份"科目有余额，本期末持有数量3 000股，账面价值37 635.81元，而表4-8-1注明的内容表明，该股票期末市值比账面价值下跌10 455.81元，进行会计核算时，"公允价值变动"10 455.81元，应分别记入"其他综合收益——其他权益工具投资公允价值变动"科目的借方以及"其他权益工具投资——公允价值变动——宏远股份"科目的贷方。

根据上述分析，该笔业务在T+系统中的操作流程如下：

填制其他权益工具投资公允价值变动凭证。以资产会计李本勇"10558470780"的身份于2020-06-30登录，"总账——日常业务"处单击"填制凭证"，凭证编号改为"78"，附单据数为"1"，明细第1行摘要录入"其他权益工具投资公允价值变动"，科目名称录入"400301"，双击辅助项，弹出辅助项录入窗口，项目选择"宏远股份"，方向选择"借方"，金额录入"10 455.81"并确定，第2行摘要自动生成，科目名称录入"150306"，双击辅助项，弹出辅助项录入窗口，项目选择"宏远股份"，方向选择"贷方"，金额录入"10 455.81"并确定，记账凭证进行保存。

【业务4-8】 其他权益工具投资公允价值变动凭证页面，如图4-8-1所示。

记账凭证

凭证类别 记账凭证　凭证编号 0078　制单日期 2020-06-30　附单据数 1

序号	摘要	科目名称	辅助项	借方	贷方
1	结转其他权益工具投资公允价值...	其他综合收益——其他权益工具投资公允价值变动	宏远股份	1 0 4 5 5 8 1	
2	结转其他权益工具投资公允价值...	其他权益工具投资——公允价值变动	宏远股份		1 0 4 5 5 8 1

图4-8-1　[业务4-8]其他权益工具投资公允价值变动凭证页面

二、长期持有对外股权投资取得业务的会计信息化处理

【业务4-9】 6月15日,取得原始凭证3张,如表4-9-1至表4-9-3所示。

表4-9-1

常州亚兴电缆有限责任公司股东会决议

本公司于2020年06月13日召开股东会,应到股东及股东代表2人,实到股东及股东代表2人。经全体股东审议,一致同意本公司以货币资金400000.00(大写金额:人民币肆拾万元整元)的价格受让常州天创机械制造有限责任公司持有常州长生有限公司的5%股权,准备长期持有,并对常州长生有限公司无重大影响。

股东签章: 姜亚兴　　昌立国

2020-06-13

表4-9-2

股权转让协议

转让方:常州天创机械制造有限责任公司
受让方:常州亚兴电缆有限责任公司

一、根据《中华人民共和国公司法》第七十二条的规定,并经公司股东会会议决议,股东常州天创机械制造有限责任公司同意将其在常州长生有限公司5%股权以人民币¥400000.00元(人民币肆万元整)转让给受让方常州亚兴电缆有限责任公司。

二、依照本协议转让的股权于2020年06月15日实施,即受让方通过网银将股权受让款支付给转让方。

三、转让方自本协议规定的股权转让之日起,不再享受任何股东权利,同时也不对常州长生有限公司承担任何责任。

四、受让方自本协议规定的股权转让之日起,应当依法以其受让的股权为限,享受股东权利,同时也承担股东责任。

五、如有一方违反本协议的,应协商解决;协商不成时,另一方有权向有管辖权的人民法院依法起诉。

六、本协议经双方当事人签名、盖章后生效。

转让方(签字、盖章)　　　　　受让方(签字、盖章)
法定(授权)代表人:任翠　　　法定(授权)代表人:赵卫宇
　　　　　　　　　　　　　本协议签订日期:2020年06月14日

上述原始凭证中:

表4-9-1是本公司形成的股东会决议,应作为受让方受让被投资企业股权的依据。该原始凭证注明,本公司拟以400 000元的价格从常州今创集团受让其持有的常州长生有限公司5%的股权,准备长期持有并对常州长生有限公司无重大影响。

表 4-9-3

中国建设银行客户专用回单

币别：人民币		2020 年 06 月 15 日	流水号 320420027J0500811822	
付款人	全称	常州亚兴电缆有限责任公司	全称	常州天创机械制造有限责任公司
	账号	41431579931221	账号	41809650613745
	开户行	中国建设银行常州市钟楼区支行	开户行	中国建设银行常州市天宁区支行
金额	（大写）	人民币肆拾万元整	（小写）	￥400000.00
凭证种类	网银		凭证号码	
结算方式	转账		用途	股权受让款

打印柜员：320425584257
打印机构：中国建设银行常州市钟楼区支行
打印卡号：41431579931221

打印时间：320425584268　交易柜员：320425584268　交易机构：320410577

　　表 4-9-2 是股权转让协议，也应作为受让被投资企业股权的记账依据。该原始凭证注明，本公司拟以 400 000.00 元的价格从常州今创集团受让其持有的常州长生有限公司 5% 的股权，股权转让行为即日生效。

　　表 4-9-3 是中国建设银行客户回单借方回单联，此联应作为付款人支付款项的记账依据。该原始凭证注明，"付款人"是本公司，"付款账号"是 41431579931221，"收款人"是常州今创集团，"用途"是股权转让款，"金额"是 400 000.00 元，这表明本公司通过账号为 41431579931221 的基本户支付给股权转让方今创集团股权受让款 400 000.00 元。进行会计核算时，"金额"400 000.00 元应分别记入"其他权益工具投资——股权成本——常州长生有限公司"科目的借方和"银行存款——建行 41431579931221"科目的贷方。

　　根据上述分析，该笔业务在 T+ 系统中的操作流程如下：

　　（1）新增费用及进行科目设置。长期股权投资基于核算方法不同，其会计核算有所区别。本业务取得长期股权投资属于其他权益工具投资核算，应通过"其他权益工具投资"科目进行处理。

　　【业务 4-9】新增费用、科目设置一览表，如表 4-9-4 所示。

表 4-9-4　　　　　　　　[业务 4-9]新增费用、科目设置一览表

归类	上级分类		具体内容			类型	费用科目
	编码	名称	编码	名称	税率		项目：C1301 其他权益工具投资
费用	49	购置股权支出	4901	转让支出	0	其他费用	其他权益工具投资——股权成本

　　新增费用及进行科目设置的具体流程为：以资产会计李本勇"10558470780"的身份于 2020-06-15 登录，"总账——收付结算——费用"中，将表 4-9-4 所列费用依次新增；"总账——日常业务——科目设置"中，在费用科目扩展设置中新增，将表 4-9-4 中的上级分类名称、费用类型、项目及科目名称依次选择，费用科目扩展设置页面保存并退出。

（2）费用单填制及付款单审核。以出纳朱珊珊“10523340668”的身份于 2020-06-15 登录，“往来现金——单据”处单击“费用单”，单据日期、单据编号自动生成，业务类型选择“往来费用”，票据类型选择“收据”，往来单位选择“常州长生有限公司”（在“股权投资对象”单位类别下新增该公司档案），项目选择“C1301 其他权益工具投资”，明细第 1 行选择费用“4901”，录入金额“400 000”，现结金额中，选择结算方式“网银”，结算票据号录入“00811822”并确定，该单据保存并审核。“往来现金——单据”处单击“付款单”，已生成付款单定位并审核。

【业务 4-9】 费用单页面，如图 4-9-1 所示。

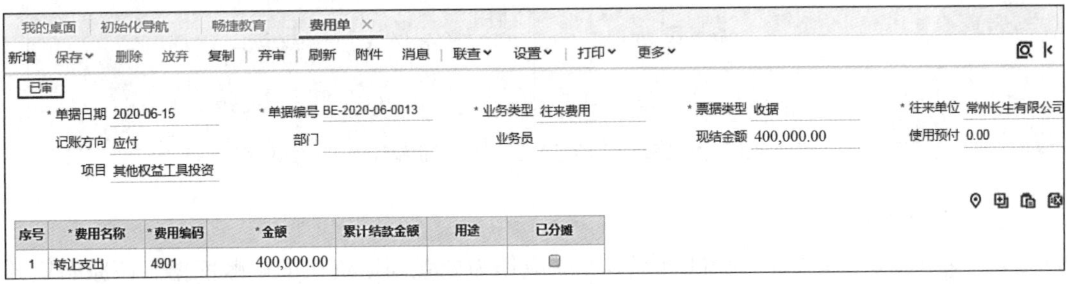
我的桌面 初始化导航 畅捷教育 费用单
新增 保存 删除 放弃 复制 弃审 刷新 附件 消息 联查 设置 打印 更多
已审
*单据日期 2020-06-15　*单据编号 BE-2020-06-0013　*业务类型 往来费用　*票据类型 收据　*往来单位 常州长生有限公司
记账方向 应付　部门　业务员　现结金额 400,000.00　使用预付 0.00
项目 其他权益工具投资

序号	*费用名称	*费用编码	*金额	累计结款金额	用途	已分摊
1	转让支出	4901	400,000.00			☐

图 4-9-1 [业务 4-9]费用单页面

（3）单据生凭证。以资产会计李本勇“10558470780”的身份于 2020-06-15 登录，“总账——日常业务”处单击“单据生凭证”，单据选择“费用单”并单击“下一步”，“选择查询条件”页面默认并单击“下一步”，查询结果页面单击“生成凭证”，附单据数改为“3”，第 1 行数量录入“5”，第 2 行银行存款确定其结算日期，现金流量选择“14”并确定，记账凭证进行保存。

【业务 4-9】 记账凭证页面，如图 4-9-2 所示。

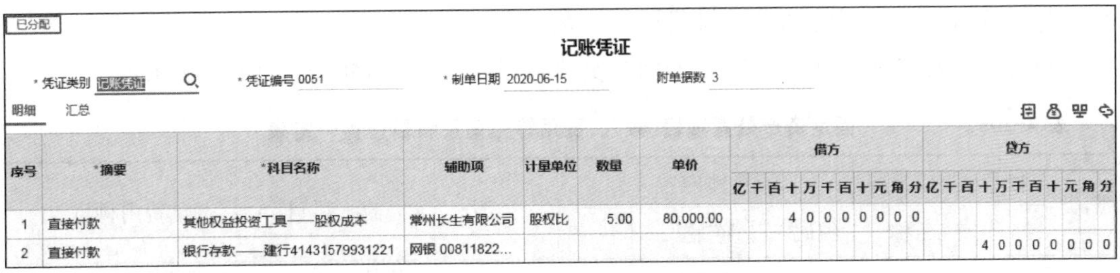
已分配
记账凭证
*凭证类别 记账凭证　*凭证编号 0051　*制单日期 2020-06-15　附单据数 3
明细 汇总

序号	*摘要	*科目名称	辅助项	计量单位	数量	单价	借方	贷方
1	直接付款	其他权益投资工具——股权成本	常州长生有限公司	股权比	5.00	80,000.00	40000000	
2	直接付款	银行存款——建行41431579931221	网银 00811822…					40000000

图 4-9-2 [业务 4-9]记账凭证页面

三、需计提折旧/摊销长期资产业务会计信息化处理

（一）需计提折旧/摊销长期资产处置业务会计信息化处理

【业务 4-10】 6 月 15 日，取得原始凭证共 1 张，如表 4-10-1 所示。

表 4-10-1

固定资产处置申请单

2020 年 06 月 15 日

固定资产名称	设备B	单位	台	取得日期	2011-08-16	数量	1
资产编号	01-02-0002	停用时间	2020-06-15	投入使用时间	2011-08-16	使用部门	生产车间
已提折旧月数	105	原值	128000.00	累计折旧		107520.00	
有效使用年限	10	月折旧额	1024.00	净值		20480.00	
处置原因：报废							
财务部门意见： 同意 袁世民 2020年 06月 15日				公司领导意见： 同意 赵卫宇 2020年 06月 15日			
编制人：李本勇				使用部门负责人：柳世杰			

上述原始凭证中：

表 4-10-1 是固定资产处置申请单，此联应作为处置固定资产的记账依据。该原始凭证注明，"固定资产名称"是设备 B，"资产编号"是 01-02-0002，"处置原因"是报废，"原值"是 128 000.00 元，截至上月月末"累计折旧"是 107 520.00 元，"月折旧额"是 1 024.00 元，财务部、公司领导均批准同意处理。这表明本公司将处置设备 B。进行会计核算时，需要计提当月折旧 1 024.00 元，其分录与本月计提折旧/摊销的分录合并完成，连同截至上月月末"累计折旧"107 520.00 元后为合计 108 544.00 元，应记入"累计折旧"科目的借方，"原值"128 000.00 元，应记入"固定资产——设备 B"科目的贷方，借贷差额 19 456.00 元，应记入"固定资产清理——设备 B"科目的借方。

根据上述分析，该笔业务在 T+系统中的操作流程如下：

（1）进行项目、收入、费用及科目设置。进行固定资产清理的核算需要设置项目，同时清理过程中会产生收入、费用及净损益，本会计期间固定资产清理所需资料已汇编成固定资产处置项目、收入、费用等档案及科目设置一览表。

固定资产处置项目、收入、费用等档案及科目设置一览表，如表 4-10-2 所示。

表 4-10-2　　　固定资产处置项目、收入、费用等档案及科目设置一览表

归类	上级分类或内容		具体内容			类型	收入科目	费用科目
	编码	名称	编码	名称	税率			
项目	C4	固定资产清理	C401	设备 B	—		在"基础设置——财务"科目中，"固定资产清理"科目编辑，勾选项目，分类选择"固定资产清理"类别科	
			C402	设备 W	—			
收入	56	固定资产清理收入	5601	出售收入	13%	—	固定资产清理	—
费用	50	固定资产清理支出	5001	清理运输费	9%	其他费用		固定资产清理
			5002	搬运拆装费	6%	其他费用		

固定资产清理项目、收入、费用及科目设置具体流程如下：

以资产会计李本勇“10558470780”的身份于 2020-06-15 登录，对于非流动资产处置，需要设置的项目、收入、费用及与之对应的科目，如表 4-10-2 所示，在“基础设置”的“基本信息——项目”“收付结算——收入”“收付结算——费用”中进行详细设置，“总账——日常业务——科目设置”中，分别收入科目、费用科目扩展设置将收入科目、费用科目依次新增。

(2) 资产处置。“资产管理”——“业务处理”单击“资产处置”；单据日期、单据编号自动生成，处置方式选择“报废”，在表体中选择资产编码“01-02-0002”，该页面进行保存，提示显示“是否同时封存资产卡片？……”提示页面单击“是”。

【业务 4-10】 资产处置页面，如图 4-10-1 所示。

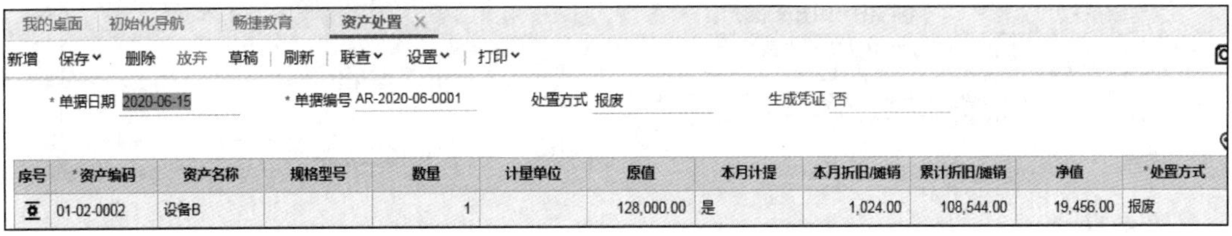

我的桌面　初始化导航　畅捷教育　资产处置

新增　保存　删除　放弃　草稿　刷新　联查　设置　打印

*单据日期 2020-06-15　*单据编号 AR-2020-06-0001　处置方式 报废　生成凭证 否

序号	*资产编码	资产名称	规格型号	数量	计量单位	原值	本月计提	本月折旧/摊销	累计折旧/摊销	净值	*处置方式
1	01-02-0002	设备B		1		128,000.00	是	1,024.00	108,544.00	19,456.00	报废

图 4-10-1　[业务 4-10]资产处置页面

(3) 科目设置。“总账——日常业务”处单击“科目设置”，资产对方科目扩展栏单击“设置”，将已预置栏均删除并保存，第 1 行单据类型选择“处置单”，资产属性选择“固定资产”，科目选择“1606 固定资产清理”，该页面保存并退出。

(4) 单据生凭证。“总账——日常业务”处单击“单据生凭证”，单据选择“处置单”并单击“下一步”，选择查询条件页面默认并单击“下一步”，查询结果页面单击“生成凭证”，凭证编号改为“70”，“固定资产清理”科目选择辅助项“设备 B”，记账凭证进行保存。

【业务 4-10】 生成凭证页面，如图 4-10-2 所示。

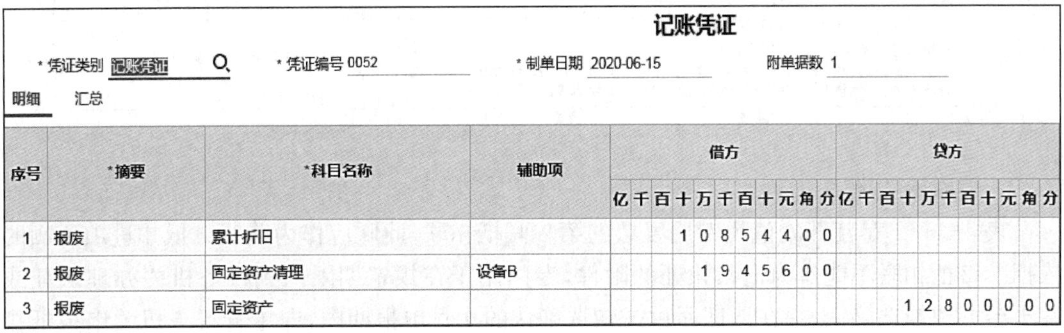

记账凭证

*凭证类别 记账凭证　*凭证编号 0052　*制单日期 2020-06-15　附单据数 1

明细　汇总

序号	*摘要	*科目名称	辅助项	借方											贷方										
				亿	千	百	十	万	千	百	十	元	角	分	亿	千	百	十	万	千	百	十	元	角	分
1	报废	累计折旧					1	0	8	5	4	4	0	0											
2	报废	固定资产清理	设备B					1	9	4	5	6	0	0											
3	报废	固定资产																1	2	8	0	0	0	0	0

图 4-10-2　[业务 4-10]生成凭证页面

【业务 4-11】 6 月 15 日，取得原始凭证 3 张，如表 4-11-1 至表 4-11-3 所示。

表 4-11-1

表 4-11-2

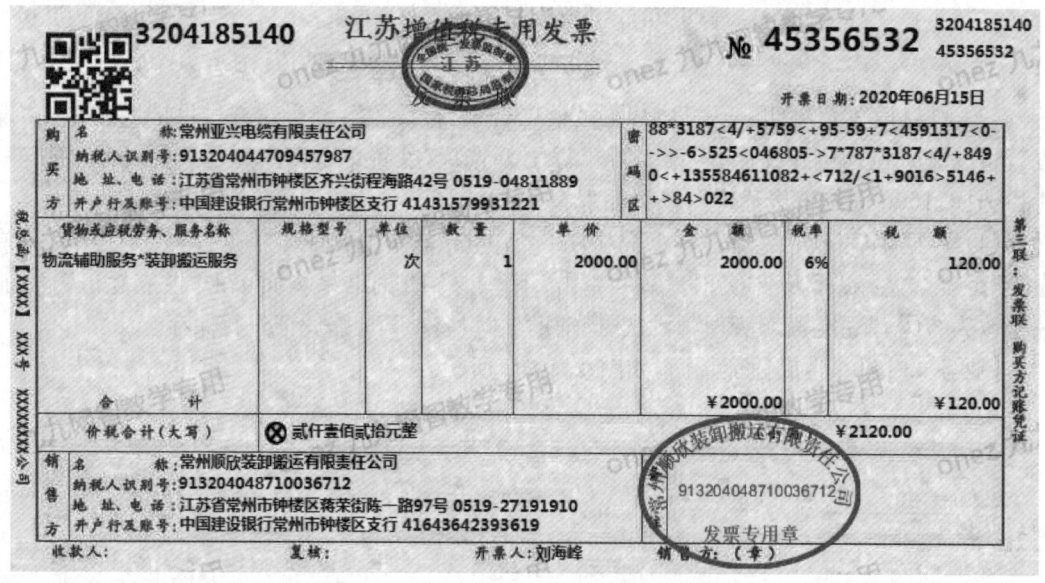

上述原始凭证中：

表 4-11-1 是江苏增值税专用发票的第二联抵扣联，此联应作为购买方抵扣进项税额的依据。该抵扣联不能作为记账凭证的附件，专门用于在规定期限内到税务机关办理认证或在平台办理勾选确认，并在认证通过或勾选确认的次月申报期内，向主管税务机关申报抵扣进项税额。

表 4-11-2 是江苏增值税专用发票的第三联发票联，此联应作为购买方的记账依据。该原始凭证注明，"购买方"是本公司，"销售方"是常州顺欣装卸搬运有限责任公司，"货物或应税劳务、服务名称"是搬运装卸费，"金额"是 2 000.00 元，"税额"是 120.00 元，该设备于

表 4-11-3

2011 年 8 月 16 日投入使用,这表明本公司处置该设备时从常州顺欣装卸搬运有限责任公司接受了装卸搬运服务,不属于简易计税对象。进行会计核算时,"金额"2 000.00 元应记入"固定资产清理——设备 B"科目的借方,"税额"120.00 元应记入"应交税费——应交增值税——进项税额"科目的借方。

表 4-11-3 是转账支票存根,此联应作为付款方支付款项的记账依据。该原始凭证的内容表明,"收款人"是常州顺欣装卸搬运有限责任公司,"付款行账号"是 41431579931221,"金额"是 2 120.00 元,这表明本公司通过账号为 41431579931221 基本户支付了清理运费 2 120.00 元,进行会计核算时,"金额"2 120.00 元应记入"银行存款——建行 41431579931221"科目的贷方。

根据上述分析,该笔业务在 T+系统中的操作流程如下:

(1)费用单填制。以出纳朱珊珊"10523340668"的身份于 2020-06-15 登录,"往来现金——单据"处单击"费用单",单据日期、单据编号自动生成,业务类型选择"现金费用",票据类型选择"专用发票",项目选择"设备 B";费用名称选择"搬运拆装费",金额录入"2 000",现结页面,结算方式选择"转账支票",结算票据号录入"07025811"并确定,该单据保存并审核。

【业务 4-11】 费用单录入页面,如图 4-11-1 所示。

图 4-11-1 [业务 4-11]费用单录入页面

(2)单据生凭证。以资产会计李本勇"10558470780"的身份于 2020-06-15 登录,"总账——日常业务"处单击"单据生凭证",单据选择"费用单"并单击"下一步",选择查询条件页面默认并单击"下一步",查询结果页面单击"生成凭证",附单据数改为"2",银行存款科目确认其结算日期,现金流量项目选择"16 支付的其他与投资活动有关的现金"并确定,记账凭证进行保存。

【业务 4-11】 记账凭证页面,如图 4-11-2 所示。

序号	摘要	科目名称	辅助项	借方	贷方
				亿千百十万千百十元角分	亿千百十万千百十元角分
1	现金费用	固定资产清理	设备B	2 0 0 0 0 0	
2	现金费用	应交税费——应交增值税——进项税额		1 2 0 0 0	
3	现金费用	银行存款——建行414315799311221	转账支票07025811…		2 1 2 0 0 0

图 4-11-2 [业务 4-11]记账凭证页面

【业务 4-12】 6 月 15 日,取得原始凭证 2 张,如表 4-12-1 和表 4-12-2 所示。

表 4-12-1

上述原始凭证中:

表 4-12-1 是江苏增值税专用发票的第一联记账联,此联应作为销售方的记账依据。该原始凭证注明,"销售方"是本公司,"购买方"是常州兰芳维修服务有限责任公司,"货物或应税劳务、服务名称"是设备 B 部件,"金额"是 1 500.00 元,"税额"是 240.00 元。这表明本公司将报废的设备 B 部件出售给常州兰芳维修服务有限责任公司。进行会计核算时,"金额" 1 500.00 元,应记入"固定资产清理——设备 B"科目的贷方,"税额"240.00 元,应记入"应交税费——应交增值税——销项税额"科目的贷方。

表 4-12-2

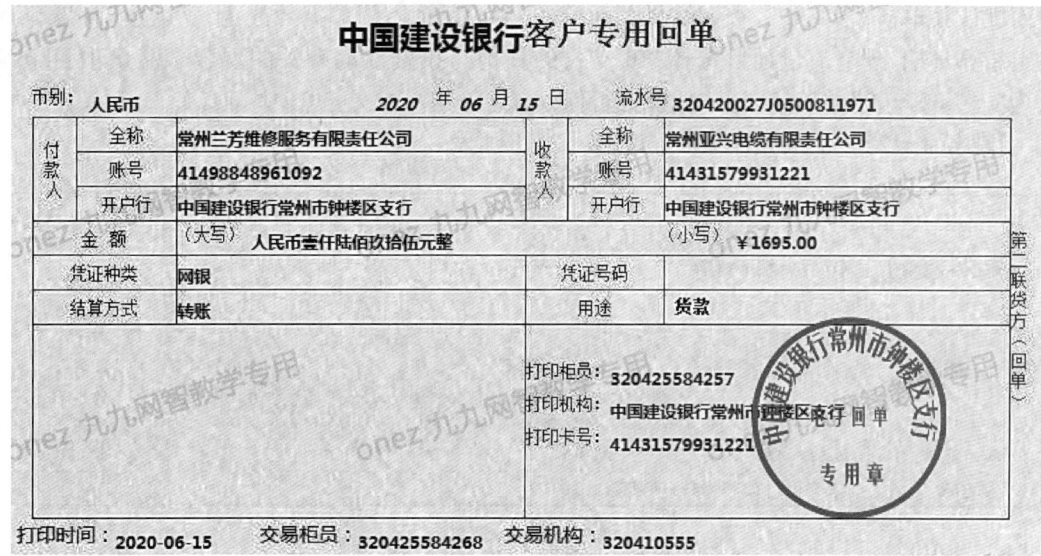

表 4-12-2 是中国建设银行客户专用回单贷方回单联,此联应作为收款方收取款项的记账依据。该原始凭证注明"收款人"是本公司,"收款人开户行"是 41431579931221,"付款人"是常州兰芳维修服务有限责任公司,"金额"是 1 740.00 元,表明本公司账号为 41431579931221 的基本户收到了销售给常州兰芳维修服务有限责任公司设备 B 部件的全部款项。进行会计核算时,"金额"1 740.00 元,应记入"银行存款——建行 41431579931221"科目的借方。

根据上述分析,该笔业务在 T+系统中的操作流程如下:

(1) 收入单填制。以出纳朱珊珊"10523340668"的身份于 2020-06-15 登录,"往来现金——单据"处单击"收入单",单据日期、单据编号自动生成,业务类型选择"现金收入",票据类型选择"专用发票",项目选择"设备 B";收入名称选择"出售收入",金额录入"1 500",现结页面,结算方式选择"网银",结算票据号录入"00811971"并确定,该单据保存并审核。

【业务 4-12】 收入单页面,如图 4-12-1 所示。

图 4-12-1 [业务 4-12]收入单页面

(2) 单据生凭证。以资产会计李本勇"10558470780"的身份于 2020-06-15 登录,"总账——日常业务"处单击"单据生凭证",单据选择"收入单"并单击"下一步",选择查询条件页面默认并单击"下一步",查询结果页面单击"生成凭证",附单据数改为"2",银行存款科目确定结算日期,现金流量项目选择"16 支付的其他与投资活动有关的现金",流量项目金额改为"-1 695.00"并确定,记账凭证进行保存。

【业务 4-12】 生成凭证页面,如图 4-12-2 所示。

记账凭证

已分配

*凭证类别: 记账凭证　　*凭证编号 0054　　*制单日期 2020-06-15　　附单据数 2

明细　汇总

序号	*摘要	*科目名称	辅助项	借方	贷方
1	现金收入	银行存款——建行414315799931221	网银 008119712 02...	1 695 00	
2	现金收入	固定资产清理	设备B		1 500 00
3	现金收入	应交税费——应交增值税——销项税额			195 00

图 4-12-2　[业务 4-12]生成凭证页面

【业务 4-13】 6 月 15 日,取得原始凭证 1 张,如表 4-13-1 所示。

表 4-13-1

固定资产处置结果表

2020 年 06 月 15 日

固定资产名称	设备B	原价	128000.00	已提折旧	217088.00
净值	19456	出售价格(不含税)	1500.00	清理费用	2000.00
出售净损益	-19956.00				

财务部意见:	公司领导意见
净损益按《企业会计准则》处理　　袁世民　　2020年 06 月 15 日	同意　　赵卫宇　　2020年 06 月 15 日

上述原始凭证中:

表 4-13-1 是固定资产处置结果表,应作为确认固定资产处置净损益的记账依据。该原始凭证注明,毁损的设备 B 在清理结束时出现的"出售净损益"是-19 956.00 元,这表明本公司毁损设备 B 处置后应确认净损失,进行会计核算时,净损失 19 956.00 元应分别记入"营业外支出——非流动资产处置损失"科目的借方以及"固定资产清理"辅助项"设备 B"科目的贷方。

根据上述分析,该笔业务在 T+系统中的操作流程如下:

以资产会计李本勇"10558470780"的身份于 2020-06-15 登录,"总账——日常业务"处单击"填制凭证",附单据数录入"1",摘要录入"结转设备报废净损失",第 1 行选择"营业外支出——非流动资产处置损失”科目，借方金额录入“19 956.00”，第 2 行选择“固定资产清理”科目，辅助项选择“设备 B”，记账凭证进行保存。

【业务 4-13】 填制凭证页面，如图 4-13-1 所示。

记账凭证

* 凭证类别 记账凭证　　* 凭证编号 0055　　* 制单日期 2020-06-15　　附单据数 1

明细　汇总

序号	*摘要	*科目名称	辅助项	借方（亿千百十万千百十元角分）	贷方（亿千百十万千百十元角分）
	结转报废设备损失	营业外支出——非流动资产处置损失		1995600	
2	结转报废设备损失	固定资产清理	设备B		1995600

图 4-13-1　[业务 4-13]填制凭证页面

【业务 4-14】 6 月 15 日，取得原始凭证 1 张，如表 4-14-1 所示。

表 4-14-1

固定资产处置申请单

2020 年 06 月 15 日

固定资产名称	设备W	单位	台	取得日期	2010-05-21	数量	1
资产编号	01-02-0008	停用时间	2020-06-15	投入使用时间	2010-05-21	使用部门	生产车间
已提折旧月数	120	原值	200000.00	累计折旧		192000.00	
有效使用年限	10	月折旧额	1600.00	净值		8000.00	
处置原因：出售							
财务部门意见：同意　袁世民　2020 年 06 月 15 日				公司领导意见：同意　赵卫宇　2020 年 06 月 15 日			

编制人：李本勇　　使用部门负责人：柳世杰

上述原始凭证中：

表 4-14-1 是固定资产处置申请单，此联应作为处置固定资产的依据。该原始凭证注明，“固定资产名称”是设备 W，“资产编号”是 01-02-0008，“处置原因”是出售，“原值”是 200 000.00 元，截至上月月末“累计折旧”是 192 000.00 元，“月折旧额”是 1 600.00 元，财务部、公司领导均批准同意处理，这表明本公司将出售设备 W。进行会计核算时，连同截至上月月末“累计折旧”192 000.00 元，应记入“累计折旧”科目的借方，“原值”200 000.00 元应记入“固定资产——设备 W”科目的贷方，借贷差额 8 000.00 元，应记入“固定资产清理——设备 W”科目的借方。

根据上述分析，该笔业务在 T+系统中的操作流程如下：

(1) 资产处置。以资产会计李本勇“10558470780”的身份在 2020-06-15 登录，“资产管理”——“业务处理”单击“资产处置”；单据日期、单据编号自动生成，处置方式选择“出售”，资产编码选择"01-02-0008",该单据进行保存并退出。

【业务 4-14】 资产处置页面,如图 4-14-1 所示。

图 4-14-1 [业务 4-14]资产处置页面

（2）单据生凭证。"总账——日常业务"处单击"单据生凭证",单据选择"处置单"并单击"下一步",选择查询条件页面默认并单击"下一步",查询结果页面单击"生成凭证",第 2 行"固定资产清理"科目辅助项选择"设备 W",记账凭证进行保存。

【业务 4-14】 生成凭证页面,如图 4-14-2 所示。

图 4-14-2 [业务 4-14]生成凭证页面

【业务 4-15】 6 月 15 日,取得原始凭证 2 张,如表 4-15-1 和表 4-15-2 所示。

表 4-15-1

表 4-15-2

中国建设银行客户专用回单

币别	人民币		2020 年 06 月 15 日		流水号	320420027J0500812049	
付款人	全称	常州福田有限公司		收款人	全称	常州亚兴电缆有限责任公司	
	账号	41481701348138			账号	41431579931221	
	开户行	中国建设银行常州市钟楼区支行			开户行	中国建设银行常州市钟楼区支行	
金额	（大写）	叁万叁仟玖佰元整			（小写）	￥33900.00	
凭证种类	网银			凭证号码			
结算方式	转账			用途	货款		

打印柜员：320425584257
打印机构：中国建设银行常州市钟楼区支行
打印卡号：41431579931221

打印时间：2020-06-15　交易柜员：320425584268　交易机构：320410529

上述原始凭证中：

表 4-15-1 是江苏增值税专用发票的第一联记账联，此联应作为销售方的记账依据。该原始凭证注明，"销售方"是本公司，"购买方"是常州福田有限公司，"货物或应税劳务、服务名称"是设备 W，"金额"是 30 000.00 元，因为表 4-14-1 中注明设备 W"使用日期"是 2010-5-21，出售时适用"税率"是 13%，"税额"是 3 900.00 元，这表明本公司将设备 W 作为二手设备出售给常州福田有限公司。进行会计核算时，"金额"30 000.00 元应记入"固定资产清理——设备 W"科目的贷方，"税额"3 900.00 元，应记入"应交税费——应交增值税——销项税额"科目的贷方。

表 4-15-2 是中国建设银行客户专用回单贷方回单联，此联应作为收款方收取款项的记账依据。该原始凭证注明"收款人"是本公司，"收款人开户行"是 41431579931221，"付款人"是常州福田有限公司，"金额"是 33 900.00 元，这表明本公司账号为 41431579931221 的基本户收到了销售给常州福田有限公司设备 W 的全部款项。进行会计核算时，"金额"33 900.00 元应记入"银行存款——建行 41431579931221"科目的借方。

根据上述分析，该笔业务在 T+系统中的操作流程如下：

(1) 收入单填制。以出纳朱珊珊"10523340668"的身份于 2020-06-15 登录，"往来现金——单据"处单击"收入单"，单据日期、单据编号自动生成，业务类型选择"现金收入"，票据类型选择"专用发票"，项目选择"设备 W"；收入名称选择"出售收入"，录入金额"30 000"，现结页面，结算方式选择"网银"，结算票据号录入"00812049"并确定，该单据保存并审核。

【业务 4-15】 收入单页面，如图 4-15-1 所示。

(2) 单据生凭证。以资产会计李本勇"10558470780"的身份于 2020-06-15 登录，"总账——日常业务"处单击"单据生凭证"，单据选择"收入单"并单击"下一步"，选择查询条件页面默认并单击"下一步"，查询结果页面单击"生成凭证"，附单据数改为"2"，银行存款科目确定结算日期，现金流量项目选择"10 处置固定资产、无形资产和其他长期资产收回的现金净额"并确定，记账凭证进行保存。

我的桌面 | 初始化导航 | 畅捷教育 | 收入单 ×

新增 保存 删除 放弃 复制 | 弃审 | 刷新 附件 消息 | 联查 设置 打印 | 更多

已结清 已审

*单据日期 2020-06-15 *单据编号 SR-2020-06-0007 *业务类型 现金收入 *票据类型 专用发票 往来单位

部门 业务员 现结金额 33,900.00 使用预收 项目 设备W

序号	*收入名称	*收入编码	*税率	*金额	*税额	*含税金额	累计结款金额
1	出售收入	5601	13.00%	30,000.00	3,900.00	33,900.00	33,900.00

图 4-15-1 [业务 4-15]收入单页面

【业务 4-15】 生成凭证页面,如图 4-15-2 所示。

已分配

记账凭证

*凭证类别 记账凭证 *凭证编号 0057 *制单日期 2020-06-15 附单据数 2

明细 汇总

序号	*摘要	*科目名称	辅助项	借方 亿千百十万千百十元角分	贷方 亿千百十万千百十元角分
1	现金收入	银行存款——建行41431579931221	网银 00812049 202...	3390000	
2	现金收入	固定资产清理	设备W		3000000
3	现金收入	应交税费——应交增值税——销项税额			390000

图 4-15-2 [业务 4-15]生成凭证页面

【业务 4-16】 6 月 15 日,取得原始凭证 1 张,如表 4-16-1 所示。

表 4-16-1

固定资产处置结果表

2020 年 06 月 15 日

固定资产名称	设备W	原价	200000.00	已提折旧	192000.00
净值	8000.00	出售价格(不含税)	30000.00	清理费用	0.00
出售净损益	22000.00				

财务部意见: :
净损益按《企业会计准则》规定处理。
袁世民
2020 年 06 月 15 日

公司领导意见
同意
赵卫宇
2020 年 06 月 15 日

上述原始凭证中:

表 4-16-1 是固定资产处置结果表,应作为确认固定资产处置净损益的记账依据。该原始凭证注明,出售的设备 W 在清理结束时出现的"出售净损益"是 22 000.00 元,这表明本公司出售设备 W 后应确认净利得,进行会计核算时,净利得 22 000.00 元,应分别记入"固定资产清理——设备 W"科目的借方以及"资产处置损益——非流动资产处置利得"科目的贷方。

根据上述分析,该笔业务在 T+系统中的操作流程如下:

以资产会计李本勇"10558470780"的身份于 2020-06-15 登录,"总账——日常业务"处单击"填制凭证",附单据数录入"1",摘要录入"结转出售设备利得",第1行选择"固定资产清理"科目,辅助项选择"设备W",借方金额录入"22 000",第2行选择"资产处置损益——非流动资产处置利得"科目,记账凭证进行保存。

【业务4-16】 填制记账凭证页面,如图4-16-1所示。

序号	*摘要	*科目名称	辅助项	借方	贷方
1	结转出售设备利得	固定资产清理	设备W	2200000	
2	结转出售设备利得	资产处置损益——非流动资产处置利得			2200000

图4-16-1 [业务4-16]填制记账凭证页面

需要说明的是:从2018年1月1日起,对于非流动资产(包括固定资产、无形资产等)处置的方式不同,对应的核算科目也不相同,这些区别已汇编成非流动资产不同处置方式一览表。

非流动资产不同处置方式一览表,如表4-16-2所示。

表4-16-2　　　　　　非流动资产不同处置方式一览表

处置方式	特点	处置结果	对应科目
二手处置	保持原使用价值的资产特性,处置方式往往是出售	净收益	资产处置损益——非流动资产处置利得
		净损失	资产处置损益——非流动资产处置损失
其他处置	不再具有原资产使用价值,处置方式往往是报废、毁损等	净收益	营业外收入——非流动资产处置利得
		净损失	营业外支出——非流动资产处置损失

(二) 投资性房地产取得租金收入会计信息化处理

【业务4-17】 6月15日,取得原始凭证2张,如表4-17-1和表4-17-2所示。

表4-17-1

表 4-17-2

中国建设银行客户专用回单

币别	人民币	2020 年 06 月 15 日		流水号	320420027J0500812157

付款人	全称	常州天达有限公司	收款人	全称	常州亚兴电缆有限责任公司
	账号	41267941070849		账号	41431579931221
	开户行	中国建设银行常州市天宁区支行		开户行	中国建设银行常州市钟楼区支行
金额	(大写)	人民币叁万贰仟柒佰元整		(小写)	￥32700.00
凭证种类	网银		凭证号码		
结算方式	转账		用途	租金	

打印柜员：320425584257
打印机构：中国建设银行常州市钟楼区支行
打印卡号：41431579931221

打印时间：2020-06-15　交易柜员：320425584268　交易机构：320410508

第一联 贷方（回单）

上述原始凭证中：

表 4-17-1 是江苏增值税专用发票的第一联记账联，此联应作为销售方的记账依据。该原始凭证注明，"销售方"是本公司，"购买方"是常州天达有限公司，"货物或应税劳务、服务名称"是不动产租金，"金额"是 30 000.00 元，"税额"是 2 700.00 元。这表明本公司向常州天达有限公司提供了租赁服务，提供租赁服务是本公司的非主营业务，进行会计核算时，"金额" 30 000.00 元，应记入"其他业务收入——出租固定资产"科目的贷方，"税额" 2 700.00 元，应记入"应交税费——应交增值税——销项税额"科目的贷方。

表 4-17-2 是中国建设银行客户专用回单贷方回单联，此联应作为收款方收取款项的记账依据。该原始凭证注明"收款人"是本公司，"收款人开户行"是 41431579931221，"付款人"是常州天达有限公司，"金额"是 32 700 元，表明本公司账号为 41431579931221 的基本户收到了出租给常州天达有限公司房屋的本月租金。进行会计核算时，"金额" 32 700.00 元，应记入"银行存款——建行 41431579931221"科目的借方。

根据上述分析，该笔业务在 T＋系统中的操作流程如下：

（1）收入单填制。以出纳朱珊珊"11209"的身份于 2020-06-15 登录，"往来现金——单据"处单击"收入单"，单据日期、单据编号自动生成，业务类型选择"现金收入"，票据类型选择"专用发票"，收入名称在搜索图标处单击，收入选择页面单击"新增"，收入编码录入"57"，收入名称录入"不动产租金收入"，税率录入"9"，收入档案页面保存并退出，收入选择页面单击"确定"；金额录入"30 000"，现结页面，结算方式选择"网银"，结算票据号录入"00812157"并确定，该单据保存并审核。

【业务 4-17】 收入单页面，如图 4-17-1 所示。

（2）科目设置及单据生凭证。以资产会计李本勇"10558470780"的身份于 2020-06-15 登录，收入单中的"不动产租金收入"应在"总账——日常业务"的"科目设置"中选择收入科目进行扩展设置，其入账科目为"其他业务收入——出租固定资产"。"总账——日常业

第四部分 其他资产业务会计信息化处理

图4-17-1 [业务4-17]收入单页面

务"处单击"单据生凭证",单据选择"收入单"并单击"下一步",选择查询条件页面默认并单击"下一步",查询结果页面单击"生成凭证",附单据数改为"2","银行存款"科目确定其结算日期,现金流量项目选择"03 收到其他与经营活动有关的现金"并确定,记账凭证进行保存。

【业务4-17】 记账凭证页面,如图4-17-2所示。

图4-17-2 [业务4-17]记账凭证页面

(三) 计提折旧/摊销业务会计信息化处理

【业务4-18】 6月30日,取得原始凭证1张,如表4-18-1所示。

表4-18-1　　　　　　　　　计提折旧/摊销一览表

2020年6月30日

部门/用途	投资性房地产	固定资产	无形资产	长期待摊费用	合计
出租房屋	6 000.00			12 000.00	18 000.00
管理部门		12 906.66	5 995.00		18 901.66
生产车间		32 074.67			32 074.67
合计	6 000.00	44 981.33	5 995.00	12 000.00	68 976.33

编制:李本勇　　　　　　　　　　　　　　　　　　　　　　　审核:袁世民

上述原始凭证中:

表4-18-1是计提折旧/摊销一览表,此表应作为期末计提固定资产及投资性房地产折旧、无形资产及长期待摊费用摊销的记账依据。该原始凭证注明,"用途"为出租的"投资性房地产"摊销6 000.00元,"长期待摊费用"摊销12 000.00元;"部门"为管理部门的"固定资产"计提折旧12 906.66元,"无形资产"摊销5 995.00元;"部门"为生产车间的"固定资产"

计提折旧32 074.67元。进行会计核算时,"用途"为出租的"投资性房地产"摊销6 000.00元,应分别记入"其他业务支出——出租固定资产"科目的借方和"投资性房地产累计折旧"科目的贷方,"长期待摊费用"摊销12 000.00元,应分别记入"其他业务成本——投资性房地产装修支出"科目的借方和"长期待摊费用——投资性房地产装修支出——累计摊销"科目的贷方;"部门"为管理部门的"固定资产"计提折旧12 906.66元,应分别记入"管理费用——折旧费"科目的借方和"累计折旧"科目的贷方,"无形资产"摊销5 995.00元,应分别记入"管理费用——无形资产摊销"科目的借方和"累计摊销"科目的贷方;"部门"为生产车间的"固定资产"计提折旧32 074.67元,应分别记入"制造费用——折旧费"科目的借方和"累计折旧"科目的贷方。

根据上述分析,该笔业务在T+系统中的操作流程如下:

(1)本月折旧/摊销计提。以资产会计李本勇"10558470780"的身份于2020-06-30登录,"资产管理——业务处理"单击"计提折旧与摊销",单据日期区间选择"2019.06.01—2019.06.30",该页面单击"快速计提"。折旧/摊销清单可双击其名称查看详细内容。

(2)科目设置。"总账——日常业务——科目设置"中,折旧/摊销对方科目扩展设置页面,将已预置科目均删除并保存,应设置科目根据图4-18-1所示依次进行设置并保存。

折旧/摊销对方科目扩展设置,如图4-18-1所示。

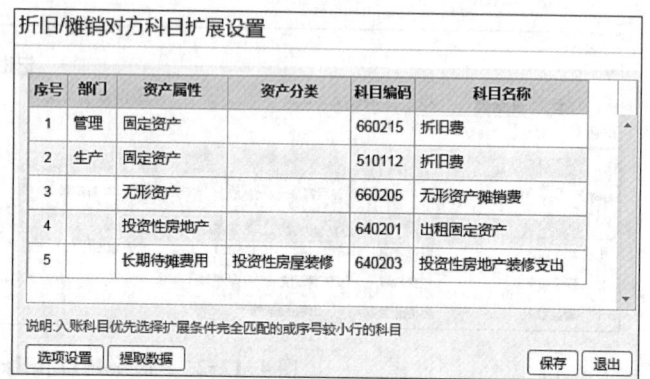

图4-18-1 折旧/摊销对方科目扩展设置

(3)单据生凭证。"总账——日常业务"处单击"单据生凭证",单据选择"折旧/摊销清单"并单击"下一步",选择查询条件页面默认并单击"下一步",查询结果页面单击"生成凭证",记账凭证进行保存。

【业务4-18】 生成凭证页面,如图4-18-2所示。

序号	摘要	科目名称	借方	贷方
1	计提折旧/摊销	制造费用——折旧费	32 074.67	
2	计提折旧/摊销	其他业务成本——出租固定资产	6 000.00	
3	计提折旧/摊销	其他业务成本——投资性房地产装修支出	12 000.00	
4	计提折旧/摊销	管理费用——无形资产摊销费	5 995.00	
5	计提折旧/摊销	管理费用——折旧费	12 906.66	
6	计提折旧/摊销	累计折旧		44 981.33
7	计提折旧/摊销	累计摊销		5 995.00
8	计提折旧/摊销	投资性房地产累计折旧		6 000.00
9	计提折旧/摊销	长期待摊费用——累计摊销		12 000.00

图4-18-2 [业务4-18]生成凭证页面

第五部分

薪酬及税费业务会计信息化处理

一、薪酬发放业务会计信息化处理

【业务 5-1】 6月15日,取得原始凭证2张,如表5-1-1和表5-1-2所示。

表 5-1-1

工资发放表

2020 年 6 月 15 日

员工姓名	所属部门	应付工资	养老保险	医疗保险	失业保险	住房公积金	个人所得税	扣款合计	实发工资
姜亚兴	办公室	9 500.00	760.00	190.00	47.50	950.00	76.58	2 024.08	7 475.92
赵卫宇	办公室	9 200.00	736.00	184.00	46.00	920.00	69.42	1 955.42	7 244.58
孙凯愉	办公室	8 600.00	688.00	172.00	43.00	860.00	55.11	1 818.11	6 781.89
魏东明	办公室	6 600.00	528.00	132.00	33.00	660.00	7.41	1 360.41	5 239.59
孙民里	办公室	5 800.00	464.00	116.00	29.00	580.00	0.00	1 189.00	4 611.00
袁世民	财务部	8 800.00	704.00	176.00	44.00	880.00	59.88	1 863.88	6 936.12
钱晓明	财务部	6 800.00	544.00	136.00	34.00	680.00	12.18	1 406.18	5 393.82
李本勇	财务部	6 300.00	504.00	126.00	31.50	630.00	0.26	1 291.76	5 008.24
朱珊珊	财务部	7 200.00	576.00	144.00	36.00	720.00	21.72	1 497.72	5 702.28
崔浩朴	采购部	8 500.00	680.00	170.00	42.50	850.00	52.73	1 795.23	6 704.77
邹萌红	采购部	3 300.00	269.44	67.36	16.84	330.00	0.00	683.64	2 616.36
傅世惠	销售部	9 200.00	736.00	184.00	46.00	920.00	69.42	1 955.42	7 244.58
李丽洁	销售部	7 600.00	608.00	152.00	38.00	760.00	31.26	1 589.26	6 010.74
柳世杰	生产车间	8 560.00	684.80	171.20	42.80	856.00	54.16	1 808.96	6 751.04
杨帆进	生产车间	6 730.00	538.40	134.60	33.65	673.00	10.51	1 390.16	5 339.84
周密语	生产车间	6 910.00	552.80	138.20	34.55	691.00	14.80	1 431.35	5 478.65
梁初瑜	生产车间	7 200.00	576.00	144.00	36.00	720.00	21.72	1 497.72	5 702.28
王春红	生产车间	5 900.00	472.00	118.00	29.50	590.00	0.00	1 209.50	4 690.50
余凡民	生产车间	5 300.00	424.00	106.00	26.50	530.00	0.00	1 086.50	4 213.50
孙雪洁	生产车间	4 800.00	384.00	96.00	24.00	480.00	0.00	984.00	3 816.00

(续表)

员工姓名	所属部门	应付工资	养老保险	医疗保险	失业保险	住房公积金	个人所得税	扣款合计	实发工资
赵倩雯	生产车间	4 600.00	368.00	92.00	23.00	460.00	0.00	943.00	3 657.00
洪杰明	生产车间	5 900.00	472.00	118.00	29.50	590.00	0.00	1 209.50	4 690.50
周昌皓	生产车间	6 200.00	496.00	124.00	31.00	620.00	0.00	1 271.00	4 929.00
马江昆	生产车间	5 700.00	456.00	114.00	28.50	570.00	0.00	1 168.50	4 531.50
合 计		165 200.00	13 221.44	3 305.36	826.34	16 520.00	557.16	34 430.30	130 769.70

编制：李本勇　　　　　　　　　　　　　　　　　　　　　审核：袁世民

表 5-1-2

上述原始凭证中：

表5-1-1是工资发放表，此表应作为支付工资和扣取相关款项的记账依据。该原始凭证注明，"应付工资"是165 200.00元，"代扣三险一金"分别是"养老保险"13 221.44元、"医疗保险"3 305.36元、"失业保险"826.34元和"住房公积金"16 520.00元，"个税"是557.16元，这表明本公司已从个人工资总额中扣除了个人应承担的社会保险费、住房公积金和个人所得税等，因此"实发工资"总额是130 769.70元。进行会计核算时，"应付工资"合计165 200.00元，应记入"应付职工薪酬——工资"科目的借方，"养老保险"合计13 221.44元，应记入"其他应付款——设定提存计划——养老保险"科目的贷方，"医疗保险"合计3 305.36元，应记入"其他应付款——社会保险费——医疗保险"科目的贷方，"失业保险"合计826.34元，应记入"其他应付款——设定提存计划——失业保险"科目的贷方，"住房公积金"合计16 520.00元，应记入"其他应付款——住房公积金"科目的贷方，"个税"合计557.16元，应记入"应交税费——应交个人所得税"科目的贷方。

表5-1-2是中国建设银行转账支票存根，应作为付款方支付款项的记账依据。该原始凭证注明，"收款人"是本公司，"付款行账号"为41622124656669，"金额"是130 769.70元，"用途"是支付工资，这表明本公司已经按照"实发工资"总额支付了职工工资。进行会计核

算时,"金额"130 769.70 元,应记入"银行存款——建行 41622124656669"科目的贷方。

根据上述分析,该笔业务在 T+系统中的操作流程如下:

(1) 费用新增和科目设置。[业务 5-1]至[业务 5-9],根据费用单特性对薪酬发放、税费上缴等设置为费用,薪酬及税费已汇编成薪酬、税费费用设置一览表。

薪酬、税费费用设置一览表,如表 5-1-3 所示。

表 5-1-3　　　　　　　　　薪酬、税费费用设置一览表

费用大类编码	费用大类名称	费用编号	费用名称	费用类型
51	工资及个人三险一金	5101	工资总额	其他费用
		5102	个人养老保险	
		5103	个人失业保险	
		5104	个人医疗保险	
		5105	个人住房公积	
52	公司四险一金	5201	公司养老保险	
		5202	公司失业保险	
		5203	公司医疗保险	
		5204	公司工伤保险	
		5205	公司住房公积	
53	税费	5301	未交增值税	
		5302	应交城市维护建设税	
		5303	应交教育费附加	
		5304	应交地方教育附加	
		5305	应交企业所得税	
		5306	应交个人所得税	
		5307	应交房产税	
		5308	应交土地使用税	
		5309	应交印花税	

费用设置的流程是:

以资产会计李本勇"10558470780"的身份于 2020-06-15 登录,在"基础设置——收付结算"单击"费用"。根据表 5-1-3 费用新增编码"51""52""53"三个大类费用,其费用类型均选择"其他费用";在每个费用大类下依次新增其具体费用。

新增费用应设置科目已汇编成薪酬、税费费用与科目设置一览表,均在费用科目扩展设置中新增。

薪酬、税费费用与科目设置一览表,如表 5-1-4 所示。

表 5-1-4　　　　　　　　薪酬、税费费用与科目设置一览表

费用科目设置	费用编号	费用名称	科目设置	
工资费用科目设置	5101	工资总额	221101	应付职工薪酬——工资
	5102	个人养老保险	22410101	其他应付款——设定提存计划——养老保险
	5103	个人失业保险	22410102	其他应付款——设定提存计划——失业保险
	5104	个人医疗保险	22410201	其他应付款——社会保险费——医疗保险
	5105	个人住房公积	224103	其他应付款——住房公积金
	5201	公司养老保险	22110201	应付职工薪酬——设定提存计划——养老保险
	5202	公司失业保险	22110202	应付职工薪酬——设定提存计划——失业保险
	5203	公司医疗保险	22110301	应付职工薪酬——社会保险费——医疗保险
	5204	公司工伤保险	22110302	应付职工薪酬——社会保险费——工伤保险
	5205	公司住房公积	221104	应付职工薪酬——住房公积金
税费科目设置	5301	未交增值税	222102	应交税费——未交增值税
	5302	应交城市维护建设税	222115	应交税费——应交城市维护建设税
	5303	应交教育费附加	222120	应交税费——应交教育费附加
	5304	应交地方教育附加	222124	应交税费——应交地方教育附加
	5305	应交企业所得税	222113	应交税费——应交企业所得税
	5306	应交个人所得税	222119	应交税费——应交个人所得税
	5307	应交房产税	222116	应交税费——应交房产税
	5308	应交土地使用税	222117	应交税费——应交城镇土地使用税
	5309	应交印花税	222123	应交税费——应交印花税

科目设置流程是:

"总账——日常业务"处单击"科目设置",费用科目扩展栏单击"设置",其最末栏增行,费用类型选择"其他费用",费用名称选择"工资总额",科目名称处录入"221101";后续各行费用类型均选择"其他费用",根据表 5-1-4 选择费用名称及科目名称,费用科目扩展设置页面保存并退出。

(2) 费用单填制。以出纳朱珊珊"10523340668"的身份于 2020-06-15 登录,"往来现金"——"单据"单击"费用单",单据日期、单据编号自动生成,业务类型选择"现金费用",票据类型选择"收据",各行分别录入,"工资总额""165 200.00""个人养老保险""-13 221.44""个人医疗保险""-3 305.36""个人失业保险""-826.34""个人住房公积""-16 520.00""应交个人所得税""-557.16";现结页面,结算方式选择"转账支票",结算票据号录入"07025812"并确定,该单据保存并审核。

【业务 5-1】 费用单页面,如图 5-1-1 所示。

图 5-1-1 [业务 5-1]费用单页面

（3）单据生凭证。以资产会计李本勇"10558470780"的身份于 2020-06-15 登录，"总账"——"日常业务"单击"单据生凭证"，单据选择"费用单"并单击"下一步"，选择查询条件页面默认并单击"下一步"，查询结果页面单击"生成凭证"，附单据数改为"2"，"其他应付款"及"应交税费"科目，将其金额从借方负数改为贷方正数，"银行存款"科目确定结算日期，现金流量项目选择"05 支付给职工及为职工支付的现金"并确定，记账凭证进行保存。

【业务 5-1】 记账凭证页面，如图 5-1-2 所示。

图 5-1-2 [业务 5-1]记账凭证页面

需要说明的是：凭证中自动生成的红字金额进行调整，主要是符合会计实务的常规做法。若不进行调整，不影响最终的结果。因此，如果考虑业财融合，自动生凭证，该业务生成的凭证直接保存，红字部分可不调整。

【业务 5-2】 6 月 15 日，取得原始凭证 1 张，如表 5-2-1 所示。

表 5-2-1

中国建设银行客户专用回单

转账日期：2020 年 06 月 15 日

凭证字号：2020061532320495

纳税人全称及纳税人识别号：常州亚兴电缆有限责任公司913204044709457987
付款人名称：常州亚兴电缆有限责任公司
付款人账号：41431579931221
付款人开户银行：中国建设银行常州市钟楼区支行
小写（合计）金额：¥59496.48
大写（合计）金额：人民币 伍万玖仟肆佰玖拾陆元肆角捌分

征收机关名称：国家税务总局常州市钟楼区税务局
收缴国库（银行）名称：国家金库常州市钟楼区支库
缴款书交易流水号：202006153232049584135
税票号码：042020817094662082

税（费）种名称	所属时期	实缴金额
基本养老保险	2020-06-01至2020-06-30	¥39664.32
基本失业保险	2020-06-01至2020-06-30	¥1652.68
基本医疗保险	2020-06-01至2020-06-30	¥17022.60
基本工伤保险	2020-06-01至2020-06-30	¥1156.88

上述原始凭证中：

表 5-2-1 是中国建设银行客户专用回单，此联应作为付款方支付款项的记账依据。该原始凭证注明，"付款人"是本公司，"付款人账号"是 41622124656669，这表明本公司已通过账号为 41622124656669 的基本结算户支付了款项。进行会计核算时，"金额"59 496.48 元应记入"银行存款——建行 41622124656669"科目的贷方；"征收机关名称"是国家税务总局常州市钟楼税务局，"税（费）种名称"是基本医疗保险、基本养老保险、基本失业保险和基本工伤保险，"所属时期"均为 20200601—20200630，"实缴金额"分别为 17 022.60 元、39 664.32 元、1 652.68 元和 1 156.88 元，同时，2020 年 5 月 31 日"应付职工薪酬——社会保险费——医疗保险""应付职工薪酬——设定提存计划——养老保险""应付职工薪酬——设定提存计划——失业保险""应付职工薪酬——社会保险费——工伤保险"科目的贷方余额分别为 13 717.24 元、26 442.88 元、826.34 元和 1 156.88 元；结合[业务 5-1]，本公司在发放工资时已扣取应由个人承担的医疗保险、养老保险、失业保险，金额分别为 3 305.36 元、13 221.44 元和 826.34 元。这表明本公司已向国家税务总局常州市钟楼税务局上交了本月应交的医疗保险、养老保险、失业保险和工伤保险，进行会计核算时，应按期初余额分别记入"应付职工薪酬——社会保险费——医疗保险""应付职工薪酬——设定提存计划——养老保险""应付职工薪酬——设定提存计划——失业保险"和"应付职工薪酬——社会保险费——工伤保险"科目的借方，同时个人应承担的医疗保险、养老保险、失业保险，把 3 305.36 元、13 221.44 元和 826.34 元分别记入"其他应付款——社会保险费——医疗保险""其他应付款——设定提存计划——养老保险""其他应付款——设定提存计划——失业保险"科目的借方。

根据上述分析，该笔业务在 T+系统中的操作流程如下：

（1）费用单填制。以出纳朱珊珊"10523340668"的身份于 2020-06-15 登录，"往来现金"——"单据"单击"费用单"，单据日期、单据编号自动生成，业务类型选择"现金费用"，票据类型选择"收据"，费用及金额分别录入，"个人养老保险""13 221.44"、"个人失业保险"

"826.34"、"个人医疗保险""3 305.36"、"公司养老保险""26 442.88"、"公司医疗保险""13 717.24"、"公司失业保险""826.34"、"公司工伤保险""1 156.88",现结页面结算方式选择"其他",账号选择"A01",结算票据号录入"32320495"并确定,该单据保存并审核。

【业务 5-2】 费用单页面,如图 5-2-1 所示。

图 5-2-1 [业务 5-2]费用单页面

序号	*费用名称	*费用编码	*金额	累计结款金额	用途	已分摊
1	职工养老保险	6121	13,221.44	13,221.44		☐
2	职工医疗保险	6122	3,305.36	3,305.36		☐
3	职工失业保险	6123	826.34	826.34		☐
4	公司养老保险	6131	26,442.88	26,442.88		☐
5	公司医疗保险	6132	13,717.24	13,717.24		☐
6	公司失业保险	6133	826.34	826.34		☐
7	工伤保险	6134	1,156.88	1,156.88		☐
合计			59,496.48	59,496.48		

单据日期 2020-06-15　单据编号 BE-2020-06-0017　业务类型 现金费用　票据类型 收据
现结金额 59,496.48　使用预付 0.00

(2) 单据生凭证。以资产会计李本勇"10558470780"的身份于 2020-06-15 登录,"总账"→"日常业务"单击"单据生凭证",单据选择"费用单"并单击"下一步",选择查询条件页面默认并单击"下一步",查询结果页面单击"生成凭证","银行存款"科目确定结算日期,现金流量项目选择"05"并确定,记账凭证进行保存。

【业务 5-2】 记账凭证页面,如图 5-2-2 所示。

序号	摘要	*科目名称	辅助项	借方	贷方
1	现金费用	其他应付款——设定提存计划——养老保险		13221.44	
2	现金费用	其他应付款——设定提存计划——失业保险		826.34	
3	现金费用	其他应付款——社会保险费——医疗保险		3305.36	
4	现金费用	应付职工薪酬——设定提存计划——养老保险		26442.88	
5	现金费用	应付职工薪酬——设定提存计划——失业保险		826.34	
6	现金费用	应付职工薪酬——社会保险费——医疗保险		13717.24	
7	现金费用	应付职工薪酬——社会保险费——工伤保险		1156.88	
8	现金费用	银行存款——建行414315799931221	其他 32320495 202...		59496.48

凭证类别 记账凭证　凭证编号 0061　制单日期 2020-06-15　附单据数 1

图 5-2-2 [业务 5-2]记账凭证页面

【业务 5-3】 6月15日,取得原始凭证1张,如表5-3-1所示。

表 5-3-1

中国建设银行客户专用回单

币别：人民币		2020年06月15日	流水号 320420027J0500812271	
付款人	全称	常州亚兴电缆有限责任公司	收款人 全称	常州市住房公积金管理中心
	账号	41431579931221	账号	41505422825987
	开户行	中国建设银行常州市钟楼区支行	开户行	同城实时借记业务
金额	(大写)	人民币叁万叁仟零肆拾元整	(小写)	￥33040.00
凭证种类		其他凭证	凭证号码	4439346004
结算方式		转账	用途	WFP公积金:000017421:20200615

打印柜员：320425584257
打印机构：中国建设银行常州市钟楼区支行
打印卡号：41431579931221

打印时间：2020-06-15 交易柜员：320425584268 交易机构：320410596

上述原始凭证中：

表5-3-1是中国建设银行客户专用回单的借方回单,此联应作为付款方支付款项的记账依据。该原始凭证注明,"付款人全称"是本公司,"付款人账号"是41622124656669,这表明本公司已通过账号为41622124656669的基本户支付了款项,进行会计核算时,"金额"33 040.00元应记入"银行存款——建行41622124656669"科目的贷方;"收款人全称"是常州市住房公积金管理中心,"金额"为33 040.00元,同时,2020年5月31日"应付职工薪酬——住房公积金"科目的贷方余额为16 520.00元,结合[业务5-1],本公司在发放工资时已扣取应由个人承担的住房公积金,金额为16 520.00元。这表明本公司已向常州市住房公积金管理中心上交了本月应交的住房公积金。进行会计核算时,应按期初余额记入"应付职工薪酬——住房公积金"科目的借方,同时个人应承担的医疗保险165 20.00元记入"其他应付款——住房公积金"科目的借方。

根据上述分析,该笔业务在T+系统中的操作流程如下：

(1) 费用单填制。以出纳朱珊珊"10523340668"的身份于2020-06-15登录,"往来现金"——"单据"单击"费用单",单据日期、单据编号自动生成,业务类型选择"现金费用",票据类型选择"收据",各行分别录入,"个人住房公积""16 520.00","公司住房公积""16 520.00",现结页面,结算方式选择"其他",结算票据号录入"00812271"并确定,该单据保存并审核。

【业务 5-3】 费用单页面,如图5-3-1所示。

(2) 单据生凭证。以资产会计李本勇"10558470780"的身份于2020-06-15登录,"总账"——"日常业务"单击"单据生凭证",单据选择"费用单"并单击"下一步",选择查询条件页面默认并单击"下一步",查询结果页面单击"生成凭证",银行存款科目确定其结算日期,现金流量项目选择"05"并确定,记账凭证进行保存。

第五部分　薪酬及税费业务会计信息化处理

图 5-3-1　[业务 5-3]费用单页面

【业务 5-3】　记账凭证页面，如图 5-3-2 所示。

序号	摘要	科目名称	辅助项	借方	贷方
1	现金费用	其他应付款——住房公积金		16 520 00	
2	现金费用	应付职工薪酬——住房公积金		16 520 00	
3	现金费用	银行存款——建行41431579931221	其他 00812271 202…		33 040 00

图 5-3-2　[业务 5-3]记账凭证页面

二、税费缴纳业务会计信息化处理

【业务 5-4】　6 月 15 日，取得原始凭证 1 张，如表 5-4-1 所示。

表 5-4-1

中国建设银行客户专用回单

转账日期：2020 年 06 月 15 日

凭证字号：20200615323204 5513

纳税人全称及纳税人识别号：	常州亚兴电缆有限责任公司913204044709457987		
付款人全称：	常州亚兴电缆有限责任公司		
付款人账号：	41431579931221	征收机关名称：	国家税务总局常州市钟楼区税务局
付款人开户银行：	中国建设银行常州市钟楼区支行	收缴国库（银行）名称：	国家金库常州市钟楼区支库
小写（合计）金额：	¥387000.00	缴款书交易流水号：	20200615323204 8687101
大写（合计）金额：	人民币 叁拾捌万柒仟元整	税票号码：	042020123442208800
税（费）种名称	所属时期	实缴金额	
增值税	2020-05-01至2020-05-31	¥387000.00	

上述原始凭证中：

表5-4-1是中国建设银行客户专用回单，此联应作为付款方支付款项的记账依据。该原始凭证注明，"付款人全称"是本公司，"付款人账号"是41622124656669，"征收机关名称"是国家税务总局常州市钟楼税务局，"金额"为387 000.00元，"税（费）种名称"是增值税，"所属时期"是20200501—20200531，"实缴金额"为387 000.00元，同时，2020年5月31日"应交税费——未交增值税"科目的贷方余额为387 000.00元，这表明本公司已通过账号为41622124656669的基本户向国家税务总局常州市钟楼税务局缴纳了上月应交未交的增值税。进行会计核算时，"金额"387 000.00元应分别记入"应交税费——未交增值税"科目的借方和"银行存款——建行41622124656669"科目的贷方。

根据上述分析，该笔业务在T＋系统中的操作流程如下：

（1）费用单填制。以出纳朱珊珊"10523340668"的身份于2020-06-15登录，"往来现金"——"单据"单击"费用单"，单据日期、单据编号自动生成，业务类型选择"现金费用"，票据类型选择"收据"，费用名称选择"未交增值税"，金额录入"387 000.00"，现结页面，结算方式选择"其他"，账号选择"A01"，结算票据号录入"32045513"并确定，该单据保存并审核。

【业务5-4】 费用单页面，如图5-4-1所示。

图5-4-1 ［业务5-4］费用单页面

（2）单据生凭证。以资产会计李本勇"10558470780"的身份于2020-06-15登录，"总账"——"日常业务"单击"单据生凭证"，单据选择"费用单"并单击"下一步"，选择查询条件页面默认并单击"下一步"，查询结果页面单击"生成凭证"，银行存款科目确定其结算日期，现金流量项目选择"06 支付的各项税费"并确定，记账凭证进行保存。

【业务5-4】 记账凭证页面，如图5-4-2所示。

图5-4-2 ［业务5-4］记账凭证页面

【业务5-5】 6月15日,取得原始凭证1张,如表5-5-1所示。

表5-5-1

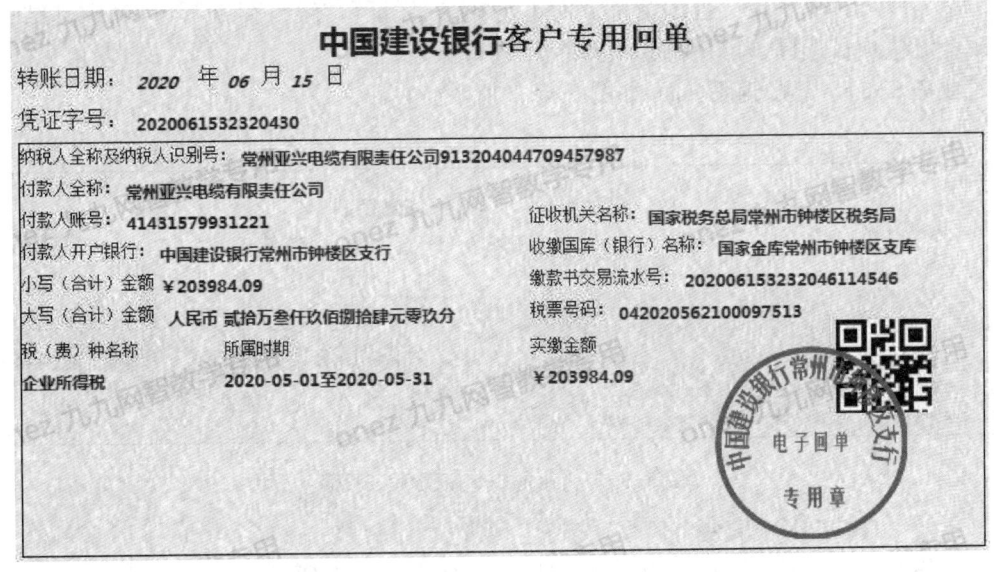

上述原始凭证中:

表5-5-1是中国建设银行客户专用回单,此联应作为付款方支付款项的记账依据。该原始凭证注明,"付款人全称"是本公司,"付款人账号"是41622124656669,"征收机关名称"是国家税务总局常州市钟楼税务局,"金额"为203 984.09元,"税(费)种名称"是企业所得税,"所属时期"是20200501—20200531,"实缴金额"为203 984.09元,同时,2020年5月31日"应交税费——应交企业所得税"科目的贷方余额为203 984.09元,这表明本公司已通过账号为41622124656669的基本户向国家税务总局常州市钟楼税务局缴纳了上月应交未交的企业所得税。进行会计核算时,"金额"203 984.09元,应分别记入"应交税费——应交企业所得税"科目的借方和"银行存款——建行41622124656669"科目的贷方。

根据上述分析,该笔业务在T+系统中的操作流程如下:

(1) 费用单填制。以出纳朱珊珊"10523340668"的身份于2020-06-15登录,"往来现金"——"单据"单击"费用单",单据日期、单据编号自动生成,业务类型选择"现金费用",票据类型选择"收据",费用名称选择"应交企业所得税",金额录入"203 984.09",现结页面,结算方式选择"其他",账号选择"A01",结算票据号录入"32320430"并确定,该单据保存并审核。

【业务5-5】 费用单页面,如图5-5-1所示。

图5-5-1 [业务5-5]费用单页面

(2) 单据生凭证。以资产会计李本勇“10558470780”的身份于 2020-06-15 登录,“总账”——“日常业务”单击“单据生凭证”,单据选择“费用单”并单击“下一步”,选择查询条件页面默认并单击“下一步”,查询结果页面单击“生成凭证”,“银行存款”科目确定其结算日期,现金流量项目选择“06”并确定,记账凭证进行保存。

【业务 5-5】 记账凭证页面,如图 5-5-2 所示。

已分配

记账凭证

* 凭证类别 记账凭证　* 凭证编号 0064　* 制单日期 2020-06-15　附单据数 1

明细　汇总

序号	*摘要	*科目名称	辅助项	借方(亿千百十万千百十元角分)	贷方(亿千百十万千百十元角分)
1	现金费用	应交税费——应交企业所得税		2 0 3 9 8 4 0 9	
2	现金费用	银行存款——建行41431579931221	其他 32320430 202...		2 0 3 9 8 4 0 9

图 5-5-2 [业务 5-5]记账凭证页面

【业务 5-6】 6 月 15 日,取得原始凭证 1 张,如表 5-6-1 所示。

表 5-6-1

中国建设银行客户专用回单

转账日期: 2020 年 06 月 15 日

凭证字号: 2020061532320416 40

纳税人全称及纳税人识别号: 常州亚兴电缆有限责任公司913204044709457987

付款人全称: 常州亚兴电缆有限责任公司

付款人账号: 41431579931221　　征收机关名称: 国家税务总局常州市钟楼区税务局

付款人开户银行: 中国建设银行常州市钟楼区支行　　收缴国库(银行)名称: 国家金库常州市钟楼区支库

小写(合计)金额 ¥557.16　　缴款书交易流水号: 2020061532320479 55995

大写(合计)金额 人民币 伍佰伍拾柒元壹角陆分　　税票号码: 042020522663164700

税(费)种名称	所属时期	实缴金额
个人所得税	2020-05-01至2020-05-31	¥557.16

中国建设银行常州市钟楼区支行 电子回单 专用章

上述原始凭证中:

表 5-6-1 是中国建设银行客户专用回单,此联应作为付款方支付款项的记账依据。该原始凭证注明,“付款人全称”是本公司,“付款人账号”是 41622124656669,“征收机关名称”是国家税务总局常州市钟楼税务局,“金额”为 557.16 元,“税(费)种名称”是个人所得税,“所属时期”是 20200501—20200531,“实缴金额”为 557.16 元,同时,2020 年 5 月 31 日“应

交税费——应交个人所得税"科目的贷方余额为557.16元,这表明本公司已通过账号为41622124656669的基本户向国家税务总局常州市钟楼税务局缴纳了上月应交的个人所得税。进行会计核算时,"金额"557.16元应分别记入"应交税费——应交个人所得税"科目的借方和"银行存款——建行41622124656669"科目的贷方。

根据上述分析,该笔业务在T+系统中的操作流程如下:

(1) 费用单填制。以出纳朱珊珊"10523340668"的身份于2020-06-15登录,"往来现金"——"单据"单击"费用单",单据日期、单据编号自动生成,业务类型选择"现金费用",票据类型选择"收据",费用名称选择"应交个人所得税",金额录入"557.16",现结页面,结算方式选择"其他",账号选择"A01",结算票据号录入"32041640"并确定,该单据保存并审核。

【业务5-6】 费用单页面,如图5-6-1所示。

图5-6-1 [业务5-6]费用单页面

(2) 单据生凭证。以资产会计李本男"10558470780"的身份于2020-06-15登录,"总账"——"日常业务"单击"单据生凭证",单据选择"费用单"并单击"下一步",选择查询条件页面默认并单击"下一步",查询结果页面单击"生成凭证",银行存款科目确定其结算日期,现金流量项目选择"05"并确定,记账凭证进行保存。

【业务5-6】 记账凭证页面,如图5-6-2所示。

图5-6-2 [业务5-6]记账凭证页面

【业务5-7】 6月15日,取得原始凭证1张,如表5-7-1所示。

表 5-7-1

中国建设银行客户专用回单

转账日期：2020 年 06 月 15 日

凭证字号：202006153232044262

纳税人全称及纳税人识别号：常州亚兴电缆有限责任公司913204044709457987

付款人全称：常州亚兴电缆有限责任公司

付款人账号：41431579931221

付款人开户银行：中国建设银行常州市钟楼区支行

小写（合计）金额：¥46440.00

大写（合计）金额：人民币 肆万陆仟肆佰肆拾元整

征收机关名称：国家税务总局常州市钟楼区税务局

收缴国库（银行）名称：国家金库常州市钟楼区支库

缴款书交易流水号：202006153232041461867

税票号码：042020919674353252

税（费）种名称	所属时期	实缴金额
城市维护建设税	2020-05-01至2020-05-31	¥27090.00
教育费附加	2020-05-01至2020-05-31	¥11610.00
地方教育费附加	2020-05-01至2020-05-31	¥7740.00

上述原始凭证中：

表 5-7-1 是中国建设银行客户专用回单，此联应作为付款方支付款项的记账依据。该原始凭证注明，"付款人全称"是本公司，"付款人账号"是 41622124656669，"金额"为 46 440.00 元，这表明本公司已通过账号为 41622124656669 的基本结算户支付了款项。进行会计核算时，"金额"46 440.00 元应记入"银行存款——建行 41622124656669"科目的贷方；"征收机关名称"是国家税务总局常州市钟楼税务局，"税（费）种名称"是城市维护建设税、教育费附加、地方教育附加，"所属时期"均是 20200501—20200531，"实缴金额"分别为 27 090.00 元、11 610.00 元、7 740.00 元，同时，2020 年 5 月 31 日"应交税费——应交城市维护建设税""应交税费——应交教育费附加""应交税费——应交地方教育附加"科目的贷方余额分别为 27 090.00 元、11 610.00 元和 7 740.00 元，这表明本公司已向国家税务总局常州市钟楼税务局上交了上月应交的城市维护建设税、教育费附加、地方教育附加，进行会计核算时，应按期初余额分别记入"应交税费——应交城市维护建设税""应交税费——应交教育费附加""应交税费——应交地方教育附加"科目的借方。

根据上述分析，该笔业务在 T+系统中的操作流程如下：

(1) 费用单填制。以出纳朱珊珊"10523340668"的身份于 2020-06-15 登录，"往来现金"——"单据"单击"费用单"，单据日期、单据编号自动生成，业务类型选择"现金费用"，票据类型选择"收据"，各行分别录入费用和金额"应交城市维护建设税""27090"，"应交教育费附加""11610"，"应交地方教育附加""7740"，现结页面，结算方式选择"其他"，账号选择"A01"，结算票据号录入"32044262"并确定，该单据保存并审核。

【业务 5-7】 费用单页面，如图 5-7-1 所示。

(2) 单据生凭证。以资产会计李本勇"10558470780"的身份于 2020-06-15 登录，"总账"——"日常业务"单击"单据生凭证"，单据选择"费用单"并单击"下一步"，选择查询条件页面默认并单击"下一步"，查询结果页面单击"生成凭证"，银行存款科目确定其结算日期，

图 5-7-1 [业务 5-7]费用单页面

现金流量项目选择"05"并确定,记账凭证进行保存。

【业务 5-7】 记账凭证页面,如图 5-7-2 所示。

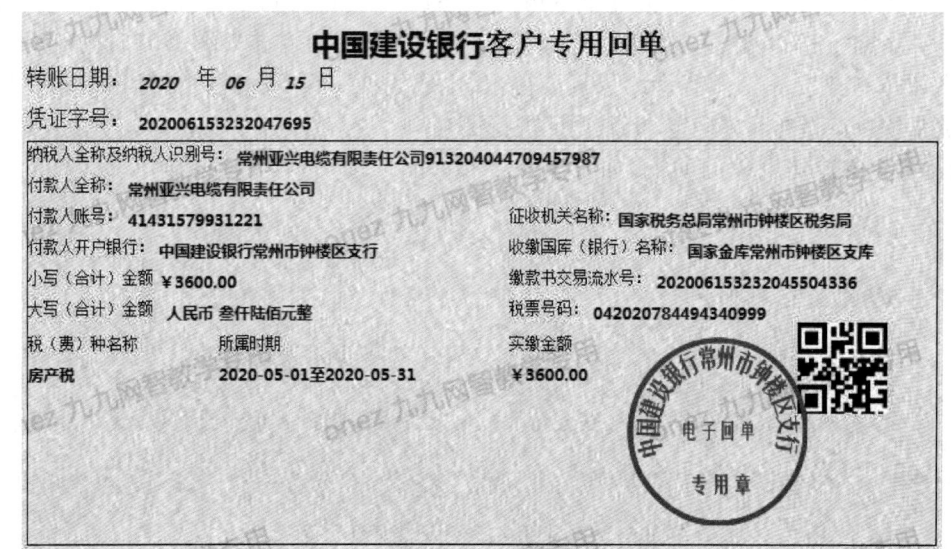

图 5-7-2 [业务 5-7]记账凭证页面

【业务 5-8】 6 月 15 日,取得原始凭证 1 张,如表 5-8-1 所示。

表 5-8-1

上述原始凭证中:

表5-8-1是中国建设银行客户专用回单,此联应作为付款方支付款项的记账依据。该原始凭证注明,"付款人全称"是本公司,"付款人账号"是41622124656669,"征收机关名称"是国家税务总局常州市钟楼税务局,"金额"为3 600.00元,"税(费)种名称"是房产税,"所属时期"是20200501—20200531,"实缴金额"为3 600.00元,同时,2020年5月31日"应交税费——应交房产税"科目的贷方余额为3 600.00元,这表明本公司已通过账号为41622124656669的基本户向国家税务总局常州市钟楼税务局缴纳了上月应交的房产税。进行会计核算时,"金额"3 600.00元应分别记入"应交税费——应交房产税"科目的借方和"银行存款——建行41622124656669"科目的贷方。

根据上述分析,该笔业务在T+系统中的操作流程如下:

(1) 费用单填制。以出纳朱珊珊"10523340668"的身份于2020-06-15登录,"往来现金"——"单据"单击"费用单",单据日期、单据编号自动生成,业务类型选择"现金费用",票据类型选择"收据",费用名称选择"应交房产税",金额录入"3 600",现结页面,结算方式选择"其他",选择账号"A01",结算票据号录入"32047695"并确定,该单据保存并审核。

【业务5-8】 费用单页面,如图5-8-1所示。

图5-8-1 [业务5-8]费用单页面

(2) 单据生凭证。以资产会计李本勇"10558470780"的身份于2020-06-15登录,"总账"——"日常业务"单击"单据生凭证",单据选择"费用单"并单击"下一步",选择查询条件页面默认并单击"下一步",查询结果页面单击"生成凭证",银行存款科目确定其结算日期,现金流量项目选择"05"并确定,记账凭证进行保存。

【业务5-8】 记账凭证页面,如图5-8-2所示。

图5-8-2 [业务5-8]记账凭证页面

【业务 5-9】 6 月 15 日,取得原始凭证 1 张,如表 5-9-1 所示。

表 5-9-1

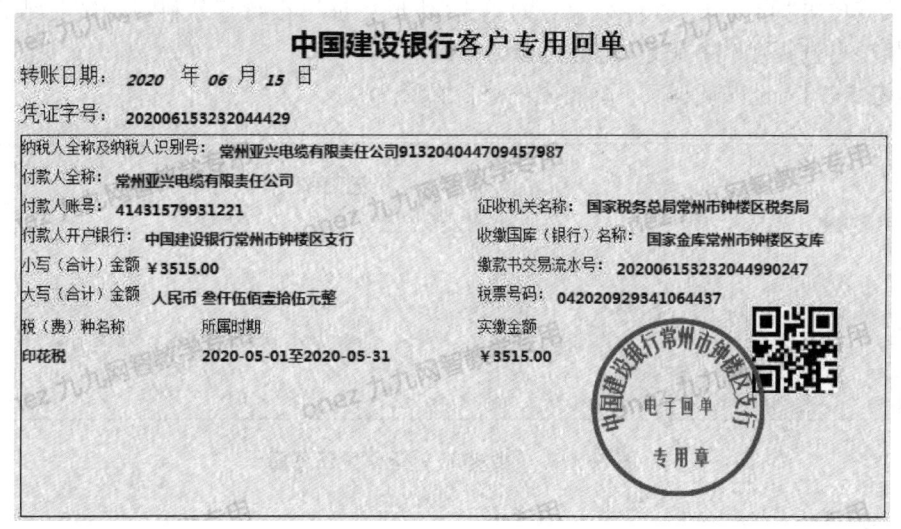

上述原始凭证中:

表 5-9-1 是中国建设银行客户专用回单,此联应作为付款方支付款项的记账依据。该原始凭证注明,"付款人全称"是本公司,"付款人账号"是 41622124656669,"征收机关名称"是国家税务总局常州市钟楼税务局,"金额"为 3 515.00 元,"税(费)种名称"是印花税,"所属时期"是 20200501—20200531,"实缴金额"为 3 515.00 元,同时,2020 年 5 月 31 日"应交税费——应交印花税"科目的贷方余额为 3 515.00 元,这表明本公司已通过账号为 41622124656669 的基本户向国家税务总局常州市钟楼税务局缴纳了上月应交的印花税。进行会计核算时,"金额"3 515.00 元,应分别记入"应交税费——应交印花税"科目的借方和"银行存款——建行 41622124656669"科目的贷方。

根据上述分析,该笔业务在 T+系统中的操作流程如下:

(1) 费用单填制。以出纳朱珊珊"10523340668"的身份于 2020-06-15 登录,"往来现金"——"单据"单击"费用单",单据日期、单据编号自动生成,业务类型选择"现金费用",票据类型选择"收据",费用名称选择"应交印花税",金额录入"3 515",现结页面,结算方式选择"其他",账号选择"A01",结算票据号录入"32044429"并确定,该单据保存并审核。

【业务 5-9】 费用单页面,如图 5-9-1 所示。

图 5-9-1 [业务 5-9]费用单页面

(2) 单据生凭证。以资产会计李本勇"10558470780"的身份于 2020-06-15 登录,"总账"——"日常业务"单击"单据生凭证",单据选择"费用单"并单击"下一步",选择查询条件页面默认并单击"下一步",查询结果页面单击"生成凭证",银行存款科目确定其结算日期,现金流量项目选择"05"并确定,记账凭证进行保存。

【业务 5-9】 记账凭证页面,如图 5-9-2 所示。

序号	*摘要	*科目名称	辅助项	借方 亿千百十万千百十元角分	贷方 亿千百十万千百十元角分
1	现金费用	应交税费——应交印花税		3 5 1 5 0 0	
2	现金费用	银行存款——建行414314579931221	其他 32044429 202...		3 5 1 5 0 0

凭证类别 记账凭证　　*凭证编号 0068　　*制单日期 2020-06-15　　附单据数 1

图 5-9-2 [业务 5-9]记账凭证页面

三、薪酬期末计提业务会计信息化处理

【业务 5-10】 6月30日,取得原始凭证3张,如表5-10-1至表5-10-3所示。

表 5-10-1

产品工时明细表
2020-06-30　　　　　　　单位:小时

车间	产品	生产工时(小时)
生产车间	X201	3000
生产车间	Y202	2000
合计		5000.00

制表:钱晓明　　　　　审核:袁世民

表 5-10-2　　　　　　　　　工资明细表
2020 年 6 月 30 日

姓名	部门	职务	应付工资	姓名	部门	职务	应付工资
姜亚兴	办公室	董事长	9 500.00	李丽洁	销售部	销售员	7 600.00
赵卫宇	办公室	总经理	9 200.00	柳世杰	生产车间	车间主任	8 560.00
孙凯愉	办公室	办公室主任	8 600.00	杨帆进	生产车间	核算员	6 730.00
魏东明	办公室	办公室职员	6 600.00	周密语	生产车间	质监	6 910.00

(续表)

姓名	部门	职务	应付工资	姓名	部门	职务	应付工资
孙民里	办公室	仓管	5 800.00	梁初瑜	生产车间	生产工人	7 200.00
袁世民	财务部	财务经理	8 800.00	王春红	生产车间	生产工人	5 900.00
钱晓明	财务部	存货会计	6 800.00	余凡民	生产车间	生产工人	5 300.00
李本勇	财务部	资产会计	6 300.00	孙雪洁	生产车间	生产工人	4 800.00
朱珊珊	财务部	出纳	7 200.00	赵倩雯	生产车间	生产工人	4 600.00
崔浩朴	采购部	采购经理	8 500.00	洪杰明	生产车间	生产工人	5 900.00
邹萌红	采购部	采购员	3 300.00	周昌皓	生产车间	生产工人	6 200.00
傅世惠	销售部	销售经理	9 200.00	马江昆	生产车间	生产工人	5 700.00
						合计	165 200.00

编制:李本勇　　　　　　　　　　　　　　　　　　　　　　　　　　　　　审核:袁世民

表 5-10-3　　　　　　　　　　　工资费用分配表
2020 年 6 月 30 日

应借账户	直接计入	分配计入			合计
		生产工时	分配率	分配金额	
生产成本——直接人工——X201		3 000.00	9.12	27 360.00	27 360.00
——直接人工——Y202		2 000.00	9.12	18 240.00	18 240.00
合计		5 000.00		45 600.00	45 600.00
制造费用	22 200.00				22 200.00
管理费用	97 400.00				97 400.00
合计	119 600.00				165 200.00

编制:李本勇　　　　　　　　　　　　　　　　　　　　　　　　　　　　　审核:袁世民

上述原始凭证中:

表 5-10-1 是生产工时明细表,此表应作为期末计算分配人工费用和制造费用等的记账依据。该原始凭证的内容表明,本月生产的 X201、Y202 耗用的生产工时分别为 3 000 小时和 2 000 小时。

表 5-10-2 是工资明细表,此表应作为期末计算分配工资费用的记账依据。该原始凭证注明的内容表明,本公司 6 月份"应付工资"合计是 165 200.00 元。

表 5-10-3 是工资费用分配表,此表应作为期末计算分配工资费用的记账依据。该原始凭证注明的内容表明,本月应支付给职工的工资总额是 165 200.00 元,进行会计核算时,应记入"应付职工薪酬——工资"科目的贷方;同时,管理部门、生产车间分别应承担工资费用 97 400.00 元和 22 200.00 元,进行会计核算时,应分别记入"管理费用——工资"和"制造费用——工资"科目的借方;生产 X201、Y202 产品分别应承担工资费用 27 360.00 元和 18 240.00 元,进行会计核算时,应分别记入"生产成本——直接人工——X201"和"生产成

本——直接人工——Y202"科目的借方。

根据上述分析,该笔业务在 T+系统中的操作流程如下:

以资产会计李本勇"10558470780"的身份于 2020-06-30 登录,在"总账——日常业务——填制凭证"中,凭证根据图 5-10-1 所示逐项填制其内容并保存。

【业务 5-10】 记账凭证页面,如图 5-10-1 所示。

序号	摘要	科目名称	辅助项	借方	贷方
1	计提工资费用	生产成本——直接人工	X201产品	2 736 000	
2	计提工资费用	生产成本——直接人工	Y202产品	1 824 000	
3	计提工资费用	制造费用——工资		2 220 000	
4	计提工资费用	管理费用——工资		9 740 000	
5	计提工资费用	应付职工薪酬——工资			16 520 000

图 5-10-1 [业务 5-10]记账凭证页面

【业务 5-11】 6 月 30 日,取得原始凭证 1 张,如表 5-11-1 所示。

表 5-11-1　　　　　　　　　四险一金计算表
2020 年 6 月 30 日

应借账户	养老保险	医疗保险	失业保险	工伤保险	住房公积金	合计
生产成本——直接人工——X201	4 377.60	2 270.88	136.80	191.52	2 736.00	9 712.80
——直接人工——Y202	2 918.40	1 513.92	91.20	127.68	1 824.00	6 475.20
合计	7 296.00	3 784.80	228.00	319.20	4 560.00	16 188.00
制造费用	3 552.00	1 842.60	111.00	155.40	2 220.00	7 881.00
管理费用	15 594.88	8 089.84	487.34	682.28	9 740.00	34 594.34
合计	26 442.88	13 717.24	826.34	1 156.88	16 520.00	58 663.34

编制:李本勇　　　　　　　　　　　　　　　　　　　　　　　　　　审核:袁世民

上述原始凭证中:

表 5-11-1 是四险一金计算表,此表应作为期末计算分配四险一金的记账依据。该原始凭证注明的内容表明,本月管理部门、生产车间分别应承担四险一金费用 34 594.34 元和 7 881.00 元,进行会计核算时,应分别记入"管理费用——四险一金"和"制造费用——四险一金"科目的借方;同时,生产 X201、Y202 产品分别应承担四险一金费用 9 712.80 元和 645.20 元,进行会计核算时,应分别记入"生产成本——直接人工——X201"和"生产成本——直接人工——Y202"科目的借方;此外,应上交的养老保险、医疗保险、失业保险、工伤保险、住房公积金各项目金额分别是 26 442.88 元、13 717.24 元、826.34 元、1 156.88 元和 16 520.00 元,进行会计核算时,应分别记入"应付职工薪酬——设定提存计划——养老保险""应付职工薪酬——社会保险费——医疗保险""应付职工薪酬——设定提存计划——失业保险""应付职工薪酬——社会保险费——工伤保险"和"应付职工薪酬——住房公积

金"科目的贷方。

根据上述分析,该笔业务在T+系统中的操作流程如下:

以资产会计李本勇"10558470780"的身份于2020-06-30登录,在"总账——日常业务——填制凭证"中,凭证根据图5-11-1所示逐项填制其内容并保存。

【业务5-11】 记账凭证页面,如图5-11-1所示。

序号	摘要	科目名称	辅助项	借方	贷方
1	计提四险一金	生产成本——直接人工	X201产品	9 712.80	
2	计提四险一金	生产成本——直接人工	Y202产品	6 475.20	
3	计提四险一金	制造费用——四险一金		7 881.00	
4	计提四险一金	管理费用——四险一金		34 594.34	
5	计提四险一金	应付职工薪酬——设定提存计划——养老保险			26 442.88
6	计提四险一金	应付职工薪酬——社会保险费——医疗保险			13 717.24
7	计提四险一金	应付职工薪酬——设定提存计划——失业保险			826.34
8	计提四险一金	应付职工薪酬——社会保险费——工伤保险			1 156.88
9	计提四险一金	应付职工薪酬——住房公积金			16 520.00

图 5-11-1 [业务 5-11]记账凭证页面

【业务5-12】 原始凭证共1张,于2020-06-30取得,如表5-12-1所示。

表 5-12-1   职工教育经费计算表
2020年6月30日

应借账户	应付工资	职工教育经费
生产成本——直接人工 X201	27 360.00	684.00
——直接人工——Y202	18 240.00	456.00
合计	45 600.00	1 140.00
制造费用	22 200.00	555.00
管理费用	97 400.00	2 435.00
合计	165 200.00	4 130.00

编制:李本勇   审核:袁世民

上述原始凭证中:

表5-12-1是职工教育经费计算表,此表应作为期末计算分配职工教育经费的记账依据。该原始凭证注明的内容表明,本月管理部门、生产车间分别应承担职工教育经费2 435.00元和555.00元,进行会计核算时,应分别记入"管理费用——职工教育经费"和"制造费用——职工教育经费"科目的借方;同时,生产X201、Y202产品分别应承担职工教育经费684.00元和456.00元,进行会计核算时,应分别记入"生产成本——直接人工——X201"和"生产成本——直接人工——Y202"科目的借方;此外,应提的职工教育经费总额是4 130.00元,进行会计核算时,应记入"应付职工薪酬——职工教育经费"科目的贷方。

根据上述分析,该笔业务在 T+系统中的操作流程如下:

以资产会计李本勇"10558470780"的身份于 2020-06-30 登录,在"总账——日常业务——填制凭证"中,凭证根据图 5-12-1 所示逐项填制其内容并保存。

【业务 5-12】 记账凭证页面,如图 5-12-1 所示。

序号	摘要	科目名称	辅助项	借方	贷方
1	计提职工教育经费	生产成本——直接人工	X201产品	684 00	
2	计提职工教育经费	生产成本——直接人工	Y202产品	456 00	
3	计提职工教育经费	制造费用——职工教育经费		555 00	
4	计提职工教育经费	管理费用——职工教育经费		2 435 00	
5	计提职工教育经费	应付职工薪酬——职工教育经费			4 130 00

图 5-12-1 [业务 5-12]记账凭证页面

【业务 5-13】 6 月 30 日,取得原始凭证 1 张,如表 5-13-1 所示。

表 5-13-1 工会经费计算表
2019 年 6 月 30 日

应借账户	应付工资	工会经费
生产成本——直接人工——X201	27 360.00	547.20
——直接人工——Y202	18 240.00	364.80
合计	45 600.00	912.00
制造费用	22 200.00	444.00
管理费用	97 400.00	1 948.00
合计	165 200.00	3 304.00

编制:李本勇 审核:袁世民

上述原始凭证中:

表 5-13-1 是工会经费计算表,此表应作为期末计算分配工会经费的记账依据。该原始凭证注明的内容表明,本月管理部门、生产车间分别应承担工会经费 1 420.00 元和 310.00 元,进行会计核算时,应分别记入"管理费用——工会经费"和"制造费用——工会经费"科目的借方;生产 X201、Y202 产品分别应承担职工教育经费 480.00 元和 320.00 元,进行会计核算时,应分别记入"生产成本——直接人工——X201"和"生产成本——直接人工——Y202"科目的借方;此外,应计提工会经费总额是 2 530.00 元,进行会计核算时,应记入"应付职工薪酬——工会经费"科目的贷方。

根据上述分析,该笔业务在 T+系统中的操作流程如下:

以资产会计李本勇"10558470780"的身份于 2020-06-30 登录,在"总账——日常业务——填制凭证"中,凭证根据图 5-13-1 所示逐项填制其内容并保存。

【业务 5-13】 记账凭证页面,如图 5-13-1 所示。

记账凭证

* 凭证类别 记账凭证　* 凭证编号 0083　* 制单日期 2020-06-30　附单据数 1

明细　汇总

序号	*摘要	*科目名称	辅助项	借方（亿千百十万千百十元角分）	贷方（亿千百十万千百十元角分）
1	计提工会经费	生产成本——直接人工	X201产品	54720	
2	计提工会经费	生产成本——直接人工	Y202产品	36480	
3	计提工会经费	制造费用——工会经费		44400	
4	计提工会经费	管理费用——工会经费		194800	
5	计提工会经费	应付职工薪酬——工会经费			330400

图 5-13-1　[业务 5-13]记账凭证页面

四、税费期末计算业务会计信息化处理

【业务 5-14】 6 月 30 日，取得原始凭证 1 张，如表 5-14-1 所示。

表 5-14-1　　应交增值税计算表

2020 年 6 月 30 日

项目	金额
销项税额	1 540 552.30
进项税额	787 488.77
上期留抵税额	
进项税额转出	5 668.00
应纳税额	758 731.53
期末留抵税额	
简易征收办法计算的应纳税额	
应纳税额减征额	
应纳税额合计	758 731.53

编制：李本勇　　审核：袁世民

上述原始凭证中：

表 5-14-1 是应交增值税计算表，此表应作为期末计算应交增值税的记账依据。该原始凭证注明的内容表明，本公司本月“销项税额”是 1 540 552.30 元，其中包含本月出售井神股份股票因卖出价大于买入价而应计缴的转让金融商品应交增值税 1 132.08 元，进行会计核算时，应分别记入“投资收益——出售金融资产收益——出售商品金融资产”以及“应交税费——转让金融商品应交增值税”科目的贷方；同时，采用一般计税办法形成的“应纳税额”758 731.53 元扣减转让金融商品应交增值税 1 132.08 元后的余额 757 599.45 元，应分别记入“应交税费——应交增值税——转出未交增值税”科目的借方以及“应交税费——未交增值税”科目的贷方。

根据上述分析，该笔业务在 T+系统中的操作流程如下：

(1) 填制结转未交增值税凭证。以资产会计李本勇“10558470780”的身份于 2020-06-30 登录后,“总账”——“日常业务”单击“填制凭证”,凭证根据图 5-14-1 所示填制并保存。

【业务 5-14】 结转未交增值税凭证页面,如图 5-14-1 所示。

记账凭证

* 凭证类别 记账凭证　　* 凭证编号 0084　　* 制单日期 2020-06-30　　附单据数 1

明细　汇总

序号	*摘要	*科目名称	借方											贷方										
			亿	千	百	十	万	千	百	十	元	角	分	亿	千	百	十	万	千	百	十	元	角	分
	结转未交增值税	应交税费——应交增值税——转出未交增值税				7	5	7	5	9	9	4	5											
2	结转未交增值税	应交税费——未交增值税															7	5	7	5	9	9	4	5

图 5-14-1 [业务 5-14]结转未交增值税凭证页面

(2) 填制转让金融资产应交增值税凭证。凭证页面单击“新增”,凭证如图 5-14-2 所示填制其内容并保存。

【业务 5-14】 结转转让金融商品应交增值税页面,如图 5-14-2 所示。

记账凭证

* 凭证类别 记账凭证　　* 凭证编号 0085　　* 制单日期 2020-06-30　　附单据数

明细　汇总

序号	*摘要	*科目名称	借方											贷方										
			亿	千	百	十	万	千	百	十	元	角	分	亿	千	百	十	万	千	百	十	元	角	分
	结转转让金融资产应交增值税	投资收益——出售金融资产收益——出售金融商品收益																	1	1	3	2	0	8
2	结转转让金融资产应交增值税	应交税费——转让金融商品应交增值税																	1	1	3	2	0	8

图 5-14-2 [业务 5-14]结转转让金融商品应交增值税页面

【业务 5-15】 6 月 30 日,取得原始凭证 1 张,如表 5-15-1 所示。

表 5-15-1　　城建税、教育费附加、地方教育附加计算表

2020 年 6 月 30 日

税(费)种	增值税	税率(征收率)	本期应纳税费	本期已缴税费	本期应补(退)税费
城市维护建设税(市区)	758 731.53	7%	53 111.21	0	53 111.21
教育费附加	758 731.53	3%	22 761.95	0	22 761.95
地方教育附加	758 731.53	2%	15 174.63	0	15 174.63
合　计	—	—	91 047.79	0	91 047.79

编制:李本勇　　审核:袁世民

上述原始凭证中:

表 5-15-1 是城市维护建设税、教育费附加、地方教育附加计算表,此表应作为企业期末计算城市维护建设税及教育费附加的记账依据。该原始凭证注明,城市维护建设税、教育费附加、地方教育附加的计缴依据是本月合计应交增值税的税额 758 731.53 元,“城市维护建

设税"的"本期应纳税费"是53 111.21元,"教育费附加"的"本期应纳税费"是22 761.95元,"地方教育附加"的"本期应纳税费"是15 174.63元,这表明本公司本月发生了税金及附加费用,进行会计核算时,"本期应纳税费"金额应分别记入"税金及附加——城市维护建设税""税金及附加——教育费附加""税金及附加——地方教育附加"科目的借方以及"应交税费——应交城市维护建设税""应交税费——应交教育费附加"和"应交税费——应交地方教育附加"科目的贷方。

根据以上分析,该笔业务在T+系统中的操作流程如下:

以资产会计李本勇"10558470780"的身份于2020-06-30登录,在"总账——日常业务——填制凭证"中,凭证根据图5-15-1所示逐项填制其内容并保存。

【业务5-15】 记账凭证页面,如图5-15-1所示。

序号	摘要	科目名称	借方	贷方
1	结转税费附加	税金及附加——城市维护建设税	53111.21	
2	结转税费附加	税金及附加——教育费附加	22761.95	
3	结转税费附加	税金及附加——地方教育附加	15174.63	
4	结转税费附加	应交税费——应交城市维护建设税		53111.21
5	结转税费附加	应交税费——应交教育费附加		22761.95
6	结转税费附加	应交税费——应交地方教育附加		15174.63

图5-15-1 [业务5-15]记账凭证页面

【业务5-16】 6月30日,取得原始凭证1张,如表5-16-1所示。

表5-16-1

房产税计算表

项目	从价计征					从租计征			本期减免税额	本期应纳税额
	房产原值	应扣房产原值	计税房产余值	税率	本期计算税额	本期租金收入	税率	本期计算税额		
1号办公楼	800000.00	800000.00	560000.00	1.2%	1660.00					5280.00
厂房	4000000.00	4000000.00	2800000.00	1.2%	8400.00					8400.00
2号办公楼						30000	12%	3600.00		3600.00
合计					10080.00			3600.00		13680.00

制表:李本勇   审核:袁世民

上述原始凭证中:

表5-16-1是房产税计算表(从价及从租计征),此表应作为企业期末计算从价及从租计征房产税的记账依据。该原始凭证注明,"从价计征"中"本期应纳税额"合计是10 080.00元,"从租计征"中"本期应纳税额"是3 600.00元,"合计"是13 680.00元,这表明本公司本月发生了从价计征及从租计征的应交房产税分别是10 080.00元和3 600.00元。进行会计核算时,"合计"金额13 680.00元,应分别记入"税金及附加——房产税"科目的借方以及"应交税费——应交房产税"科目的贷方。

根据以上分析,该笔业务在T+系统中的操作流程如下:

以资产会计李本勇"10558470780"的身份于2020-06-30登录,在"总账——日常业务——填制凭证”中，凭证根据图 5-16-1 所示逐项填制其内容并保存。

【业务 5-16】 记账凭证页面，如图 5-16-1 所示。

记账凭证

* 凭证类别 记账凭证　* 凭证编号 0087　* 制单日期 2020-06-30　附单据数 1

明细　汇总

序号	*摘要	*科目名称	借方	贷方
			亿 千 百 十 万 千 百 十 元 角 分	亿 千 百 十 万 千 百 十 元 角 分
1	结转房产税	税金及附加——房产税	1 3 6 8 0 0 0	
2	结转房产税	应交税费——应交房产税		1 3 6 8 0 0 0

图 5-16-1 ［业务 5-16］记账凭证页面

【业务 5-17】 6 月 30 日，取得原始凭证 1 张，如表 5-17-1 所示。

表 5-17-1　　印花税计算表

2020 年 6 月 30 日

纳税人信息	名称	常州亚兴有限公司		√单位 □个人
	登记注册类型	纳税号	所属行业	制造业
	身份证件号码	913204049343406114	联系方式	0519-74325031

应税凭证名称	计税金额或件数	核定征收		适用税率	本期应纳税额	本期已缴税额	本期减免税额		本期应补(退)税额
		核定依据	核定比例				减免性质代码	减免额	
	1	2	4	5	6=1×5+2×4×5	7	8	9	10=6−7−9
购销合同	18 934 300.00			0.3‰	5 680.30				5 680.30
加工承揽合同	86 000.00			0.5‰	43.00				43.00
货物运输合同	62 000.00			0.5‰	31.00				31.00
产权转移书据	400 000.00			0.5‰	200.00				200.00
营业账簿(记载资金)	854 100.00	—		0.5‰	427.10			213.60	213.50
营业账簿(其他账簿)	4	—		5	20.00			20.00	0
权利、许可证照	1	—		5	5.00				5.00
合计	—	—		—	6 406.40			233.60	6 172.80

编制：李本勇　　　　审核：袁世民

上述原始凭证中：

表 5-17-1 是印花税计算表，此表应作为企业期末计算印花税的记账依据。该原始凭证注明，“本期应纳税额”是 6 172.80 元，这表明本公司本月发生了应交印花税 6 172.80 元。

进行会计核算时,应分别记入"税金及附加——印花税"科目的借方以及"应交税费——应交印花税"科目的贷方。

根据以上分析,该笔业务在 T+系统中的操作流程如下:

以资产会计李本勇"10558470780"的身份于 2020-06-30 登录,在"总账——日常业务——填制凭证"中,凭证根据图 5-17-1 所示逐项填制其内容并保存。

【业务 5-17】 记账凭证页面,如图 5-17-1 所示。

图 5-17-1 [业务 5-17]记账凭证页面

【业务 5-18】 6 月 30 日,取得原始凭证 1 张,如表 5-18-1 所示。

表 5-18-1 应交所得税计算表

2020 年 6 月 30 日

项　目	本期金额
营业收入	11 338 474.78
营业成本	7 232 465.35
利润总额	3 561 636.66
加:特定业务计算的应纳税所得额	
减:不征税收入和税基减免应纳税所得额	
固定资产加速折旧(扣除)调减额	
弥补以前年度亏损	
实际利润额	3 561 636.66
税率(25%)	25%
应纳所得税额(9 行×10 行)	890 409.17
减:减免所得税额	
实际已预缴所得税额	
特定业务预缴(征)所得税额	
应补(退)所得税额	890 409.17
减:以前年度多缴在本期抵缴所得税额	
本月(季)实际应补(退)所得税额	890 409.17

编制:李本勇　　　　　　　　　　　　　　　　　　　　　　　　　审核:袁世民

上述原始凭证中：

表5-18-1是应交所得税计算表，此表应作为期末计算本期所得税费用的记账依据。该原始凭证注明的内容表明，本公司本月"利润总额"与"实际利润额"均是3 561 636.66元，按照适用税率计算得出"应纳所得税额"是890 409.17元，这表明本公司本月发生了应交企业所得税890 409.17元。进行会计核算时，"应纳所得税额"890 409.17元，应分别记入"所得税费用——当期所得税费用"科目的借方以及"应交税费——应交企业所得税"科目的贷方。

根据以上分析，该笔业务在T+系统中的操作流程如下：

以资产会计李本勇"10558470780"的身份于2020-06-30登录，在"总账——日常业务——填制凭证"中，凭证根据图5-18-1所示逐项填制其内容并保存。

【业务5-18】 记账凭证页面，如图5-18-1所示。

记账凭证

* 凭证类别 记账凭证　　* 凭证编号 0092　　* 制单日期 2020-06-30　　附单据数 1

明细　汇总

序号	*摘要	*科目名称	借方 亿千百十万千百十元角分	贷方 亿千百十万千百十元角分
1	结转公司所得税	所得税费用——当期所得税费用	8 9 0 4 0 9 1 7	
2	结转公司所得税	应交税费——应交企业所得税		8 9 0 4 0 9 1 7

图5-18-1　[业务5-18]记账凭证页面

第六部分

财务报表业务会计信息化处理

一、期末处理业务

【业务 6-1】 6月30日,取得原始凭证1张,如表6-1-1所示。

表 6-1-1　　　　　　　　　损益类科目发生额汇总表
2020年6月30日

账户名称	借方发生额合计	贷方发生额合计
主营业务收入		11 304 050.00
其他业务收入		34 424.78
投资收益		18 564.53
公允价值变动损益		−7 800.00
营业外收入		30 000.00
资产处置损益		22 000.00
主营业务成本	7 214 465.35	
其他业务成本	18 000.00	
税金及附加	110 900.59	
销售费用	16 200.00	
管理费用	160 033.84	
财务费用	−1 483.13	
信用减值损失	301 530.00	
营业外支出	19 956.00	
所得税费用	890 409.17	
合计	8 730 011.82	11 401 239.31

编制:李本勇　　　　　　　　　　　　　　　　　　　　　　　　　审核:袁世民

上述原始凭证中:

表 6-1-1 是损益类科目发生额汇总表,此表应作为期末结转损益类科目的记账依据。该原始凭证注明的内容表明,本公司本月收入类科目发生额合计为 11 401 239.31 元,期末结转时,应从"主营业务收入""其他业务收入""投资收益""公允价值变动损益""营业外收

入""资产处置损益"各明细科目的借方转入"本年利润"科目的贷方。

同时,本公司本月费用类科目发生额合计为 8 730 011.82 元,应分别从"主营业务成本""其他业务成本""税金及附加""销售费用""管理费用""财务费用""信用减值损失""营业外支出"和"所得税费用"各明细科目的贷方转入"本年利润"科目的借方。

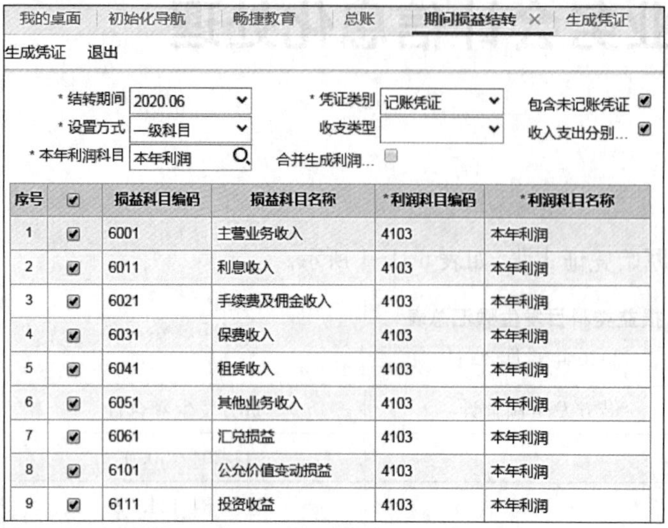

因此,该笔业务在 T＋系统中的操作流程如下:

(1)期间损益结转定义。以资产会计李本勇"10558470780"的身份于"2020-06-30"登录,"总账——期末处理"处单击"期间损益结转";结转期间、凭证类别、设置方式自动生成,"本年利润"科目选择"本年利润","包含未记账凭证"和"收入支出分别结转"均勾选其复选框。

期间损益结转定义页面,如图 6-1-1 所示。

图 6-1-1　期间损益结转定义页面

(2)单据生凭证。期间损益结转页面,"总账——期末处理"处单击"期间损益结转",记账凭证页面默认生成两张凭证,出现的第一张结转收入凭证页面中,附单据数录入"1",该记账进行保存并转入下一张支出凭证,支出凭证进行保存。

收入凭证页面,如图 6-1-2 所示。

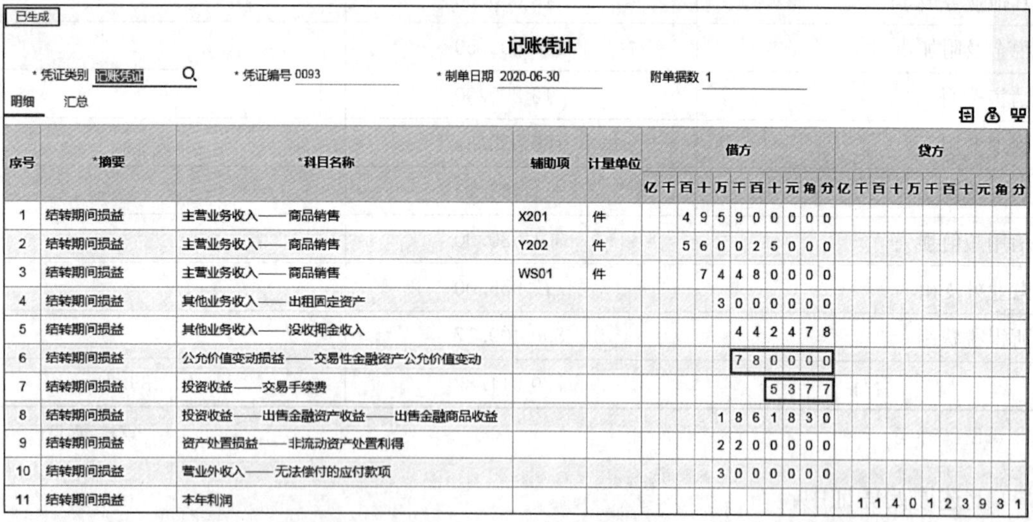

图 6-1-2　收入凭证页面

结转支出凭证页面,如图 6-1-3 所示。

记账凭证

已生成

* 凭证类别 记账凭证   * 凭证编号 0094   * 制单日期 2020-06-30   附单据数

明细　汇总

序号	*摘要	*科目名称	辅助项	计量单位	借方 亿千百十万千百十元角分	贷方 亿千百十万千百十元角分
1	结转期间损益	本年利润			8 7 3 0 0 1 1 8 2	
2	结转期间损益	主营业务成本——商品销售	WS01	件		3 8 8 0 0 0 0 0
3	结转期间损益	主营业务成本——商品销售	X201	件		3 2 1 2 6 0 5 5 0
4	结转期间损益	主营业务成本——商品销售	Y202	件		3 6 1 3 8 5 9 8 5
5	结转期间损益	其他业务成本——出租固定资产				6 0 0 0 0 0
6	结转期间损益	其他业务成本——投资性房地产装修支出				1 2 0 0 0 0 0
7	结转期间损益	税金及附加——城市维护建设税				5 3 1 1 2 1
8	结转期间损益	税金及附加——教育费附加				2 2 7 6 1 9 5
9	结转期间损益	税金及附加——地方教育费附加				1 5 1 7 4 6 3
10	结转期间损益	税金及附加——房产税				1 3 6 8 0 0 0
11	结转期间损益	税金及附加——印花税				6 1 7 2 8 0
12	结转期间损益	销售费用——包装费				1 6 2 0 0 0 0
13	结转期间损益	管理费用——低耗品摊销				2 3 4 0 0 0
14	结转期间损益	管理费用——无形资产摊销费				5 9 9 5 0 0
15	结转期间损益	管理费用——工资				9 7 4 0 0 0 0
16	结转期间损益	管理费用——四险一金				3 4 5 9 4 3 4
17	结转期间损益	管理费用——工会经费				1 9 4 8 0 0
18	结转期间损益	管理费用——职工教育经费				2 4 3 5 0 0
19	结转期间损益	管理费用——办公费				2 4 0 0 0
20	结转期间损益	管理费用——差旅费				1 4 6 2 8 4
21	结转期间损益	管理费用——折旧费				1 2 9 0 6 6 6
22	结转期间损益	管理费用——盘盈利得				1 0 0 0 0 0
23	结转期间损益	管理费用——盘亏损失				1 7 1 2 0 0
24	结转期间损益	财务费用——利息支出				5 0 8 5 0
25	结转期间损益	财务费用——利息收入				1 9 9 1 6 3
26	结转期间损益	信用减值损失——坏账损失				3 0 1 5 3 0 0 0
27	结转期间损益	营业外支出——非流动资产处置损失				1 9 9 5 6 0 0
28	结转期间损益	所得税费用——当期所得税费用				8 9 0 4 0 9 1 7

图 6-1-3　结转支出凭证页面

【业务 6-2】　资料共 3 份，进行银行对账业务，如表 6-2-1 至表 6-2-3 所示。

表 6-2-1　　　　　　　　　　　　基本结算户对账单

中国建设银行股份有限公司活期存款明细账

账　号：41431579931221　　　2020-06-01 至 2020-06-30

户　名：常州亚兴电缆有限责任公司　　　币种：人民币

日期	对方户名	摘要	结算方式	票号	借方	贷方	余额
2020-06-02	常州智慧有限公司	转出	转账支票	07025802	113 000.00		11 346 199.84
2020-06-02	常州恒利有限公司	转出	网银	00810019	67 800.00		11 278 399.84
2020-06-03	盐城达康有限公司	转出	电汇	00810042	564 600.00		10 713 799.84
2020-06-03	常州维达有限公司	转出	网银	00810071	500 000.00		10 213 799.84

(续表)

日期	对方户名	摘要	结算方式	票号	借方	贷方	余额
2020-06-03	常州金田有限公司	转出	网银	00810088	365 000.00		9 848 799.84
2020-06-04	常州亚兴电缆有限责任公司	划出	转账支票	07025803	395 500.00		9 453 299.84
2020-06-04	常州亚兴电缆有限责任公司	划入	网银	00810147		340 991.63	9 794 291.47
2020-06-04	南京中山有限公司	划出	网银	00810183	339 000.00		9 455 291.47
2020-06-07	连云港云飞有限公司	转出	网银	00810418	1 548 100.00		7 907 191.47
2020-06-08	常州快运物流运输有限责任公司	转出	转账支票	07025805	32 700.00		7 874 491.47
2020-06-08	常州飞达有限公司	转出	转账支票	07025806	108 480.00		7 766 011.47
2020-06-08	常州祥瑞有限公司	转出	转账支票	07025807	1 356 000.00		6 410 011.47
2020-06-10	常州奇志有限公司	转入	转账支票	89388448		45 200.00	6 455 211.47
2020-06-11	常州快运物流运输有限责任公司	转出	网银	00810589	2 180.00		6 453 031.47
2020-06-12	常州红锦有限公司	转出	转账支票	07025808	97 180.00		6 355 851.47
2020-06-12	常州万都有限公司	转入	网银	00810681		1 372 950.00	7 728 801.47
2020-06-12	常州锦丰有限公司	划入	其他	8019		152 041.50	7 880 842.97
2020-06-12	常州快运物流运输有限责任公司	转出	转账支票	07025809	21 800.00		7 859 042.97
2020-06-12	常州博爱有限公司	转入	转账支票	38407924		1 186 500.00	9 045 542.97
2020-06-12	常州兰陵有限公司	转入	网银	00810158		56 160.00	9 101 702.97
2020-06-12	南京六合有限公司	转入	网银	00810149		300 000.00	9 401 702.97
2020-06-13	南京六合有限公司	转入	网银	00810175		310 200.00	9 711 902.97
2020-06-13	无锡大禹有限公司	转出	网银	00810213	101 700.00		9 610 202.97
2020-06-14	苏州国联有限公司	转入	网银	00810432		406 800.00	10 017 002.97
2020-06-15	常州天创机械制造有限责任公司	转出	网银	00811822	400 000.00		9 617 002.97
2020-06-15	常州顺欣装卸搬运有限责任公司	转出	转账支票	07025811	2 120.00		9 614 882.97
2020-06-15	常州兰芳维修服务有限责任公司	转入	网银	00811971		1 695.00	9 616 577.97
2020-06-15	常州福田有限公司	转入	网银	00812049		33 900.00	9 650 477.97
2020-06-15	常州天达有限公司	转入	网银	00812157		32 700.00	9 683 177.97
2020-06-15	常州亚兴电缆有限责任公司	支付工资	转账支票	07025812	130 769.70		9 552 408.27

(续表)

日期	对方户名	摘要	结算方式	票号	借方	贷方	余额
2020-06-15	常州亚兴电缆有限责任公司	上缴社保	其他	32320495	59 496.48		9 492 911.79
2020-06-15	常州亚兴电缆有限责任公司	上缴公积	其他	00812271	33 040.00		9 459 871.79
2020-06-15	常州亚兴电缆有限责任公司	上缴增值税	其他	32045513	387 000.00		9 072 871.79
2020-06-15	常州亚兴电缆有限责任公司	上缴所得税	其他	32040430	203 984.09		8 868 887.7
2020-06-15	常州亚兴电缆有限责任公司	上缴个税	其他	32041640	557.16		8 868 330.54
2020-06-15	常州亚兴电缆有限责任公司	上缴税费	其他	32044262	46 440.00		8 821 890.54
2020-06-15	常州亚兴电缆有限责任公司	上缴房产税	其他	32047695	3 600.00		8 818 290.54
2020-06-15	常州亚兴电缆有限责任公司	上缴印花税	其他	32044429	3 515.00		8 814 775.54

表 6-2-2　　　　　　　　　　承兑保证金专户对账单

中国建设银行股份有限公司定期存款明细账

账　　号:41795464640263　　　　2020-06-01 至 2020-06-30

户　　名:常州亚兴有限公司　　　　币种:人民币

日期	摘要	结算方式	票号	借方	贷方	余额
2020-06-04	划入	转账支票	07025803		395 500.00	2 081 280.00
2020-06-04	利息收入划入	其他	J0458164		1 991.63	2 083 271.63
2020-06-04	划出	其他	05810147	340 991.63		1 742 280.00

表 6-2-3　　　　　　　　　　证券交易结算资金户对账单

中国建设银行股份有限公司活期存款明细账

账　　号:62871887507669　　　　2020-06-01 至 2020-06-30

户　　名:常州亚兴有限公司　　　　币种:人民币

日期	摘要	结算方式	票号	借方	贷方	余额
2020-06-14	转出	其他		285 057.00		70 943.00
2020-06-15	转入	其他			209 748.00	280 691.00

上述原始单据均为银行发来的对账单。其中,表 6-2-1 是基本结算户对账单,表 6-2-2 是承兑保证金专户对账单,表 6-2-3 是证券交易结算资金户对账单。通过以上对账单可知,其对账单发生额的方向与银行日记账发生额方向相反,因此,系统中对账单余额方向应在贷方。出纳应根据上述对账单以及出纳管理系统完成期末银行对账工作,其对账步

骤如下所述。

1. 银行对账期初设置

以出纳朱珊珊"10523340668"的身份于2020-06-30登录,在"往来现金——单据"中收款单、付款单、收入单和费用单必须检查其审核手续是否完成;"基础设置——收付结算"处单击"账号",银行类型为"银行"的账号余额方向均改为"贷方";"初始化——期初余额——银行对账期初"在录入"现金银行期初"后自动生成数据,但其方向与期初银行科目期初余额方向不一致。

银行对账期初页面,如图6-2-1所示。

序号	账号名称	账号	对账启用日期	日记账余额	*对账单余额	对账单余额方向
1	A01	414315799931221	2020-06-01	11,459,199.84	11,459,199.84	贷方
2	A02	41795464640263	2020-06-01	1,685,780.00	1,685,780.00	贷方
3	A03	62871887507669	2020-06-01	356,000.00	356,000.00	贷方

图 6-2-1 银行对账期初页面

2. 银行对账单录入

"出纳管理——银行对账"单击"银行对账单","查询条件"对话框中账户勾选"A01",其他默认,页面单击"确定",银行对账单页面各行应根据表6-2-1依次录入并保存。

承兑保证金专户对账单与证券交易结算资金户对账单录入方式相同。

3. 银行对账

以基本结算户银行对账为例进行银行对账步骤说明。

(1) 银行对账页面进入。"出纳管理——银行对账"单击"银行对账","查询条件"对话框中账户勾选"A01",起始日期选择"2020-06-01",其他默认,页面单击"确定"。

基本结算户银行对账页面,如图6-2-2所示。

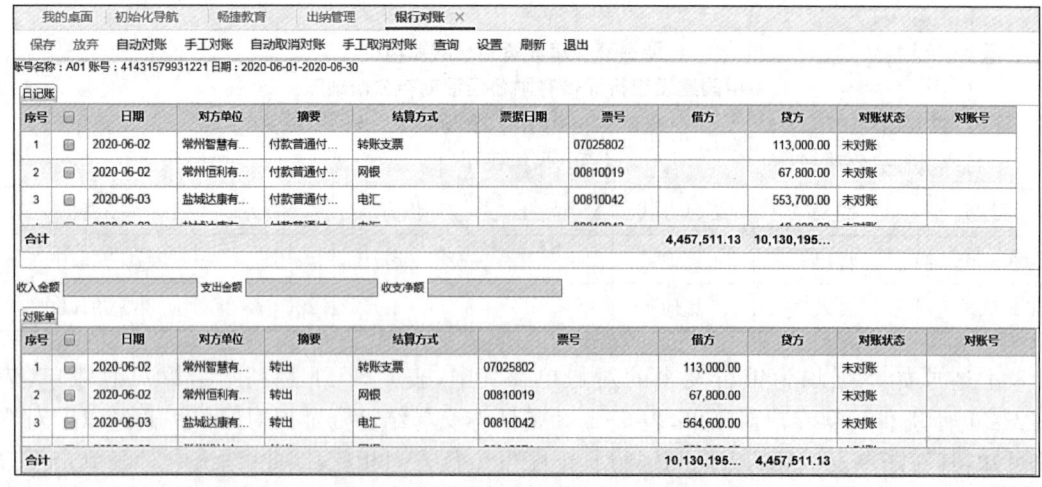

图 6-2-2 基本结算户银行对账页面

(2) 自动对账处理。银行对账页面单击"自动对账","查询条件"默认并单击"确定"。大部分银行记录均能自动对账并核销。

无法自动对账的情况有两种：一种是"盐城达康有限公司"等在银行存款日记账中分采购发票和采购运费单两次记录，但在银行对账单是货款支付一笔记录，两次操作金额之和与银行对账单金额是一致的(此种情况也可以进行自动对账，在自动对账条件中勾选"总金额相等")；另一种是公司银行存款可能存在结算方式或票据号差错问题，但金额是正确的。这两种情况，可以使用手工对账方式完成。

(3) 手工对账处理。银行对账页面单击"手工对账"，自动对账后仍存在的记录处勾选并保存，银行对账页面无任何记录。

(4) 其他银行账号对账。承兑保证金专户和证券交易结算资金户依次完成对账工作。

4. 银行对账余额调节表

"出纳管理——银行对账"单击"余额调节表"，余额调节表页面显示所有账号银行对账结果，各账号差额均为0；该页面勾选"A01"并单击"余额调节表"，银行对账余额调节表页面显示基本结算户余额调节表细项。

余额调节表页面，如图 6-2-3 所示。

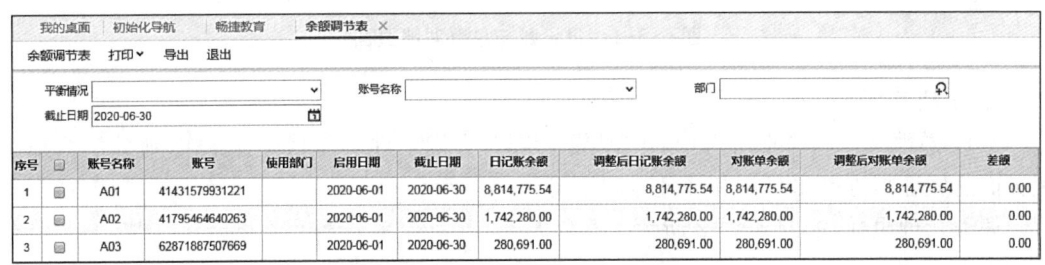

图 6-2-3 余额调节表页面

银行对账余额调节表页面，如图 6-2-4 所示。

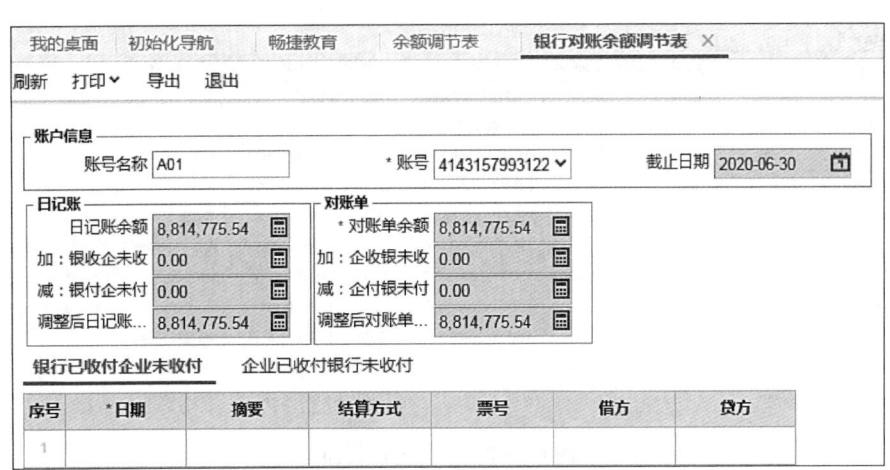

图 6-2-4 银行对账余额调节表页面

【业务 6-3】 查询日记账与总账对账情况及出纳签字。

1. 日记账与总账对账查询

以出纳朱珊珊“10523340668”的身份于2020-06-30登录，“出纳管理——业务处理”单击“日记账与总账对账”，查询对话框日期选择从“2020-06-01”到“2020-06-30”，科目选择“100201”，页面勾选“包含未记账”并单击“确定”，日记账与总账对账页面显示对账结果：账账相符。其他货币资金日记账与总账对账的操作方法与银行日记账与总账对账方法相似。

日记账与总账对账页面，如图6-3-1所示。

序号	对账项目	项目名称	期初余额	借方发生	贷方发生	期末余额
1	科目	建行414315799...	11459199.84	4239138.13	6883562.43	8814775.54
2	账户	A01	11459199.84	4239138.13	6883562.43	8814775.54
3	差额					
4	对账结果	账账相符				

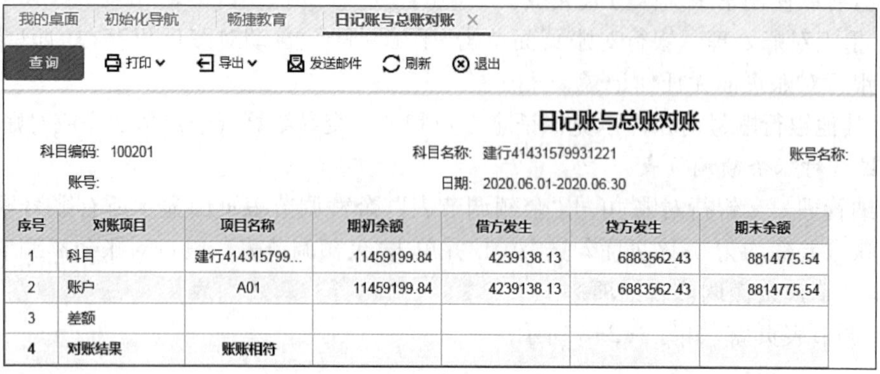

图6-3-1 日记账与总账对账页面

2. 出纳签字

(1)“总账——日常业务”处单击“凭证管理”，查询条件页面默认并单击“确定”，凭证管理页面的凭证根据制单日期和凭证号顺序排列。

凭证管理页面，如图6-3-2所示。

序号		制单日期	凭证字号	凭证总金额	审核人	制单人	摘要	科目编码	科目名称	辅助项	借方	贷方
1		2020-06-02	记-0001	113,000.00		钱晓明	普通采购/常州智慧有...	1403	原材料	M101	100,00...	
2		2020-06-02	记-0001				普通采购/常州智慧有...	2221...	应交税费-应交...		13,000...	
3		2020-06-02	记-0001				普通采购/常州智慧有...	100201	银行存款-建行4...	转账支票 07025...		113,00...
4		2020-06-02	记-0002	67,800.00		钱晓明	普通采购/常州恒利有...	2221...	应交税费-应交...		7,800.00	
5		2020-06-02	记-0002				普通采购/常州恒利有...	141101	周转材料-低值...	工作服	60,000...	
6		2020-06-02	记-0002				普通采购/常州恒利有...	100201	银行存款-建行4...	网银 00810019 ...		67,800...
7		2020-06-03	记-0003	564,600.00		钱晓明	普通采购/盐城达康有...	1403	原材料	M101	500,00...	
8		2020-06-03	记-0003				普通采购/盐城达康有...	2221...	应交税费-应交...		64,600...	
9		2020-06-03	记-0003				普通采购/盐城达康有...	100201	银行存款-建行4...	电汇 00810042 ...		564,60...
10		2020-06-03	记-0004	500,000.00		钱晓明	预付款	112301	预付账款-供应商	常州维达有限公司	500,00...	
11		2020-06-03	记-0004				预付款	100201	银行存款-建行4...	网银 00810071 ...		500,00...

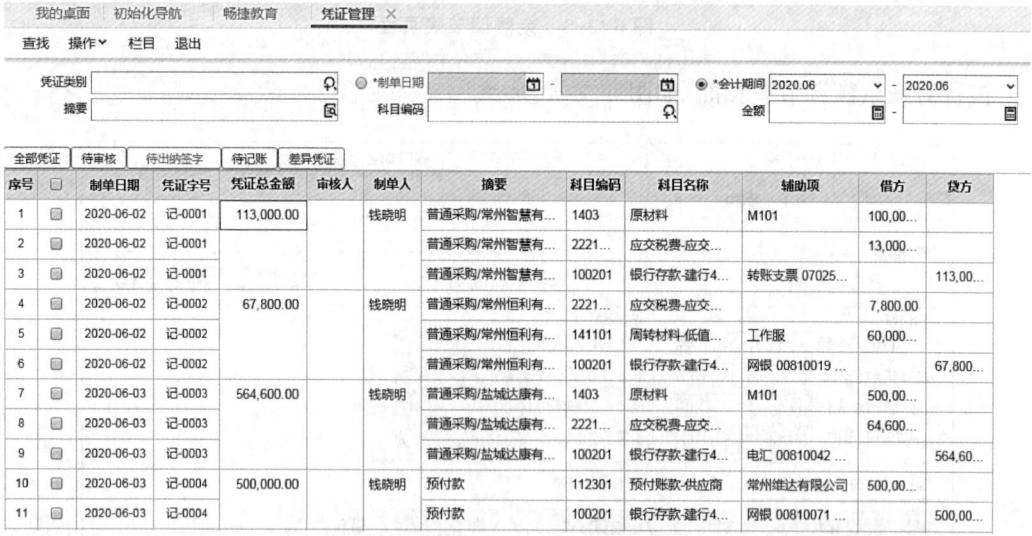

图6-3-2 凭证管理页面

(2)凭证管理页面单击“待出纳签字”，序号右侧勾选其复选框，该页面凭证全部选中，“操作”菜单单击“出纳签字”；上述操作重复进行，“数据不存在”的提示显示时，出纳签字工作全部完成。出纳签字如需取消,凭证管理页面查询签字后凭证,应取消出纳签字的凭证全部勾选其复选框,"操作"菜单单击"取消出纳签字"。

【业务6-4】 凭证审核。

凭证审核流程如下所述:

以账套主管袁世民"10544553145"的身份于2020-06-30登录,"总账——日常业务"单击"凭证管理",查询条件页面单击"确定";凭证管理页面单击"待审核",该页凭证逐笔审核无误后,序号右侧勾选复选框,该页凭证全部选中并单击"审核";凭证管理页面连续进行上述审核工作,当"数据不存在"的提示显示时,凭证审核工作完成。

【业务6-5】 凭证记账。

凭证记账流程如下所述:

以账套主管袁世民"10544553145"的身份于2020-06-30登录,"总账——日常业务"单击"凭证管理",查询条件页面单击"确定";凭证管理页面单击"待记账",序号右侧勾选其复选框,该页凭证全部选中并单击"记账";凭证管理页面连续进行上述记账工作,当"数据不存在"的提示显示时,凭证记账工作完成。

需要注意的是,诸如反出纳签字、反审核等操作应由专责操作员通过"操作——取消××"进行处理;已记账凭证进行反记账,在凭证管理中将该记账凭证勾选并使用组合键"Ctrl+Alt+H",反记账工作根据提示完成。

【业务6-6】 结账。

(1)业务结账。以账套主管袁世民"10544553145"的身份于2020-06-30登录,"系统管理——基本设置"单击"业务结账",业务结账对话框页面单击"期末结账",系统自动进行2020-06的业务结账,"期末结账成功"提示进行确定并退出。

业务结账流程,如图6-6-1所示。

图6-6-1 业务结账流程

（2）财务结账。以账套主管袁世民"10544553145"的身份于2020-06-30登录，"系统管理——基本设置"单击"财务结账"，财务结账页面单击"下一步"；对账页面单击"下一步"；对账成功后，月度工作报告页面单击"下一步"，"2020年6月通过工作检查，可以结转"提示页面单击"结账"，"本期财务结账成功"页面单击"退出"，财务结账完成。

财务结账页面，如图6-6-2所示。

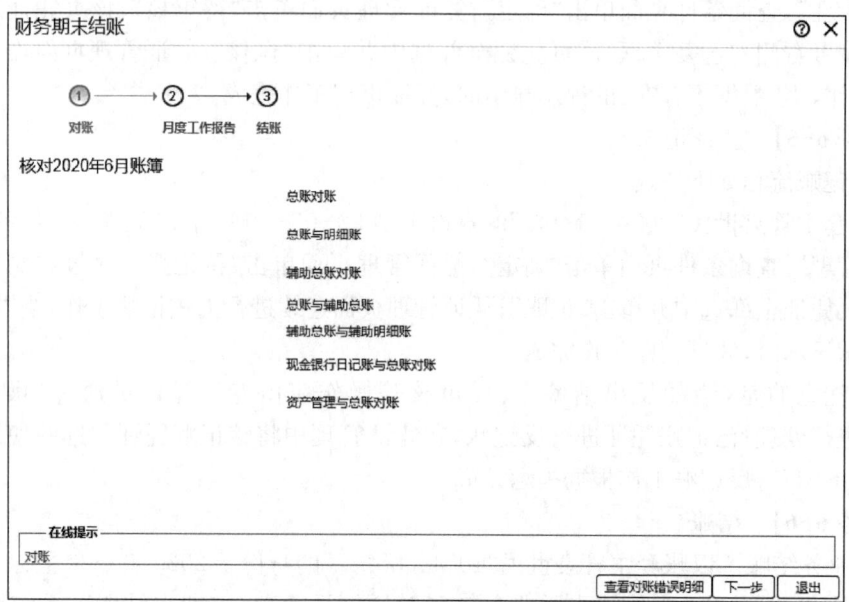

图6-6-2　财务结账页面

月度工作报告页面，如图6-6-3所示。

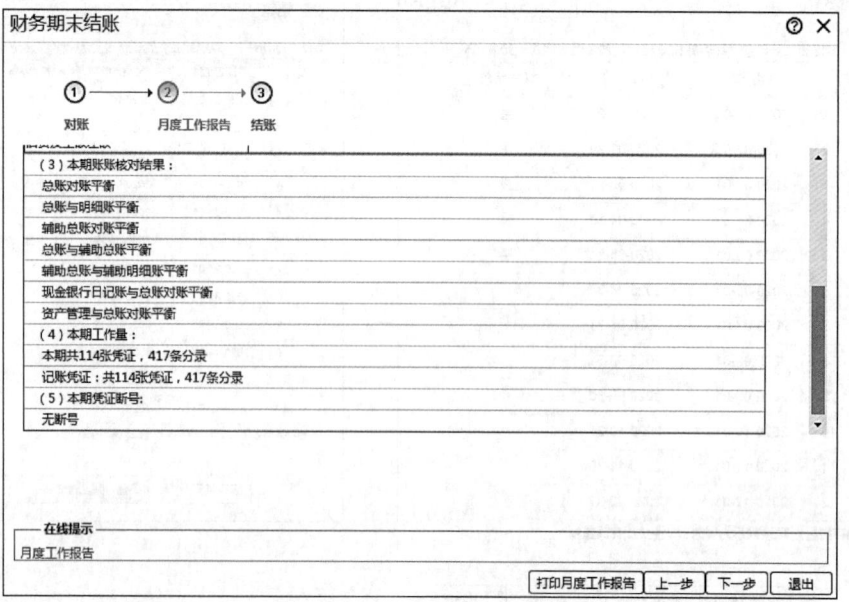

图6-6-3　月度工作报告页面

二、财务报表编制

根据财会(2019)6号文件的要求编制资产负债、利润表、现金流量表及所有者权益变动表。对其格式及单元公式量大的资产负债表、利润表和所有者权益变动表,以预置文件导入方式取得其报表模板,现金流量表以复制方式取得其报表模板。本公司经报表模板编辑、报表数据生成等操作完成财务报表编制工作。

【业务6-7】 编制2020年6月30日的资产负债表。

资产负债表模板导入、编辑及生成报表数据流程如下所述。

(1)资产负债表模板导入。以账套主管袁世民"10544553145"的身份于2020-06-30登录,"T-UFO——TUFO"单击"模板设计","总账"文件夹单击打开,"自定义模板"单击,页面单击"导入——本地导入",电脑存储设备指定地址选择已保存资产负债表文件(教材自带的"2019资产负债表.ZIP"需预先保存在电脑指定地址),模板页面单击"导入"。

报表模板卡片对话框,如图6-7-1所示。

(2)资产负债表单元格公式编辑。在模板设计页面,"自定义模板"中"2019资产负债表"处双击,该资产负债表符合财会(2019)6号文件附录中资产负债表格式要求,且各项目基本与对应的资产、负债及所有者权益科目(公式中以科目代码的形式显示)的余额分析计算填列。

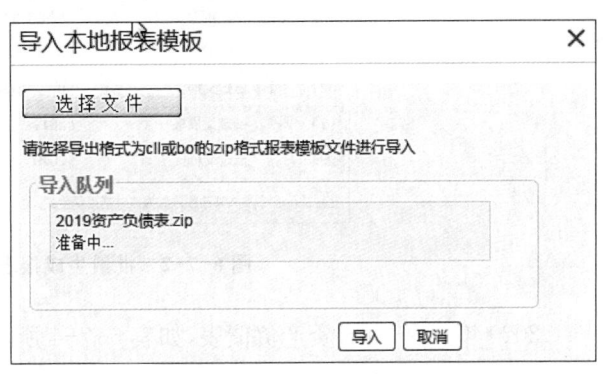

图6-7-1 报表模板卡片对话框

项目公式的编辑如下所述。

① 有些项目原单元公式有误,如"应收账款"项目,其期末余额和上年年末余额均应该是"应收账款科目的余额(科目代码'1122')－应收账款坏账准备余额(科目代码'123101')"。

② "其他债权投资"项目,上年年末余额、期末余额公式中的科目代码应该均改为"1503"。

③ 应作为流动资产类的"其他流动资产"项目处理的,是预计退货期小于1年的"应收退货成本",其期末余额在借方,期末金额公式为"qm("1902","","年","月")","其他流动资产"项目的年初余额,公式应为"qc("1902","","年")"。

④ "其他权益工具投资"项目的上年年末余额、期末余额单元公式应分别为"qc("1504","","年")""qm("1504","","年","月")"。

⑤ "其他流动负债"科目的期末余额和上年年末余额公式应分别为"qm("280101","","年","月")+qm("280102","","年","月")""qc("280101","","年")+qc("280102","","年")"。

⑥ "预计负债"科目的期末余额和上年年末余额公式应分别为"qm("2801","","年","月")－qm("280101","","年","月")－qm("280102","","年","月")""qc("2801","","年")－qc("280101","","年")－qc("280102","","年")"。所有单元格公式设置完成后,资产负债表编辑页面单击"保存"。

（3）资产负债表数据生成。"T-UFO——TUFO"单击"报表数据"，报表数据页面单击"生成报表"，批量生成报表页面勾选自定义模板中的"2019资产负债表"并单击"下一步"，生成报表信息提示页单击"生成报表"。

批量生成报表对话框页面，如图6-7-2所示。

图 6-7-2 批量生成报表对话框页面

2020年6月30日资产负债表，如表6-7-1所示。

表6-7-1　　　　　　　　　　　**资产负债表**

会企01表

单位：常州亚兴电缆有限责任公司　　　2020年6月30日　　　　　　单位：元

资　产	期末余额	上年年末余额	负债及所有者权益（或股东权益）	期末余额	上年年末余额
流动资产：			流动负债：		
货币资金	10 839 390.54	13 502 679.84	短期借款		
交易性金融资产	87 200.00		交易性金融负债		
衍生金融资产			衍生金融负债		
应收票据	3 467 400.00	830 550.00	应付票据	1 742 280.00	839 000.00
应收账款	6 590 530.00	1 297 320.00	应付账款	2 817 644.00	2 171 300.00
应收款项融资			预收款项		
预付款项	863 700.20	563 700.20	合同负债	850 000.00	850 000.00
其他应收款	217 050.00	218 000.00	应付职工薪酬	281 588.45	274 154.45
存货	2 677 261.67	2 291 000.00	应交税费	1 760 598.45	645 096.25
合同资产			其他应付款		5 000.00

(续表)

资产	期末余额	上年年末余额	负债及所有者权益（或股东权益）	期末余额	上年年末余额
持有待售资产			持有待售负债		
一年内到期的非流动资产			一年内到期的非流动负债		
其他流动资产	474 287.65	172 500	其他流动负债	750 950.00	270 000.00
流动资产合计	25 216 820.06	18 875 750.04	流动负债合计	8 203 060.90	5 054 550.70
非流动资产：			非流动负债：		
债权投资			长期借款		
其他债权投资			应付债券		
长期应收款			其中：优先股		
长期股权投资	2 544 000.00	2 544 000.00	永续债		
其他权益工具投资	427 180.00	37 635.81	长期应付款		
其他非流动金融资产			预计负债		
投资性房地产	1 194 000.00	1 200 000.00	递延收益		
固定资产	3 808 962.67	3 881 400.00	递延所得税负债		
在建工程			其他非流动负债		
生产性生物资产			非流动负债合计		
油气资产			负债合计	8 203 060.90	5 054 550.70
无形资产	1 972 145.00	1 978 140.00	所有者权益（或股东权益）：		
开发支出			实收资本（或股本）	19 800 000.00	19 000 000.00
商誉			其他权益工具		
长期待摊费用	420 000.00	432 000.00	其中：优先股		
递延所得税资产			永续债		
其他非流动资产			资本公积	1 686 725.00	1 661 825.00
非流动资产合计	10 366 287.67	10 073 175.81	减：库存股		
			其他综合收益	−2 855.66	7 600.15
			盈余公积	226 740.00	226 740.00
			未分配利润	5 669 437.49	2 998 210.00
			所有者权益（或股东权益）合计	27 380 046.83	23 894 375.15
资产总计	35 583 107.73	28 948 925.85	负债和所有者权益（或股东权益）总计	35 583 107.73	28 948 925.85

公司法定代表人：姜亚兴　　　　主管会计工作负责人：赵卫宇　　　　会计机构负责人：袁世民

【业务6-8】 编制2020年6月的利润表。

(1) 导入利润表模板。以账套主管袁世民"10544553145"的身份于2020-06-30登录,"T-UFO——TUFO"单击"模板设计","总账"文件夹打开,"自定义模板"选择并单击"导入——本地导入",选择已保存教材自带的"2019利润表.ZIP",该页面单击"导入"。

(2) 利润表单元格公式编辑。利润表项目与损益类科目相关的,以相关损益类科目的发生额作为计算的依据,且科目以代码在公式中出现,项目公式的调整如下所述。

① 资产处置收益,本期金额公式应改为"fs("611501","","年","月","贷")+fs("611502","","年","月","贷")"。

② 表内单元格的公式应该以有金额的单元格为依据进行公式的设置,如"净利润"项目,应该是根据"(一)持续经营净利润(净亏损以'—'号填列)"项目的金额得到。

③ "五、其他综合收益的税后净额"项目本期金额公式,本期只有"(一)以后不能重分类进损益的其他综合收益"项目下的"3.其他权益工具投资公允价值变动"项目有金额,且该项目最终实现的损益直接计入"利润分配——未分配利润";因此,其单元公式是"其他综合收益——其他权益工具投资公允价值变动"科目的净发生额扣除所得税后的数值,具体公式是"je("400301","","年","月")*0.75";"综合收益总额"项目的金额等于"净利润"项目的金额+"其他综合收益的税后净额"项目的金额,且无金额出现的单元公式建议删除。报表公式编辑页面进行保存。

(3) 利润表数据生成。"T-UFO——TUFO"单击"报表数据",报表数据页面单击"生成报表",批量生成报表对话框勾选自定义模板中的"2019利润表"并单击"下一步",生成报表信息提示页面单击"生成报表"。

2020年6月利润表,如表6-8-1所示。

表6-8-1   利润表

单位:常州亚兴电缆有限责任公司   2020年6月   会企02表
                                                                          单位:元

项 目	本期金额	上期金额
一、营业收入	11 338 474.78	(略)
减:营业成本	7 232 465.35	
税金及附加	110 900.59	
销售费用	16 200.00	
管理费用	160 033.84	
研发费用		
财务费用	−1 483.13	
其中:利息费用	508.50	
利息收入	1 991.63	
加:其他收益		
投资收益(损失以"—"号填列)	18 564.53	
其中:对联营企业和合营企业的投资收益		

(续表)

项　目	本期金额	上期金额
以摊余成本计量的金融资产终止确认收益（损失以"－"号填列）		
净敞口套期收益（损失以"－"号填列）		
公允价值变动收益（损失以"－"号填列）	－7 800.00	
信用减值损失	－301 530.00	
资产减值损失		
资产处置收益（损失以"－"号填列）	22 000.00	
二、营业利润（亏损以"－"号填列）	3 551 592.66	
加：营业外收入	30 000.00	
减：营业外支出	19 956.00	
三、利润总额（亏损总额以"－"号填列）	3 561 636.66	
减：所得税费用	890 409.17	
四、净利润（净亏损以"－"号填列）	2 671 227.49	
（一）持续经营净利润（净亏损以"－"号填列）	2 671 227.49	
（二）终止经营净利润（净亏损以"－"号填列）		
五、其他综合收益的税后净额	－7 841.86	
（一）以后不能重分类进损益的其他综合收益	－7 841.86	
1. 重新计量设定受益计划净负债或净资产的变动		
2. 权益法下不能转损益的其他综合收益		
3. 其他权益工具投资公允价值变动	－7 841.86	
4. 企业自身信用风险公允价值变动		
……		
（二）以后将重分类进损益的其他综合收益		
1. 权益法下可转损益的其他综合收益		
2. 其他债权投资公允价值变动损益		
3. 金融资产重分类计入其他综合收益的金额		
4. 其他债权投资信用减值准备		
5. 现金流量套期限储备		
6. 外币财务报表折算差额		
……		
六、综合收益总额	2 663 385.63	
七、每股收益：		
（一）基本每股收益		
（二）稀释每股收益		

公司法定代表人：姜亚兴　　　　主管会计工作负责人：赵卫宇　　　　会计机构负责人：袁世民

【业务6-9】 编制2020年6月的现金流量表。

1. 现金流量表编制前的基础工作

（1）现金流量相关科目设置。"库存现金""银行存款"及"其他货币资金"科目的属性应分别编辑成现金科目、银行科目，此项工作应在初始数据录入前完成。

（2）含有账号的业务凭证应选择正确的现金流量项目。此项工作，可在单据生凭证时及时完成，也可在出纳签字前，于会计期末集中设置。会计期末集中设置的具体操作是：由账套主管袁世民"10544553145"登录系统，"总账——现金流量/往来管理"单击"现金流量录入"。"现金流量录入"页面集中对每张有现金流量项目的凭证，选择合适的现金流量项目，该页面进行分配和保存。

2. 现金流量表编辑及报表数据生成

（1）模板编辑流程。以账套主管袁世民"10544553145"的身份于2020-06-30登录，"T-UFO——TUFO"单击"模板设计"，将"总账——系统模板"中的"企会03企业报税月表"复制到"自定义模板"中，复制时编号改为"企会03月表"；自定义模板中的"企会03月表"双击打开，"A3"单元格的"企会03"改到C2单元格且格式改为"水平对齐居右，垂直对齐居中"；"A3"单元格设置单位名称公式""单位:"+querycom()"；单元公式调整项目需要调整"加：期初现金及现金等价物余额"项目，本期金额公式（B41单元格）改为"QC("1001","","年","")+QC("1002","","年","")+QC("1012","","年","")-QC("101201","","年","")"，上期金额公式（C41单元格）改为"QC("1001","","年-1")+QC("1002","","年-1")+QC("1012","","年-1")-QC("101201","","年-1")"；单元格C43公式删除，43行整行组合；该报表模板页面保存。

（2）现金流量表数据生成。以账套主管袁世民"10544553145"的身份于2020-06-30登录，"T-UFO——TUFO"单击"报表数据"，批量生成报表对话框勾选自定义模板中的"现金流量表"并单击"下一步"，生成报表信息提示页面单击"生成报表"。

2020年6月常州亚兴有限公司现金流量表，如表6-9-1所示。

表6-9-1　　　　　　　　　　　　　**现金流量表**
（适用执行企业会计准则的一般企业）　　　　　　　　　会企03表
单位：常州亚兴电缆有限责任公司　　　2020年6月　　　　　单位：元

项　目	本期金额	上期金额
一、经营活动产生的现金流量		（略）
销售商品、提供劳务收到的现金	3 682 951.50	
收到的税费返还		
收到其他与经营活动有关的现金	33 146.00	
经营活动现金流入小计	3 716 097.50	
购买商品、接受劳务支付的现金	5 049 292.00	
支付给职工以及为职工支付的现金	223 863.34	
支付的各项税费	644 539.09	
支付其他与经营活动有关的现金	21 850.00	
经营活动现金流出小计	5 939 544.43	
经营活动产生的现金流量净额	-2 223 446.93	

(续表)

项 目	本期金额	上期金额
二、投资活动产生的现金流量		
收回投资收到的现金	209 748.00	
取得投资收益收到的现金		
处置固定资产、无形资产和其他长期资产收回的现金净额	33 900.00	
处置子公司及其他营业单位收到的现金净额		
收到其他与投资活动有关的现金	1 991.63	
投资活动现金流入小计	245 639.63	
购建固定资产、无形资产和其他长期资产所支付的现金		
投资支付的现金	685 057.00	
取得子公司及其他营业单位支付的现金净额		
支付的其他与投资活动有关的现金	425.00	
投资活动现金流出小计	685 482.00	
投资活动产生的现金流量净额	−439 842.37	
三、筹资活动产生的现金流量		
吸收投资收到的现金		
取得借款收到的现金		
收到其他与筹资活动有关的现金	339 000.00	
筹资活动现金流入小计	339 000.00	
偿还债务支付的现金		
分配股利、利润或偿付利息支付的现金		
支付其他与筹资活动有关的现金	395 500.00	
筹资活动现金流出小计	395 500.00	
筹资活动产生的现金流量净额	−56 500.00	
四、汇率变动对现金及现金等价物的影响		
五、现金及现金等价物净增加额	−2 719 789.30	
加:期初现金及现金等价物余额	11 816 899.84	
六、期末现金及现金等价物余额	9 097 110.54	

公司法定代表人:姜亚兴　　　主管会计工作负责人:赵卫宇　　　会计机构负责人:袁世民

【业务6-10】 编制2020年6月的所有者权益变动表。

编辑及生成所有者权益变动表流程如下所述。

(1) 模板导入。以账套主管袁世民"10544553145"的身份于2020-06-30登录,"T-UFO——TUFO"单击"模板设计","总账"文件夹打开并单击"自定义模板",页面单击"导入——本地导入",本地导入页面选择教材自带的"所有者权益变动表.ZIP"并单击"导入"。

(2) 所有者权益变动表数据生成。"T-UFO——TUFO"单击"报表数据",批量生成报表对话框勾选自定义模板中的"所有者权益变动表"并单击"下一步",生成报表信息提示页面单击"生成报表"。

2020年6月所有者权益变动表,如表6-10-1所示。

表 6-10-1

所有者权益变动表

单位：常州亚兴电缆有限责任公司　　2020 年 6 月　　会企 04 表　单位：元

项目	本期金额										上期金额
	实收资本（或股本）	其他权益工具			资本公积	减：库存股	其他综合收益	专项储备	盈余公积	未分配利润	所有者权益合计	与本期金额栏内容一致，内容栏数据均略
		优先股	永续债	其他								
一、上期期末金额	19 000 000.00				1 661 825.00		7 600.15		226 740.00	2 998 210.00	23 894 375.15	
加：会计政策变更												
前期差错更正												
其他												
二、本期期初余额	19 000 000.00				1 661 825.00		7 600.15		226 740.00	2 998 210.00	23 894 375.15	
三、本期增减变动金额（减少以"－"号填列）	800 000.00				24 900.00		－10 455.81			2 671 227.49	3 485 671.68	
（一）综合收益总额							－10 455.81			2 671 227.49	2 660 771.68	
（二）所有者投入和减少资本	800 000.00				24 900.00						824 900.00	
1. 所有者投入的普通股	800 000.00				24 900.00						824 900.00	
2. 其他权益工具持有者投入资本												
3. 股份支付计入所有者权益的金额												
4. 其他												
（三）利润分配												
1. 提取盈余公积												
2. 对所有者（或股东）的分配												

(续表)

项目	本期金额										上期金额
	实收资本（或股本）	其他权益工具			资本公积	减：库存股	其他综合收益	专项储备	盈余公积	未分配利润	所有者权益合计	与本期金额栏内容一致，内容栏数据均略
		优先股	永续债	其他								
3. 其他												
(四) 所有者权益内部结转												
1. 资本公积转增资本（或股本）												
2. 盈余公积转增资本（或股本）												
3. 盈余公积弥补亏损												
4. 设定受益计划变动额结转留存收益												
5. 其他综合收益结转留存收益												
6. 其他												
四、本期期末余额	19 800 000.00				1 636 725.00		−2 855.66		226 740.00	5 669 437.49	27 380 046.83	

公司法定代表人：姜亚兴　　主管会计工作负责人：赵卫宇　　会计机构负责人：袁世民